퀵
토익
실전모의고사 II

퀵토익 실전모의고사 II

1판 1쇄 인쇄 2022년 4월 9일
1판 1쇄 발행 2022년 4월 19일

지은이   엄대섭
펴낸이   임충배
영업/마케팅   양경자
편집   김민수
디자인   정은진
펴낸곳   도서출판 삼육오(PUB.365)
제작   (주)피앤엠123

출판신고 2014년 4월 3일
등록번호 제406-2014-000035호

경기도 파주시 산남로 183-25
TEL (031)946-3196 FAX (031)946-3171
홈페이지   www.pub365.co.kr

ISBN 979-11-90101-98-1 13740

퀵토익

모의고사
3회분

엄대섭 저

실전모의고사 II

Pub 365

머리말

이 책을 내며

저는 현장 강의와 동영상 강의, 방송 출연을 통해 전국에서도 가장 많은 수험생들과 만나고 있는 토익 강사로 TOEIC 시험은 어떻게 해서 수험생들에게서 오답을 이끌어내고 있는가, 왜 수험생들은 그 트릭에 항상 걸릴 수밖에 없는가, 어떻게 하면 그 실수를 막을 수 있는가, 이 3가지의 의문점에 TOEIC 공략의 열쇠가 있다고 생각해왔습니다. 저는 이러한 의문점을 풀기 위해 국내외 수 백 종의 토익 교재를 직접 분석하여 요약정리하고, 수강생들에게 모든 토익 문항을 직접 만들어서 제공하여 왔습니다. 이에 다른 강의와 교재와는 완전히 구별되는, 독자적인 수업 모델, 이른바 UDS(Unique Data-based Strategies)를 개발하기에 이르렀습니다. 그리고 이 모든 노력은 제가 직접 운영하고 있는 컨텐츠 업체 INTERACTICA 연구진들과의 공동 작업으로 이번의 결실을 맺게 되었습니다.

전직 교사로서, 그리고 수많은 매체에서의 강의와 저술활동을 통해 교재의 질이 얼마나 중요한지 잘 알고 있습니다. 또한 수험생들의 요구에 정통하려면 반드시 현장 강의의 경험이 필요하다는 것을 사무치게 느낄 수 있었습니다. 오랜 현장 강의 경험에서 응축된 노하우가 본서에 수록되어 있는 만큼 수험생들의 점수 향상에 반드시 도움이 될 것을 확신합니다. 제게 최고의 둥지를 찾게 허락해 주신 사장님, 열심히 조언해 주시고, 방향을 함께 잡아주신 여러 팀원들에게 다시 한번 감사를 전합니다. 더불어, 본서를 위해 기꺼이 시간을 내 주신 다섯 분의 전문 원어민 staff들에게도 영광을 돌립니다. 마지막으로 제 개인 assistant로 함께 고민해 준 누구보다 사랑하는 제 아내와 아들 JR에게 이 책을 바칩니다.

저자 임대섭

이 책의 특징

현재 TOEIC 시험 형태는 2016년 5월부터 실시된 것으로 Listening에서 4종류의 영어 발음(미국, 영국, 캐나다, 오스트레일리아)이 도입되었고, Part3와 4에서의 문제 유형 일부 도입과 Conversations와 Short talks가 길어졌다는 점이 그 이전의 토익과 많은 차이를 보입니다. Reading Comprehension에서는 Part6가 전면 리뉴얼되었고, Part7에서 삼중 지문(triple-passages)이 도입된 것까지 고려하여 신 TOEIC이라는 말이 생겨난 것입니다. 시중에서 접할 수 있는 토익 교재들의 제목이 아직까지 신토익이라고 되어 있는 이유가 바로 이것입니다.

본서는, 2016년 5월부터의 신토익이 아닌 최근 2년 전부터 나타난 또 다른 양상의 부분적인 변화까지 포착한 Newer, Newest 토익 교재라고 자신합니다. 본서는 필자와 그 연구진들이 한 달도 거르지 않고 수험하여 곧바로 데이터를 비축하고 정리한 극히 신뢰성 높은 TOEIC 자료와 문제들만을 제시하고 있습니다. 전국 대학 특강에서 만났던 수많은 대학생들과 현장 수업에서 매달 1,000명 이상의 수험생들의 토익 점수를 가장 효과적이고 빠르게 올릴 수 있도록 도와준 가운데 결과적으로 수렴된 응축된 데이터가 몇 년의 인고를 거친 끝에 이렇게 세상에 나오게 되었습니다. 이에 수험생들은 별도의 학습플랜을 작성하는 수고를 아끼고 오직 이 교재의 순서대로 따라가기만 해도 자신이 원하는 토익점수를 단 시간 내에 얻게 될 것이라 자신합니다.

목차

머리말   4

목차   5

What is the TOEIC? ——————————— 6

신토익 학습 전략 ——————————— 8

토익 점수 환산표 ——————————— 9

토익 시험 진행 안내 ——————————— 10

Actual Test 1 SET ——————————— 11

Actual Test 2 SET ——————————— 53

Actual Test 3 SET ——————————— 95

Actual Test 1 SET 정답 및 해설 ——————————— 137

Actual Test 2 SET 정답 및 해설 ——————————— 175

Actual Test 3 SET 정답 및 해설 ——————————— 212

1 TOEIC이란?

TOEIC(Test of English for International Communication)은 영어를 모국어로 사용하지 않는 사람이 국제 환경에서 생활하거나 업무를 수행할 때 필요한 실용 영어 능력 수준을 평가하는 시험이다. 현재 한국과 일본 은 물론 전 세계 약 60여 개 국가에서 연간 약 400만 명 이상의 수험생들이 응시하고 있으며, 이 수험생 결과는 인력 채용 및 승진, 해외 파견 근무자 선발 등 다양한 방면에 활용되고 있다.

2 시험구성

구성	파트	파트별 문항수		시간	배점
Listening Comprehension	1	사진묘사	6	100	45분	495점
	2	질의응답	25			
	3	짧은대화	39			
	4	설명문	30			
Reading Comprehension	5	단문공란 메우기 (문법/어휘)	30	100	75분	495점
	6	장문 공란 메우기	16			
	7	독해 단일지문	29			
		독해 복수지문	25			
Total	7 Parts	200문항		120분	990점

3 PART 1 사진 묘사

PART 1은 제시한 사진을 올바르게 묘사한 문장을 찾는 문제로 구성되어 있다. 방송으로 사진에 대한 4개의 짧은 설명문을 한 번씩만 들려준다. 물론 4개의 설명문은 문제지에 인쇄되어 있지 않다. 4개의 설명문을 잘 듣고 그중에서 사진을 가장 정확하게 묘사하고 있는 문장을 선택하면 된다. 주로 부각되어 있는 인물 또는 사물이 묘사되지만 배경이 묘사되는 경우도 있으며 동사의 시제로 정답을 판가름하는 경우도 있으므로 주의 깊게 경청하여야 한다.

4 PART 2 질의응답

PART 2는 질문에 대한 올바른 답을 찾는 문제로 구성되어 있다. 방송을 통해 지문과 질문에 대한 3개의 응답을 각 한 번씩 들려준다. 질문과 응답은 문제지에 인쇄가 되어 있지 않으며 질문에 대한 가장 어울리는 응답을 답으로 선택하면 된다. 질문은 의문사를 포함한 문장뿐 아니라 평서문 등 다양한 형태로 구성되어 있다.

5 PART 3 짧은 대화

PART 3는 짧은 대화문을 듣고 이에 대한 문제를 푸는 형식으로 구성되어 있다. 먼저 방송을 통해 짧은 대화를 들려준 뒤 이에 해당하는 질문을 들려준다. 문제지에는 질문과 4개의 보기가 등장하고 있으며 문제를 들은 뒤 제시된 보기 중 가장 적당한 것을 선택하면 된다. PART 3는 대화를 다 듣고 문제에 접근하기보다는 대화문이 시작하기 전에 먼저 보기를 통해 대략적인 내용을 파악하고 듣는 것이 고득점에 유리한 방법이다.

6 PART 4 설명문

PART 4는 설명문 또는 이야기를 방송을 통해 듣고 이에 대한 문제를 푸는 형식으로 구성되어 있다. 먼저 나레이션과 같은 짧은 설명문 또는 이야기를 방송을 통해 들려준 후 이에 해당하는 질문을 들려주게 된다. 설명문 또는 이야기는 문제지에 인쇄되어 있지 않으며 문제지에 인쇄된 4개의 보기 중에서 가장 적당한 것을 선택하면 된다. PART 4 역시 대화를 다 듣고 문제에 접근하기보다는 대화문이 시작하기 전에 먼저 보기를 통해 대략적인 내용을 파악하고 듣는 것이 유리하며 답변 간 연관되는 내용이 있을 수 있으므로 주의 깊게 살펴보아야 한다.

7 PART 5 단문 공략 메우기

PPART 5는 불완전한 단문을 완성시키는 문제로 구성되어 있다. 불완전한 문장을 완성시키기 위해 4개의 보기 중에서 가장 적당한 것을 선택하면 된다. 난이도가 상향되고 있는 PART 7을 고려했을 때 PART 5에서 시간을 단축시키는 것이 보다 유리하다.

8 PART 6 장문 공략 메우기

PART 6는 하나의 전체 지문을 읽으며 그 안에 포함된 불완전한 장문을 완성시키는 문제로 구성되어 있다. 각각의 공란 아래에 제시되어 있는 4개의 보기 중 가장 적당한 것을 선택하여 문장을 완성시키면 된다. 최근 PART 6는 공란의 앞뒤 문장을 모두 확인해야만 답안 작성이 가능한 경우가 있으므로 빠르게 접근하기보다는 정확하게 풀어내는 것이 중요하다.

9 PART 7 독해

PART 7 은 다양한 장르의 단일 지문, 이중 지문, 그리고 새롭게 추가된 3중 지문 유형에 대해 읽고 답하는 문제로 구성되어 있다. 또한 RC 내용 중 가장 변별력이 있는 PART이며 신유형의 등장으로 난이도가 더 상승하게 되었다. 제시된 지문에 대해서는 몇 개의 질문이 주어지고 각 질문을 읽고 보기 중 적당한 것을 선택하면 된다.

출처 – TOEIC 공식 사이트(https://exam.toeic.co.kr)

신토익 학습 전략

PART 1 문제 유형의 변화는 없지만, 상대적으로 쉽다고 생각했던 파트 1의 문항수가 줄어든다. 파트 1에서 인물 사진의 출제 비율이 높으므로, 인물의 동작이나 상태와 관련된 동사 표현을 꼭 알아두어야 한다. 신토익에서는 시간 관리가 훨씬 중요하다. 음성을 들으면서 바로 답안지에 마킹해야 한다. 파트 1~2에서는 답안지에 바로 마킹하는 것이 시간 절약에 큰 도움이 된다.

PART 2 파트 2의 문항수도 줄어든다. 문제 유형은 동일하므로 질문 초반에 나오는 의문사를 반드시 듣도록 한다. 어렵게 출제되는 평서문이나 모호한 답변을 말하는 문제에 대비하기 위해 헷갈리고 잘 틀리는 오답을 정리하는 것이 좋다.

PART 3,4 파트 3, 4에 새롭게 추가된 화자의 의도 파악 문제는 표현의 단순 해석으로 접근해서는 안 된다. 대화의 흐름에 맞는 표현의 의미를 골라야 하므로 무엇보다 대화의 전체 맥락을 파악하는 것이 중요하다. 이전에 없던 시각 정보가 추가되었는데, 간단한 내용을 제공하므로 크게 걱정하지 않아도 된다. 다만, 시험에서 당황하지 않도록 미리 연습이 필요하다. 파트 3은 화자가 3인으로 늘어나고 대화의 횟수가 증가함에 따라 더욱 어렵게 느껴질 수 있다. 더욱이 문항 수도 늘어난다. 적응이 필요한 파트이므로 신유형의 문제를 풀면서 익숙해지도록 해야 한다.

PART 5 파트 5는 어휘 문제의 비중이 줄어들긴 하지만 기존 유형과 난이도에서 크게 벗어나지 않을 것으로 예상한다. 개정이 적은 파트이므로 파트 5에서 시간을 단축하는 훈련을 확실히 해야 한다. 파트 5에서 시간을 철저히 지켜서 파트 6, 7에 충분한 시간을 갖고 풀 수 있도록 한다.

PART 6 파트 6은 기존 3문항에 알맞은 문장을 고르는 신유형의 문제가 모든 지문에 추가된다. 파트 6에서 실수를 줄이기 위해서는 지문의 앞부분과 신유형 문제의 빈칸 앞뒤 문장은 반드시 읽고 문제를 풀 어야 한다.

PART 7 신토익에서 가장 난이도가 높아진 파트이다. 삼중 지문의 추가로 읽어야 할 내용이 많아지고 새로운 유형의 문제도 추가된다. 신유형인 의도 파악 문제나 문장 삽입 문제는 모두 지문에서 필요한 부분만 읽고 답을 구할 수 없는 문제이다. 결국 지문을 빠르게 읽고 정확하게 해석할 수 있어야 한다. 파트 7은 특히 다양한 지문을 많이 읽는 연습이 꼭 필요하다.

토익 점수 환산표

	맞은 개수	환산 점수
	96~100	485~495
	91~95	440~490
	86~90	400~445
	81~85	360~410
	76~80	330~375
	71~75	300~345
	66~70	270~315
	61~65	245~285
	56~60	220~260
Listening Test	51~55	195~235
	46~50	165~205
	41~45	140~180
	36~40	115~150
	31~35	95~130
	26~30	80~115
	21~25	60~95
	16~20	40~65
	11~15	25~45
	6~10	15~30
	1~5	5~15
	0	5

	맞은 개수	환산 점수
	96~100	465~495
	91~95	415~470
	86~90	380~425
	81~85	350~390
	76~80	320~365
	71~75	290~335
	66~70	260~305
	61~65	230~275
	56~60	200~245
Reading Test	51~55	170~215
	46~50	145~185
	41~45	115~155
	36~40	95~130
	31~35	70~105
	26~30	55~90
	21~25	40~70
	16~20	30~55
	11~15	20~45
	6~10	15~30
	1~5	5~15
	0	5

* 절대적인 기준은 아니며 참고로 활용할 수 있다.

토익 시험 진행 안내

❶ 시험 시간 : 120분(2시간)

항목	소요 시간	오전 시험	오후 시험
답안지 작성에 관한 오리엔테이션	15분	9:30 ~ 9:45	14:30 ~ 14:45
수험자 휴식시간	5분	9:45 ~ 9:50	14:45 ~ 14:50
신분증 확인(감독교사)	15분	9:50 ~ 10:05	14:50 ~ 14:05
문제지 배부, 파본확인	5분	10:05 ~ 10:10	15:05 ~ 15:10
듣기평가(L/C)	45분	10:10 ~ 10:55	15:10 ~ 15:55
읽기평가(R/C)	75분	10:55 ~ 12:10	15:55 ~ 15:10

❷ 준비물

» 신분증 : 규정 신분증만 가능 (주민등록증, 운전면허증, 기간 만료 전의 여권, 공무원증 등)
» 필기구 : 연필, 지우개 (볼펜이나 사인펜은 사용 금지)

❸ 시험 응시 준수 사항

» 시험 시작 10분 전 입실. 09:50(오전)/14:50(오후) 이후에는 입실 불가
» 종료 30분 전과 10분 전에 시험 종료 공지함
» 휴대전화의 전원은 미리 꺼둘 것

❹ OMR 답안지 표기 요령

» 반드시 지정된 필기구로 표기
※ 성명, 주민등록번호 등을 틀리게 표기하였을 경우 채점 및 성적 확인이 불가능하므로 주의하시기 바랍니다.

OMR 답안지 표기 Sample

O	Ⓐ	Ⓑ	●	Ⓓ
X	Ⓐ	Ⓑ(↓)	Ⓒ	Ⓓ
X	Ⓐ	Ⓑ	Ⓒ	⊗
X	Ⓐ(○)	Ⓑ	Ⓒ	Ⓓ
X	Ⓐ	Ⓑ	Ⓒ	Ⓓ

Actual Test

1
SET

지금부터 Actual Test를 진행합니다.
실제 시험과 동일한 방식으로 진행됨을 말씀드리며,
방송 음성은 QR코드로 청취하실 수 있습니다.

준비 되셨으면 바로 시작하세요!

LISTENING TEST

In the Listening test, you will be asked to demonstrate how well you understand spoken English. The entire Listening test will last approximately 45 minutes. There are four parts, and directions are given for each part. You must mark your answers on the separate answer sheet. Do not write your answers in your test book.

PART 1

Directions: For each question in this part, you will hear four statements about a picture in your test book. When you hear the statements, you must select the one statement that best describes what you see in the picture. Then find the number of the question on your answer sheet and mark your answer. The statements will not be printed in your test book and will be spoken only one time.

Statment (A), "Some people are paddling through the water," is the best description of the picture, so you should select answer (A) and mark it on your answer sheet.

1.

2.

Test 01

Test 02

Test 03

Answer 01

Answer 02

Answer 03

GO ON TO THE NEXT PAGE ▶

3.

4.

5.

6.

Test 01

Test 02

Test 03

Answer 01

Answer 02

Answer 03

GO ON TO THE NEXT PAGE ➡

PART 2

Directions: You will hear a question or statement and three responses spoken in English. They will not be printed in your test book and will be spoken only one time. Select the best response to the question or statement and mark the letter (A), (B), or (C) on your answer sheet.

7. Mark your answer on your answer sheet.

8. Mark your answer on your answer sheet.

9. Mark your answer on your answer sheet.

10. Mark your answer on your answer sheet.

11. Mark your answer on your answer sheet.

12. Mark your answer on your answer sheet.

13. Mark your answer on your answer sheet.

14. Mark your answer on your answer sheet.

15. Mark your answer on your answer sheet.

16. Mark your answer on your answer sheet.

17. Mark your answer on your answer sheet.

18. Mark your answer on your answer sheet.

19. Mark your answer on your answer sheet.

20. Mark your answer on your answer sheet.

21. Mark your answer on your answer sheet.

22. Mark your answer on your answer sheet.

23. Mark your answer on your answer sheet.

24. Mark your answer on your answer sheet.

25. Mark your answer on your answer sheet.

26. Mark your answer on your answer sheet.

27. Mark your answer on your answer sheet.

28. Mark your answer on your answer sheet.

29. Mark your answer on your answer sheet.

30. Mark your answer on your answer sheet.

31. Mark your answer on your answer sheet.

PART 3

Directions: You will hear some conversations between two or more people. You will be asked to answer three questions about what the speakers say in each conversation. Select the best response to each question and mark the letter (A), (B), (C), or (D) on your answer sheet. The conversations will not be printed in your test book and will be spoken only one time.

32. Where is this conversation taking place?
(A) At a bakery
(B) At a cafeteria
(C) At a grocery store
(D) At a restaurant

33. What does the man request?
(A) A special menu item
(B) A take-out item
(C) Drink refills
(D) Home delivery

34. What will the man give the woman next?
(A) His contact information
(B) His order
(C) His preferred pickup time
(D) His wife's name

35. Who most likely is the woman?
(A) A freelance writer
(B) A magazine editor
(C) A newspaper sales manager
(D) A restaurant owner

36. Why does the man apologize to the woman?
(A) He forgot to call her.
(B) He did not contact her because he was busy.
(C) He has to cancel their appointment.
(D) He left his document at home.

37. What does the man say he will do tonight?
(A) Eat out
(B) Entertain guests
(C) Go out of town
(D) Write a book review

38. What does the woman ask the man to do?
(A) Explain the file request process
(B) Help her with a report
(C) Loan her some office furniture
(D) Retrieve a file from storage

39. What does the man imply when he says, "you're welcome to it"?
(A) He does not like the woman's proposal.
(B) He is happy to offer the woman the cabinet.
(C) He is inviting the woman to his office.
(D) He is open to any suggestions.

40. What does the woman say about the storage space in the basement?
(A) It is difficult to find.
(B) It is filled to capacity.
(C) It is inconvenient.
(D) It is too small.

41. What is the man's problem?
(A) He cannot find his glasses.
(B) He does not know where his cellphone is.
(C) He forgot about an appointment.
(D) He has the lowest sales.

42. Where is this conversation most likely taking place?
(A) In a coffee shop
(B) In a police station
(C) In an office
(D) In the speakers' home

43. What does the woman say she will do?
(A) Get some coffee
(B) Go running
(C) Order some supplies
(D) See her client

GO ON TO THE NEXT PAGE

44. What does the woman suggest the man do?
   (A) Get more exercise
   (B) Go outside
   (C) Have lunch with her
   (D) Use her umbrella

45. What does the man mean when he says, "I guess I could use a break"?
   (A) He broke a piece of equipment.
   (B) He needs to cancel a deal.
   (C) He wants to be treated better by his boss.
   (D) He wants to relax for a while.

46. When was the man's work due originally?
   (A) Today
   (B) Tomorrow noon
   (C) The end of tomorrow
   (D) Next week

47. What is the conversation mainly about?
   (A) A community center
   (B) A job opening
   (C) A new hospital
   (D) A problem with equipment

48. What is mentioned about the woman?
   (A) She created a new photographic technology.
   (B) She has fixed some equipment.
   (C) She is a photographer.
   (D) She works at a medical institution.

49. What does the woman say she does on some evenings?
   (A) Attends a book club
   (B) Goes to the gym
   (C) Teaches a class
   (D) Works overtime

50. Why is the man worried?
   (A) He does not want to go to a meeting.
   (B) He is not good at parallel parking.
   (C) He thinks he is going to be late.
   (D) His train is delayed.

51. Why does the woman say, "This must be our lucky day"?
   (A) The speakers easily found a parking space.
   (B) The speakers found some money on the sidewalk.
   (C) The speakers got seats on the train.
   (D) The speakers won a contract.

52. Who most likely is Mr. Collins?
   (A) A parking lot attendant
   (B) A rival company's president
   (C) The speakers' boss
   (D) The speakers' potential client

53. What is the reason for the man's call?
   (A) To ask for payment
   (B) To communicate a change
   (C) To order a part
   (D) To sell a car

54. What bad news does the woman receive?
   (A) Her bill will be higher than she thought.
   (B) Her car cannot be fixed.
   (C) She has to wait for her vehicle to be repaired.
   (D) The man's shop will be closed tomorrow.

55. How is the woman getting around now?
   (A) By bus
   (B) By car
   (C) By taxi
   (D) By train

56. Where most likely are the speakers?

(A) At a bank
(B) At a police station
(C) At a restaurant
(D) At a supermarket

57. What problem is mentioned about the speakers' city?

(A) Bad weather
(B) High prices
(C) Lack of parking
(D) Stolen credit cards

58. What does the man ask the clerk to do?

(A) Cancel his order
(B) Exchange some items
(C) Keep his items
(D) Phone the police

---

59. What is the woman planning to do?

(A) Go overseas for vacation
(B) Have a job interview
(C) Move into a new house
(D) Renovate her kitchen

60. Why is the woman calling?

(A) To ask for advice
(B) To cancel an appointment
(C) To inquire about the fee
(D) To request a quote

61. What will the woman do by Friday?

(A) Contact Mr. Peterson
(B) Paint her kitchen
(C) Send payment of $250
(D) Think over the man's offer

Kansas City Convention Center Order Form

Equipment Needed	Number
Laptop Computer	3
Screen	1
Microphone	5
Table	10
Chair	40

62. What does the woman suggest about the event?

(A) It will last for three days.
(B) It costs money to attend.
(C) It is being led by experts.
(D) It was held in the past.

63. Look at the graphic. Which number must be changed?

(A) 3
(B) 5
(C) 10
(D) 40

64. What will the woman do tomorrow?

(A) Go over her presentation
(B) Visit the convention center
(C) Pay a registration fee
(D) Advertise for the seminar

GO ON TO THE NEXT PAGE

Invoice

390x5

Item	Qty.	Price Ea.	Total
Copy paper	6	$8.00	$48.00
Folders	3 (pack of 12)	$5.50	$16.50
Markers	2 (set of 4)	$6.50	$13.00
		Subtotal	$77.50
		Shipping charge	$5.00
		Service charge	$7.50
		Total	$90.50

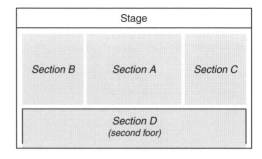

65. What is the purpose of the woman's call?

    (A) To ask about the new service
    (B) To complain about a product
    (C) To inquire about the bill
    (D) To request an extension for a
        payment

66. Look at the graphic. How much will be
    removed from the invoice?

    (A) $5.00
    (B) $7.50
    (C) $13.00
    (D) $16.50

67. What does the man offer to do?

    (A) Deliver the right items
    (B) Fix her copy machine soon
    (C) Give a future discount
    (D) Refund the shipping charge

68. What type of event does the woman
    want to attend?

    (A) A film festival
    (B) A music performance
    (C) A product launch
    (D) A sports game

69. How many other people will attend the
    event with the woman?

    (A) 1
    (B) 2
    (C) 3
    (D) 4

70. Look at the graphic. Where most likely
    will the woman and her companions sit?

    (A) Section A
    (B) Section B
    (C) Section C
    (D) Section D

Test 01

Test 02

Test 03

Answer 01

Answer 02

Answer 03

PART 4

Directions: You will hear some talks given by a single speaker. You will be asked to answer three questions about what the speakers say in each talk. Select the best response to each question and mark the letter (A), (B), (C), or (D) on your answer sheet. The talks will not be printed in your test book and will be spoken only one time.

71. What is being advertised?

(A) A local restaurant
(B) An outdoor market
(C) A shopping mall
(D) A small book shop

72. According to the speaker, what could a visitor get at the event?

(A) A alcoholic drink
(B) A signed book
(C) A take-out meal
(D) A unique gift

73. According to the speaker, what type of businesses should listeners support?

(A) Branches of other country's businesses
(B) Businesses run by her parents
(C) Large corporations
(D) Small businesses owned by local people

74. What is being advertised?

(A) Car paint
(B) A car protection product
(C) House paint
(D) A vehicle accessory

75. According to the advertisement, what can a customer use to apply the product?

(A) A cloth
(B) A paintbrush
(C) A roller brush
(D) A spray can

76. According to the advertisement, where can a customer buy the product?

(A) At an car supply store
(B) At a drug store
(C) At a hardware store
(D) Online

77. What event is the speaker discussing?

(A) A board meeting
(B) An office tour
(C) A product launch
(D) A sales presentation

78. What does the speaker mean when she says, "You guys really have to wow her"?

(A) The workers have to impress the visitor.
(B) The workers have to speak more loudly.
(C) The workers should act surprised by the visitor.
(D) The workers should repeat their ideas again.

79. Who will meet with the visitor last?

(A) The board members
(B) The marketing department
(C) The product development team
(D) The speaker

80. What is the report mainly about?

(A) A craftsman training class
(B) A family of bakers
(C) A home décor trend
(D) A store closure

81. What is mentioned about do-it-yourself stores?

(A) They are creating unique designs.
(B) They are hiring younger workers.
(C) They are opening more and more stores.
(D) They are pushing other stores out of business.

82. What can be said about South Riding?

(A) It is well-known for its wealthy residents.
(B) It will have one local furniture store.
(C) It will have one locally-owned store left.
(D) It will host a craftsman event next month.

GO ON TO THE NEXT PAGE

83. What is the purpose of the call?

(A) To cancel an item on an order
(B) To confirm an order
(C) To give information about an order
(D) To place an order

84. When most likely will Ryan receive the oil?

(A) On Thursday
(B) On Friday
(C) Next Monday
(D) Next Tuesday

85. What does the speaker imply when she says, "believe me"?

(A) She hopes the listener will trust her with orders in the future.
(B) She is not sure what the listener believes about the shipment.
(C) She thinks the listener has some doubts about her honesty.
(D) She wants the listener to know she's taking the situation seriously.

---

86. What is the speaker mainly talking about?

(A) A new computer system
(B) A new IT staff member
(C) A new piece of equipment
(D) A new piece of software

87. According to the speaker, what can the listeners do with the machine?

(A) Bind copies into reports
(B) Print both sides of the paper at once
(C) Send documents over a telephone line
(D) Sort multiple documents

88. Why does the speaker recommend making .pdf files?

(A) They are easier to edit.
(B) They are easier to read.
(C) They are quicker to share.
(D) They cost less.

89. What is happening along Simmons Boulevard?

(A) Clearing of an accident
(B) A lane closure
(C) Repairs
(D) A sports event

90. According to the speaker, what will be closed later?

(A) 48th Avenue
(B) The Baseline Tunnel
(C) The East Ridge exit
(D) Highway 12

91. What will listeners hear next?

(A) Commercials
(B) News headlines
(C) Sports news
(D) Weather information

---

92. Where most likely are the instructions being given?

(A) At a grocery store
(B) At a cooking school
(C) At a restaurant
(D) At a flower shop

93. What are the listeners asked to do first?

(A) Prepare tables for an event
(B) Clean a work space
(C) Greet customers
(D) Check prices of daily specials

94. According to the speaker, what will take place in 30 minutes?

(A) A business will open.
(B) A delivery will be made.
(C) Food will be served.
(D) A bus will arrive.

Mr. Ullrey's Schedule		
Time	To do	Place
10:00	Staff meeting	Conf. Room
12:00	Lunch with sales team	Ruby Café
3:00	Alan Stetson	Wilson Club
6:00	Radio Interview	KERX

95. Why is the woman calling?

(A) To cancel an appointment
(B) To postpone an appointment
(C) To request a visitor's pass
(D) To schedule an appointment

96. Look at the graphic. What time will Mr. Ullrey likely meet with Alan?

(A) 10:30
(B) 12:30
(C) 3:30
(D) 6:30

97. What does the woman suggest the listener do?

(A) Call her back
(B) Have a drink
(C) Meet Mr. Ullrey for lunch
(D) Tour her company's facility

98. What type of merchandise does the speaker's company sell?

(A) Men's jackets
(B) Men's shirts
(C) Men's socks
(D) Men's ties

99. Look at the graphic. In which region will a new approach be tried?

(A) In the Eastern region
(B) In the Northern region
(C) In the Southern region
(D) In the Western region

100. What are the listeners asked to do next?

(A) Come up with a new strategy
(B) Contact their loyal customers
(C) Give ideas about a new line
(D) Listen to a sales presentation

This is the end of the Listening test. Turn to Part 5 in your text book.

GO ON TO THE NEXT PAGE

Test 01

Test 02

Test 03

Answer 01

Answer 02

Answer 03

READING TEST

In the Reading test, you will read a variety of texts and answer several different types of reading comprehension questions. The entire Reading test will last 75 minutes. There are three parts, and directions are given for each part. You are encouraged to answer as many questions as possible within the time allowed.

You must mark your answers on the separate answer sheet. Do not write your answers in your test book.

PART 5

Directions: A word or phrase is missing in each of the sentences below. Four answer choices are given below each sentence. Select the best answer to complete the sentence. Then mark the letter (A), (B), (C), or (D) on your answer sheet.

101. The assistant is ------- done entering all the data and will probably be able to finish a few hours before the deadline.

(A) actually
(B) almost
(C) already
(D) always

102. The designer presented two samples for the campaign poster, but the advertising chief had no ------- .

(A) prefer
(B) preferable
(C) preferably
(D) preference

103. ------- beat the competitors and gain market share, the IT firm sped up the development of the new product.

(A) As long as
(B) In order to
(C) Regardless of
(D) So that

104. Mary Cain had to cancel her ------- to the business magazine when she was assigned to an overseas branch.

(A) preparation
(B) publication
(C) specification
(D) subscription

105. The selling point of the new vocabulary software for children is that it is educational and ------- .

(A) amuse
(B) amusement
(C) amusing
(D) amusingly

106. The interoffice memo says that the customer survey results are being analyzed now and ------- circulated shortly.

(A) has been
(B) is
(C) will be
(D) would be

107. Comin' Home Estate has friendly and ------- agents who can help you find your ideal home in Mayville.

(A) acceptable
(B) comfortable
(C) enjoyable
(D) knowledgeable

108. ------- designed by French architect Jean André, the hotel offers elegance and luxury in the heart of the city.

(A) Unique
(B) Uniquely
(C) Uniqueness
(D) Uniquenesses

109. ------- next Monday, all the employees will be required to apply for vacation days via the intranet.
(A) Start
(B) Started
(C) Starting
(D) Starts

110. The aircraft manufacture's plan to relocate its main office was with ------- strong criticism from its stockholders.
(A) faced
(B) met
(C) seen
(D) taken

111. While our headquarters are located in Louisville, we have offices in many cities all ------- the country.
(A) across
(B) beyond
(C) through
(D) within

112. According to local media, the toll hike on Highway Y7 is due to a significant increase in ------- costs.
(A) maintain
(B) maintainable
(C) maintained
(D) maintenance

113. The report shows that the unemployment rate in the state is expected to ------- decline in the next two years.
(A) countlessly
(B) exclusively
(C) gradually
(D) immediately

114. Not wanting to wait for the situation to calm down, the CEO decided to explain the allegations against him ------- .
(A) instead
(B) rarely
(C) toward
(D) whereas

115. Due to a recently discovered system error, the video game developer will likely delay ------- the new software.
(A) launch
(B) launched
(C) launching
(D) to launch

116. Please complete the highlighted ------- of the attached form and bring it with you on your first day of employment.
(A) chapter
(B) example
(C) placement
(D) section

117. Kurt Stein, often ------- to as one of the greatest practicing conductors, will release his memoirs at the end of the month.
(A) refer
(B) referable
(C) referral
(D) referred

118. After long consideration, the personnel chief chose the candidate ------- major was electrical engineering.
(A) that
(B) which
(C) whom
(D) whose

119. The company is committed to creating a fair and inclusive workplace through open and ------- policies and practices.
(A) candid
(B) frank
(C) innocent
(D) transparent

120. ------- it finds a big sponsor, the non-profit organization will not be able to stay afloat for long.
(A) Since
(B) Unless
(C) Until
(D) When

Test 01
Test 02
Test 03
Answer 01
Answer 02
Answer 03

GO ON TO THE NEXT PAGE

121. The major retail chain is planning to open new stores in several cities in order to offer more ------- priced goods to more people.

(A) competition
(B) competitive
(C) competitively
(D) competitor

122. The aim of this proposal is to ------- the development of biomass for electricity generation projects in developing countries.

(A) accelerate
(B) bring
(C) enforce
(D) perform

123. Tina's Kitchen offers a beautiful beachfront setting and serves a variety of international dishes ------- with local specialties.

(A) along
(B) beside
(C) ever
(D) though

124. Medical institutions cannot disclose any personal health information to insurance companies without ------- from the patient.

(A) authority
(B) authorization
(C) authorize
(D) authorized

125. The manager was surprised that the new recruit's cost-reduction plan was ------- calculated.

(A) magnificently
(B) mannerly
(C) measurably
(D) meticulously

126. All the materials on this website can be freely reproduced for non-commercial purposes, ------- that the source is acknowledged.

(A) provide
(B) provided
(C) provides
(D) to provide

127. HTO, Inc. has been designing and manufacturing electrically ------- materials for more than 30 years.

(A) conduct
(B) conducted
(C) conductive
(D) conductor

128. Hudson City Library patrons should be aware that there will be a ------- of $100 for each lost item.

(A) charge
(B) money
(C) pay
(D) price

129. Ken Willis left his umbrella on the train going to work, and he had to buy ------- at the end of the day.

(A) it
(B) one
(C) this
(D) that

130. ------- applicants number more than 500, we will have to reserve a larger venue for the event.

(A) If
(B) Despite
(C) Regarding
(D) Then

Test 01

Test 02

Test 03

Answer 01

Answer 02

Answer 03

PART 6

Directions: Read the texts that follow. A word, phrase, or sentence is missing in parts of each text. Four answer choices for each question are given below the text. Select the best answer to complete the text. Then mark the letter (A), (B), (C), or (D) on your answer sheet.

Questions 131-134 refer to the following notice.

It's time once again for our yearly in-house ------- of discontinued items and slightly
131.
damaged returned items. This is your chance to acquire those dreamed-of products: lawn

chairs, gardening tools, paint, lumber, and bathroom fixtures. These and many more items

will be available for employees to purchase at less than half of their retail price ------- , the
132.
first 50 employees through the door get an extra 15 percent off their total purchase. The

sale will be held at Warehouse No. 3 on Saturday, January 15th. ------- There will be no
133.
returns, refunds, or exchanges during ------- after the event.
134.

131. (A) inspection
(B) inventory
(C) opening
(D) sale

132. (A) For example
(B) In addition
(C) Of course
(D) On the contrary

133. (A) All refunds or exchanges require an original receipt from the day of purchase.
(B) All sales are final, so please check your goods carefully before purchasing.
(C) Employees must show identification in order to process a merchandise return.
(D) If you find any items have been damaged, come to the customer service counter.

134. (A) but
(B) for
(C) or
(D) so

Questions 135-138 refer to the following e-mail.

Hi Jackson,

I have a request and you may not like it. ------- I said I would check with you to see -------
135.   136.

that's possible. I know it's a big job collecting pictures and descriptions from various teams

and ------- to put it all together. If you could let me know what it would take to ------- that
137.   138.

catalog drop any earlier, even a week, that would be great. If you need more help, I can

assign you a few temporary assistants.

Let me know by end of business today.

Thanks,

Russ

---

135. (A) I've just come from a meeting with the marketing team about the new product line.
     (B) President Hughes asked if the catalog can be finished any sooner than November 15.
     (C) We need the office you've been using for our new vice-president, Mr. Whitmore.
     (D) You've been trying to get sales up in the Northwest region without much success.

136. (A) as
     (B) if
     (C) though
     (D) when

137. (A) tried
     (B) tries
     (C) try
     (D) trying

138. (A) make
     (B) receive
     (C) submit
     (D) turn

> **Training for Home Energy Raters**
>
> Home energy raters are employed by builders of Energy Plus certified homes. In order
> to become a rater, you need to complete the necessary training at any one of the Energy
> Plus offices ------- the region. ------- Training topics cover the purpose and benefits of
>   139.   140.
> home energy ratings and ------- to communicate those points to potential customers.
>   141.
> You will also ------- how to compile home energy ratings from building plans and field
>   142.
> inspections. To learn more about the training locations and times, visit our website at
> www.energyplustraining.net.

139. (A) beyond
(B) over
(C) throughout
(D) to

140. (A) Energy Plus home energy raters act as liaisons between the builder and customer
(B) The offices are all within St. Breem city limits and can be reached by train or bus.
(C) The training takes six hours and is a combination of reading, lectures, and tests.
(D) You can do the training from home using the Energy Plus online tutoring system.

141. (A) how
(B) what
(C) whether
(D) who

142. (A) consider
(B) learn
(C) suggest
(D) tell

GO ON TO THE NEXT PAGE

Latest Hudsonville resident survey results

The latest resident survey ------- out the city of Hudsonville shows an unprecedented level
      143.
of satisfaction in the quality of city services. The Hudsonville city council reviewed the

------- at their Thursday meeting. Overall, the survey showed 92 percent of residents are
144.
satisfied with city services. ------- "Transportation, including repair of bridges and tunnels,
      145.
and municipal education spending received the most ------- responses," she said. The
      146.
survey also showed most residents are in favor of online voting for the next municipal

election.

---

143. (A) send
(B) sending
(C) sent
(D) was sent

144. (A) application
(B) article
(C) estimate
(D) report

145. (A) All answers on the survey are
anonymous, so please be honest in
your assessment.
(B) Council member Katherine Long said
there were especially high marks in
some areas.
(C) The members discussed ways to
increase resident satisfaction in the
city's services.
(D) The survey will be distributed to local
mailboxes and community centers
next week.

146. (A) enthusiasm
(B) enthusiast
(C) enthusiastic
(D) enthusiastically

Test 01

Test 02

Test 03

Answer 01

Answer 02

Answer 03

PART 7

Directions: In this part you will read a selection of texts, such as magazine and newspaper articles, e-mails, and instant messages. Each text or set of texts is followed by several questions. Select the best answer for each question and mark the letter (A), (B), (C), or (D) on your answer sheet.

Questions 147-148 refer to the following text message chain.

Nancy Sax (10:00)
I have a question about a client.

Laura Marley (10:10)
Sure. Go ahead.

Nancy Sax (10:12)
I have a client who wants to renegotiate a contract. I understood that we don't
usually do that, but thought you'd be the one to ask, with all of your experience here.

Laura Marley (10:20)
Well, I don't know if I have THAT much experience, ha. You're right, it used to be that we don't renegotiate. At this point, though, it's on a case-by-case basis. Can I ask which client?.

Nancy Sax (10:24)
Cooper and Cooper. They feel our fees are above the market. I don't agree, but...

Laura Marley (10:25)
I'm not familiar with their account.
You should just exercise your judgment and make the call.

147. What is the purpose of Ms. Sax's inquiry?

(A) To disagree with Ms. Marley
(B) To get information about a policy
(C) To renegotiate a contract
(D) To request a contract

148. At 10:25, what does Ms. Marley mean when she writes, "make the call"

(A) Ms. Sax should call her client.
(B) Ms. Sax should deny a new contract.
(C) Ms. Sax should make the decision.
(D) Ms. Sax should check with another colleague.

GO ON TO THE NEXT PAGE

If you are unsatisfied with any product, you may be eligible to receive a full refund. Contact customer support at 1-800-555-8787 (available 24/7). You may be asked to provide a brief message describing the issue and your e-mail address so we can issue a Return Authorization (RA).

The following conditions apply to ALL returns:

- A copy of the purchase receipt must accompany items.
- Items must include all original packaging.
- Items will be evaluated upon return prior to issuing a refund.
- RA's are only valid for one month from date of issue.

Your RA will list packaging and shipping instructions. Shipping is prepaid up to 50 lbs. For anything over 50 lbs., please contact customer support. Our full refund policy is available on our website. You may also return items at any of our retail locations, provided they include the original purchase receipt.

149. How can customers initiate a refund?

(A) By calling the correct department
(B) By e-mailing the company
(C) By shipping an item back
(D) Only by visiting a store in person

150. What information does a return authorization include?

(A) How to get a refund
(B) How to send a product back
(C) What should be included in a refund request
(D) Where to bring a damaged product

Western Health Care
Providing health services for over 30 years.

Western Health Care was established in 1984 by a group of doctors who wanted to offer a new approach to health care. Today, we have three locations and over 100 staff. Our philosophy has not changed, however. We still believe in treating people as individuals. That's why most of our patients have been with us for over a decade.

We accept most insurance plans. New clients are always welcome. Choose any of our three conveniently located offices. Call today for an appointment for any of the following:
- Pediatrics
- Ear, Nose, and Throat
- Family Practice
- OB/GYN
- Orthopedics
- Physical Therapy

Western Health Care
1-800-555-7651
Locations: Silverdale, Kensworth, and Concordia

151. What kind of service does Western Health Care offer?

(A) Health insurance
(B) Medical research
(C) Medical treatment
(D) Prescription medicine

152. How does the website describe the Western Health Care's approach?

(A) Cutting-edge
(B) Personalized
(C) Scientific
(D) Unique

GO ON TO THE NEXT PAGE

Please excuse our noise and the inconvenience!

We are resurfacing our parking lot in order to better serve our customers. As a result, the parking
lot will be closed from January 7th until January 10th. We will be open as usual during the process and our business hours will remain the same.

Customers can park in the neighboring lots on the North side of the building, although parking is
limited. Alternately, buses #35 and #50 stop right in front of our main entrance; so public transport is another option.

We will have additional employees on hand during the construction in case customers require help bringing their purchases to their vehicles or the bus stop.

We thank you for your patience and understanding!

153. Who is this notice targeted at?
   (A) Constructors
   (B) Customers
   (C) Delivery staff
   (D) Store clerks

154. How will extra staff help customers from January 7 to January 10?
   (A) By answering questions or concerns
   (B) By delivering purchases
   (C) By offering help to their cars
   (D) By providing valet parking

Questions 155-157 refer to the following notice.

As of January 1st, key company policies will change. Please make note of the following changes:

Hours for "full-time" status will change. Up to now employees who work 40 hours per week have been eligible for benefits. Now anyone who works 32 or more hours per week will be included. Employees affected by this change should speak to their HR representative for information regarding benefits.

PTO (paid time off) will be one designation only. Vacation and sick time can be accumulated together. Employees will still be able to cash out PTO, but 40 hours per year will still be the limit. Additional PTO must be used or 156. it will reset at the end of the year.

Company travel will no longer include overtime pay. All travel arrangements must be made to fall
under 40 hours per week. Additional requests for overtime may be considered on an individual basis in cases of unforeseen circumstances. All employees are expected to make every effort to adhere to these changes.

If you have questions regarding these policy changes, please contact your Human Resources representative.

155. How will employee benefits change?

(A) They will be changed to a new provider.
(B) They will be cut back by 20 percent.
(C) They will be dependent on seniority.
(D) They will be extended to more staff.

156. What is NOT true about paid time off?

(A) Employees can exchange it for pay.
(B) It will expire at the end of the year.
(C) The categories have been reduced.
(D) There are no exceptions to the new rules.

157. According to the information, who can request overtime?

(A) Employees who are engaged in a special Task
(B) Employees who have an unexpected travel condition
(C) Employees who travel to a foreign country
(D) Only employees who work for the central office

GO ON TO THE NEXT PAGE

Questions 158-160 refer to the following memo.

To :   All Employees
From : John Logan, Site Manager
Date : January 4
Subject :   Annual HQ Visit

We will have visitors on-site throughout next week from our corporate headquarters.
While this may be disruptive to some departments, we absolutely must make every
effort to accommodate our guests.

The Special Projects group will have at least three visitors, possibly more. I will let
you know as soon as I find out. A lot of people want to see what you are working on,
as it is some of the company's highest-profile research.

Planning and Operations will each have one specialist working in their department
for the duration of the week. This person will function as an additional staff
member; they don't expect any special treatment. It's the company's way of looking at
department efficiency.

General Development will have a series of engineers visiting the department. Some
will just observe. Some are scheduled to make presentations. More information will be
provided as it becomes available. Some presentations for the GD group will most likely
be useful for other departments, so attendance is encouraged.

There will be a happy hour on Monday after work in the meeting room to welcome the
visitors. All are encouraged to attend.

158. How does the memo describe possible problems with the visit?

(A) It comes at a busy time.
(B) It may interrupt some work.
(C) It may shut down work completely.
(D) It will require additional overtime.

159. Which department will receive temporary additional staff?

(A) Engineering
(B) General Development
(C) Operations
(D) Special Projects Team

160. Who will be presenting to the General Development department?

(A) A planning specialist
(B) Some engineers
(C) Research specialists
(D) Their corporate head

Questions 161-163 refer to the following e-mail.

To	Frank Woods <frank-wo@bil.com>
From	Bob Landers <bob-la@bil.com>
Subject	Recommendation for you
Date	Monday, February 22

Morning Frank,

Hope you had an enjoyable weekend and have gotten a good start to Monday. Just FYI, the suppliers are happy to go ahead with our proposal; I've set up a meeting for later today to discuss.

On a social note, remember my family moved house last weekend? Well, we decided to get rid of some of the old kitchen stuff and buy fresh for the new place. But what to do with the used things? After hours of searching the Internet, I found this guy who offered us exactly what we were looking for. I called him straight away and he was there the next evening taking care of everything. And for a pretty decent price! The best part was it took a load off my mind and the move was a breeze since we didn't have as much stuff.

I know you said you wanted to invest in some new appliances, so if you are looking to get rid of your old things, maybe this could be an option for you guys too. The name of the guy is Rich Cooper and his number is 045-555-435.

Hope this helps!

See you later.
Bob

161. What is the purpose of Mr. Landers's e-mail?
(A) To advertise his business
(B) To ask for help moving
(C) To inform Mr. Woods about a meeting
(D) To recommend a business to Mr. Woods

162. What kind of service is Mr. Landers talking about?
(A) A buying service
(B) A fitting service
(C) A removal service
(D) A selling service

163. What did Mr. Landers like the most about the service?
(A) It made his move easier.
(B) It was cheap.
(C) It was easy to find.
(D) It was fast.

GO ON TO THE NEXT PAGE

To : Tom Dudson <tom_dudson@ac.jerzee.com>
From : Nancy Low <nancy_low@ac.jerzee.com>
Date : December 15
Sub : A tech question

Hi Tom,

How was your weekend? Not too busy I hope!

I wonder if you could lend a hand with something. I've been racking my brains trying to figure out how to add a new group to my address book. I've searched everywhere on the program but so far have had no luck. ---[1]---. I even looked it up on online, but it seems the system we are using is so old and out-of-date that there is no information about it.

---[2]---. I also couldn't input an appointment successfully or amend room bookings without going through a million steps. Perhaps we should speak to Mr. Greene about updating the software? That way, we could save time, energy, and effort and put them to use in much better places — like the accounts! ---[3]---.

Anyway, it's not a big deal if you can't find the time — I'll just send each e-mail individually, but you'd be doing me a massive favor if you could help! ---[4]--- .

Kind regards,

Nancy

PS. Let me know when you want to try the new deli around the corner. Patricia and I are ready when you are.

---

164. What is Mr. Dudson asked to do?

(A) Check on a system update
(B) Help Ms. Low update her address book
(C) Look through some old addresses
(D) Order lunch for his colleagues

165. According to Ms. Low, what caused her problem?

(A) A bug in the network
(B) Limited storage space
(C) The accounting software
(D) The old system

166. Who is most likely responsible for software updates?

(A) Mr. Dudson
(B) Mr. Greene
(C) Ms. Low
(D) Patricia

167. In which of the positions marked [1], [2], [3] or [4] does the following sentence best belong?

"That's not the only problem I've had.

(A) [1]
(B) [2]
(C) [3]
(D) [4]

The Quantum Center Breaks Ground in February

Johnson Enterprises announced yesterday that their flagship project, The Quantum Center, would begin construction in February. The multifaceted project will "create a new urban core" for Harris City, according to a press release.

Designed as an "urban village," the center is the brainchild of Wanda Peterson, award-winning architect and engineer. The concept is to combine a mass-transit hub, retail center, and several residential options in one location. In addition, the fact that all of this development will take place in the center of the city is unprecedented. ---[1]---.

Incentives from state and city government allowed this project to happen. ---[2]---. "Much of our downtown area was outdated and in desperate need of repair. This project makes a lot of changes at one time," said Mayor William Benson.

Spanning an area of four city blocks, the center will have some buildings as high as 50 stories. A large green space is being created as well. ---[3]---.

A time of completion estimate has not been announced yet, but no doubt city residents will watch the progress with interest. ---[4]---.

168. What was NOT announced regarding the project?

(A) The architect
(B) The end date
(C) The nature of the facility
(D) The size of the center

169. How does the article describe the project?

(A) Common
(B) Overdue
(C) Pioneering
(D) Unfavorable

170. How was the project made possible?

(A) Corporate funding
(B) Government aid
(C) Tax increases
(D) Voter opinion

171. In which of the positions marked [1], [2], [3] or [4] does the following sentence best belong?

"This fills another need for the city, more public parks.

(A) [1]
(B) [2]
(C) [3]
(D) [4]

Questions 172-175 refer to the following online discussion.

| Online Chat | _ □ × |

Patrick Anderson 11:32	When are you guys available for a meeting about the Red Hill Watershed?
Randy Baldwin 11:33	I'm available Tuesday or Thursday.
Jennifer Rassen 11:35	I'm going to have to look at my schedule and see what I can move.
Patrick Anderson 11:37	This week would be better, but if that's not workable, definitely by the middle of next week.
Jennifer Rassen 11:38	I can make time early Friday. How long are you thinking?
Patrick Anderson 11:39	About half an hour.
Randy Baldwin 11:40	I'm in Clarksdale for a meeting Friday morning.
Jennifer Rassen 11:42	OK, scratch that then.
Patrick Anderson 11:43	Let's just shoot for early next week, any objections?
Jennifer Rassen 11:45	Monday is flexible for me.
Randy Baldwin 11:46	Same here.
Patrick Anderson 11:48	OK, let's do noon on Monday. Meet in the conference room. Bring your lunch and we'll keep it casual. I have a quick presentation on the blueprints I want you guys to see so I can get your two cents.
Jennifer Rassen 11:49	Sounds good.
Randy Baldwin 11:50	Got it. Noon on Monday. Thanks!
Patrick Anderson 11:50	Thank you both!

Send

172. When would Mr. Anderson like to see Mr. Baldwin and Ms. Rassen ideally?

(A) This week
(B) Next Monday
(C) Next Wednesday
(D) Next Friday

173. Why are they unable to have a meeting on Friday morning?

(A) Mr. Baldwin will be out of the office.
(B) Ms. Rassen has an appointment.
(C) The conference room will be occupied.
(D) The necessary data will not be ready by then.

174. At 11:46, what does Mr. Baldwin mean when he says "Same here"

(A) He has the same objection.
(B) He is free on Monday.
(C) He knows nothing has changed.
(D) He supports Ms. Rassen's project.

175. What does Mr. Anderson want from Ms. Rassen and Mr. Baldwin?

(A) Their feedback on a visit to Clarksdale
(B) Their input on some plans
(C) Their plans for the Watershed
(D) Their revisions on some plans

Test 01

Test 02

Test 03

Answer 01

Answer 02

Answer 03

GO ON TO THE NEXT PAGE

Questions 176-180 refer to the following agenda and e-mail.

GO GREEN'S ANNUAL CONFERENCE

09:00-09:30	REGISTRATION	
09:45-10:15	Welcome Address	Jennifer Frezo, President of Go Green
10:15-10:50	The World's Green Awareness Level (GAL)	Richard Hatter, Researcher at Go Green
10:50-11:00	BREAK	
11:00-12:00	How the GAL has changed	Daso Wend, Professor at the University of Finland
12:00-13:30	LUNCH	
13:30-14:00	How we can increase the GAL	Rosie Pointer, Green Campaigner
14:00-14:30	Panel discussion with all speakers	Moderated by Kent Long, Environmentalist
14:30-15:00	Meet and Greet	
15:00-15:15	Closing Address	Jennifer Frezo, President of Go Green

To	newsletter@group.gogreen.co.uk
From	Jennifer Frezo <jennifer-president@gogreen.co.uk>
Subject	Annual conference
Date	January 25

Dear Colleagues and Fellow Go Greeners,

We are fast approaching this year's Go Green conference and preparations have gone well so far. The venue looks great — an improvement on last year and we have more attendees than ever before. We have some extremely reputable speakers and are privileged to welcome Ms. Pointer, who has gained some excellent results in the field.

We were very much looking forward to Mr. Wend joining us but I was informed yesterday that due to the unstable weather conditions in Finland, he will be unable to come. This is most unfortunate, as Mr. Wend is a world-renowned expert in this subject and this part of our conference is vital in helping our attendees fully comprehend the declining environmental situation.

In light of this, if anyone knows a person who could be an adequate replacement speaker in this area, please get in touch. At the moment, we have one week until the conference goes ahead and are now down one of our key speakers.

I look forward to hearing from you.

Best regards,

Jennifer
President, Go Green

176. Who will appear first at the conference?

  (A) DasoWend
  (B) Jennifer Frezo
  (C) Richard Hatter
  (D) Rosie Pointer

177. What will Ms. Pointer talk about at the conference?

  (A) The changing green awareness level's source
  (B) The green awareness level in the world now
  (C) The way of getting the current green awareness level up
  (D) The way the green awareness level has changed over the years

178. What does Ms. Frezo say about Mr. Wend?

  (A) He is Filipino.
  (B) He is internationally famous.
  (C) He is very talented.
  (D) He will join the conference.

179. What does Ms. Frezo request in her e-mail?

  (A) Notify her about another suitable speaker
  (B) Notify her of changes to the schedule
  (C) Notify her of the location of the conference
  (D) Notify her of the number of people attending

180. When will an alternative person most likely make a speech?

  (A) At 10:15
  (B) At 11:00
  (C) At 13:30
  (D) At 14:00

Test 01
Test 02
Test 03
Answer 01
Answer 02
Answer 03

GO ON TO THE NEXT PAGE

Horizon Mobile Technology
January 30th
Weekly Sales Report
Mobile phones and tablets − all locations

Item	Mon	Tues	Wed	Thurs	Fri	Total
Z10 Tablet	15	27	5	22	25	94
Z25 Tablet	10	15	10	20	22	77
Geo Phone	100	57	66	150	90	463
Neo Phone	120	120	121	120	120	601
Neo Lite Phone	220	200	175	150	150	895
	465	419	377	462	407	2,130

Total % +/− from previous week: +18%
Neo and Neo Lite price reduced all week
Neo Lite set new sales record

To : Michelle Collins <MichelleC@Horizon.com>
From : Wilson James <Wilson@HorizonRetail.com>
Date : January 31
Subject : Weekly Retail Sales Report — additional info

Ms. Collins,

I hope you received the weekly retail sales report we sent out. Obviously, some of the results (the last row) were a pleasant surprise. Some others may indicate need for a shakeup.

It seems that the "lighter" models in both the Neo and the Z lines are outselling their higher-priced counterparts. Obviously, this is just one week's report, but I think it's worth looking at as a potential trend. People may be more inclined to sacrifice features they won't necessarily use to get a better deal.

The Geo numbers are unchanged from the past six weeks, so I think our current strategy, while effective, might require some sort of renewal.

Those are my observations from the retail division. I'd love to hear your input on any strategy for us if you have a moment to send me a few thoughts.

Thank you,

Wilson James
VP, Retail

181. According to the report, what is true about the Neo phone?

(A) It had higher sales early in the week.
(B) It had the most consistent sales.
(C) It is the best deal available.
(D) It outsold the Neo Lite.

182. When were the total sales lowest?

(A) Tuesday
(B) Wednesday
(C) Thursday
(D) Friday

183. What sales results surprised Mr. James?

(A) The Geo
(B) The Neo
(C) The Neo Lite
(D) The Z25

184. According to the e-mail, what can be assumed about the Z10?

(A) It has more features than the Z25.
(B) It is cheaper than the Z25.
(C) It is newer than the Z25
(D) It is the best seller on the market.

185. What item does Mr. James think needs changes?

(A) Geo Phone
(B) Neo Phone
(C) Z10 Tablet
(D) Z25 Tablet

GO ON TO THE NEXT PAGE

Three-Week Tax Specialist Course for Adults

Maybe you want to do your own taxes this year. Maybe you want to do the taxes for your small business or personal trust. Maybe you just want to make sure you're paying the right amount of tax. Whatever your reason, our three-week Tax Specialist course will give you the tools to tackle your taxes like a pro!

This course covers reporting, deductions, exemptions, and all the tips a certified public accountant (CPA) would charge you a fortune for! The teacher, Linda Reed, is a CPA herself. Taxes are intimidating, but not complicated if you know the tools of the trade. This course is designed to give you enough of those tools so you don't pay the government any more than you have to.

Even if you're using tax software already, you may not be getting your full refund if you don't know what to look for. Increase your knowledge and get your money back from the government with this special course. Discounts available for CCC alumni.

Offered Tuesday and Thursday evenings, 7:00-9:00. Main campus. Miller Hall, Room 10.

Adult Learning Course Application
Collins Community College

Mike Caswell   Phone: 202-555-4646

2120 5th St, Collins, OR 97432   E-mail: MC@w122.net

Three-Week Tax Specialist   Ref #: Econ 22A

January 4 — January 25

Eve

Are you currently a CCC Student?_____No____

Are you a CCC Graduate? No____

Are you interested in degree programs? Not at this time____

Do you require tuition assistance?_____No____

Dear Mr. Caswell,

Thank you for your interest and application for our Tax Specialist course in our adult learning program. I'm sorry to reply to you so late, but the section of the course you applied for is full.

We offer this course throughout the winter (leading up to tax season), so if you would like to take it starting another week, I can enroll you using your current application. We have one starting the week after the one you applied for, and then one starting at the beginning of the next month, and the beginning of the month after that as well.

This course is very popular, so if you do want to enroll, I'd suggest doing so as soon as you are able. My direct number here is 212-555-0001 ext. 21 .You can call me between 8:00 and 4:00 most days, or just e-mail me back when you are able.

Thank you again for your interest in Collins Community College.

Denise Wang
Assistant Registrar
Collins Community College

186. Who is Linda Reed?

(A) A college administrator
(B) A financial analyst
(C) A professional accountant
(D) An economist

187. How many sessions does one course have?

(A) 2
(B) 3
(C) 6
(D) 8

188. Why is Mr. Caswell ineligible for a price break on the course?

(A) He already has a college degree.
(B) He attended CCC.
(C) He has no accounting experience.
(D) He is not a former student of the college.

189. Which course is Mr. Caswell unable to take?

(A) The one starting on January 4
(B) The one starting on January 11
(C) The one starting on February 1
(D) The one starting on March 1

190. What should Mr. Caswell do to enroll in another section?

(A) Call Ms. Reed directly
(B) Contact Ms. Wang via e-mail
(C) Submit a new application
(D) Visit the registrar's office

GO ON TO THE NEXT PAGE

refer to the following e-mails and a voucher.

To : Customer Service, HRG Lighting <CS@hrg.com>
From : Hank Charles <HCharles1 @wilson.com>
Date : January 15
Subject : DL1000 Light repair

I purchased and installed a DL1000 motion-sensor light last year. I installed the light according to the instructions as an external security feature for my house. The light functioned fine for the first few months, and then it stopped lighting up when there was motion in range.

I changed the batteries, checked the connections, and even moved the light slightly lower to the ground (8 feet high). The final option seemed to fix the situation for a while, then the same issue started to occur. Finally, the light ceased working altogether last week.

I was hoping I could ship this item back to HRG for repair or replacement if it's defective.

Thank you very much.
Hank Charles

To	Hank Charles <HCharles1 @wilson.com>
From	Customer Service, HRG Lighting <CS@hrg.com>
Date	January 15th
Subject	Re: DL1000 Light repair

Dear Mr. Charles,

I'm very sorry to hear that you had an issue with the performance of one of our products. Let me assure you that we want to take care of this right away.

The DL1000 is, unfortunately, no longer in production. Repair would not be an option for that model. We no longer have the requisite materials.

Our new version of that light, the DL1500, is a marked improvement. It features an increased range, lower heat inside, and extended battery life. It mounts on the same bracket as the 1000, so you should be able to swap it out very easily with your current unit. You can also move it as high as 15 feet from the ground.

I've attached a .pdf of a gift voucher for one DL1500. You can use this voucher at Home World, First Hardware, or any retailer that stocks HRG products. Just print out the voucher and take it to the store, or if you have a smartphone, some stores can just scan the bar code directly off the phone screen.

I hope that this takes care of the problem. Please let me know if there is anything else I can do.

Thank you,
Jim Hart
Customer Service

HRG Lighting Gift Voucher

For use at any registered HRG retail dealer

This entitles the bearer to one:

DL1500

(Retail value: $39.99)

0 123456 789012

Not redeemable for cash or store credit

Expires: 12/31/20XX

191. What is the main purpose of the first e-mail?

(A) To ask for a repair
(B) To ask how to return a product
(C) To complain about the design of a product
(D) To request a refund

192. How much higher can Mr. Charles move his light?

(A) A foot
(B) A few feet
(C) 7 feet
(D) 10 feet

193. What does Mr. Hart NOT mention about the new unit?

(A) Effective area
(B) Energy efficiency
(C) Light intensity
(D) Lower temperature

194. What is NOT true about the voucher?

(A) It can be used at several locations.
(B) It can be used only once.
(C) It is for any comparable unit.
(D) It is good for many months.

195. What is the price of the model HRG Lighting offers to Mr. Charles?

(A) About $40
(B) About $50
(C) About $80
(D) About $100

GO ON TO THE NEXT PAGE

First Class Catering
Your first choice for weddings, parties, and special events!

First Class Catering
Your first choice for weddings, parties, and special events!

Chef Charlie Smith started First Class Catering in 2010. After 20 years in fine dining restaurants (Le Petit, Chamonix, La Fontana) he wanted to transition to a more personal experience. First Class Catering is the perfect vehicle to allow Charlie and his team to combine top-tier gourmet dining with a more personal, customized experience.

There is almost no menu that the First Class team cannot accommodate. Everything from white-linen French bistro to a seaside clambake is an option. International, fusion, gourmet, casual, the choice is yours.

Whether it's your wedding, a birthday party, or a corporate event, First Class can create a custom dining experience for you and your guests that will leave everyone astonished and amazed.

Call for a free consultation any time at 555-4962 or contact us online at www.YirstClassCatering.com.

Menu proposal for Nakamura wedding (February 20 — Broadmoor Hotel)

Hors d'oeuvres: (Served after ceremony during cocktail hour)
Crab Cakes
Prosciutto-wrapped Asparagus
Bruschetta

Salads:
Mixed Greens with walnuts, pear, and Gorgonzola
Traditional Caesar
(Assorted house-baked bread served with salad course)

Main:
Grilled Ribeye Steak, Served with garlic mashed potatoes and roasted vegetables
Cedar-plank Salmon served with lentil hash and blanched broccolini

Dessert:
Cupcakes - 3 flavors:
S'more, Chocolate, Espresso

To	Charlie Smith <Charlie@firstclasscatering.com>
From	Jennifer Nakamura <Jen25@utech.com>
Date	January 30
Subject	Nakamura/Holmes Wedding Menu

Hi Charlie,

Thank you so much for sending the proposed menu over this morning. I looked it over and talked to some of my family, and we love it. I just have a few tweaks that we'd like, if you don't mind.

For the salad course, I don't really think we even need two options. The mixed greens will be fine.

For the appetizers, would it be possible to replace the crab cakes? I know people love them, but it seems like every event I go to has them, and I just think they've become somewhat boring. Thank you for indulging me. I know you'll come up with something else spectacular.

Finally, would it be possible to have an additional option for dessert? Perhaps sliced fruit and yogurt or something like that? Some people might not want to have an indulgent, sweet dessert.

Let me know if these ideas would be possible.

Thank you!

Jennifer

196. In the advertisement, the word "vehicle" in paragraph 1, line 3, is closest in meaning to

(A) car
(B) force
(C) machine
(D) way

197. Who does Ms. Nakamura send the e-mail to?

(A) A company owner
(B) A customer service representative
(C) A wedding planner
(D) One of her friends

198. How long does Mr. Smith have to prepare for Ms. Nakamura's event?

(A) A week
(B) Two weeks
(C) Three weeks
(D) A month

199. Why does Ms. Nakamura want to change one of the appetizers?

(A) Her friend's wedding featured this appetizer.
(B) She feels the option is overused.
(C) She has a different appetizer in mind.
(D) Some guests have food allergies.

200. What would Ms. Nakamura like removed from the menu?

(A) The bread
(B) The Caesar salad
(C) The dessert
(D) The ribeye steak

Stop! This is the end of the test. If you finish before time is called, you may go back to Parts 5, 6, and 7 and check your work.

퀵

토익
실전모의고사 II

Actual Test

2 SET

지금부터 Actual Test를 진행합니다.
실제 시험과 동일한 방식으로 진행됨을 말씀드리며,
방송 음성은 QR코드로 청취하실 수 있습니다.

준비 되셨으면 바로 시작하세요!

LISTENING TEST

In the Listening test, you will be asked to demonstrate how well you understand spoken English. The entire Listening test will last approximately 45 minutes. There are four parts, and directions are given for each part. You must mark your answers on the separate answer sheet. Do not write your answers in your test book.

PART 1

Directions: For each question in this part, you will hear four statements about a picture in your test book. When you hear the statements, you must select the one statement that best describes what you see in the picture. Then find the number of the question on your answer sheet and mark your answer. The statements will not be printed in your test book and will be spoken only one time.

Statment (A), "Some people are paddling through the water," is the best description of the picture, so you should select answer (A) and mark it on your answer sheet.

1.

2.

Answer 01

Answer 02

Answer 03

GO ON TO THE NEXT PAGE

3.

4.

5.

6.

GO ON TO THE NEXT PAGE

PART 2

Directions: You will hear a question or statement and three responses spoken in English. They will not be printed in your test book and will be spoken only one time. Select the best response to the question or statement and mark the letter (A), (B), or (C) on your answer sheet.

7. Mark your answer on your answer sheet.

8. Mark your answer on your answer sheet.

9. Mark your answer on your answer sheet.

10. Mark your answer on your answer sheet.

11. Mark your answer on your answer sheet.

12. Mark your answer on your answer sheet.

13. Mark your answer on your answer sheet.

14. Mark your answer on your answer sheet.

15. Mark your answer on your answer sheet.

16. Mark your answer on your answer sheet.

17. Mark your answer on your answer sheet.

18. Mark your answer on your answer sheet.

19. Mark your answer on your answer sheet.

20. Mark your answer on your answer sheet.

21. Mark your answer on your answer sheet.

22. Mark your answer on your answer sheet.

23. Mark your answer on your answer sheet.

24. Mark your answer on your answer sheet.

25. Mark your answer on your answer sheet.

26. Mark your answer on your answer sheet.

27. Mark your answer on your answer sheet.

28. Mark your answer on your answer sheet.

29. Mark your answer on your answer sheet.

30. Mark your answer on your answer sheet.

31. Mark your answer on your answer sheet.

Test 01

Test 02

Test 03

Answer 01

Answer 02

Answer 03

PART 3

Directions: You will hear some conversations between two or more people. You will be asked to answer three questions about what the speakers say in each conversation. Select the best response to each question and mark the letter (A), (B), (C), or (D) on your answer sheet. The conversations will not be printed in your test book and will be spoken only one time.

32. Where is the man going?
(A) To a bus stop
(B) To a concert hall
(C) To a sports venue
(D) To a theater

33. What is mentioned about Satellite Avenue?
(A) It is a new street.
(B) It is being repaired.
(C) It is closed.
(D) It is near downtown.

34. What does the woman suggest the man do?
(A) Catch a taxi
(B) Go home
(C) Ride the Blue Line
(D) Wait for the next bus.

35. Who most likely is the man?
(A) A branch manager
(B) A job candidate
(C) A job recruiter
(D) A reporter

36. How long has the man been working in his current job?
(A) 2 months
(B) 3 months
(C) Half a year
(D) A year

37. What is mentioned about the man's family?
(A) His wife is not happy with his job.
(B) His wife got a new position.
(C) They are from Oak City.
(D) They do not want to relocate.

38. Why does the woman apologize?
(A) She has to cancel the appointment.
(B) She is late for the meeting.
(C) She needs to reschedule the meeting.
(D) She refused the man's offer.

39. What does the man mean when he says. "Works for me?"
(A) He is agreeing with the place to meet.
(B) He is fine with a video chat.
(C) The suggested schedule is convenient for him.
(D) The woman works in his department

40. What will the speakers discuss at their meeting?
(A) A collaboration plan
(B) A merger
(C) The man's budget ideas
(D) The woman's qualifications

41. What did the woman do on the weekend?
(A) Did home repair jobs
(B) Did some gardening
(C) Visited an amusement park
(D) Visited her parents

42. What did the man have trouble doing?
(A) Deciding where to go
(B) Finding his destination
(C) Getting a parking space
(D) Making a reservation

43. What will the woman probably do next?
(A) Call her children
(B) Look at some photos
(C) Take a break
(D) Talk about her holiday

GO ON TO THE NEXT PAGE

44. How many people will accompany the man to the restaurant?

    (A) 3
    (B) 4
    (C) 5
    (D) 6

45. What is mentioned about one of the man's party?

    (A) She has a serious allergy.
    (B) She is a vegetarian.
    (C) She likes the table with a view.
    (D) She will show up late.

46. Why does the man say, "That's a relief"?

    (A) He is concerned his guests will not like the restaurant.
    (B) He is glad the chef can do what he asks
    (C) He is happy to get a reservation at a busy time.
    (D) He is worried that there will not be enough menu choices.

47. What problem does the woman mention?

    (A) The building is old.
    (B) The construction outside is noisy.
    (C) The heater is not working properly.
    (D) The rooms are too cold.

48. Where is the conversation taking place?

    (A) In a community center
    (B) In a hotel
    (C) In a library
    (D) In a retirement home

49. What will the man do next?

    (A) Call the maintenance department
    (B) Have his lunch
    (C) Listen to a lecture
    (D) Retrieve his tools

50. Why is the man congratulating the woman?

    (A) She got married
    (B) She got promoted.
    (C) She received an honor.
    (D) She won a contract.

51. What does the woman say about her group?

    (A) They have not worked with her before.
    (B) They put in a lot of effort.
    (C) They were not cooperative with her
    (D) They will get reassigned soon.

52. What kind of products does the woman's company sell?

    (A) Clothes
    (B) Digital devices
    (C) Electric machinery
    (D) Medicine

53. What is the man's problem?

    (A) He cannot find a photographer for a project.
    (B) He does not have enough pictures for a catalog.
    (C) He does not have the right kind of pictures.
    (D) His deadline is already past.

54. What will happen in two weeks?

    (A) A photographer will be available.
    (B) An update needs to be finished.
    (C) The man will leave the company.
    (D) The woman will take over the project.

55. What does the woman offer to do for the man?

    (A) Accompany him to a photo shoot
    (B) Call a different photographer
    (C) Find a new studio
    (D) Review a previous catalog

56. What are the speakers mainly discussing?

(A) A business trip
(B) A new company policy
(C) Their new boss
(D) Their recent vacations

57. What does the man mention about Singapore?

(A) It has a lot of good food.
(B) It has many sightseeing spots.
(C) It is a beautiful city.
(D) It is easy to get around.

58. What does the speakers' boss want them to do?

(A) Go over the inspection checklist
(B) Save on costs
(C) Stay in a specific hotel
(D) Treat a facility manager to dinner

---

59. What is the purpose of the meeting?

(A) To conduct an employee evaluation
(B) To discuss a new branch
(C) To interview a job candidate
(D) To offer a position

60. Who most likely is Mr. Evans?

(A) The company president
(B) The overseas branch head
(C) The Personnel Department director
(D) The woman's direct supervisor

61. What does the woman need to do by the end of the month?

(A) Find a new job
(B) Get a visa
(C) Make a decision
(D) Move to Shanghai

European Delights Discount Coupon

15% off French food
20% off German food
25% off Italian food
30% off Spanish food

62. What news does the man tell the woman about?

(A) An application was just accepted.
(B) A retirement ceremony will be held.
(C) A contract was just signed.
(D) A colleague is being transferred.

63. Look at the graphic. How much of a discount will the speakers receive?

(A) 15%
(B) 20%
(C) 25%
(D) 30%

64. What does the man offer to do?

(A) Pay for a meal
(B) Make arrangements with Alice
(C) Speak with his coworkers
(D) Book a table at a restaurant

GO ON TO THE NEXT PAGE

Test 01

Test 02

Test 03

Answer 01

Answer 02

Answer 03

Name	Monthly Fee.	Songs available / month	Devices
Music Depot	$8.50	unlimited	phone
Play Now	$5.00	2,000	phone
Smart Sound	$3.99	1,000	phone, PC
X Hits	$9.50	unlimited	phone, PC

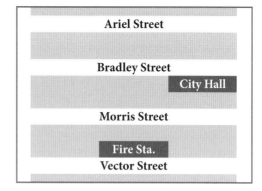

65. What does the woman say about the service?

(A) It is convenient
(B) It is high-tech.
(C) It is priced fairly.
(D) It is very popular.

66. Where does the man like to listen to music in particular?

(A) At home
(B) At the gym
(C) At work
(D) On the train

67. Look at the graphic. Which service will the woman most likely choose?

(A) Music Oepot
(B) PlayNow
(C) Smartsound
(D) X Hits

68. What can be said about the parade?

(A) It was successful last year.
(B) It will be canceled this year.
(C) It will be held for the first time.
(D) Its budget was increased.

69. Look at the graphic. Where will the parade start?

(A) On Ariel Street
(B) On Bradley Street
(C) On Morris Street
(D) On Vector Street

70. What does the woman say she will do?

(A) Call City Hall
(B) Fill out a job application
(C) Help the man with the paperwork
(D) Visit a government office

Test 01

Test 02

Test 03

Answer 01

Answer 02

Answer 03

PART 4

Directions: You will hear some talks given by a single speaker. You will be asked to answer three questions about what the speakers say in each talk. Select the best response to each question and mark the letter (A), (B), (C), or (D) on your answer sheet. The talks will not be printed in your test book and will be spoken only one time.

71. What is implied about Orangeton?
    (A) It is experiencing a lot of growth.
    (B) It is getting a professional sports team.
    (C) It is Mr. Jones' place of birth.
    (D) It is the speaker's favorite place.

72. How long was Mr. Jones a professional athlete?
    (A) For 5 years
    (B) For 8 years
    (C) For 10 years
    (D) For 20 years

73. What did Mr. Jones recently do?
    (A) Became a doctor
    (B) Left a hospital
    (C) Played in a tournament
    (D) Traveled around

74. Who is the caller?
    (A) A business owner
    (B) The listener's friend
    (C) A new customer
    (D) A weather forecaster

75. What can the listener provide?
    (A) Live music
    (B) Locally-grown food
    (C) A new window
    (D) A quotation

76. What does Mr. Conklin ask the listener to do?
    (A) Call back quickly
    (B) Contact his assistant
    (C) Reply by e-mail
    (D) Stop by his office

77. What kind of business is being advertised?
    (A) Childcare service
    (B) Cleaning service
    (C) Delivery service
    (D) Elderly care service

78. What does the speaker mean when she says, "It will give you a big lift"
    (A) She believes the service can show people how to save money.
    (B) She hopes customers can feel lighter after using the service.
    (C) She thinks the service will make people happy.
    (D) She wants the service to take listeners where they need to go.

79. Who can get a discount?
    (A) Those who give a discount code
    (B) Those who have a certain size house
    (C) Those who have not used the service before
    (D) Those who live in a certain area

80. What will the new bridge go over?
    (A) A lake
    (B) A river
    (C) A valley
    (D) Some train tracks

81. Why was the project delayed?
    (A) The citizens did not want to approve it.
    (B) The city could not decide on a builder.
    (C) The city did not have the money.
    (D) The construction company had problems.

82. What is the construction company expected to do?
    (A) Employ many people
    (B) Give a press conference
    (C) Start the bidding process
    (D) Underbid its rivals

GO ON TO THE NEXT PAGE

83. Where is the announcement taking place?

(A) At a bookstore
(B) At a clothing store
(C) At a grocery store
(D) At a shoe store

84. What does the speaker imply when she says, "business really picked up between 5:00 and 7:00 P.M."?

(A) A lot of customers came in in the evening.
(B) The customers used a shuttle bus to come to the store
(C) A special discount was offered in the evening.
(D) Those who work in the evening were paid double.

85. What will listeners receive if they work longer this weekend?

(A) A bonus
(B) Free merchandise
(C) Higher salary
(D) A paid day off

86. What is being advertised?

(A) A drink
(B) A health food
(C) A medication
(D) A supplement

87. Who can use the advertised product?

(A) Anyone
(B) Hospital patients only
(C) Students only
(D) Those over 15

88. Where can the product be purchased?

(A) At a health exhibition
(B) At all health food stores
(C) At any drug store
(D) On the web

89. What is the talk mainly about?

(A) An expansion of the office
(B) A new employee's first day
(C) Parking location changes
(D) Public transportation fees

90. What are listeners encouraged to do?

(A) Keep their desks clean
(B) Participate in a survey
(C) Ride to work together
(D) Welcome a new employee

91. According to the speaker, what might some listeners experience next week?

(A) A long walk
(B) Loud construction noise
(C) Low temperatures in the office
(D) A new desk assignment

92. What type of business is being advertised?

(A) A fitness center
(B) An amusement park
(C) A supermarket
(D) A sporting goods store

93. What event is the business having?

(A) A grand open
(B) A seasonal sale
(C) A food festival
(D) A fishing contest

94. What will the business do this weekend?

(A) Extend its hours of operation
(B) Offer a free delivery
(C) Serve refreshment
(D) Announce contest winner

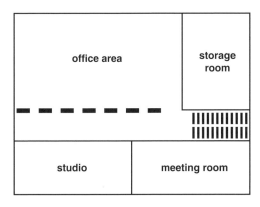

Platform	Time	Destination
1	15:30	Arendale
2	15:35	Hastings Cross
3	15:45	Gilmore Station
4	15:48	Green River

Test 01

Test 02

Test 03

Answer 01

Answer 02

Answer 03

95. What industry does the speaker work in?

(A) Architecture
(B) Construction
(C) Medical
(D) Publishing

96. Look at the graphic. Which room will be smaller after the renovation?

(A) The meeting room
(B) The office area
(C) The storage room
(D) The studio

97. What most likely will the listeners do next?

(A) Discuss the office layout
(B) Have lunch together
(C) Plan a new product
(D) Speak with an architect

98. Who most likely is the speaker?

(A) A passenger
(B) A train conductor
(C) A train driver
(D) A train station staff

99. Look at the graphic. What time is the train to Gilmore Station going to leave?

(A) 15:35
(B) 15:45
(C) 15:48
(D) 15:55

100. Where should passengers with reserved tickets go?

(A) Car 1
(B) Car 2
(C) Car 4
(D) Car 8

This is the end of the Listening test. Turn to Part 5 in your text book.

GO ON TO THE NEXT PAGE

READING TEST

In the Reading test, you will read a variety of texts and answer several different types of reading comprehension questions. The entire Reading test will last 75 minutes. There are three parts, and directions are given for each part. You are encouraged to answer as many questions as possible within the time allowed.

You must mark your answers on the separate answer sheet. Do not write your answers in your test book.

PART 5

Directions: A word or phrase is missing in each of the sentences below. Four answer choices are given below each sentence. Select the best answer to complete the sentence. Then mark the letter (A), (B), (C), or (D) on your answer sheet.

101. If you would like to book one of our meeting rooms, please let us know if you need any ------- such as a projector or a video camera.
    (A) equipment
    (B) facilities
    (C) instruments
    (D) tools

102. A to Z Industry offers a variety of ------- office furniture and supplies suitable for your needs.
    (A) rent
    (B) rental
    (C) renter
    (D) rents

103. If you have a problem installing our software on your computer, you can call ------- send an e-mail to our customer service staff.
    (A) and
    (B) nor
    (C) or
    (D) to

104. Although the regular virus check ------- takes only an hour or so, it took several hours today for some reason.
    (A) always
    (B) exactly
    (C) rarely
    (D) usually

105. As the planned keynote speaker canceled for personal reasons, the event organizer had to find a ------- at the last minute.
    (A) replace
    (B) replaceable
    (C) replaced
    (D) replacement

106. The leader talked at length about how practical his project plan was ------- all of his team members agreed to go with it.
    (A) in case
    (B) given that
    (C) until
    (D) whether

107. Sarah Luther had to hurry back to her office to attend a ------- seminar for the mow intranet system.
    (A) complimentary
    (B) mandatory
    (C) preliminary
    (D) voluntary

108. Because of a heating problem, the sales team had to hold their meeting in an ------- cold room.
    (A) exceed
    (B) exceeded
    (C) exceeding
    (D) exceedingly

109. All employees are required to acknowledge that ------- have been informed of the new company policy and agree to it in all respects.

(A) theirs
(B) them
(C) themselves
(D) they

110. Melba Logistics is a licensed carrier ------- rapid and safe transportation services all over the world.

(A) forwarding
(B) equipping
(C) providing
(D) receiving

111. More than 300 people ------- 50 different countries took part in the 15th international Conference on Environmental Science.

(A) among
(B) from
(C) over
(D) through

112. With the board member's ------- , Mr. Henderson will assume the post of chairperson next month.

(A) endorsable
(B) endorse
(C) endorsement
(D) endorser

113. If you have any problems or questions about the network access ------- , please ask our IT department.

(A) custom
(B) manner
(C) protocol
(D) sequence

114. According to the financial advisor, conducting ------- research beforehand is crucial for buying stock.

(A) detail
(B) detailed
(C) detailing
(D) details

115. The personnel chief considers that asking an unexpected question can be useful to judge character ------- interviewing a job candidate.

(A) as well as
(B) sometimes
(C) still
(D) when

116. Rather than partially modifying it, the team manager thought they should reconsider the ------- design of the new product.

(A) center
(B) extra
(C) main
(D) whole

117. Obeying the court order, the company will have to remove all of its possessions and ------- the rented property by the end of the week.

(A) vacancies
(B) vacancy
(C) vacant
(D) vacate

118. The consumer trends report found that recently people have spent ------- money on vacations, and have saved money instead.

(A) fewer
(B) less
(C) many
(D) more

119. The new laptop, TGX 800, received many good reviews as it was ------- improved from its old model and is a lot easier to use.

(A) beautifully
(B) drastically
(C) scarcely
(D) temporarily

120. The CEO is extremely concerned that this company's stock price ------- steadily over the past few weeks.

(A) had been dropping
(B) has been dropping
(D) is dropping
(D) will be dropping

GO ON TO THE NEXT PAGE

Test 01
Test 02
Test 03
Answer 01
Answer 02
Answer 03

121. ------- , the product launch went quite smoothly even though several last-minute change were necessary.

(A) Surprise
(B) Surprised
(C) Surprising
(D) Surprisingly

122. Mason Engineering has ------- some major charges over the year to become more customer-focused.

(A) underestimated
(B) undergone
(C) undermined
(D) understood

123. An e-mail was sent to notify all the participants that the event would take place at Hamilton Hall ------- Celia Hall.

(A) prior to
(B) instead of
(C) though
(D) thus

124. There were nearly 1,000 people ------- at the protest against the discontinuation of free bus passes for seniors.

(A) present
(B) presentation
(C) presented
(D) presenter

125. The collected personal information will not be disclosed to third parties without prior ------- , except under court order.

(A) analysis
(B) consent
(C) discussion
(D) engagement

126. The journalist was taken into custody because he refused to reveal the source of his story, ------- had asked to remain anonymous.

(A) which
(B) who
(C) whom
(D) whose

127. Jade Private Hospital has established an excellent reputation in the community for its high ------- to patient satisfaction.

(A) commit
(B) commitment
(C) committal
(D) committed

128. As the restaurant has been ------- , the owner is considering expanding his business in the region.

(A) productive
(B) prosperous
(C) strategic
(D) struggling

129. At the lecture, the renowned chef told the audience ------- such an easy recipe could result in such a delicious dish.

(A) as if
(B) despite
(C) how
(D) then

130. Even after spending long hours trying to fix it, the IT worker could not iron ------- the problem with the network.

(A) down
(B) off
(C) out
(D) over

PART 6

Directions: Read the texts that follow. A word, phrase, or sentence is missing in parts of each text. Four answer choices for each question are given below the text. Select the best answer to complete the text. Then mark the letter (A), (B), (C), or (D) on your answer sheet.

Questions 131-134 refer to the following e-mail.

To: Amanda Green
From: Exciting Travel Co.
Subject: Visit Costa Rica
Date: March 19

Exciting Travel's Top Three Reasons You Should Visit Costa Rica

1. ------- you crave adventure, Costa Rica is definitely the place for you. You can go white-
    131.
    water rafting, kayaking, scuba diving, cliff diving, sky diving… the list is endless.

2. ------- Both public and private beaches are sure to please lovers of sun and sand like
    132.

    ------- .
    133.

3. Costa Rica has been called the happiest country on Earth, and for good reason. The

people are peaceful, friendly and go out of their way to make every visitor feel at home.

For details about our travel ------- . to Costa Rica, please visit our website: www.
                               134.
excitingtravel.net/

---

131. (A) If
        (B) Maybe
        (C) Where
        (D) Whether

132. (A) Costa Rica has a world-famous rainforest and many environmental organizations give tours of it.
        (B) If you have young ones, you'll definitely want to take advantage of our resort's six swimming pools.
        (C) We have several great travel deals to Costa Rica, but they expire soon so don't put it off call today.
        (D) With almost 1,000 miles of coastline, Costa Rica is home to some of the world's loveliest beaches.

133. (A) ourselves
        (B) them
        (C) themselves
        (D) yourself

134. (A) agency
        (B) insurance
        (C) package
        (D) tips

GO ON TO THE NEXT PAGE

Test 01

Test 02

Test 03

Answer 01

Answer 02

Answer 03

Questions 135-138 refer to the following article.

Media company to relocate to Stamford

STAMFORD – Blasted, a live-streaming media company ------- . in Westville, plans to
                                                                        135.
move within the next few months to an office park in Stamford's south end. The firm is set

to make the move during the second quarter of this year after ------- . a long-term lease for
                                                                          136.
9,500 square feet at Brookbend Center.

"Brookbend Center has been home to many high technology companies ------- . its
                                                                              137.
founding, and we're pleased Blasted is making Brookbend its future home." property

manager Jonathan Turner said in a statement. Situated next to the Norton River,

BrookBend Center covers 40 acres. It features a conference room that can hold up to 200

people, an auditorium, and six meeting rooms. ------- .
                                                         138.

---

135. (A) base
(B) based
(C) is basing
(D) was based

136. (A) creating
(B) losing
(C) proposing
(D) signing

137. (A) by
(B) since
(C) until
(D) yet

138. (A) Mr. Turner is taking applications
from other prospective tenants for an
available office unit.
(B) The company will expand its
domestic manufacturing capacity
after the move, sources say
(C) The office center also includes a
cafeteria, 1,457 parking spaces, and
several walking trails
(D) Time will tell if the move by Blasted
will result in higher earnings for their
struggling products.

refer to the following memo.

MEMORANDUM

To: All Employees
From: Oscar Mendelson
Date: May 25
Subject: Welcoming our new employee

I'm happy to announce that Ms. Joanne Remnick is joining Medifast, Inc. to fill the open

position in customer service. Joanne ------- for more than five years in customer service at
                                      139.
BioServe. She earned several employee-of-the-month awards while there and she comes

------- recommended by her superiors. Joanne's direct supervisor will be Robert Vesper,
140.
so if you have questions, you can ------- with Robert before she starts. We are delighted to
                                   141.
have Joanne join the Medifast team.

Joanne's first day will be Tuesday, June 13. ------- .
                                             142.

Test 01

Test 02

Test 03

Answer 01

Answer 02

Answer 03

139. (A) is working
(B) will have worked
(C) worked
(D) works

140. (A) highly
(B) mainly
(C) mostly
(D) quietly

141. (A) share
(B) solve
(C) talk
(D) think

142. (A) As we will have safety inspectors
here next week, please don't be late
to work.
(B) If you see Joanne around the
building, be sure to welcome her to
the company.
(C) Joanne was one of our best
employees in customer service and
we will miss her
(D) Please make sure to submit your
suggestion for employee of the
month by then.

To: Atlas Property Management Agency
From: Rita Hanson, Buildmore Co.
Date: May 13
Subject: Necessary repairs

As a follow-up to our conversation on May 12, this is a ------- for repairs at our office
                                                                                  143.
located in the Bradford Building, Number 301. The office was in need of these repairs

------- we moved in, not through any fault, abuse, or negligence on our part. These are the
144.
items in need of repair: one inner office door (latch broken) and the heating unit on south

side of office (doesn't turn on and off properly).

------- It regrettably interferes with our ability ------- business in this location. Please let me
145.   **146.**
know when you will be making the repairs.

Sincerely,

Rita

---

143. (A) bill
         (B) quote
         (C) reply
         (D) request

144. (A) although
         (B) because
         (C) when
         (D) whether

145. (A) Our firm has recently earned several
            awards for design and efficiency.
         (B) This office has many great attributes
            like spaciousness and natural light.
         (C) We look forward to hearing back from
            you about our collaboration proposal.
         (D) We would like this matter taken care
            of as soon as possible, of course.

146. (A) conducting
         (B) conducted
         (C) conducts
         (D) to conduct

PART 7

Directions: In this part you will read a selection of texts, such as magazine and newspaper articles, e-mails, and instant messages. Each text or set of texts is followed by several questions. Select the best answer for each question and mark the letter (A), (B), (C), or (D) on your answer sheet.

Questions 147-148 refer to the following product instructions.

Thank you for purchasing the Trine Blender TopSpeed. We pride ourselves on easy-to use high-quality kitchen appliances and utensils.

To start using your new blender, first you will need to remove the pieces from the container and begin setup. The blender base will be heavy, so please be aware it might fall if opened from the bottom of the package.

The contents of the box will include: one base, two blade attachments, one pitcher attachment, and four serving cups. Before using, make sure to thoroughly clean all parts of the machine. Choose the blades needed (one large and one small blade, other sizes sold separately) and screw the blade attachment to the base. Once secured, it will be ready to use. Next, plug it in, add your ingredients, and make sure the pitcher is on tight. You will be then ready to use the Trine Blender TopSpeed.

147. What should customers pay attention to when removing the product?

(A) The installation instructions
(B) The sharpness of the blades
(C) The type of knife to open the box with
(D) The way the box is opened

148. How many types of blades are included in the box?

(A) 1
(B) 2
(C) 3
(D) 4

GO ON TO THE NEXT PAGE ➤

Questions 149-150 refer to the following text message chain.

Steve Bedrosian (9:34 A.M.)

Hey Mark, sorry to bother you. I know it's almost time for your appointment with the new client, but I have a favor to ask.

Mark Fitz (9:37 A.M.)

Sure, What's up?

Steve Bedrosian (9:39 A.M.)

I'm stuck in meetings at the office all day, so I was wondering if you could swing by our Westside office and grab the design documents for the Bunker Hill project on your way back here for the meeting this evening.

Mark Fitz (9:41 A.M.)

No problem. I'm heading into my customers office now. It's not too far, so I can stop and get them after we finish here. Is the project back on the schedule?

Steve Bedrosian (9:43 A.M.)

Thanks. I appreciate it. We are having discussions about using the designs either to restructure the original BH project or possibly using them to start the new Wilder project next spring.

Mark Fitz (9:48 A.M.)

Wow, that's good to hear! I was hoping it would be picked up again for something. I really liked the way it was shaping up when it was pitched. I'll message you once I have then and am heading your way.

149. What is preventing Mr. Bedrosian from getting the meeting documents?

(A) He has to go to Bunker Hill.
(B) He has to stay at the company.
(C) His colleague took a day off.
(D) The documents are not ready yet.

150. At 9:48 A.M., what does Mr. Fitz mean when he says "I really liked the way it was shaping up"

(A) He thought that the design of the project was good.
(B) He thought that the meeting was well organized.
(C) He thought that the project was losing unnecessary things.
(D) He thought that the schedule would work.

refer to the following notice.

Rosa's Italian Homestead is proud to announce that we will be reopening our 52nd Street location on Saturday, April 16, and we would like to invite everyone to come see our new look and menu. For over 30 years, we have served the area the finest dishes possible, but wanted to modernize and update our design and the meals for you.

To show our gratitude for our time in the Mariemont area, we will be offering a few special items that will only be available this month! Come and enjoy traditional Sicilian Pasta alla Norma, Manicotti, and a fresh seafood plate of Pesce spada alla ghiotta. During the first week, we will be offering a special three-course meal for the price of a large pizza. Come in and experience the fresh new tastes at Rosa's!

151. When will the special discount end?
(A) In a few days
(B) At the end of the week
(C) At the end of the month
(D) At the end of next month

152. Which kind of plate is Rosa's NOT offering in the special reopening menu?
(A) Large pizza
(B) Manicotti plate
(C) Seafood plate
(D) Sicilian pasta

GO ON TO THE NEXT PAGE

Questions 153-154 refer to the following e-mail.

To	James McCullen
From	Sebastian Bludd
Subject	The Winterholm Project
Date	April 20

Dear Mr. McCullen,

The Winterholm Project has been given clearance to start, but I think I am going to need your help on a few things. This will be my first time as lead of a new construction site, but I know you've had a lot of experience in situations like this, so I would appreciate your input.

First, we only have 14 months to complete it, but we will have to start construction in November, so the winter air will make it more difficult for our construction team. Do you think we should start with the smaller construction crew and add more later? It will be a large structure, and we will need quite a bit of time for creating the best workspaces for all of our recruits. I understand that speed is as important as quality in this matter, but I want to do it right. Let me know what ideas you can come up with.

Sebastian Bludd

153. Why does Mr. Bludd ask Mr. McCullen for his advice?
    (A) He does not want to be responsible for the project.
    (B) He has no experience in construction.
    (C) He thinks he needs approval to start it.
    (D) He trusts his opinion about the project.

154. What problem does Mr. Bludd mention?
    (A) The placement of the offices
    (B) The price of the building
    (C) The size of the land
    (D) The weather during construction

Questions 155-157 refer to the following memo.

Attention: All Employees

The Annual Summer Warehouse Sale will begin on June 5! All employees can participate in the sale, which will offer merchandise for 60-80 percent off and includes anything currently housed in our warehouse located near the main office. That means televisions, ovens, radios, and more.

We have updated the Employee Sale section of the company intranet, so that you can start searching the catalog now! Please note, once the sale begins, the web page data may be incorrect, as it will take some time to update sales that week. All items will be sold on a first come first served basis, so don't wait if you see something you are interested in.

Make sure to bring your company badge with you for entry into the warehouse. The sale will only last two weeks, so take advantage of this once-a-year savings opportunity!

---

155. What kind of products will be available at the sale?

(A) Electronics
(B) Kitchen utensils
(C) Office equipment
(D) Summer clothing

156. When does the sale end?

(A) June 5
(B) June 19
(C) June 30
(D) July 1

157. How can people find out about sale items before the sale begins?

(A) By accessing a website
(B) By asking for a list
(C) By contacting someone in the main office
(D) By visiting the warehouse

Test 01

Test 02

Test 03

Answer 01

Answer 02

Answer 03

GO ON TO THE NEXT PAGE

JD Trunk Cleaners will come to your office, store, or warehouse and create a safe clean working environment for your team. We have been in business for six years and have been the recipient of numerous awards for our thoroughness and work attitude. You can put your faith in us to take care of your office, wherever it may be. We have members of our staff ready at any time required by you. Our team leader Glen Matthews, has over 20 years of experience in the field, and will be able to get the job done for you.

We don' t want to interrupt your important work time, so we are available 24 hours a day and seven days a week, whenever you need us. To contact JD Turk, you can call our office number: 916–555–2342 or send us a message to jdtruk@mailme.com or you can send forms to our address: 4023 Sacred Heart Boulevard, San DiFrangeles, CA 94207.

158. What is true about JD Turk Cleaners?

(A) They can finish the job quickly.
(B) They can work at any time.
(C) They only hire the top workers in the industry.
(D) They started their business 20 years ago.

159. What does Mr. Matthews do?

(A) He answers the phone at the office.
(B) He hires new employees for the company.
(C) He is the field manager for JD Turk.
(D) He responds to all e-mails directly.

160. How can a customer NOT contact JD Turk Cleaners?

(A) By mail
(B) By phone
(C) Via e-mail
(D) Via the website

Test 01

Test 02

Test 03

Answer 01

Answer 02

Answer 03

Questions 161-163 refer to the following article.

Garibaldi Security Services was celebrating today after receiving word that they had received the prized Londo Award for Internet protection and safeguarding of clients. GSS is responsible for over 235 customers, and had zero server failures of service during the timeframe of the award. In recent years, GSS has overcome past mistakes and become a leader in security technology, as well as new security measures to prevent loss of corporate and consumer information.

This is the first time that GSS has won the award, and a spokesperson said, "This award recognizes all of the efforts our company has made in the last year to ensure that our clients can trust us with their privacy." The spokesperson continued to say that the reorganization of the company five years ago helped create a stronger commitment to staying on top of new hacking techniques and espionage from outside sources. GSS is also looking to expand their services in the next year, in an effort to maximize profits and name recognition.

161. What is the article mainly about?
(A) A company recognized for outstanding service
(B) A failure of a newly established company
(C) A major change in personnel at an IT company
(D) A recent trend in the information technology industry

162. Why did the company restructure five years ago?
(A) To expand their business overseas
(B) To get better ideas to support clients
(C) To purchase updated technology
(D) To replace older workers

163. What is the company NOT looking to do in the near future?
(A) Expand knowledge of their brand
(B) Grow their profits
(C) Increase their business
(D) Pursue government contracts

GO ON TO THE NEXT PAGE

Do you want to spend your summer working as a mentor to children? If so, come join us for an exciting six weeks at Camp Crystal. ---[1]---. We will spend two weeks working and training together at camp, doing all the fun things you remember from your own childhood.

We have three areas at Camp Crystal where children can learn and have fun. ---[2]---. Sharing the duties and helping with chores sets the example of teamwork. Campers will help create the decorations and meals in the cabins.

---[3]---. Next, in the forest that surrounds the camp, everyone will see wildlife up-close and personal, as many kinds of interesting animals live around Camp Crystal. In past treks, we've seen everything from insects to foxes and bears! Trained outdoor leaders supervise all nature walks, so there won't be any danger of getting hurt or lost.

Finally, in our most popular area, we have a large lake, where counselors and campers alike will enjoy swimming, boat rides and if they are lucky, they might see Old Jason, a large tortoise that has lived near the lake for 100 years!

We also offer music, cooking, and painting lessons at an additional cost. If you have a class that you can teach, please let us know. Come to Camp Crystal and see what everyone is screaming about! ---[4]---.

---

164. What is the main purpose of the advertisement?

(A) To draw tourists to Camp Crystal
(B) To hire new camp counselors for the summer
(C) To inform people of changes in Camp Crystal
(D) To introduce outdoor summer activities

165. How long will employees train before the camp begins?

(A) A few days
(B) A week
(C) Half a month
(D) A month

166. Which additional lessons does Camp Crystal NOT offer?

(A) Cooking
(B) Horseback riding
(C) Music
(D) Painting

167. In which of the positions marked [1], [2], [3] or [4] does the following sentence best belong?

" First, in the lodging area, we live, cook, clean, and have fun as a group."

(A) [1]
(B) [2]
(C) [3]
(D) [4]

To : Sarah McGinly
From : Frank Tyson
Sub : Our products
Date : April 14

Dear Mr. McGinly,

We recently received an e-mail from you about our lineup of educational products that you recently used and we appreciate your wonderful words about your experience with them. ---[1]---. We always love hearing from those who are satisfied with our products and would be excited to offer you a chance to help decide what kinds of future apps, games, and software we will release.

In our customer beta program, you would be sent versions of apps or computer software that we are currently working on. You would be able to download and use them for free and all we need for you to do is answer short questionnaires and give feedback via our preferred customer website. ---[2]---. If interested, please fill out the form attached, which includes sections such as preferences of what kind of apps and software you would most enjoy beta testing and how often you would want to be included in the test. ---[3]---.
"We would also need you to sign a secrecy agreement to be included in the preferred customer program." Once we receive these forms and after we find products you are most interested in, we will contact you to start your first test period. ---[4]---.

Thanks and have a wonderful day,

Frank Tyson, Product Manager
Brain Games Entertainment

Test 01

Test 02

Test 03

Answer 01

Answer 02

Answer 03

168. What type of product would Brain Games NOT send to Ms. McGinly?

(A) Apps
(B) Books
(C) Games
(D) Software

169. What would Ms. McGinly have to do as part of the program?

(A) Come to the office to work
(B) Fill out reports for the manager
(C) Respond to questions about the products
(D) Speak to reporters about the new products

170. What should Ms. McGinly do to participate in the program?

(A) Call Mr. Tyson directly
(B) Download an application form
(C) Send back the attachment
(D) Visit Brain Games Entertainment

171. In which of the positions marked [1], [2], [3] or [4] does the following sentence best belong?

"We would also need you to sign a secrecy agreement to be included in the preferred customer program."

(A) [1]
(B) [2]
(C) [3]
(D) [4]

GO ON TO THE NEXT PAGE

Online Chat	_ □ ×
Steve Banner 2:23 P.M.	Hi Brad and Kate. Thanks for giving me a few minutes. I need to ask about the traffic on our website. I have checked the data and it shows that customer traffic has been declining sharply for the last few days. Any ideas what's happening?
Brand Thompson 2:24 P.M.	There was a special report on the news a few days ago saying that one of our products caused an injury, which might have something to do with it.
Kate Marna 2:26 P.M.	What? I hadn't heard anything about this. What happened?
Steve Banner 2:27 P.M.	This is news to me as well. Can you fill us in, Brad?
Brand Thompson 2:30 P.M.	A local news channel interviewed a parent about the learning bicycle with training wheels, the Cubby 200. The parent said that the wheels just popped off, which made the child fall and scrape up his legs and face a bit.
Steve Banner 2:32 P.M.	Why was this not brought to my attention? We need to contact this parent and extend our apologies, as well as we offer a replacement. Let's try to turn this around to show that we do care about our products and customers.
Kate Marna 2:34 P.M.	Brad, message me which news station it was, and I will get in touch with them so I can help straighten out the situation. Let's put out this fire before it's too late!
Brad Thompson 2:35 P.M.	OK. I'll have to find the information, but I will send it over today.
Steve Banner 2:37 P.M.	OK. Thanks for the update on why we had the drop. Looks like concerned parents are hearing about this by word of mouth, causing the traffic drop, so you two need to work together to help get these customers back.

Send

172. What caused a drop in website traffic?

    (A) A defective product
    (B) A hike in prices
    (C) A new company policy
    (D) A piece of incorrect information

173. How will they try to solve the problem?

    (A) By giving a new Cubby 200
    (B) By giving a prize to certain website visitors
    (C) By using the media to promote their products
    (D) By warning customers not to use a product

174. Who will contact certain news media?

    (A) Mr. Banner
    (B) Mr. Thompson
    (C) Ms. Marna
    (D) Their boss

175. At 2:32 P.M., what does Ms. Marna mean when she says, "Let's put out this fire before it's too late"?

    (A) They need to encourage other employees of the company to do better.
    (B) They need to fix the problem quickly before they lose more customers.
    (C) They need to start offering more discounts to customers who are loyal to the company.
    (D) They need to work with city officials more often

Test 01

Test 02

Test 03

Answer 01

Answer 02

Answer 03

GO ON TO THE NEXT PAGE

Expanse Engineering has started an online board for employees who wish to rent, buy, sell, or trade housing, furniture, appliances, and more. There is a small fee for positing, but replying or trading in the employee lounge is always free. To post an ad, please fill out all of the required information on the application, pay the fee.

Price

Item listing (under 50 words)	$2.00
Item listing (50-99 words)	$3.00
Item listing (100 words or more)	$4.00
Pictures	$.10 per picture

Employee name:	Mary Logan
Section:	Sales/Furniture
Date:	March 23

Item Description:

I am preparing to move after this fiscal year and want to sell some of my furniture. I have three things for sale. First is a large wooden dresser with four drawers. I've had it for four years and it is in excellent condition. I also have a small, white computer desk that is big enough for working, but won't get in the way inside the room. Finally is a small refrigerator that can hold several containers and up to around six drink cans. I would like to sell them together, but will sell piece by price if needed. Check out the pictures for each piece included and contact me to make an offer!

Words:	114
Photos attached:	3
How many days posted:	30 days

176. What kind of services does the company board offer?

(A) Buying and selling goods
(B) Collecting unwanted items
(C) Meeting schedule
(D) Translating documents

177. How is the price of the service determined?

(A) By the category
(B) By the number of items
(C) By the number of words
(D) By posting length

178. Why is Ms. Logan selling the items?

(A) She is going to buy new ones.
(B) She is leaving the company.
(C) She needs the money.
(D) She will relocate.

179. How can a person know about the condition of the items?

(A) By contacting a web administrator
(B) By looking at photos online
(C) By sending Ms. Logan an e-mail
(D) By visiting Ms. Logan's room

180. How much did Ms. Logan probably spend for the advertisement?

(A) $2.10
(B) $3.30
(C) $4.30
(D) $9.30

GO ON TO THE NEXT PAGE

Test 01

Test 02

Test 03

Answer 01

Answer 02

Answer 03

Questions 181-185 refer to the following schedule and e-mail.

New Hires – Orientation Schedule:
April 3rd – 7th

Schedule	Times
Welcome Breakfast	8:00 A.M. – 10:00 A.M.
Introduction to policies and procedures	10:15 A.M. – 11:05 A.M.
System Training (Customer service reps only) – Lana Carney	11:15 A.M. – 12:00 P.M.
System Training (Engineers) – Vince Turner	11:15 A.M. – 12:00 P.M.
Lunch	12:15 P.M. – 1:15 P.M.
System Training (Inside and Outside Sales) – Richard Bird	1:15 P.M. – 2:00 P.M.
System Training (Management Trainees) – Lori Stevens	1:15 P.M. – 2:00 P.M.
Breakout with Division Managers (Division leads only)	1:30 P.M. – 2:00 P.M.
Breakout into department groups – Manager introductions	2:15 P.M. – 3:00 P.M.
Team Breakout – All Groups	3:15 P.M. – 4:45 P.M.
End of Orientation Day	5:00 P.M.

To : Richard Bird; Lori Stevens
From : Vincent Turner
Date : April 5, 2:43 P.M.
Subject : Orientation Schedule

Hello Rich and Lori

I know that orientation for new employees is coming up next week, but a Towson manager asked me if I had time to work with them directly next week to assist with building their new database. They would need me to be at their offices in the morning to start the process. If possible, I would need to switch training times with one of you. Normally I wouldn't ask, but this is a Top 10 client, so I didn't want to say no. Since I was the captain of the ship for our databases, they said they needed me to come in and guide them through it. I feel it is important for me to show loyalty to our customers for the installation.

It would only be from Monday to Wednesday, but I think it would be easier for all involved if we could reschedule the entire week. Can either of you switch times with me so I can work with Towson in the mornings?

Thank you,
Vince Turner

181. How much time will be spent in the team breakout session?
    (A) 30 minutes
    (B) 45 minutes
    (C) 60 minutes
    (D) 90 minutes

182. What is the purpose of the e-mail?
    (A) To ask what will be discussed at the orientation
    (B) To determine which managers are attending
    (C) To find out who is running the training programs
    (D) To request a change in schedule

183. In the e-mail, the word "building" in paragraph 1, line 3, is closet in meaning to
    (A) adding
    (B) creating
    (C) enlarging
    (D) securing

184. Why doesn't Mr. Turner want to turn down the customer's request?
    (A) He promised to help them anytime.
    (B) They are an important company.
    (C) They cannot use the database without him.
    (D) They will pay him a large salary.

185. When would Mr. Turner like to talk to new engineers?
    (A) 11:15 A.M.
    (B) 1:15 P.M.
    (C) 1:30 P.M.
    (D) 5:00 P.M.

Test 01

Test 02

Test 03

Answer 01

Answer 02

Answer 03

GO ON TO THE NEXT PAGE

Questions 186-190 refer to the following information, e-mail, and invoice.

Damaged baggage

If your checked baggage arrives damaged, you'll need to report the damage within seven days of receiving your bag. You can contact one of our ground staff at the airport or send a message to our Customer Service section (cs@forwardair.com)

Forward Airlines responsibility for damaged baggage is limited. Please see full details of our Baggage Polices here (Forward Airlines Baggage Policies).

As a general rule, we do not assume responsibility for normal wear and tear to baggage. This includes:
* Cuts, scratches, scuffs, dents and marks that may occur despite careful handling
* Damage to, or loss of, protruding parts of the baggage including: straps, pockets, pull handles, hanger hooks, wheels, external locks, security straps, or zippers
* Unsuitably-packed luggage (e.g. over-packed)

To	*Forward Airlines Customer Services <cs@forwardair.com>*
From	*Beverly Rodriguez <brodriguez@pronto.net>*
Subject	*Damaged luggage*
Date	*May 22*

To whom it may concern,

I recently returned to Los Angeles from Hong Kong on Forward Airlines. I was dismayed to see that my checked suitcase had been damaged. I took it to a luggage repair shop the same day and got it fixed. I have attached the bill to this message. I expect to be reimbursed for the full amount of the repair. This is my first bad experience with Forward Airlines and I hope to have this problem resolved quickly.

Beverly Rodriguez

Three star Luggage Repair

Data received:	May 17	Invoice number:	5V803
Customer Name:	Beverly Rodriguez	Staff member:	Yannick
Bag Type:	Large rolling bag, black	Data finished:	May 21
Bag maker:	Stenson, Inc.		

Description of repair:

Replacement of retracting handle mechanism

Note: All repairs completed according to manufacturer's standard using parts from original manufacturer.	Subtotal:	$35.50
	Tax:	$5.00
	Total:	$40.50

186. How long does a Forward Airlines customer have to report damaged luggage?

(A) One week
(B) A week and a half
(C) Two weeks
(D) One month

187. When did Ms. Rodriguez arrive in Los Angeles?

(A) May 15
(B) May 17
(C) May 21
(D) May 22

188. What does Ms. Rodriguez imply in her e-mail?

(A) She has flown on Forward Airlines before.
(B) She has recently moved overseas.
(C) She wants to change jobs.
(D) She works in Hong Kong

189. Why might Forward Airlines deny Ms. Rodriguez's claim?

(A) She did not report it to the proper staff.
(B) She had a damaged handle.
(C) She had over-packed her bag.
(D) She waited too long to make the claim.

190. What is mentioned about the repair?

(A) It cost less than expected.
(B) It was finished earlier than requested.
(C) The item was sent to the manufacturer.
(D) The replacement parts were from Stenson, Inc.

GO ON TO THE NEXT PAGE

Castle Clothing Order Summary

Customer:

Eric Pratchett

5400 Hanover Rd.   Order Date: May 14

Smith Village, Ca 94423   Ship Date: May 17

Item #	Item name	Color	Qty.	Unit Price	Total
SW99	Sweater	Blue	1	$50.00	$50.00
CR67	Men's pants	Gray/Black	2	$80.00	$160.00
BL02	Light blazer	Brown	1	$150.00	$150.00
SH14	Shirt	White	2	$40.00	$80.00
				Subtotal	$440.00
				Total Order	$440.00

*For residents of CA, tax is included in unit price.

**No shipping charges for orders over $300

To : Eric Pratchett <ericpratchett@strongly.net>
From : Castel Clothing Customer Care <cccc@castelclothing.com>
Subject : Your order
Date : May 29

Dear Mr. Pratchett,

Unfortunately, the following item that you ordered is now out of stock:#BL02. Although we try our best to maintain 100-percent accuracy with inventory, there are rare occasions where we experience an inventory error.

Attached is a description of an item that is similar to the one you purchased that we currently have in stock. This item is cheaper than the one you purchased, so the difference would be refunded. Please let us know if you would like this one as a replacement or if you would like to wait until your original item becomes available.

Sincerely,

Raleigh McIntosh
Castel Clothing Customer Care

Test 01

Test 02

Test 03

Answer 01

Answer 02

Answer 03

Graveline Sports Jacket

This jacket for men is light enough to wear on a warm spring day or with a sweater underneath on a chilly day. Made of 100-percent breathable cotton, the jacket has five front buttons, two roomy side pockets, and one inner breast pocket. The wind-blocking stand-up collar is stylish and practical.
Available in a variety of colors. $140 (incl. Tax)

191. What is the least expensive item Mr. Pratchett ordered?

(A) The blazer
(B) The pants
(C) The shirt
(D) The sweater

192. Which item Mr. Pratchett ordered is NOT immediately available?

(A) Black pants
(B) Gray pants
(C) The blue sweater
(D) The brown blazer

193. What information does Mr. McIntosh want?

(A) A credit card number
(B) A customer's decision
(C) The delivery address
(D) The item number

194. What material is BL02 most likely made of?

(A) Cotton
(B) Nylon
(C) Silk
(D) Wool

195. How many pockets does the advertised jacket have?

(A) 1
(B) 2
(C) 3
(D) 5

GO ON TO THE NEXT PAGE

Itinerary for Singapore Trip

May 10-13

Wednesday, May 10
4:00 P.M.   Arrive in Singapore
7:00 P.M.   Dinner with team (at your discretion)

Thursday, May 11
10:00 A.M. – 4:00 P.M. Tour of manufacturing facility, led by Mr. Chang
7:00 P.M.   Dinner cruise with Mr. Chang

Friday, May 12
10:00 A.M.   Sightseeing around Singapore
2:00 P.M.   Presentation by product development team
6:30 P.M.   Dinner reservations at Waverly Point

Saturday, May 13
10:00 A.M.   Check out of hotel
12:00 noon   Flight departs for San Francisco

Where to Eat in Singapore

Pavilion
Located in the Western Hotel, Pavilion offers travelers a taste of home when away from home. We will pair your meal with a great glass of wine.

Open 7 days/week

Fortini
Don't ask for the menu … we don't have one. Allow our award-winning chef to choose for you. We promise you won't regret it.

Closed Wednesdays

Aubergine
French chef Paul Desautel left his comfortable Parisian life to start Aubergine five years ago. One of Singapore's most delightful restaurants.

Open 7 days/week

Chantilly
Located in the heart of Marina Bay, Chantilly takes fusion very seriously. Combines the best culinary tastes from around the world.

Closed Mondays

Test 01

Test 02

Test 03

Answer 01

Answer 02

Answer 03

From	Jocelyn woods
To	Brandon Ainsley
Subject	Recommendation
Date	April 28

Hi Jocelyn,

I heard you're going to Singapore. That's fantastic! You absolutely cannot miss this great restaurant called Fortini. It sounds Italian and they do have delicious Italian dishes, but they serve so much more. I've been there three times and each time I come away thinking that was the best meal I've ever had. And you don't need to worry about Megan either-the chef always has something terrific for vegetarians. I guarantee you all will love it!

Safe travels,

Brandon Ainsley

196. According to the schedule, when will the team visit some tourist places?

(A) Wednesday
(B) Thursday
(C) Friday
(D) Saturday

197. Which restaurant will the team be unable to visit on the first day?

(A) Aubergine
(B) Chantilly
(C) Fortini
(D) Pavilion

198. In the list, the word "pair" in line 3, is the closest in meaning t

(A) combine
(B) double
(C) keep
(D) treat

199. What is mentioned about the restaurant Mr. Ainsley recommends?

(A) It has no menu.
(B) It has outdoor seating.
(C) It serves fusion food.
(D) It serves only vegetarian food.

200. What is implied about a member of the group?

(A) She does not like to travel.
(B) She does not like seafood.
(C) She has a dietary restriction.
(D) She is not going on the trip.

Stop! This is the end of the test. If you finish before time is called, you may go back to Parts 5, 6, and 7 and check your work.

GO ON TO THE NEXT PAGE

퀵
토익
실전모의고사 II

Actual Test

3 SET

지금부터 Actual Test를 진행합니다.
실제 시험과 동일한 방식으로 진행됨을 말씀드리며,
방송 음성은 QR코드로 청취하실 수 있습니다.

준비 되셨으면 바로 시작하세요!

LISTENING TEST

In the Listening test, you will be asked to demonstrate how well you understand spoken English. The entire Listening test will last approximately 45 minutes. There are four parts, and directions are given for each part. You must mark your answers on the separate answer sheet. Do not write your answers in your test book.

PART 1

Directions: For each question in this part, you will hear four statements about a picture in your test book. When you hear the statements, you must select the one statement that best describes what you see in the picture. Then find the number of the question on your answer sheet and mark your answer. The statements will not be printed in your test book and will be spoken only one time.

Statment (A), "Some people are paddling through the water," is the best description of the picture, so you should select answer (A) and mark it on your answer sheet.

1.

2.

GO ON TO THE NEXT PAGE

3.

4.

5.

6.

Test 01

Test 02

Test 03

Answer 01

Answer 02

Answer 03

GO ON TO THE NEXT PAGE

PART 2

Directions: You will hear a question or statement and three responses spoken in English. They will not be printed in your test book and will be spoken only one time. Select the best response to the question or statement and mark the letter (A), (B), or (C) on your answer sheet.

7. Mark your answer on your answer sheet.

8. Mark your answer on your answer sheet.

9. Mark your answer on your answer sheet.

10. Mark your answer on your answer sheet.

11. Mark your answer on your answer sheet.

12. Mark your answer on your answer sheet.

13. Mark your answer on your answer sheet.

14. Mark your answer on your answer sheet.

15. Mark your answer on your answer sheet.

16. Mark your answer on your answer sheet.

17. Mark your answer on your answer sheet.

18. Mark your answer on your answer sheet.

19. Mark your answer on your answer sheet.

20. Mark your answer on your answer sheet.

21. Mark your answer on your answer sheet.

22. Mark your answer on your answer sheet.

23. Mark your answer on your answer sheet.

24. Mark your answer on your answer sheet.

25. Mark your answer on your answer sheet.

26. Mark your answer on your answer sheet.

27. Mark your answer on your answer sheet.

28. Mark your answer on your answer sheet.

29. Mark your answer on your answer sheet.

30. Mark your answer on your answer sheet.

31. Mark your answer on your answer sheet.

PART 3

Directions: You will hear some conversations between two or more people. You will be asked to answer three questions about what the speakers say in each conversation. Select the best response to each question and mark the letter (A), (B), (C), or (D) on your answer sheet. The conversations will not be printed in your test book and will be spoken only one time.

32. What will the woman do in October?

(A) Attend a seminar series
(B) Go on vacation
(C) Study abroad
(D) Take an overseas business trip

33. What does the man say about the suspension of service?

(A) It cannot be done.
(B) It has to be longer than a month.
(C) The procedure needs to be done online.
(D) There will be a charge.

34. What information will the woman give next?

(A) Her account number
(B) Her e-mail address
(C) Her home address
(D) Her phone number

35. Who most likely is Ms. Jackson?

(A) A receptionist
(B) A school owner
(C) A student
(D) An instructor

36. Why is the woman calling?

(A) To book an appointment
(B) To cancel an appointment
(C) To confirm an appointment
(D) To reschedule an appointment

37. What did the woman decide to do?

(A) Call the man back later
(B) Choose a different person
(C) Make an appointment next week
(D) Talk to Ms. Jackson

38. What are the speakers discussing?

(A) A company symbol
(B) A new building design
(C) A painting
(D) A photograph

39. What does the woman mean when she says, "That's it"?

(A) She has said what she wants to say.
(B) She is amused by his opinion.
(C) She thinks the man made a good point.
(D) She wants to end the conversation.

40. What does the woman say she will do?

(A) Ask another co-worker for help
(B) Contact an artistic firm
(C) Hire a different firm
(D) Think of new slogans

41. What is the cause of the delay?

(A) A mechanical problem
(B) A staffing problem
(C) A traffic jam
(D) An accident

42. Who most likely is the man?

(A) A mechanic
(B) A passenger
(C) A station worker
(D) A website designer

43. What does the man give the woman?

(A) A map
(B) A refund
(C) A URL of his company
(D) An update on the delay

44. What will the woman's family most likely do tomorrow?
    (A) Go fishing
    (B) Purchase mementos
    (C) Return home
    (D) See a friend

45. What does the man mention about the boat?
    (A) It is fast.
    (B) It is small.
    (C) It needs some repairs.
    (D) It runs only once a day.

46. How did the woman hear about the tour?
    (A) From a brochure
    (B) From a friend
    (C) Form a TV show
    (D) From an online advertisement

47. What does the woman imply about the finances?
    (A) The speakers are in debt to the bank.
    (B) The speakers are making a lot of money.
    (C) The speakers have enough money for advertising.
    (D) The speakers do not have extra money.

48. Why does the woman say, "Word of mouth doesn't cost us a thing"?
    (A) She believes there is a cheaper way.
    (B) She does not like what the man said.
    (C) She is not sure how much advertising costs.
    (D) She knows referrals are free.

49. What does the man say he will do?
    (A) Make some coffee
    (B) Take a class in finance
    (C) Talk to some friends
    (D) Upload a photo online

50. Why is the man in a hurry?
    (A) He has a job interview.
    (B) He has an appointment.
    (C) He needs to catch a train.
    (D) He wants to get home quickly.

51. What is mentioned about the food at the restaurant?
    (A) It is all from local suppliers.
    (B) It is all organic.
    (C) It is prepared ahead of time.
    (D) It is prepared when ordered.

52. What will the woman bring the man first?
    (A) A hamburger
    (B) A salad
    (C) An iced tea
    (D) Potato soup

53. Where most likely are the speakers?
    (A) At a university
    (B) At an awards ceremony
    (C) In a radio station
    (D) In a TV studio

54. What is the man's research about?
    (A) Environmental concerns
    (B) Political issues
    (C) Private sector growth
    (D) World economy

55. What will the speakers do next?
    (A) Continue with an interview
    (B) Listen to audience questions
    (C) Look at some data
    (D) Watch a video

56. Who most likely is the man?

(A) A dentist
(B) A medical assistant
(C) A patient
(D) A receptionist

57. What is mentioned about Dr. McCloud?

(A) She is completely booked this week.
(B) She is retiring soon.
(C) She will go to a conference.
(D) She will take a break now.

58. When will Mr. Stuart's next appointment be?

(A) Next Thursday morning
(B) Next Thursday afternoon
(C) Next Friday morning
(D) Next Friday afternoon

---

59. What will the speakers do at the store tomorrow?

(A) Get ready for a sale
(B) Make a list of stock
(C) Pack items in boxes
(D) Put out new merchandise

60. Why is John unable to stay late tomorrow?

(A) He has a doctor's appointment
(B) He has another job.
(C) He is going out of town.
(D) He is in school.

61. What can be said about the woman?

(A) She does not like to work overtime.
(B) She has some free time tomorrow.
(C) She is not sure of her schedule.
(D) She wants to get promoted.

Lacy's October Sale

7th – 13th

The earlier you shop, the more you SAVE!

25% OFF!	Friday thru Sunday
20% OFF!	Monday and Tuesday
15% OFF!	Wednesday
10% OFF!	Thursday

---

62. What does the man want to buy?

(A) A bag
(B) A jacket
(C) A pair of shoes
(D) A shirt

63. What will the woman do this weekend?

(A) Attend an event
(B) Buy some clothes
(C) Relax at home
(D) Take a business trip

64. Look at the graphic. What discount will the speakers most likely get?

(A) 10 percent
(B) 15 percent
(C) 20 percent
(D) 25 percent

GO ON TO THE NEXT PAGE ➡

<table>
<tr><th colspan="2">Board meeting schedule
November 1</th></tr>
<tr><td>10:00</td><td>Ms. Erin Sinclair</td></tr>
<tr><td>10:30</td><td>Mr. Leo Anderson</td></tr>
<tr><td>11:30</td><td>Sales team</td></tr>
<tr><td>12:00</td><td>President Matt Moore</td></tr>
</table>

Products	Band Material	Band Color
Chater 400	Metal	Silver
Elling 2Z	Metal	Gold
Millseed CR	Leather	Brown
Vextron 7T	Leather	Black

65. What will the woman's boss do before 11:00 tomorrow?

(A) Attend the board meeting
(B) Interview candidates
(C) Prepare of the presentation
(D) See a client

66. Look at the graphic. What time will the sales team present their report?

(A) 10:00
(B) 10:30
(C) 11:30
(D) 12:00

67. What does the man say he will do?

(A) Edit a schedule
(B) Finish a report
(C) Send an invitation
(D) Talk to the sales team

68. What was wrong with the first watch the man tried?

(A) It was not the right color.
(B) It was too expensive.
(C) It was too heavy.
(D) It was uncomfortable.

69. Look at the graphic. Which watch will the man probably order?

(A) Charter 400
(B) Elling 2Z
(C) Millseed CR
(D) Vextron 7T

70. What does the woman offer the man for free?

(A) An extra band
(B) Delivery service
(C) Gift wrapping
(D) Parking

Test 01

Test 02

Test 03

Answer 01

Answer 02

Answer 03

PART 4

Directions: You will hear some talks given by a single speaker. You will be asked to answer three questions about what the speakers say in each talk. Select the best response to each question and mark the letter (A), (B), (C), or (D) on your answer sheet. The talks will not be printed in your test book and will be spoken only one time.

71. Who most likely is the speaker?
    (A) An IT employee
    (B) A police officer
    (C) A postal worker
    (D) A store owner

72. According to the speaker, what is unique about her business?
    (A) It is the cheapest.
    (B) It is the fastest.
    (C) It is the largest.
    (D) It is the oldest.

73. What does the speaker say she will do soon?
    (A) Move to a different location
    (B) Open a new branch
    (C) Post an advertisement
    (D) Visit the listener's office

74. What is the broadcast mainly about?
    (A) A new sports facility
    (B) A new sports team
    (C) A retiring player
    (D) A sports tournament

75. What is mentioned about Stanleyville?
    (A) It has a new mayor.
    (B) It has an excellent ice rink.
    (C) It has hosted sporting events before.
    (D) It has more than one professional team.

76. What will listeners hear next?
    (A) A city leader's speech
    (B) A reporter's story
    (C) A weather report
    (D) Advertisements

77. What type of store is the announcement for?
    (A) A deli
    (B) A department store
    (C) A grocery store
    (D) A wine shop

78. When is the announcement most likely being made?
    (A) On Monday
    (B) On Wednesday
    (C) On Friday
    (D) On Sunday

79. What is mentioned about the online option?
    (A) It offers more selection than the store.
    (B) It has recently been redone.
    (C) It is cheaper than the store.
    (D) It is secure.

80. What is the speaker mainly discussing?
    (A) A new government policy
    (B) A new local facility
    (C) Personnel changes at his work
    (D) Recent economic news

81. Who most likely is Kevin Chang?
    (A) A biotechnology expert
    (B) A company owner
    (C) A government spokesperson
    (D) A news person

82. What will listeners hear next?
    (A) An advertisement
    (B) A biotechnology report
    (C) An economics lecture
    (D) An interview

GO ON TO THE NEXT PAGE

83. Why is the woman calling?

 (A) To change an appointment
 (B) To express appreciation
 (C) To make a reservation
 (D) To recommend a restaurant

84. What does the woman say she needs to decide about her party?

 (A) What to serve
 (B) When to hold it
 (C) Where to hold it
 (D) Who to invite

85. What does the speaker imply when she says "They are filling up quickly"

 (A) The customers have eaten enough.
 (B) The customers want to go home early.
 (C) The hall has few nights left to reserve.
 (D) The staff will finish their work soon.

---

86. What will the listeners do next?

 (A) Fill out a form
 (B) Get into small groups
 (C) Have lunch
 (D) Listen to talks

87. When can listeners ask questions?

 (A) As they are leaving
 (B) At anytime
 (C) During lunch
 (D) In the afternoon session

88. What does the speaker mean when he says, "We'll be covering all the basics of running a small business"?

 (A) They will apply for small business insurance.
 (B) They will instruct listeners on many aspects of starting a business.
 (C) They will interview listeners for a job at a small business.
 (D) They will review all the skills learned at a previous seminar.

89. What department does Robert most likely work in?

 (A) Accounting
 (B) IT
 (C) Office administration
 (D) Sales

90. What will Jocelyn do in less than a week?

 (A) Hire a moving company
 (B) Leave the company
 (C) Organize supplies
 (D) Pack boxes

91. Why does the speaker say, "on second thought"

 (A) She wants the listeners to think about something again.
 (B) She wants to do something different than what she first said.
 (C) She thinks that time is running out for the move.
 (D) She thinks that the move should happen sooner.

---

92. Who most likely are the listeners?

 (A) Bookstore workers
 (B) Club members
 (C) Professors
 (D) Students

93. What will listeners hear next?

 (A) A book excerpt
 (B) A movie summary
 (C) A university lecture
 (D) Questions and answers

94. What does the speaker ask the listeners to do?

 (A) Come up on stage
 (B) Get into small groups
 (C) Make a line at the microphone
 (D) Stand up if they have a question

Mr. Black's Schedule			
	10:00	1:00	3:00
Monday 14	Recording		
Tuesday 15	Recording		Interview
Wednesday 16	Board meeting	Teleconference	Client outing
Thursday 17	Business trip	～～～～～	
Friday 18	Seminar	Presentation	

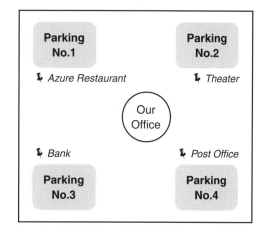

95. What type of business is the speaker in?

(A) Audio recording
(B) Electronics sales
(C) Hairstyling
(D) Musical instruments sales

96. Look at the graphic. When can Mr. Black visit the speaker's business?

(A) At 10:00 on Monday
(B) At 1:00 on Tuesday
(C) At 1:00 on Thursday
(D) At 3:00 on Friday

97. What does the speaker offer Mr. Black?

(A) A discount
(B) A free gift
(C) Free parking
(D) Free upgrades

98. What is mentioned about the current parking lot?

(A) It is being torn down.
(B) It is closing for repairs.
(C) It is giving employees security concerns.
(D) It is raising its prices.

99. Look at the graphic. Where does the speaker prefer the new parking to be located?

(A) Near Azure Restaurant
(B) Near the bank
(C) Near the post office
(D) Near the theater

100. What is most important to the speaker when choosing a parking lot?

(A) Hours
(B) Location
(C) Price
(D) Safety

This is the end of the Listening test. Turn to Part 5 in your text book.

GO ON TO THE NEXT PAGE ➡

PART 5

101. After reading the incident report, the factory director realized his workers had different ------- on safety issues.

(A) looks
(B) sights
(C) views
(D) watches

102. In the financial industry, Mark Hudson has been known as an ------- business leader for many years.

(A) accomplish
(B) accomplishable
(C) accomplished
(D) accomplishment

103. The security software giant VESCO ------- their latest product around the world sometime next spring.

(A) has been launching
(B) has launched
(C) is launching
(D) launched

104. When an ------- version of Catfox browser is available, it will be automatically downloaded.

(A) authorized
(B) edited
(C) included
(D) updated

105. The employee had spent only a year in the IT department before getting a ------- to supervisor.

(A) promote
(B) promotion
(C) promotional
(D) promotive

106. ------- the hotel's billing error, Smiths was excessively overcharged for their two-night stay.

(A) Due to
(B) Except for
(C) In case
(D) So that

107. The data transfer rates, usually from 100 to 150 kilobytes per second ------- depending on the type of device you have.

(A) alter
(B) convert
(C) range
(D) vary

108. Although Kyle Boyd was inexperienced in sales, his ------- cheerful character was a great benefit in selling products.

(A) naturally
(B) naturalness
(C) nature
(D) natures

109. The fashion magazine chose Amy Kitano as Designer of the Year for ------- a new line for young women.
(A) create
(B) created
(C) creates
(D) creating

110. It was obvious that Jim Barrow was not ------- prepared for his presentation since he could barely answer the questions.
(A) fully
(B) generously
(C) seriously
(D) widely

111. Despite its convenient location, the new restaurant was not busy at all even ------- weekends.
(A) around
(B) for
(C) in
(D) on

112. The mayor announced the new city hall would have a special ceiling that two architectural firms ------- on.
(A) collaborated
(B) collaboration
(C) collaborative
(D) collaboratively

113. As the last meeting did not go well, the leader hopes to reach a ------- on the upcoming project this time.
(A) consensus
(B) definition
(C) match
(D) satisfaction

114. Mr. Patterson is a well-known business consultant whose career goal is to help his clients achieve ------- .
(A) theirs
(B) them
(C) themselves
(D) those

115. Because of the last-minute venue change, the organizers had to contact all the attendees ------- had registered for the event.
(A) that
(B) what
(C) which
(D) whom

116. The purpose of the following survey on behavior analysis is to research ------- reactions to shocking news.
(A) famous
(B) formal
(C) typical
(D) terminal

117. Lisa Foster realized that working ------- from home was more difficult than she thought as there were so many distractions.
(A) efficiencies
(B) efficiency
(C) efficient
(D) efficiently

118. The marketing chief was satisfied with the survey results as ------- respondents found the new product 'useful' or 'very useful.
(A) almost
(B) most
(C) mostly
(D) utmost

119. The development team had a small party to celebrate the completion of a home-use robot that can be ------- controlled by mobile phone.
(A) hardly
(B) jointly
(C) manually
(D) remotely

120. Gene Electronics' new 100-inch flat-screen TV will be available ------- five different colors next spring.
(A) from
(B) in
(C) of
(D) with

GO ON TO THE NEXT PAGE

121. The mining firm believed the vast region to be an immense storehouse of natural resources and thought it was a wise ------- .
(A) invest
(B) invested
(C) investment
(D) investor

122. Hoping to improve the company's performance, the automaker's president decided to ------- its management structure.
(A) overestimate
(B) overhaul
(C) overlook
(D) overtake

123. The increased ------- for a thorough investigation showed how upset people are with the company's alleged secret funds.
(A) call
(B) called
(C) calling
(D) calls

124. The new recruit's project plan was so ------- that everyone in the department, including the manager, was quite impressed.
(A) elaborate
(B) elaborates
(C) elaborately
(D) elaboration

125. The study suggests that the elementary and middle school years are the best times for the ------- of a second language.
(A) acquisition
(B) buyout
(C) possession
(D) takeover

126. The newly-opened hotel is close to downtown and has luxurious amenities; ------- , it is reasonably priced.
(A) in addition
(B) instead
(C) on the other hand
(D) otherwise

127. The data that the supervisor uploaded to the intranet was missing, which according to the technician, happens only ------- .
(A) occasion
(B) occasional
(C) occasionally
(D) occasions

128. As visitors can have a full view of the office from the reception area, the manager told everyone to keep their desks ------- .
(A) closely
(B) fairly
(C) orderly
(D) properly

129. In the interview, the company head said he has been successful because he always values integrity ------- profits.
(A) across
(B) over
(C) than
(D) upon

130. ------- the outcome is, it was a great honor for Sarah Daly to be considered for manager of the new branch.
(A) indeed
(B) Nevertheless
(C) Whatever
(D) While

PART 6

Directions: Read the texts that follow. A word, phrase, or sentence is missing in parts of each text. Four answer choices for each question are given below the text. Select the best answer to complete the text. Then mark the letter (A), (B), (C), or (D) on your answer sheet.

Questions 131-134 refer to the following notice.

Attention all Marshburg City residents:

The Marshburg City Office will be under ------- from October 10 through October 21. All
                                          131.
offices will be operating from the City Library for those two weeks, but will be closed from

October 24 through October 28 ------- .
                               132.
we move back into the City Office. Telephone and fax numbers will remain the same for

the duration of the construction. ------- .
                                  133.

Our new office hours are as follows:

M-F 10:00 A.M.— 4:00 p.m.

Closed Saturday and Sunday

------- , if any local residents wish to help with the move between October 24 and October
134.
28, please sign up at the library. Lunch and drinks will be provided to anyone who

volunteers.

131. (A) renovate
     (B) renovated
     (C) renovation
     (D) renovator

132. (A) as
     (B) if
     (C) though
     (D) whether

133. (A) Our mailing address can be found below.
     (B) Our new phone numbers are listed on our renovation
     (C) Our office hours, however, will be changing
     (D) Our office hours will remain the same.

134. (A) Additionally
     (B) Second
     (C) Therefore
     (D) Yet

GO ON TO THE NEXT PAGE

To: Samantha Patel

From: Perry Fonda

Subject: Help on November 8

Date: November 2

Hi Samantha,

I've got a ------- to ask. I'm meeting with the people from the Tolliver Fund next Tuesday,
     135.
November 8 at 4;00 and I could really use some backup. This is my first big chance to

land an important client and I don't want to

------- Since I'm fairly new. I'm not sure they will take me seriously ------- a senior partner
136.   **137.**
like you in the room. Do you have time, even to just stop in and introduce yourself? It

would really help ------- Just a few tips from when you started out here.
               138.

Thank you in advance.

Perry

135. (A) favor
     (B) job
     (C) request
     (D) wish

136. (A) fail
     (B) mistake
     (C) stop
     (D) upset

137. (A) among
     (B) before
     (C) except
     (D) without

138. (A) After you look over the file, let me
           know what you think.
     (B) If you are busy at that time, maybe
           you could give me some pointers.
     (C) If you can't make it, I understand and
           I'll do my best.
     (D) Let me know your schedule, and I'll
           try to match it.

Junko Cosmetics announced Wednesday that it will ------- a new line of moisturizers just
139.
in time for the dry winter weather. ------- . Junko CEO said of Skin Drink, "They're aimed at
140.
any person of any age who wants their skin to feel ------- and comfortable. We will offer a
141.
fragrance-free moisturizer and a type with sunscreen." The lotions ------- between £ 5.00
142.
and £ 6.50 at any drugstore or cosmetics counter that sells the Junko brand.

139. (A) consider
    (B) launch
    (C) open
    (D) test

140. (A) Like other Skin Drink products,
        the moisturizers include all natural
        ingredients.
    (B) The company is keeping the product
        name under wraps until just before
        its release.
    (C) The line, called Skin Dark, will feature
        four lotions for different types of skin.
    (D) With its sales forecast looking
        gloomy, the future of the company is
        uncertain.

141. (A) smooth
    (B) smoothen
    (C) smoothly
    (D) smoothness

142. (A) could be priced
    (B) have been priced
    (C) were priced
    (D) will be priced

GO ON TO THE NEXT PAGE

Questions 143-146 refer to the following information.

JOB FAIR

1:00-5:00 p.m.

Sunday, November 13

Canary Family Fun Park

A unique and exciting job fair is going to be held in Canary Family Fun Park this month. It is focused entirely on ------- jobs all in Canary Family Fun Park! If you've always wanted
      143.
to work at the region's number-one entertainment venue for people of all ages, come see us on Sunday, November 13. ------- Some of the jobs will be extended beyond the end of
      144.
the year too! With ------- one application, you will be considered for positions at all of the
      145.
restaurants, hotels, and attractions at Canary Family Fun Park.

Don't ------- this chance to get the job of your dreams!
      146.

---

143. (A) advertising
    (B) engineering
    (C) hospitality
    (D) research

144. (A) Be sure to include three letters of reference in your application and send it by November 13.
    (B) Please encourage your friends and family to attend our grand opening event this weekend.
    (C) We are looking for experienced managers in all areas of marketing and advertising.
    (D) You will have the opportunity to apply for any of 150 temporary jobs.

145. (A) another
    (B) each
    (C) even
    (D) just

146. (A) drop
    (B) forget
    (C) lose
    (D) miss

PART 7

Directions: In this part you will read a selection of texts, such as magazine and newspaper articles, e-mails, and instant messages. Each text or set of texts is followed by several questions. Select the best answer for each question and mark the letter (A), (B), (C), or (D) on your answer sheet.

Questions 147-148 refer to the following coupon.

**Now 30% OFF
at TOMAS BROWN
when you spend over $100 online.**

OFFER ENDS November 1st

ENJOY SHOPPING

We will donate every 1$ spent over $100 to Blue Triangle.

Terms:
*Only valid online clothing purchases.
*Only valid in the U.S.
*Limit once per customer.
*Cannot be used in conjunction with any other offer.

C O U P O N

147. What can this coupon be used for?

(A) A bag
(B) A shirt
(C) A watch
(D) Shoes

148. What limit is placed on the coupon?

(A) It can be used only by itself.
(B) It is only valid on certain brands.
(C) It is only valid on November 30.
(D) It is valid after spending $1.

GO ON TO THE NEXT PAGE

ATTENTION MEMBERS

Please be aware that there will be an annual maintenance check of the gymnasium and its facilities on November 9.

This check ensures the safety of all equipment, studios, pool areas, changing rooms, and all other member locations.

The maintenance will last the entirety of November 9, starting from 6:00 a.m. The gym will re-open to members at 6:00 a.m. on November 10. Due to this closure, the opening time on November 8 will be extended to 11:00 p.m. Please note: this only includes the gymnasium. It does not include the studios or pool areas.

Please contact the manager if you have any concerns.

We apologize for any inconvenience caused and thank you for your continued patronage.

149. When will the maintenance be completed?
(A) By noon on November 9
(B) By the beginning of November 10
(C) By lunchtime on November 10
(D) By the beginning of November 11

150. Which facilities can a member use later than usual on November 8?
(A) The dance studio
(B) The gymnasium
(C) The pool
(D) The sports shop

Questions 151-152 refer to the following text message chain.

Jane Dodson (09:39 A.M.)
My train is held up at Picau. Delay seems to be about 20 minutes.
I'm afraid I will be late to our meeting. Sorry.

Nick Wise (09:42 A.M.)
I heard there was a fire at Madex. That's OK. It's out of your hands.
Get here when you can.

Jane Dodson (09:45 A.M.)
Thank you for your understanding! Train is moving now, so I'll see
you soon.

Nick Wise (09:48 A.M.)
OK, so how about meeting at Café la Olay at 10:15?.

Jane Dodson (09:50 A.M.)
Good idea.

Jane Dodson (10:07 A.M.)
I just arrived at Madex Station. Will be at cafe in five.

Nick Wise (10:09 A.M.)
I'm at a table outside.

151. At 09:42 a.m., what does Mr. Wise most
likely mean when he writes, "it's out of
your hands"

(A) Another colleague will take over Ms.
Dodson's project.
(B) Ms. Dodson isn't a specialist in that
field.
(C) The delay started at Madex.
(D) The delay was not in Ms. Dodson's
control.

152. Where was Ms. Dodson at 10:00?

(A) At Café la Olay
(B) At her office
(C) At Madex Station
(D) On a train

GO ON TO THE NEXT PAGE

MONIQUE BLANC'S FRENCH

You:
- *SPEAK*
- *HAVE FUN*
- *LEARN*

Me:
- *RELAXED LESSONS*
- *CREATIVE STYLE*
- *EXAM PREPARATION*

Come learn French with a native speaker!

All ages and abilities welcome.

Telephone: 080-5555-3245   E-mail: monique.blanc@bisco.com

Testimonials:

"Monique's class was so much fun! I was a beginner in French but now feel confident enough to travel to France and use what I've learnt. Thank you!" — Mary Newman

"I always found French difficult but I needed to prepare for my final exam. Ms. Blanc helped me achieve the highest possible grade, which I'm so grateful for."

— Gary Bush

153. What is mentioned about Ms. Blanc?

(A) Her academic achievements
(B) Her location
(C) Her native language
(D) Her work history

154. Why is Mr. Bush appreciative of Ms. Blanc?

(A) She advised him where to travel in France.
(B) She gave relaxed lessons.
(C) She helped with his academic success.
(D) She made French easy for him.

SILVER FERN HOTEL GROUP

Customer Satisfaction Survey

Please complete the following survey based on the experience of your stay with us.
Mark a number from 0 to 4 in the corresponding box, in accordance to the scale below.

Extremely dissatisfied	Dissatisfied	No opinion	Satisfied	Extremely satisfied
0	1	2	3	4

Customer Service (reception, waiting / bar staff, housekeepers).......	....	4
Room Service (timeliness, ease, choice)	....	4
The Restaurant (ambience, food, tableware)	....	4
The Bar (ambience, choice of drinks)	....	1
Cleanliness (all areas)	....	4
Noise levels (external and internal)	....	3
Location (distance from points of interest)	....	3
Cost (general)	....	3
Amenities (choice, functionality, age)	....	2

Other comments

Overall, I was very pleased with my stay at Silver Fern. The staff were exceptional,
particularly Mr. Smyth, who went the extra mile to make my stay comfortable.
However, even though the bar had a large variety of drinks available, I could not find
my favorite cocktail and the bar staff did not know of it. I hope it will be on the menu
when I return next year! I didn't have time to make use of the amenities, although the
free shuttle service into town was an added bonus. Thank you again. I look forward to
next time!

155. How does the customer rate the hotel?

(A) Average
(B) Excellent
(C) Mostly satisfying
(D) Poor

156. Who is Mr. Smyth?

(A) A hotel employee
(B) A hotel guest
(C) A hotel manager
(D) A taxi driver

157. What was the customer NOT satisfied with?

(A) The choice of amenities
(B) The distance from the town
(C) The diversity of drinks
(D) The friendliness of the staff

GO ON TO THE NEXT PAGE

Test 01

Test 02

Test 03

Answer 01

Answer 02

Answer 03

Mobile phones are now said to provide us with twice as much information as libraries or schools do. This raises the question: should we continue to teach children in the traditional way? Education ministers and teachers are firmly on the Yes side of this issue, but tech companies and most young people are calling for a new approach to learning.

Companies such as Poko and Djiib are pioneering the technology to make home-schooling or 'anywhere-schooling' more possible and likely for the future. "The depth and breadth of knowledge a child can receive from this type of technology are much vaster than what a teacher can offer in the classroom," said Jim Frank, the CEO of Poko. "We are holding our children back by not changing the methods of education, as society and our lives develop."

Talks have been held by government officials in an attempt to fully comprehend this new idea and establish how viable it could be. The officials would like to hold a public meeting on October 3 so they can hear from parents and other concerned citizens. "For everyone's sake, I urge the public attend this town hall meeting. We need the input from everybody on this important issue." Education minister, Paul Simonson commented.

158. What is the article mainly about?

(A) A different way of schooling
(B) A new private school
(C) A special commemoration on October 3
(D) The future of mobile phones

159. What field does Jim Frank work in?

(A) Finance
(B) Government
(C) Publishing
(D) Technology

160. What does a government official encourage people to do?

(A) Start home-schooling their children
(B) Invest in tech companies
(C) Voice their opinions at a meeting
(D) Talk to some local teachers

Test 01

Test 02

Test 03

Answer 01

Answer 02

Answer 03

Questions 161-163 refer to the following e-mail.

To	Rich.jack@hmail.com
From	hostelworld@promotions.com
Subject	Hotel of the Week
Date	Monday, October 3

HOTELWORLD
The World is Your Oyster...

HOTEL OF THE WEEK
Golden Arms Inn: Bleat, The United Kingdom

Situated on a brilliant, lush green piece of land in the English countryside, this inn is the
perfect weekend getaway for Londoners or those looking to explore Northern England.
There is a vast area of lawn surrounding the house, where guests can enjoy evening strolls,
bowls, or even a spot of croquet. The inn itself displays a remarkable piece of architecture:
reminiscent of the gothic, 19th Century style. Sit on the porch, under the archway and
enjoy your free breakfast.

All rooms offer guests an insight into the inn's history, through careful restoration
preserving the former charm. Each also has en suite facilities (including a separate bath),
queen-size beds, and 24-hour room service.

Other amenities include a large dining hall, a ballroom, a library, an 18-hole golf course,
and horse stables all within the grounds of the inn.

We are offering the second night's stay at a 50-percent discount, if you book before the
end of the month.

Do it now to avoid disappointment!

161. What is true of the inn?

(A) It displays modern architecture.
(B) It is located in a rural area.
(C) It is mainly for businesspeople.
(D) It offers a free lunch.

162. How are the guest rooms described?

(A) As cozy
(B) As historical
(C) As luxurious
(D) As spacious

163. How long is the discount?

(A) A week
(B) Two weeks
(C) Nearly a month
(D) A month and a half

GO ON TO THE NEXT PAGE

Distracted Driving Policy at Breztel, Inc.

Please read the new Distracted Driving Policy, sign and return to your supervisor.

In order to increase employee safety and eliminate unnecessary risks behind the wheel, Breztel, Inc. has enacted a Distracted Driving Policy, effective September 1. ---[1]---. We are committed to ending the epidemic of distracted driving, and have created the following rules, which apply to any employee operating a company vehicle or using a company-issued cellphone while operating a personal vehicle:

* Employees may not use a handheld cellphone while operating a vehicle — whether the vehicle is in motion or stopped at a traffic light. This includes, but is not limited to: answering or making phone calls; engaging in phone conversations; and/or reading or responding to e-mails, instant messages, and/ or text messages. ---[2]---.

* If employees need to use their phones, they must pull over safely to the side of the road or another safe location.

* Additionally, employees should:
(A) Turn cellphones off or put them on silent or vibrate mode before starting the car.
(B) Consider changing their voice mail greetings to indicate that they are unavailable to answer calls or return messages while driving.
(C) Inform clients, associates, and business partners of this policy as an explanation of why calls may not be returned immediately.

---[3]---. Any employee of Breztel, Inc. who is found to be out of compliance with the above regulations will first be given a written warning. ---[4]---. A second infraction will result in a mandatory unpaid leave of absence of one week. The third infraction will result in the employee being terminated from Breztel, Inc.

164. What is the purpose of the new policy?
(A) To follow regional laws
(B) To prevent accidents
(C) To teach good driving techniques
(D) To warn employees about bad drivers

165. What is suggested regarding voice mail?
(A) It should be checked regularly.
(B) It should be turned off.
(C) It should state when the call will be returned.
(D) It should state why calls are not being answered.

166. What would an employee receive who violated the company policy twice?
(A) A position change
(B) A warning letter
(C) Termination from the company
(D) Vacation without pay

167. In which of the positions marked [1], [2], [3] and [4] does the following sentence best belong?

"This warning will be added to the employee's permanent personnel file."
(A) [1]
(B) [2]
(C) [3]
(D) [4]

Questions 168-171 refer to the following letter.

March 18

Dear Mr. Vaughn,

Thank you for taking the time to write of your unsatisfactory experience with our company and I express my sincerest apologies about this matter. ---[1]--- It is of utmost importance to meet our customers' expectations and in the instance that we fail, provide resolutions.

Therefore, we will accept your request and offer a replacement sofa of the same product number and color free of charge, which will be dispatched to you tomorrow morning. In light of the poor delivery service you received, we have conducted new training sessions for all drivers and I hope you recognize a difference tomorrow. ---[2]---

In addition, I would like to take this opportunity to offer you our personal services to show you we can do a much better job with our customer service. ---[3]--- Please find enclosed a $50 voucher and my signed business card. If you decide to visit the store, please show the card to a staff member, who will personally assist you during your time there.

Thank you once again for bringing to our attention discrepancies within the company. ---[4]--- We hope you will trust us again and continue to be a satisfied customer in the coming years.

Yours Sincerely,

Arun Devdas
Manager, Customer Services

168. Why did Mr. Devdas send the letter to Mr. Vaughn?

(A) To convey his regret
(B) To express his satisfaction
(C) To inform him about a company product
(D) To request new contact information

169. What did Mr. Devdas promise to Mr. Vaughn?

(A) To conduct training sessions soon
(B) To offer free delivery on his next order
(C) To provide a new sofa at no charge
(D) To respect Mr. Vaughn's decision

170. What will Mr. Vaughn receive by using the enclosed card?

(A) A free gift
(B) An extra discount
(C) An updated catalog
(D) Special assistance

171. In which of the positions marked [1], [2], [3], and [4] does the following sentence best belong?

"It is highly appreciated in ensuring growth and the future success of our business."

(A) [1]
(B) [2]
(C) [3]
(D) [4]

GO ON TO THE NEXT PAGE

123

Questions 172-175 refer to the following online discussion.

Online Chat	_ □ ×
Ken Brown 13:02	Hello to both of you! Have you finished the orders yet?
Jack Taylor 13:12	Afternoon Ken. Not yet. It's taken longer than anticipated due to the unexpected fire drill.
Ken Brown 13:14	Yes, that was unusual. Where are you up to?
Jack Taylor 13:15	We were halfway through today's orders when the system shut down. Levi is back down in the stockroom, preparing boxes for the last half of orders.
Ken Brown 13:15	Ok. Have you remembered the orders in the black book?
Jack Taylor 13:16	Oh, I totally blanked on those! I'll call down to Levi and get him to pick it up on his way back to the office.
Ken Brown 13:17	It's OK. I'm on my way back to the office from the shop floor. I'll grab it.
Levi O'Conner 13:25	Hi Ken, just checking in. The stockroom is a real mess. It'll take me a while to straighten things out.
Ken Brown 13:27	No worries Levi. Just do as best you can and get back to the office as soon as possible. We need to get the order finished by 15:00 today.
Levi O'Conner 13:28	Thanks Ken! If you have anyone to spare, I could use some help down here.
Jack Taylor 13:30	I've just asked Bruce to leave the shop floor. He's on his way to give you a hand.
Levi O'Conner 13:31	Good news. Thanks.

Send

172. What are they mostly discussing?

(A) A fire drill
(B) A merchandise recall
(C) A new customer
(D) Order processing

173. At 13:16, what does Mr. Taylor most likely mean when he writes, "I totally blanked on those"

(A) He cannot see well.
(B) He forgot all about something.
(C) He has a lot of free time.
(D) He is not ready to start working again.

174. Who picks up the black book?

(A) Mr. Brown
(B) Mr. O'Conner
(C) Mr. Taylor
(D) Mr. Taylor's assistant

175. Where will Bruce go?

(A) To the entrance
(B) To the office
(C) To the shop
(D) To the stockroom

Test 01

Test 02

Test 03

Answer 01

Answer 02

Answer 03

GO ON TO THE NEXT PAGE

E-Street Model X

There had been so many leaks about the new electric car from Matcha Motors. I was expecting to see no surprises at the unveiling this weekend. Was I ever wrong! Once I peeked inside the new model, I realized that this vehicle is a game-changer. Like the Model B, it has no instrument panels in front of either the driver or passenger. Instead, you control the car from a computer monitor mounted in the center. This makes sense for Mafcha since it saves costly changes when shipping to either left-driving or right-driving countries. The technology is also a sight to see. From battery charge gauges to entertainment to climate control, the monitor in the Model X is simple and intuitive to use.

What's truly unbelievable about this model, though, is the price. Starting at just under $40,000, this is an e-car for the masses. Of course, to get the dual motor, you have to pay about $10,000 more, but it's worth it for those who like speed and longer distance driving on one charge.

Speaking of charge, Matcha Motors CEO promises 300 more charging stations across the country before the Model X ships. Yes, you'll have to wait two and a half more years for your Model X, but pre-orders are being taken on their website, www.matchmotors.com. Just to reserve a car, you'll need to commit at least $4,000 depending on the extras you want. As for this reviewer. I'm hooked. I'm counting down the days until delivery ...   Shaun Hansen

To	*Shaun Hansen <shaunh@wheels.com>*
From	*Olga Malayov <omalayov@matchmotors.com>*
Subject	*Review of the Model X*

Dear Mr. Hansen,

Thank you for your glowing review of our latest model. We are sure you won't be disappointed once you are sitting behind the wheel of your new E-Street car. I had a few more pieces of information about the car I thought you might like to pass along to your readers.

Firstly, I'm sorry to say that there was a mistake in the press packet we handed out at the event you attended. The pricing for the second motor is about $2,000 less than you mentioned in your review. This makes the Model X even more attractive to consumers.

Secondly, we have upped our production targets and now expect drivers to take delivery of the Model X six months earlier than previously stated. By the end of next year, Matcha Motors will be manufacturing more vehicles than the country's top three automakers combined.

Lastly, we have had to start a waiting list for the Model X since the pre-orders exceeded even our high expectations. However, we do hope that because of our heightened production goals, we will be able to serve all consumers who want a Model X within the next three years.

Sincerely,
Olga Malayov

176. According to the review, Matcha Motors saves money on what feature?

(A) The batteries
(B) The control panels
(C) The motors
(D) The seats

177. Who most likely is Mr. Hansen?

(A) A Matcha Motors spokesperson
(B) A journalist
(C) A technology expert
(D) An advertising specialist

178. What does the extra motor on the Model X cost?

(A) $2,000
(B) $8,000
(C) $10,000
(D) $40,000

179. What does Ms. Malayov mention about production?

(A) It has been delayed.
(B) It has been speeded up.
(C) It is being done overseas.
(D) It is being restructured.

180. In the review, the word "masses" in paragraph 2, line 2, is closest in meaning to

(A) public
(B) quantity
(C) variety
(D) wealth

Test 01

Test 02

Test 03

Answer 01

Answer 02

Answer 03

GO ON TO THE NEXT PAGE

Questions 181-185 refer to the following e-mail and information.

To : Info@yoga.nation.com
From : Evel Hun <e-hun@foro.com>
Subject : Package deals
Date : Saturday, June 30

Dear Sir/Madam,

I came across a copy of a pamphlet describing your package deals at the local gym and wonder if you could answer some questions.

I would like to get back into yoga and am interested in joining your group as often as possible. I noticed the BAI package allows me to practice whenever there is a class available. Could you tell me if you offer mature students a discount?

I picked up this flyer today but seeing as it's a weekend, you will not see my e-mail until Monday — by which time it'll be July 2. Would I still be entitled to a reduction in sign-up costs?

My friend and I are not sure which day is better to attempt the trial lesson. Could you make any suggestions?

I look forward to hearing from you.

Kind regards,

Evel Hun

YogaNation

Please check out our monthly deals blow if you're interested in becoming a permanent member of YogaNation.

PACKAGES	DETAILS	FEES (extra classes)
BAI	Attend however much you like.	$400/month
PUR	Attend up to twelve classes a month.	$360/month ($30/class)
GAR	Attend up to six classes a month.	$210/month ($35/class)
CHA	A 'pay-as-you-go' system.	$40/class

A membership fee of $200 for the year is charged as a one-time fee when initially purchasing packages. Receive a 20-percent discount on membership with this pamphlet.
Valid until June 30.

181. What is the main purpose of the e-mail?

(A) To check if a price cut would be offered
(B) To inform the instructor of her attendance to regular classes
(C) To make the instructor aware of her interest
(D) To suggest starting a mature students' class

182. What should YogaNation do for Ms. Hun?

(A) Explain the deals in a more detailed way
(B) Recommend a good gym
(C) Respond with information about dates
(D) Sign her and her friend up for a trial lesson

183. What kind of business is YogaNation?

(A) A drop-in service at the gym
(B) A sporting goods manufacturer
(C) A yoga club
(D) A yoga instructor training business

184. Who would pay $40 for a class?

(A) BAI members
(B) CHA members
(C) GAR members
(D) PUR members

185. How much at most would Ms. Hun pay to become a member?

(A) $200
(B) $400
(C) $560
(D) $600

GO ON TO THE NEXT PAGE

Questions 186-190 refer to the following notice, form, and e-mail.

Redlands Community Center announces NEW adult classes for the winter

* Come join your friends and neighbors in interesting classes
* Learn a new skill or revive an old interest
*All classes are taught by local experts in their fields

* Choose from among the following classes:

Outdoor Photograph for Any Season   French Cooking

Growing Your Own Herbs   Sketching and Drawing

Introduction to Pilâtes   Creative Writing

Computer Basics   Investing for Beginners

These and many others are listed on our website: www.redlandscommctr.com. You can also fill out our online registration form and pay via credit card on the site. For questions, contact Jolene at joleneb@redlandscommctr.com. We look forward to seeing you in class!

REGISTRATION FORM

Redlands Community Center Adult Learning

Name: Whitney Burke Age: 43 Address: 46 Wilderest Lane, Redlands

Have you ever taken a Redlands Community Center class before? NO

How did you hear about the classes?

My friend told me about them after taking a class

Class ID	Class name	Teacher
RADIOS	Growing Your Own Herbs	Ralph Munez
RADI 48	1 Investing for Beginners	Jennifer Cho
RAD197	Computer Basics	Neil Jackson
RAD239	Advanced Photography	Suzanne Olsen

Dear Ms. Burke,

Thank you for registering for the Redlands Community Center classes. We were able to fit you into all classes except one. Unfortunately, Suzanne Olsen is unable to teach her class this winter. She had to relocate suddenly due to her husband's job. We are sorry for the inconvenience. We hope to offer this same class with a new instructor in the spring.

Also, since you mentioned in your application that you have a friend who has taken classes with us, I wanted to let you know about our referral discount. If you refer anybody to our classes, you both get 5 percent off the cost of all the classes for that term. Let us know your friend's name so we can offer him or her the discount.

Thanks again for registering. See you soon.

Frank Dodds

186. How did Ms. Burke find out about the courses?

(A) From a referral
(B) From a TV ad
(C) From the Internet
(D) From the notice

187. What can be said about Mr. Munez?

(A) He has taught the same course for many years.
(B) He is a local herb specialist.
(C) He is taking the same courses as Ms. Burke.
(D) He is moving out of the area.

188. Who would a student learn about money from?

(A) Frank Dodds
(B) Jennifer Cho
(C) Neil Jackson
(D) Suzanne Olsen

189. Which class has an issue in the winter?

(A) RADIOS
(B) RADI 48
(C) RADI 97
(D) RAD239

190. Why is one course unavailable?

(A) It is only offered in the spring.
(B) It was mistakenly added to the course list.
(C) The instructor is ill.
(D) The instructor is moving.

GO ON TO THE NEXT PAGE

To : Customer Service <cs@steelworks.com>
From : Brian W <brianw@pershing.com>
Date : My trusty iron
Subject : November 29

To whom it may concern,

I have had my Press-on 400 iron for about six years. It has been very trustworthy until now. Recently, it won't heat up to the desired temperature. I've checked the cord and there doesn't seem to be any problem there. I've also cleaned off the surface, but have seen no change. I would hate to give up on this great iron, so I wondered if it would be possible to have it repaired. Please let me know if there is a repair shop near me in the Glendale Valley area. If not, I would be willing to mail it outside of my immediate area if you'd let me know where to send it.

Thank you in advance for your help.

Brian Wilcox

To	Brian W <brianw@pershing.com>
From	Customer Service <cs@steelworks.com>
Subject	Re: My trusty iron
Date	November 30

Dear Mr. Wilcox,

We are sorry to inform you that the Press-on 400 was discontinued about two years ago. We are unable to offer repair service on that model, but we value your loyalty and would like to retain you as a customer. To that end, I have enclosed a coupon for $30 off our newest model, the PressMagic 500, which has all the features of your iron, plus more. Our improved steaming features will reduce even difficult wrinkles. Additionally, the PressMagic can handle heavier fabrics than our previous models.

We hope you will take advantage of our offer at any of the retail locations listed on the certificate. We appreciate your business.

Jane Carver

Customer Relations

Steel Works

STEEL WORKS

Present this certificate at any of the following retail outlets for $30 off any Steel Works product.

B's Home Store	*B's Home Store*	*B's Home Store*	*B's Home Store*
25081 Highway 53	25081 Highway 53	25081 Highway 53	25081 Highway 53
Rosedale, UT	Rosedale, UT	Rosedale, UT	Rosedale, UT

*Coupon not valid in combination with any other promotion.

*Coupon may not be redeemed for cash.

*Coupon must be used on or before December 31.

---

191. What is wrong with Mr. Wilcox's product?

(A) The control button is broken.
(B) The cord is split.
(C) The heating element is broken.
(D) The steam function does not work.

192. Why can't Ms. Carver grant Mr. Wilcox's request?

(A) He does not have an extended warranty.
(B) He lives outside the store's range.
(C) His product has been recalled.
(D) His product is not being made anymore.

193. What is mentioned about the PressMagic 500?

(A) It has a better design.
(B) It has a higher heat range.
(C) It is more reliable.
(D) It works on thick clothes.

194. most likely would Mr. Wilcox use the coupon?

(A) At Appliances and More
(B) At B's Home Store
(C) At Home Super Store
(D) At Johnson Goods

195. How long does Mr. Wilcox have to use the coupon?

(A) About one week
(B) About two weeks
(C) About one month
(D) About one year

GO ON TO THE NEXT PAGE

Three Brothers Catering
No job too small or too large - we aim to please!

Three Brothers Catering has been in business for over a decade and has pleased hundreds of hungry customers over the years. We can provide lunch or dinner for your corporate events, community organization or private party. No matter how many you're expecting, we have something sure to please everyone. Until the end of the month, first-time customers get free delivery on office lunches! Take a look at our menu (full color pictures!) online at www.3broscatering.com. If you like what you see, give us a call. Three Brothers Catering at 555-8139.

Three Brothers Catering
8391 Castle View Drive
Los Animas, NM

Customer Name: Leslie Jones   Date: November 7   Venue: Jones and Co.

Order	QTY.	Unit price	Total
Variety of sandwiches	12	3.95	47.40
Green side salad	5	3.50	17.50
Variety of bottled drinks	12	1.00	12.00
Appetizer tray	1	12.00	12.00

Hi Joseph,

I hope it's not too late to make a few changes to my order for the day after tomorrow. I just got word that three people from our branch in Youngston will be joining us at our meeting. They won't be having lunch with us, but I will need beverages for them. So that brings our number to 15. And I also had a change in the salads. One person said he doesn't want a salad. Otherwise, everything else is fine. I understand that it's short notice for you, but it couldn't be helped. As this is our first order with your company, I hope we're still eligible for the special deal.

Thanks so much,

Leslie Jones

196. What is mentioned about Three Brothers Catering?

(A) It also offers cooking classes.
(B) It has won some awards.
(C) It is a new service.
(D) It opened more than ten years ago.

197. What event is Ms. Jones holding?

(A) A business lunch
(B) A grand opening
(C) A retirement party
(D) An open house

198. Why does Ms. Jones need to change her beverage order?

(A) More people are coming.
(B) More people would like coffee.
(C) Some people requested diet sodas.
(D) Some people will not be coming.

199. How many salads does Ms. Jones need?

(A) 3
(B) 4
(C) 5
(D) 12

200. What does Ms. Jones expect to receive?

(A) A 15-percent discount
(B) A free gift
(C) A loyalty program
(D) No delivery charge

Stop! This is the end of the test. If you finish before time is called, you may go back to Parts 5, 6, and 7 and check your work.

GO ON TO THE NEXT PAGE

Test 01

Test 02

Test 03

Answer 01

Answer 02

Answer 03

정답 및 해설

퀵 토익 실전모의고사Ⅱ SET 1

	응시일	TEST 소요시간	맞은 개수
LC	___월 ___일	_____ 분	_____ 개
RC		_____ 분	_____ 개

PART 1	PART 2	PART 3		PART 4	PART 5	PART 6	PART 7		
1 (B)	7 (B)	32 (D)	62 (B)	71 (B)	101 (B)	131 (D)	147 (B)	176 (B)	186 (C)
2 (C)	8 (C)	33 (B)	63 (D)	72 (D)	102 (D)	132 (B)	148 (C)	177 (C)	187 (C)
3 (C)	9 (A)	34 (A)	64 (A)	73 (D)	103 (B)	133 (B)	149 (A)	178 (B)	188 (D)
4 (C)	10 (A)	35 (B)	65 (C)	74 (B)	104 (D)	134 (C)	150 (C)	179 (A)	189 (A)
5 (C)	11 (C)	36 (B)	66 (B)	75 (B)	105 (C)	135 (B)	151 (C)	180 (B)	190 (B)
6 (B)	12 (B)	37 (A)	67 (C)	76 (A)	106 (C)	136 (B)	152 (B)	181 (B)	191 (A)
	13 (A)	38 (C)	68 (B)	77 (B)	107 (D)	137 (D)	153 (B)	182 (B)	192 (C)
	14 (A)	39 (B)	69 (C)	78 (A)	108 (B)	138 (A)	154 (C)	183 (C)	193 (C)
	15 (B)	40 (C)	70 (D)	79 (D)	109 (C)	139 (C)	155 (D)	184 (B)	194 (C)
	16 (C)	41 (B)		80 (D)	110 (B)	140 (C)	156 (D)	185 (A)	195 (A)
	17 (A)	42 (C)		81 (D)	111 (A)	141 (A)	157 (B)		196 (D)
	18 (C)	43 (C)		82 (B)	112 (D)	142 (B)	158 (B)		197 (A)
	19 (C)	44 (B)		83 (C)	113 (C)	143 (C)	159 (C)		198 (C)
	20 (B)	45 (D)		84 (D)	114 (A)	144 (D)	160 (B)		199 (B)
	21 (C)	46 (A)		85 (D)	115 (C)	145 (B)	161 (D)		200 (B)
	22 (A)	47 (B)		86 (C)	116 (D)	146 (C)	162 (C)		
	23 (C)	48 (B)		87 (C)	117 (D)		163 (A)		
	24 (A)	49 (C)		88 (D)	118 (D)		164 (B)		
	25 (C)	50 (C)		89 (D)	119 (D)		165 (D)		
	26 (B)	51 (A)		90 (A)	120 (B)		166 (B)		
	27 (A)	52 (D)		91 (D)	121 (C)		167 (B)		
	28 (C)	53 (B)		92 (C)	122 (A)		168 (B)		
	29 (C)	54 (C)		93 (A)	123 (A)		169 (C)		
	30 (A)	55 (A)		94 (B)	124 (B)		170 (B)		
	31 (B)	56 (D)		95 (B)	125 (D)		171 (C)		
		57 (D)		96 (C)	126 (B)		172 (A)		
		58 (C)		97 (D)	127 (C)		173 (A)		
		59 (D)		98 (A)	128 (A)		174 (B)		
		60 (C)		99 (B)	129 (B)		175 (B)		
		61 (A)		100 (A)	130 (A)				

1
(A) She's talking with other people.
(B) She's using a laptop on a table.
(C) She's wearing a cap.
(D) She's holding a book out in front of her.

정답 (B)

해석 (A) 여자는 다른 사람과 대화하고 있다.
(B) 여자는 책상에서 노트북을 사용하고 있다.
(C) 여자는 모자를 쓰고 있다.
(D) 여자는 자신보다 앞으로 책을 들고 있다.

해설 사진에서 여자는 노트북을 책상에 올려놓고 사용 중이다.
그래서 정답은 (B)이다. (C)가 정답이 되려면 모자를 쓰고 있는
모습이 찍힌 사진이어야 한다.

어휘 laptop 노트북

2
(A) Cars are parked on both sides of the street.
(B) A gate along the sidewalk is closed.
(C) Posts are lined up along the street.
(D) Signs are posted next to trees.

정답 (C)

해석 (A) 자동차들이 길 양쪽으로 주차되어있다.
(B) 입구들이 인도를 따라 닫혀있다.
(C) 거리를 따라 기둥(말뚝)들이 정렬되어 있다.
(D) 표지판들이 나무 옆에 있다.

해설 사진에 기둥(말뚝)들이 거리를 따라서 일렬로 서있다. 일렬로
정렬된 이라는 뜻의 lined up이 쓰인 (C)가 정답이다. 사진에
차량들이 길 양쪽으로 주차된 모습과 입구들이 도로에 따라
있는 모습은 보이지 않아 (A) (B)는 오답이다.

어휘 along ~을 따라 pots sidewalk 인도 post 말뚝

3
(A) People are setting bags on the tables.
(B) People are tasting samples of produce.
(C) Produce is being sold outside.
(D) Vegetables are being picked from the ground.

정답 (C)

해석 (A) 사람들은 가방을 탁자 위에 놓고 있는 중이다.
(B) 사람들은 시식을 하고 있는 중이다.
(C) 농산물은 밖에서 판매 중이다.
(D) 야채들을 땅에서 수확 중이다.

해설 야채와 과일들이 진열되어 있고, 사람들이 야채와 과일을
고르고 있는 모습이 보인다. 사진에 가방은 보이지 않으며 또,
무언가 먹는 모습도 보이지 않는다. 그리고 야채를 수확중인
모습도 보이지 않으므로 정답은 (C)가 된다.

어휘 tasting 시음, 시식 vegetables 야채

4
(A) The men are clearing their dishes off the table.
(B) The men are ordering from a waiter.
(C) The men are sitting at a round table.
(D) The men are waiting at a takeout window.

정답 (C)

해석 (A) 남자들은 테이블에서 접시를 치우고 있다.
(B) 남자들이 웨이터에게 주문을 하고 있다.
(C) 남자들은 테이블에 앉아 있다.
(D) 남자들은 테이크아웃 창구에서 기다리고 있다.

해설 사진에 남자들이 동그란 테이블 주위로 앉아 있다. 접시를
치우는 행동은 보이지 않고, 웨이터도 확인할 수 없으며,
테이크아웃 창구도 사진에서 확인할 수 없다. 정답은 (B)이다.

어휘 clear A off B B에서 A를 치우다 takeout window 테이크아웃
창구

5
(A) A man is pointing to a screen.
(B) All the audience members are standing.
(C) Lights are hanging from the ceiling.
(D) People are setting up some chairs.

정답 (C)

해석 (A) 남자는 화면을 가리키고 있다.
(B) 모든 관객들은 일어서 있다.
(C) 전등은 천장에 매달려 있다.
(D) 사람들이 의자를 설치하고 있다.

해설 사진에서 스크린은 확인할 수 없고, 관객들로 보이는 사람들도
보이지 않으며, 의자를 설치하는 행동도 확인할 수 없다.
전등이 천장에 매달려 있다고 설명한 (C)가 정답이다.

어휘 setting up 설치하다. ceiling 천장 audience 청중

6
(A) A woman is looking in her purse.
(B) A woman is serving customers at a counter.
(C) Someone is paying for a meal.
(D) Someone is removing trays of food.

정답 (B)

해석 (A) 여자는 지갑을 들여다 보고 있다.
(B) 여자는 계산대에서 손님을 접대하고 있다.
(C) 누군가가 계산하고 있다.
(D) 누군가가 음식이 든 쟁반을 치우고 있다.

해설 한 명의 여자가 카운터에서 여러 손님들 앞에서 접대를 하고
있는 모습으로 (B)가 정답으로 적절하다. 계산하고 있는
행동은 정확히 확인할 수 없으므로 정답이 될 수 없다.

어휘 purse 지갑 paying 지불하다 tray 쟁반

7
When are we meeting Tim and the president?

(A) He left the office already.
(B) The day after tomorrow at 10:00.
(C) They met in the conference room.

정답 (B)

해석 우리는 언제 Tim 과 사장을 만나요?

(A) 그는 이미 사무실을 떠났어요.
(B) 내일 오전 10시 이후에요.
(C) 그들은 회의실에서 만났어요.

해설 When 의문문으로 언제 미팅을 할 지 묻는 질문에 '내일 오전
10시 이후'라고 확실한 시간으로 답하는 (B)가 자연스럽게
어울린다.

어휘 conference room 회의실 The day after 다음 날

8
Will the new brochures be ready by next week?

(A) They're really colorful.
(B) I'm wondering if she wants the job.
(C) Yes. I'll make sure of it.

정답 (C)

해석 홍보 책자들은 다음주까지 준비가 되나요?

(A) 그들은 정말 화려해요.
(B) 그녀가 그 일자리를 원하는지 궁금해요.
(C) 네, 확인해 보겠습니다.

해설 홍보 책자가 준비가 되었는지 묻는 질문에 '네, 확인해
보겠습니다.'라고 긍정으로 답한 (C)가 정답으로 적절하다.

어휘 brochures make sure of N ~를 확인해보다

9 The president has come back from lunch, hasn't he?

(A) I'm not sure. Ask Ricardo.

(B) They closed the deli for good.

(C) We don't know about it.

정답 (A)

해석 사장님은 점심을 드시고 오셨죠? 그렇죠?

(A) 잘 모르겠어요, Ricardo에게 물어보세요.

(B) 그 식품가게는 폐업했습니다.

(C) 우리는 잘 모르겠어요.

해설 부가 의문문 문제이다. 사장님이 점심을 먹고 돌아왔다는 걸 묻는 질문에 '잘 모르겠으니 Ricardo에게 물어보라'는 우회적인 답변 (A)가 정답이 된다. 질문에 lunch가 있으므로 (B)에서 deli 단어를 넣어 오답을 유도하고 있다.

어휘 deli 식품가게(delicatessen)

10 Why haven't our supplies been delivered yet?

(A) They're delayed due to weather.

(B) I didn't know we were out of paper.

(C) They offered us a volume discount.

정답 (A)

해석 왜 우리의 보급품이 아직 배달이 안 되었나요?

(A) 날씨 때문에 지연되고 있어요

(B) 종이가 떨어졌는지 몰랐어요.

(C) 우리에게 큰 할인을 제공해 주었어요.

해설 Why, 이유를 묻는 의문문으로, 보급품의 배달이 늦는 이유를 묻는 질문에 '날씨 때문에 지연되고 있다'고 적절한 이유로 답한 (A)가 정답으로 어울린다.

어휘 deliver 배달하다 supplies 보급품 due to 때문에 volume discount 대량 주문 할인

11 All of the candidates have finished the test.

(A) My job interview went well.

(B) It will take about an hour.

(C) Great. Send the first one in.

정답 (C)

해석 모든 후보자들이 시험을 끝냈습니다.

(A) 면접을 잘 본거 같아요.

(B) 약 한 시간 정도 소요됩니다.

(C) 좋습니다. 첫 후보자부터 들여보내세요.

해설 지원자들의 시험이 끝난 뒤 올 수 있는 말을 찾아야 한다. (A)는 면접을 잘 보았다고 하지만 문제 어디에도 면접에 관한 말은 없다. (B)는 시험 시작 전에 와야 알맞은 대답이다. 시험이 끝났으니, 면접을 시작하자는 답변 (C)가 정답으로 적절하다.

어휘 job interview 면접 candidates 후보자

12 Which of these computers needs fixing?

(A) All these desks are quite old.

(B) The laptop only.

(C) Whichever you want to buy is fine.

정답 (B)

해석 어떤 컴퓨터가 수리가 필요한가요?

(A) 이 모든 책상들은 꽤 낡았어요.

(B) 노트북만 해당돼요.

(C) 당신이 구매하고 싶은 건 무엇이든 상관 없어요.

해설 Wh의문문 문제이다. 수리가 필요한 컴퓨터가 무엇인지를 묻는 질문에, '노트북만 수리가 필요하다'고 답한 (B)가 정답이 된다.

어휘 laptop 노트북 quite 꽤, 상당히

13 What should we tell the customers?

(A) Nothing, for the moment.

(B) I can't tell if it's good or bad news.

(C) They called to cancel the order.

정답 (A)

해석 고객에게 무엇을 알려야 할까요?

(A) 지금은 아무것도요.

(B) 그게 좋은 소식인지 나쁜 소식인지 모르겠어요.

(C) 그들은 주문을 취소하려 전화를 했습니다.

해설 Wh의문문으로 고객에게 무엇을 알려야 하는지 묻고 있다. '현재로서는 아무것도 (알릴 게) 없다.'고 답한 (A)가 정답으로 자연스럽게 연결된다.

어휘 order 주문 for the moment 당장은, 우선은

14 Where is Sean going in such a hurry?

(A) He's late for an appointment.

(B) At 6:00, or a little before.

(C) There's no point in going now.

정답 (A)

해석 Sean은 어디를 가기에 그렇게 서두르나요?

(A) 그는 약속시간에 늦었어요.

(B) 6시 또는 조금 전에요.

(C) 지금은 아무 의미가 없어요.

해설 Wh의문문 문제이다. Sean이 서둘러서 어디를 가는지를 묻는 질문에 '약속 시간에 늦었다.' 그래서 서둘러서 가려고 한다고 답한 (A)가 정답으로 어울린다. (B)는 얼핏 들으면 정답같이 보이지만 시간을 묻는 질문이 아니므로 오답이다. (C)는 문맥과 맞지 않는 답변이다.

어휘 in such a hurry 서두르다 appointment 약속 point 주안점

15 Are there any other issues to discuss?

(A) I bought one yesterday.

(B) Well, I wanted to bring one up.

(C) No. She always says that.

정답 (B)

해석 논의해야 할 다른 문제가 있나요?

(A) 어제 하나 샀어요.

(B) 음, 한 가지 논의하고 싶어요.

(C) 아뇨, 그녀는 항상 그렇게 말해요.

해설 일반 의문문으로 Yes/No에 관한 답변이 올 수 있다. 무엇을 논의할 것인지를 묻는 질문에, '논의할 게 한 가지 있다'고 답한 (A)가 정답이 된다. (A)와 (C)는 문맥에 완전히 벗어난 답변으로 오답이다.

어휘 issue 주제, 안건 discuss 상의, 토론하다

16 How soon will the new store open?

(A) As soon as she calls back.

(B) I'm not interested in investing at this time.

(C) Next February, I heard.

정답 (C)

해석 신규 매장은 언제 여나요?

(A) 그녀가 전화 하자마자요.

(B) 저는 지금 투자하는 것에 관심이 없어요.

(C) 제가 듣기론 돌아오는 2월이요.

해설 가게 오픈 일정을 묻고 있다. '듣기로는 돌아오는 2월'에 가게가 오픈을 한다고 답한 (C)가 정답으로 적절하다. (A)는 soon을 그대로 사용한 함정이고, (B)는 질문과 전혀 상관이 없는 답변이라 오답이다.

어휘 As soon as 하자마자 interested in ~에 관심 있는

17 Excuse me, where is the nearest bank?

(A) Just around the corner.
(B) Take five, everybody.
(C) See you next time.

정답 (A)

해석 실례합니다. 가장 가까운 은행이 어디 있나요?

(A) 바로 저 모퉁이에요.
(B) 모두 5분만 쉽시다.
(C) 다음에 봐요.

해설 where 의문문으로, 가장 가까운 은행이 어디에 있는지를 묻는 질문에 '은행은 바로 저 모퉁이에 있다'고 답한 (A)가 정답으로 어울린다.

어휘 around the corner 목전에 있는 take five 잠깐 쉬다

18 Do you have any questions so far?

(A) It's not that far from here.
(B) Not now, but probably later.
(C) Yes, we're on our way.

정답 (C)

해석 지금까지 질문 있나요?

(A) 여기서 그렇게 멀지 않아요
(B) 지금은 아니지만 나중엔 할 수 있어요.
(C) 네, 우리는 잘 해나가고 있어요.

해설 일반 의문문으로 Yes/No 답변이 가능하다. 지금까지 질문이 있는지를 묻는 질문에 '아직까진 없지만 나중에 있을 수 있다.'라고 답한 (B)가 정답으로 어울린다. (A)는 거리에 관한 질문에 답할 수 있는 답변이다.

어휘 so far 지금까지 far from here 여기서 멀다

19 Who is leading today's seminar?

(A) In Room 306.
(B) From 3:00 to 5:00.
(C) It should say on the program.

정답 (C)

해석 오늘 세미나는 누가 진행하나요?

(A) 306호실이요.
(B) 3시부터 5시까지에요.
(C) 계획표에 쓰여 있을 거예요.

해설 Who 의문문으로, 연수회를 지도하는 사람이 누구인지를 묻는 질문에, '계획표에 쓰여 있다'고 답한 (C)가 정답이다. 계획표에 쓰여 있으니 누가 세미나를 진행하는지를 직접 확인해보라는 전형적인 우회적인 답변이다.

어휘 leading 이끄는, 진행하는 program 계획표, 스케줄

20 Would you like to join us for lunch?

(A) Fifth Street Cafe is open early.
(B) That would be nice.
(C) I ordered today's special.

정답 (B)

해석 우리와 함께 점심 먹을래요?

(A) Fifth Street Cafe는 일찍 열어요.
(B) 좋아요
(C) 오늘 특별한 것을 주문했어요.

해설 would you like to~ 는 "권유"에 쓰이는 표현 중 하나다. 함께 점심을 먹을지를 묻는 질문에 '좋아요'라고 긍정으로 답한 (B)가 정답이 된다. (A)는 시간에 관한 답변으로 적절하다.

21 When will the new mayor move into his office?

(A) At City Hall.
(B) All the TV stations will be here.
(C) In ten days, I heard.

정답 (C)

해석 새 시장은 언제 그의 사무실로 이동하나요?

(A) 시청에서요.
(B) 모든 TV방송국이 여기로 올 거예요.
(C) 10일 후라고 들었어요.

해설 Wh-의문문이다. When은 시간을 나타내며 답변으로 시간에 관련한 답변이 주를 이룬다. 언제 사무실로 이동하는지를 묻는 질문에 중 "10일 후"라고 말하는 (C)가 정답이다. (A)는 위치, 장소 질문에 관련한 답변이다.

어휘 mayor 시장 TV stations TV 방송국

22 Has the supplier sent a quote yet?

(A) No. He said it would take two days.
(B) Please send me back the file by the end of this week.
(C) The supplies arrived yesterday.

정답 (A)

해석 공급 업체는 견적서를 보냈나요?

(A) 아뇨. 이틀 걸린다고 하네요.
(B) 이번 주 말까지 제게 파일을 돌려보내 주세요.
(C) 물품은 어제 도착했어요.

해설 일반 의문문으로 Yes/No로 답변할 수 있다. 견적서를 보냈는지 묻고 있으며 아직 보내지 않았다 라고 답한 (A)가 정답이다. (C)는 만약 질문이 물품에 관해 도착했는지 물어 보았다면 정답이 될 수 있다.

어휘 quote 견적서 end of this week 이번 주 말 supplies 물품

23 How much are they asking for the building?

(A) It's probably not a good idea.
(B) All of our houses are solar powered.
(C) At least $500,000, I'm guessing.

정답 (C)

해석 그들은 건물을 얼마에 요구하고 있나요?

(A) 아마도 좋은 생각은 아닌 거 같아요.
(B) 모든 집들은 태양열 발전기를 가지고 있어요.
(C) 제 생각에는 적어도 $500,000에요.

해설 How much 의문문으로, 빌딩의 가격에 대해서 묻는 질문에 '최소한 50만 달러를 요구하고 있다'고 답한 (C)가 정답으로 적절하다. (A)와 (B)는 모두 질문과 벗어난 답변을 하고 있다.

어휘 solar power 태양열 발전 At least 적어도

24 You're coming to the party tonight, right?

(A) Just for a while.
(B) It already ended.
(C) No one answered my call.

정답 (A)

해석 오늘 밤 파티에 참석하죠?

(A) 잠깐 참석할 거예요.
(B) 벌써 끝났어요
(C) 아무도 제 전화를 받지 않았어요.

해설 평서문으로 오늘밤 파티에 참석할 것이라고 말하고 있다. 이에 '참석할 건데 잠깐 참석할 것'이라고 긍정으로 답한 (A)가 자연스럽게 연결된다. (B)가 답이 되려면 참석을 묻는 질문이 아니라 파티는 어떻게 되었는가? 라는 질문이 와야 한다. (C)는 문맥과 상관이 없는 답변이다.

어휘 for a while 잠깐은, 잠시 동안

25 Could you drop this in a mailbox on your way home?

(A) No. It's next to a hospital.
(B) I'm staying at the Estellar Hotel.
(C) Of course. Don't work too late.

정답 (C)

해석 집에 가는 길에 우체통에 넣어주겠어요?

(A) 아뇨, 병원 옆이에요.
(B) Estellar Hotel에 머물고 있어요.
(C) 물론이죠. 너무 늦게까지 일하진 말아요.

해설 Could you…?시작하는 의문문으로 우체통에 물건을 넣어줄 수 있는지를 묻는 질문에, '물론 넣어줄 수 있다'라고 긍정으로 답한 (C)가 정답으로 적절하다. (A)와 (B)는 장소 의문문의 답변에 알맞다.

26 Are the new business cards ready?

(A) I hope they like the signs.
(B) I just picked them up from the shop.
(C) No. You'll have to use the stairs.

정답 (B)

해석 새로운 명함은 준비가 되었나요?

(A) 그들이 이 간판을 좋아하길 바래요.
(B) 가게에서 방금 가져왔어요.
(C) 아니요. 계단을 이용해야 해요.

해설 Be동사 의문문이다. 새 명함이 준비되었는지를 묻는 질문에, '가게에서 이제 막 명함을 가져왔다'고 답한 (B)가 정답이 된다. (A)는 질문과 문맥이 맞지 않고 (C)는 business card를 building으로 착각하여 들은 사람을 오답으로 유도하는 답변이다.

어휘 business card 명함

27 I'm not sure this taxi company takes credit cards.

(A) They do. I asked when I called.
(B) It comes to $14.95.
(C) How much should I tip the driver?

정답 (A)

해석 이 택시 회사가 신용 카드를 받아줄지 잘 모르겠어요.

(A) 사용할 수 있어요. 제가 전화로 물어봤어요.
(B) $14.95달러입니다
(C) 운전자에게 팁을 얼마나 줘야 합니까?

해설 택시 회사가 신용카드 결제를 받아줄지 모르겠다고 묻는 질문에 '전화로 물어봤는데, 신용카드를 받아준다고 했다'고 답한 (A)가 정답으로 적절하다. (B)는 금액에 대해 답변하고 있는데 credit card만 듣고 문제를 푸는 사람을 오답으로 유도하고 (C)또한 taxi만으로 정답을 유추하면 오답으로 유도하는 답변이다.

어휘 take credit card 신용카드로 결제하다 come to (총계가) ~이 되다

28 Are they going to the conference this week or next?

(A) I can't wait!
(B) Let's ask which room it's in.
(C) I believe it's next week.

정답 (C)

해석 그들이 회의에 참석하는 것은 이번 주인가요? 아니면 다음 주인가요?

(A) 나는 기다릴 수 없어!
(B) 어느 방에 들어갈 수 있는지 물어볼게요
(C) 다음 주일 거예요.

해설 선택 의문문으로 이번 주에 회의에 참석하는지 다음 주인지를 묻는 질문에 '다음 주일 것 같다'고 답한 (C)가 정답이다. 선택 의문문은 둘 중의 하나를 답변하든지, 둘 다를 선택하거나 둘 다 선택하지 않는 답변도 등장할 수 있다.

어휘 conference 회의, 학회

29 This bus goes to Clairville, doesn't it?

(A) Tickets are $2.50 for adults.
(B) She's not coming, actually.
(C) Yes. It runs twice an hour.

정답 (C)

해석 이 버스는 Clairville로 가죠. 그렇죠?

(A) 성인 입장료는 $2.50 입니다.
(B) 그녀는 안 올 거예요.
(C) 네, 한 시간에 두 번 운행해요.

해설 부가의문문 문제이다. 버스의 운행경로에 묻고 있고 Yes/No로 답할 수 있다. '이 버스는 Clairville로 운행을 하고, 한 시간에 두 번 운행한다'고 답한 (C)가 정답으로 적절하다. (A)는 bus만을 듣고 오답으로 유도하는 답변이고 (B)는 질문의 문맥과 상관이 없는 답변이다.

30 Does this printer have a scanner function?

    (A) No. It's an old one.

    (B) We all contributed to the fund.

    (C) Yes. She's arriving soon.

정답 (A)

해석 이 프린터에 스캐너 기능이 있나요?

    (A) 아뇨, 구식이에요.

    (B) 우리는 모두 기금에 기부했어요.

    (C) 네, 곧 도착할 거예요.

해설 일반 의문문으로 Yes/No에 대한 답변이 달릴 수 있다. 프린터에 스캐너 기능을 묻는 질문에, '구식이어서 스캐너 기능이 없다'고 답한 (A)가 정답으로 어울린다 (B)와 (C)모두 질문과 상관이 없는 답변이다.

어휘 function 기능, old 구식의

31 I'm wondering which room to reserve for the meeting.

    (A) Nothing over 190 centimeters.

    (B) One that fits twelve people.

    (C) There's no room to sit down.

정답 (B)

해석 회의를 위해서 어떤 룸을 예약해야 할지 궁금해요.

    (A) 190cm 이상은 안 돼요.

    (B) 12명 수용 가능한 곳으로요.

    (C) 앉을 자리가 없습니다.

해설 회의를 하려고 하는데, 어떤 방을 잡아야 할지 묻는 질문에, '12명을 수용할 수 있는 룸'을 잡으라고 답한 (B)가 정답으로 적절하다. (C)는 질문에 room이 들어가 있으므로 문장 전체를 듣지 못한 학생을 오답으로 유도하는 답변이다.

어휘 reserve 예약하다 fit (모양, 크기)에 맞다

PART 3

32-34

M: Hello. *32.* We eat at this restaurant a lot and every time my wife says how much she loves the pie. *33.* I wondered if I could buy a whole pie to take home. I'd like to surprise her with one tonight.

W: We don't have any whole pies to sell right now since we're in the middle of our dinnertime rush, but if you'd like to order one now, you could pick it up tomorrow.

M: That would be fine. She's especially fond of the Dutch apple pie.

W: OK, so that's one Dutch apple pie for pickup. *34.* Can I get your name and phone number, please?

M: 안녕하세요. *32.* 우리는 이 레스토랑을 자주 이용합니다. 그리고 제 아내는 여기의 파이를 좋아한다고 항상 말해요. *33.* 제가 여기 파이를 모두 집으로 사갈 수 있을까요? 오늘 제 아내를 깜짝 놀라게 해주고 싶네요.

W: 우리가 바쁜 저녁타임 중이라서, 지금 당장 어떠한 파이도 판매할 수 없지만 지금 주문을 하신다면 내일 찾아갈 수 있습니다.

M: 그것도 좋네요. 아내가 특히 Dutch apple pie를 좋아해요.

W: 알겠어요, 그러면 포장용 Dutch apple pie 한 개요. *34.* 이름과 휴대폰 번호 좀 알려주시겠어요?

32 Where is this conversation taking place?

    (A) At a bakery

    (B) At a cafeteria

    (C) At a grocery store

    (D) At a restaurant

정답 (D)

해석 대화가 이루어지고 있는 장소는 어디인가?

    (A) 제과점

    (B) 카페

    (C) 식료품점

    (D) 레스토랑

해설 남자는 처음에 'We eat at this restaurant a lot'(레스토랑에서 자주 식사를 했다) 라고 말하고 있다. 그러므로 대화가 이루어지는 장소는 (D) At a restaurant이다.

33 What does the man request?

    (A) A special menu item

    (B) A take-out item

    (C) Drink refills

    (D) Home delivery

정답 (B)

해석 남자가 요청하는 것은 무엇인가?

    (A) 특별한 메뉴

    (B) 포장가능 품목

    (C) 음료 리필

    (D) 배달

해설 남자는 'I wondered if I could buy a whole pie to take home.' 파이를 집에 가져갈 수 있는지 묻고 있다. 그러므로 정답은 (B) A take-out item이다.

34 What will the man give the woman next?

    (A) His contact information

    (B) His order

    (C) His preferred pickup time

    (D) His wife's name

정답 (A)

해석 남자는 나중에 여자에게 무엇을 줄 것인가?

    (A) 그의 연락처

    (B) 그의 주문

    (C) 선호하는 픽업 시간

    (D) 아내의 이름

해설 여자는 주문을 받은 후에 'Can I get your name and phone number, please?' 이름과 전화번호를 묻고 있다. 그러므로 남자는 여자에게 자신의 연락처를 줄 것이다. 정답은 (A) His contact information 이다.

35-37

W: Hi, Anthony. *35.* This is Elizabeth at East End Magazine. I'm calling about your article for next month's issue. The deadline is coming up and I haven't seen anything from you.

M: Oh, Elizabeth. *36.* I'm sorry about that. I've had out-of-town guests, then a sick child... Uh, but I'm almost done with reviewing all the area's newest restaurants. Do you want me to send what I have so far?

W: Yes, that would be good. I can look at it and see if there are any major changes. *35.* That will make the final editing easier.

M: Right. *37.* And there's one more restaurant I'm going to tonight. I saved the best for last, Italian.

W: 안녕, Anthony. *35.* East End Magazine의 Elizabeth예요. 다음 달 호에 실린 기사에 대해 문의 드려요. 마감일이 다가오고 있는데 아무것도 받지 못해서요.

M: 오, Elizabeth. *36.* 정말 미안해요. 제가 시골에 있는 손님들을 데리고 있었고, 아픈 아이도 있어요… 아, 하지만 거의 모든 지역의 새로운 식당을 검토하는 일이 거의 끝났어요. 제가 지금까지 한 것들을 보내 드릴까요?

W: 네, 좋아요. 제가 그것을 검토하고 중요한 변화가 있는지 알아볼 수 있어요. *35.* 그러면 최종 편집이 수월해질 거에요.

M: 좋아요. *37.* 그리고 오늘 밤 레스토랑 한 곳을 더 방문할 예정이에요. 제가 마지막을 위해 가장 멋진 이탈리아 음식점을 남겨놨어요.

어휘 Issue 출판물 간행물, deadline 마감일 newest 최신의 look at ~을 보다, 살피다

35 Who most likely is the woman?

(A) A freelance writer
(B) A magazine editor
(C) A newspaper sales manager
(D) A restaurant owner

정답 (B)

해석 여자의 직업은 무엇인가?

(A) 프리랜서 작가
(B) 잡지 편집장
(C) 신문 판매 부장
(D) 식당 주인

해설 여자는 처음에 'This is Elizabeth at East End Magazine. I'm calling about your article for next month's issue.'에서 자신이 East End Magazine의 Elizabeth라고 밝히고 있으며 뒤에 나온 'That will make the final editing easier.'에서 최종 편집이 편하다고 말하는 것으로 보아 그녀의 직업은 편집장일 확률이 높다. 그래서 정답은 (B)이다.

36 Why does the man apologize to the woman?

(A) He forgot to call her.
(B) He did not contact her because he was busy.
(C) He has to cancel their appointment.
(D) He left his document at home.

정답 (B)

해석 남자는 왜 여자에게 사과하는가?

(A) 전화하는 것을 잊어서
(B) 그가 바빠 연락하지 못해서
(C) 그들의 약속을 취소해서
(D) 서류를 집에 두고 와서

해설 남자가 말한 'I'm sorry about that. I've had out-of-town guests, then a sick child...'으로 미루어 볼 때 남자는 손님과 아이가 아마 매우 바빴던 것을 알 수 있다. 그래서 그가 바빠 연락하지 못해 사과한다고 볼 수 있어 정답은 (B)이다.

37 What does the man say he will do tonight?

(A) Eat out
(B) Entertain guests
(C) Go out of town
(D) Write a book review

정답 (A)

해석 그는 오늘 밤에 무엇을 할 것이라고 말하는가?

(A) 외식을 한다.
(B) 손님을 접대한다
(C) 도시 밖으로 나간다.
(D) 리뷰를 작성한다.

해설 'there's one more restaurant I'm going to tonight.'에서 그는 오늘 밤 한 곳의 레스토랑을 방문한다고 말하고 있다. 그래서 정답은 '외식한다'를 뜻하는 (A) eat out 이다.

38-40

W: Nicholas, could I ask a favor? I have some old files and all the cabinets in my office are full. *38.* I wondered if I could use the cabinet in your office. That is, unless you need it for something.

M: *39.* No, you're welcome to it. There is storage space in the basement though, as you know.

W: Yes, I've put a lot of my files down there, but I have some that I may need to refer to from time to time. *40.* The file storage room is not very easy to access.

W: Nicholas, 제가 부탁을 하나 해도 될까요? 지금 수 많은 오래된 파일을 가지고 있고 제 사무실 캐비닛은 다 찼어요. *38.* 당신 사무실에 있는 캐비닛을 사용해도 될까요? 캐비닛이 필요하지 않다면요.

M: *39.* 아뇨, 천만에요. 당신도 아시다시피, 지하실에는 저장 공간이 있어요.

W: 네, 제 많은 파일들을 그곳에 보관 중이에요, 하지만 가끔씩 참조해야 할 파일이 있어요. *40.* 파일 창고는 접근하기 정말 쉽지 않아요.

어휘 favor 호의, 친절 storage space 저장 공간 from time to time 가끔, 이따끔

38 What does the woman ask the man to do?

(A) Explain the file request process
(B) Help her with a report
(C) Loan her some office furniture
(D) Retrieve a file from storage

정답 (C)

해석 여자가 남자에게 부탁하는 것은?

(A) 파일 요청 단계 설명
(B) 보고서 작성 도움 요청
(C) 사무용 가구를 대여
(D) 저장소에서 파일 검색

해설 여자는 처음에 'I wondered if I could use the cabinet in your office'에서 남자 사무실의 캐비닛을 빌릴 수 있는지 물어보고 있다. 문제에서 사무실 가구 대여가 가장 유사하므로 정답은 (C)이다.

39 What does the man imply when he says, "you're welcome to it"?

(A) He does not like the woman's proposal.
(B) He is happy to offer the woman the cabinet.
(C) He is inviting the woman to his office.
(D) He is open to any suggestions.

정답 (B)

해석 남자가 말한 "you're welcome to it"은 무엇을 암시하는가?

(A) 여자의 요청을 좋아하지 않는다.
(B) 캐비닛을 그녀에게 제공하게 되어 기쁘다.
(C) 그의 사무실로 여자를 초대할 것이다.
(D) 어떠한 제한도 응할 것이다.

해설 여자가 캐비닛이 필요하지 않다면~ 이라고 물은 답에 남자는 No. 라고 말하며 필요하지 않다는 뜻을 밝힌 뒤 'you're welcome to it' 이라고 말하고 있다. 이 뜻은 기꺼이 캐비닛을 제공한다는 뜻으로 볼 수 으므로 정답은 (B)이다.

40 What does the woman say about the storage space in the basement?

(A) It is difficult to find.
(B) It is filled to capacity.
(C) It is inconvenient.
(D) It is too small.

정답 (C)

해석 여자는 지하실의 저장 공간에 대해 뭐라고 하는가?

(A) 찾기 어렵다.
(B) 용량은 충분하다.
(C) 불편하다.
(D) 크기가 너무 작다.

해설 여자는 'The file storage room is not very easy to access'에서 저장소에 접근하기가 쉽지 않다고 말하고 있다. 그러므로 (C) It is inconvenient 가 정답이다.

41-43

M: 41. Sarah, you haven't seen my mobile phone around, have you?

W: 42. I saw one in the break room, on the counter by the sink. I wondered whose it was.

M: Oh, that's right. I was getting some coffee and reading a text. 42. Then the sales manager walked in, and we talked for a while. I must have left my phone there. I'm getting forgetful as I get older.

W: Hey, it happens to everyone. That reminds me. 43. I'd better get more coffee cups. I noticed we were running low.

M: 41. Sarah, 주변에서 제 휴대폰을 못 봤어요?
W: 42. 휴게실 싱크대 옆 카운터에서 하나 본 것 같아요. 누구 것인지 궁금했어요.
M: 오, 그래 맞아요. 저는 커피를 마시며 글을 읽고 있었어요 42. 그 때 영업 매니저가 들어와서 잠시 이야기를 나눴어요. 휴대폰을 거기에 놓고 왔나 봐요. 나이가 들면서 건망증이 심해지고 있어요.
W: 이봐요, 그건 누구에게나 있는 일이에요. 깜빡 잊을 뻔했어요. 43. 커피잔을 더 가져오는 게 좋겠어요. 거의 다 떨어졌더라고요.

어휘 break room 휴게실 sink 싱크대 forgetful 건망증이 있는 run low (제품이)고갈되다, 다 떨어져가다

41 What is the man's problem?

(A) He cannot find his glasses.
(B) He does not know where his cellphone is.
(C) He forgot about an appointment.
(D) He has the lowest sales.

정답 (B)

해석 주된 문제는 무엇인가?

(A) 그는 안경을 찾지 못하고 있다.
(B) 그는 휴대폰이 어디 있는지 알지 못한다.
(C) 그는 약속을 잊어 버렸다.
(D) 그는 최저 매출을 기록하고 있다.

해설 그는 'you haven't seen my mobile phone around, have you?'에서 Sarah에게 자신의 휴대폰을 본 적이 있는지 묻고 있다. 이런 상황을 보았을 때 남자는 휴대폰이 어디 있는지 알지 못하는 것이라고 볼 수 있다. 정답은 (B)이다.

42 Where is this conversation most likely taking place?

(A) In a coffee shop
(B) In a police station
(C) In an office
(D) In the speakers' home

정답 (C)

해석 이 대화는 어디에서 이루어지고 있는가?

(A) 커피숍에서
(B) 경찰서에서
(C) 사무실에서
(D) 화자의 집에서

해설 여자는 'I saw one in the break room'에서 휴게실에서 본 적이 있다고 말을 했고 남자의 말 중 'sales manager walked in'에서 영업 매니저와 휴게실로 들어왔다 라고 말하는 것을 종합하면 사무실에서 대화하는 것을 알 수 있다. (A) 커피숍이나 (B) 경찰서에서 '영업 매니저가 들어왔다'는 매우 어색하다. 마찬가지로 (D) 화자의 집에 영업 매니저가 들어오는 것도 어색하다. 정답은 (C)이다.

43 What does the woman say she will do?

(A) Get some coffee
(B) Go running
(C) Order some supplies
(D) See her client

정답 (C)

해석 그녀는 무엇을 할 것이라고 말하는가?

(A) 커피를 가져온다.
(B) 달리러 나간다.
(C) 보급품을 주문한다.
(D) 그녀의 고객을 만나러 간다.

해설 마지막 여자의 말 'I'd better get more coffee cups. I noticed we were running low.'에서 여성은 커피 컵이 줄어들고 있기 때문에 주문하는 게 좋을 것이라고 말했다. 그것을 '보급품을 주문하다'로 바꿔서 표현한 (C)가 정답이다.

Test 01

Test 02

Test 03

Answer 01

Answer 02

Answer 03

44-46

W: Sean, you've been working so hard on that report. You didn't even stop for lunch! 44. Why don't you get out of the office for a bit? I heard it's supposed to rain all next week. Enjoy the sunshine while you can,

M: Yeah, You're right. 45. I guess I could use a break. It's just that my deadline is noon tomorrow and I don't know how I'm going to make it.

W: Have you talked with Ms. Stevens? I'm sure she'd give you some extra time if you asked.

M: Actually, I already asked for extra time. 46. It was supposed to be finished today at 5:00.

W: Sean, 당신은 그 보고서를 너무 열심히 작성하고 있어요. 심지어 점심 식사도 건너뛰고! 44. 잠시 사무실을 벗어나는 게 어때요? 제가 듣기로 다음주 내내 비가 온대요. 즐길 수 있는 동안 햇빛을 즐겨요.

M: 네, 당신 말이 맞아요. 45. 저는 잠시 휴식을 취할 수 있을 것 같아요. 마감이 내일 오후까지여서 그 때까지 일을 마칠 수 있을지 모르겠어요.

W: Ms. Stevens과 이야기를 나눠봤어요? 당신이 요청한다면 (그녀가) 추가 시간을 줄 것이라고 저는 확신해요.

M: 사실, 저는 이미 추가 시간을 요청했어요. 46. 원래는 오늘 5시까지 끝냈기로 되어 있었어요.

어휘 make it 성공하다, 해내다 extra time 연장전 be supposed to do ~하기로 되어있다

44 What does the woman suggest the man do?

(A) Get more exercise
(B) Go outside
(C) Have lunch with her
(D) Use her umbrella

정답 (B)

해석 여자가 남자에게 제안하는 것은?

(A) 운동을 더 한다.
(B) 밖으로 나간다.
(C) 그녀와 점심을 먹는다.
(D) 그녀의 우산을 사용한다.

해설 여자는 남자에게 'Why don't you get out of the office for a bit?'에서 잠시 사무실을 나가는 것을 제안하고 있다. 정답은 (B)이다. (C) Have lunch with her는 여자가 'You didn't even stop for lunch!'에서 점심시간에도 쉬지 않았다 라고 말하고 있어 오답이다.

45 What does the man mean when he says, "I guess I could use a break"?

(A) He broke a piece of equipment.
(B) He needs to cancel a deal.
(C) He wants to be treated better by his boss.
(D) He wants to relax for a while.

정답 (D)

해석 그가 "I guess I could use a break"?라고 말한 의미는 무엇인가?

(A) 그는 장비 하나를 파손시켰다.
(B) 그는 거래를 취소해야만 했다.
(C) 그는 상사로부터 좋은 대우를 원한다.
(D) 그는 잠시 휴식을 취하고 싶어 한다.

해설 그는 'Yeah, You're right.'에서 '그래, 당신이 옳아요'라고 말하고 있다. 이 말은 앞서 여자가 말한 'Why don't you get out of the office for a bit?'에 동의하는 말로 남자는 잠시 휴식을 취하고 싶어 하는 것으로 볼 수 있으므로 정답은 (D)이다.

46 When was the man's work due originally?

(A) Today
(B) Tomorrow noon
(C) The end of tomorrow
(D) Next week

정답 (A)

해석 남자의 업무는 원래 언제까지였는가?

(A) 오늘
(B) 내일 정오까지
(C) 내일 까지
(D) 다음 주까지

해설 남자는 'It was supposed to be finished today at 5:00'에서 사실은 '오늘 5시까지 끝냈어야 한다'라고 말하고 있다. 이를 통해서 원래 업무의 마감일은 오늘이라고 알 수 있다. 정답은 (A)이다.

47-49

M: 47. Ms. Reynolds, it says here on your resume that you worked at Chromagnus for three years as a technician. So you're familiar with all types of photographic equipment?

W: 48. Yes, I repaired and rebuilt equipment including cameras, scanners, and medical imaging systems.

M: Impressive. Well, you are definitely our most qualified candidate. Just to let you know, we would require overtime about once a month. No more than that.

W: That's fine. 49. I'm actually relieved because I teach a photography class at the community center twice a week.

M: 47. Reynolds씨, 이력서에 Chromagnus에서 3년동안 기술자로 일했다고 쓰여 있군요. 그래서 모든 종류의 사진 장비를 잘 다룰 수 있나요?

W: 48. 네, 저는 카메라, 스캐너, 의료 영상 촬영 시스템을 비롯한 장비들을 수리하고 재조립했습니다.

M: 인상 깊군요. 음, 당신은 확실히 가장 자격을 갖춘 후보자네요. 당신에게 알려드릴 게 있어요, 우리는 한 달에 한 번 정도 야근을 해야 합니다. 그 이상은 하지 않아요.

W: 괜찮아요. 49. 사실 일주일에 두 번 지역 사회 센터에서 사진 수업을 가르치기 때문에 안심이 되네요.

어휘 technician 기술자 rebuilt 재조립, 재건축 familiar 친숙한 candidate 지원자 overtime 야근 photography 촬영 기술/기법

47 What is the conversation mainly about?

(A) A community center
(B) A job opening
(C) A new hospital
(D) A problem with equipment

정답 (B)

해석 어떤 주제로 대화를 하는가?

(A) 지역 문화 센터
(B) 채용
(C) 새로운 병원
(D) 장비에 관한 문제

해설 'it says here on your résumé that you worked at Chromagnus'에서 남자는 이력서에 관해서 말하고 있으며 뒤에서 'you are definitely our most qualified candidate'에서 가장 적합한 후보자라고 말하고 있다. 이를 바탕으로 채용에 관한 주제로 대화를 하는 것을 알 수 있다. 정답은 (B)이다.

48 What is mentioned about the woman?

(A) She created a new photographic technology.
(B) She has fixed some equipment.
(C) She is a photographer.
(D) She works at a medical institution.

정답 (B)

해석 여자에 대해 언급된 내용은 무엇인가?

(A) 그녀는 새로운 사진기법을 창시했다.
(B) 그녀는 여러 장비를 고쳤다.
(C) 그녀는 사진 작가이다.
(D) 그녀는 의료 기관에서 일한다.

해설 여자는 'I repaired and rebuilt equipment including cameras, scanners, and medical imaging systems.'에서 카메라, 스캐너, 의료기기 등을 포함한 장비들을 고치고 재조립했다고 말하고 있으므로 정답은 (B)이다. 의료 장비를 고쳤다고 해서 그녀가 의료기관에서 일하고 있다고 하는 것은 무리가 있으므로 (D)는 오답이다.

49 What does the woman say she does on some evenings?

(A) Attends a book club
(B) Goes to the gym
(C) Teaches a class
(D) Works overtime

정답 (C)

해석 여자는 저녁에 무엇을 한다고 하는가?

(A) 독서 클럽에 참석한다.
(B) 체육관에 간다.
(C) 수업을 진행한다.
(D) 초과 근무를 한다.

해설 여자는 'I teach a photography class at the community center twice a week.'에서 지역 문화 센터에서 사진기법 교실을 진행한다고 말하고 있으므로 정답은 (C)이다. 초과 근무에 관한 내용은 'Just to let you know, we would require overtime about once a month. No more than that.'에서 남자가 여자에게 초과근무를 월 1회 해야 한다고 말하는 것으로 (D)는 오답이다.

50-52

M: I knew we should have taken the train. *50.* The traffic was terrible and now it's almost 10:00. We really have to be on time to this meeting.

W: Relax. Here's the building and we still have five minutes. Now for a parking space. Look, there's one, right in front of the building. *51.* This must be our lucky day.

M: Let's hope the luck continues in the meeting. *52.* We really have to impress Mr. Collins today. He's going to decide who to go with, us or Intex.

W: We're the best tech services company in the city. Mr. Collins will choose us, I'm sure.

M: 우리는 기차를 탔어야 했어요. *50.* 교통체증이 심하고 거의 10시가 되었거든요. 우리는 회의에 꼭 정시에 도착해야 해요.

W: 침착해요. 건물은 여기 있고 우리는 아직 5분이 남아있어요. 이제 주차공간을 찾아야 해요. 봐요, 빌딩 앞에 주차 공간이 있네요. *51.* 우리 오늘 운이 좋네요.

M: 회의까지 행운이 이어지면 좋겠어요. *52.* 오늘 Collins 씨에게 깊은 인상을 남겨야 하거든요. 그는 오늘 우리 또는 Intex와 함께 할지 결정을 할 거예요.

W: 우리는 도시에서 최고의 기술 서비스 회사에요. 전 확신해요, Collins 씨는 우리를 선택할 거예요.

어휘 traffic 교통 체증 parking space 주차 공간 impress 깊은 인상을 주다

50 Why is the man worried?

(A) He does not want to go to a meeting.
(B) He is not good at parallel parking.
(C) He thinks he is going to be late.
(D) His train is delayed.

정답 (C)

해석 남자는 왜 걱정하는가?

(A) 회의에 참석하고 싶지 않다.
(B) 그는 평행주차에 능숙하지 않다.
(C) 그의 생각에는 늦을 것 같다.
(D) 그의 기차는 지연되었다.

해설 남자는 'now it's almost 10:00. We really have to be on time to this meeting.'에서 거의 10시가 되었고 미팅에 늦을 것이라고 생각한다. 이를 바탕으로 '그는 늦을 것 같다고 생각한다'가 정답이 될 수 있다. 정답은 (C)이다. (D)에 관한 내용은 '교통체증 때문에 늦을 것 같아 기차를 탔어야 했다'고 말하는 것이므로 오답이다.

51   Why does the woman say, "This must be our lucky day"?

(A) The speakers easily found a parking space.
(B) The speakers found some money on the sidewalk.
(C) The speakers got seats on the train.
(D) The speakers won a contract.

정답 (A)

해석 여자는 왜 "This must be our lucky day"?라고 말하는가?

(A) 화자가 쉽게 주차 공간을 찾을 수 있어서.
(B) 화자가 도보에서 약간의 돈을 발견해서
(C) 화자가 기차에 앉아서 와서
(D) 화자가 계약을 따내서

해설 'Now for a parking space. Look, there's one, right in front of the building.'에서 여자는 주차 공간을 찾아야 하는데 바로 건물 앞 주차 공간을 찾았다는 것을 알 수 있다. 그래서 정답은 (A)이다. 화자들의 대화 내용을 보면 그들은 계약을 따내기 위한 회의에 참석하러 가는 길임을 알 수 있다. 그리고 여자의 말 'Mr. Collins will choose us, I'm sure.'에 따르면 아직 Collins씨가 선택을 하지 않았음을 알 수 있다. 그러므로 (D)는 오답이다.

52   Who most likely is Mr. Collins?

(A) A parking lot attendant
(B) A rival company's president
(C) The speakers' boss
(D) The speakers' potential client

정답 (D)

해석 Mr. Cillins는 누구인가?

(A) 주차장 직원
(B) 경쟁사의 회장
(C) 화자의 상사
(D) 화자의 잠재적 고객

해설 We really have to impress Mr. Collins today. He's going to decide who to go with, us or Intex.'에서 Collins씨는 Intex와 화자들의 회사 둘 중 하나를 선택한다는 것을 알 수 있고 이를 통해서 그는 화자의 잠재적 고객임을 알 수 있다. 정답은 (D)이다.

53-55

M: Hello, Ms. Hudson, this is Ricardo from Ace Auto Repair. *53.* I've got some good news and some bad news about your car.

W: Well, go ahead and give me the bad news first, Ricardo.

M: *54.* Your car isn't going to be ready by tomorrow, like I had thought. We've had to order a part that's only made overseas and it will take a few days to get here.

W: I see. And what's the good news?

M: The part is cheaper than I thought, so your bill will be less than estimated.

W: That is good news. *55.* I don't mind taking the bus for another few days. Thank you, Ricardo.

M: 안녕하세요, Hudson씨. Ace Auto Repair의 Ricardo입니다. *53.* 당신의 차에 대해 좋은 소식과 나쁜 소식이 있어요.

W: 자, 나쁜 소식을 먼저 전해주세요, Ricardo.

M: *54.* 제 생각엔 내일까지 차량이 준비되지 못할 것 같아요. 오직 해외에서만 만들어지는 부품을 주문해야만 했고 여기에 도착하는데 며칠이 걸릴 것 같아요.

W: 알겠어요. 그러면 좋은 소식은 무엇인가요?

M: 부품이 제가 생각했던 것 보다 싸요. 그래서 견적보다 적게 청구될 거예요.

W: 좋은 소식이네요. *55.* 며칠 더 버스를 타는 건 신경 쓰이지 않아요. 고마워요 Ricardo.

어휘 overseas 해외, 국외 estimate 견적서, 평가 don't mind 신경 쓰지 않는다, 마음에 두지 않는다

53   What is the reason for the man's call?

(A) To ask for payment
(B) To communicate a change
(C) To order a part
(D) To sell a car

정답 (B)

해석 남자가 전화를 건 이유는 무엇인가?

(A) 결제를 요청하려고
(B) 변경 내용에 관해 이야기하려고.
(C) 부품을 주문하려고
(D) 차를 판매하려고

해설 남자의 말 'I've got some good news and some bad news about your car.'에 따르면 좋은 소식과 나쁜 소식이 있다고 하고 있다. 이를 바탕으로 이를 통해 변경 내용(차량이 준비되지 못하는 것)을 알려주기 위해서 전화했다고 볼 수 있으므로 정답은 (B)이다.

54   What bad news does the woman receive?

(A) Her bill will be higher than she thought.
(B) Her car cannot be fixed.
(C) She has to wait for her vehicle to be repaired.
(D) The man's shop will be closed tomorrow.

정답 (C)

해석 여자가 들은 나쁜 소식은 무엇인가?

(A) 그녀가 생각한 것 보다 높은 금액이 청구될 것이다.
(B) 그녀의 차는 고치지 못한다.
(C) 그녀의 차량을 수리하기 위해 더 기다려야 한다.
(D) 남자의 가게는 내일 문을 닫는다.

해설 남자의 말 'Your car isn't going to be ready by tomorrow'에 따르면 내일까지 차량이 준비가 불가능 하다고 말하고 있다. 그래서 정답은 (C)이다. 이후 좋은 소식에서 'The part is cheaper than I thought, so your bill will be less than estimated.'에 따르면 그녀의 청구 금액은 오히려 낮아진다고 말하고 있으므로 (A)는 오답이다.

55 How is the woman getting around now?

(A) By bus
(B) By car
(C) By taxi
(D) By train

정답 (A)

해석 여자는 지금 어떻게 다니고 있는가?

(A) 버스
(B) 차
(C) 택시
(D) 기차

해설 여자는 'I don't mind taking the bus for another few days.'에서 며칠 더 버스를 타는 것은 개의치 않는다고 말하고 있다. 따라서 정답은 (A)이다. (C), (D)는 글에서 언급된 적이 없다.

56-58

W1: *56.* That will be $45.94, please. Would you like paper or plastic bags?

M: Uh, just a sec. I can't find my credit card. I'm sure I had it in my wallet.

W1: Maybe it's in one of your pockets.

M: No, it's not there. I just used it at the restaurant next door. How could...

W2: Pardon me, but if your card is red and gold, I just turned one in to the manager a minute ago. *56.* I saw it on the floor in the frozen-food section.

M: Oh, thank you. It must have slipped out without my noticing it.

W1: You're pretty lucky that lady is so honest. *57.* Credit card theft is a big problem in this city.

M: I sure am. *58.* Could you hold my groceries for me while I talk to the manager?

W1: *56.* 총 $45.95입니다. 종이나 비닐 봉지 드릴까요?
M: 오, 잠시만요. 제 신용카드를 찾을 수 없네요. 분명 제 지갑에 있었거든요.
W1: 아마 주머니 어딘가에 있지 않을까요?
M: 아뇨, 주머니에 없어요. 바로 옆 레스토랑에서 사용했거든요. 어떻게 이런….
W2: 실례합니다. 혹시 당신의 카드가 빨강과 금색인가요? 1분 전에 매니저에게 한 개 맡겼어요. *56.* 냉동 식품 코너 바닥에서 발견했어요.
M: 오, 감사합니다. 제 부주의로 흘렸나 보네요.
W1: 부인께서 이렇게 정직하시다니 참 운이 좋으시네요. *57.* 도시에서 신용카드 도둑이 큰 문제인데 말이죠.
M: 네, 그렇네요. *58.* 매니저에게 잠시 말하고 올 동안 식료품 좀 보관해 주시겠어요?

어휘 slip out 아무도 모르게 빠져나가다. Without notice 무단으로, 부주의하게

56 Where most likely are the speakers?

(A) At a bank
(B) At a police station
(C) At a restaurant
(D) At a supermarket

정답 (D)

해석 어디서 이루어 지는 대화인가?

(A) 은행에서
(B) 경찰서에서
(C) 식당에서
(D) 슈퍼 마켓에서

해설 여자1의 'That will be $45.94, please. Would you like paper or plastic bags?'에서 여자는 총 금액을 말하면서 봉투를 준다고 한다. 또, 여자2는 'I saw it on the floor in the frozen-food section.'에서 냉동 식품 코너에서 발견했다 라고 말하고 있다. 여자 둘의 대화를 미루어 볼 때 슈퍼마켓에서 이루어지는 대화임을 알 수 있다. 정답은 (D)이다.

57   What problem is mentioned about the speakers' city?

    (A) Bad weather
    (B) High prices
    (C) Lack of parking
    (D) Stolen credit cards

정답 (D)

해석 화자의 도시에서 언급된 문제는 무엇인가?

    (A) 좋지 않은 날씨
    (B) 높은 물가
    (C) 주차 공간 부족
    (D) 신용 카드 도난

해설 여자1의 'Credit card theft is a big problem in this city.'에서 도시의 문제는 신용카드 도둑이라고 말하고 있다. 정답은 (D)이다. (A),(B),(C) 모두 도시에 있을 법한 문제이지만 대화에서 언급되지는 않았다.

58   What does the man ask the clerk to do?

    (A) Cancel his order
    (B) Exchange some items
    (C) Keep his items
    (D) Phone the police

정답 (C)

해석 남자는 점원에게 무엇을 부탁하는가?

    (A) 그의 주문 취소
    (B) 일부 물품 교환
    (C) 물품 보관
    (D) 경찰에게 전화

해설 남자는 'Could you hold my groceries for me while I talk to the manager?'에서 점원에게 잠시 짐을 맡아 달라고 요청하고 있다. 정답은 (C)이다. 앞서 도시의 문제로 신용카드 도둑이 언급되고 있지만 (D) 경찰에게 전화는 오답이다.

59-61

W: Hello, this is Olivia Stone and I'm calling for Max Peterson.

M1: Can I tell him what the call is regarding?

W: Yes. *59.* I have some questions about the quote for my kitchen remodeling work.

M1: I see. Please hold while I put you through.

M2: Yes, Ms. Stone. How can I help you?

W: *60.* I'm looking at the quote you sent and I wondered what the $250 extra charge was.

M2: That's for the extra workers.

W: Oh, right. Now I remember we talked about that. I haven't made a decision yet on when to start, but *61.* I'll let you know by the end of the week.

M2: That's fine, Ms. Stone. Thank you for calling.

W: 안녕하세요. Olivia Stone인데요, Max Peterson에게 전화 드립니다.
M1: Max Peterson에게 무슨 용건이라고 말씀 드릴까요?
W: Yes. *59.* 네. 부엌 리모델링 작업에 대한 견적에 대해서 궁금한 게 좀 있습니다.
M1: 알겠습니다. 연결해 드릴 테니 조금만 기다리세요.
M2: 네. Stone씨. 무엇을 도와 드릴까요?
W: *60.* 당신이 보낸 견적서를 보고 있는데요. 250달러 추가 요금이 무엇인지가 궁금했어요.
M2: 그건 추가 노동자에 대한 요금이에요.
W: 아, 그렇군요. 우리가 그 부분에 대해서 얘기했던 게 지금 기억이 나네요. *61.* 언제 시작할지 아직 결정을 못했지만, 이번 주 말까지 알려드리겠습니다.
M2: 좋습니다. Stone씨. 전화 주셔서 감사 드립니다.

어휘 quote 견적(서) put through 전화를 연결시키다 extra charge 추가 요금

59   What is the woman planning to do?

    (A) Go overseas for vacation
    (B) Have a job interview
    (C) Move into a new house
    (D) Renovate her kitchen

정답 (D)

해석 여자가 계획하고 있는 것은 무엇인가?

    (A) 휴가를 해외로 가는 것
    (B) 입사 면접을 보는 것
    (C) 새 집으로 이사 가는 것
    (D) 그녀의 주방을 개조하는 것

해설 'I have some questions about the quote for my kitchen remodeling work.'에서 그녀의 통화 목적은 주방 리모델링 견적서에 관한 질문을 하기 위해서라고 밝히고 있다. 이를 통해서 그녀가 계획하는 것은 주방을 개조 하는 것이라는 걸 알 수 있다. Remodeling를 renovate로 받은 (D)가 정답이다.

60   Why is the woman calling?

    (A) To ask for advice
    (B) To cancel an appointment
    (C) To inquire about the fee
    (D) To request a quote

정답 (C)

해석 여자는 왜 전화했는가?

(A) 조언을 구하려고
(B) 예약을 취소하려고
(C) 요금에 관해 물어보려고
(D) 견적을 요청하려고

해설 'I'm looking at the quote you sent and I wondered what the $250 extra charge was.'에서 여자는 자신의 견적서를 보면서 추가된 $250 달러의 이유를 묻고 있다. 이를 통해서 요금에 관해 물어보려고 전화한 것을 알 수 있다. 정답은 (C)이다. 이미 견적을 요청한 후 견적서에서 궁금함을 물어보고 있으므로 (D)는 오답이다.

61 What will the woman do by Friday?

(A) Contact Mr. Peterson
(B) Paint her kitchen
(C) Send payment of $250
(D) Think over the man's offer

정답 (A)

해석 여자는 금요일까지 무엇을 할 것인가?

(A) Peterson 씨에게 연락한다.
(B) 부엌에 페인트를 칠한다.
(C) $250를 지급한다.
(D) 남자의 제안에 대해 생각해 본다.

해설 'I'll let you know by the end of the week.'에서 여자는 남자(Peterson)에게 언제 공사를 시작할 지 생각해 보고 연락을 준다고 하고 있다. 정답은 (A)이다. 남자의 제안에 대해 생각하는 것이 아니라 여자의 공사 시작 일정을 고민하는 것이므로 (D)는 오답이다.

62-64

M: Ms. Campbell, how are the preparations for the seminar going? Do we have everything we need?

W: Well, we were only anticipating having forty people show up, *62.*but we've had fifty-eight people pay the registration fee thus far.

M: That's great news. *63.* You'd better contact the convention center to let them know we'll need them to set up more chairs. Anything else?

W: I don't think so. *64.*Brian and I have finished our presentations, and we'll be practicing them all day tomorrow.

M: Good. Since this is our first event, we need everything to go well to help spread good word of mouth about our seminars.

M: 캠벨 씨, 세미나 준비는 어떻게 되어 가고 있나요? 우리가 필요한 게 모두 있어요?
W: 음, 저희는 40명만 참석할 것으로 예상하고 있었는데, *62.*지금까지 58명이 등록비를 지불했어요.
M: 좋은 소식이네요. *63.* 컨벤션 센터에 연락해서 그들에게 의자가 더 필요하다고 알려주는 게 좋겠는데요. 다른 게 또 있나요?
W: 없는 것 같아요. *64.*브라이언과 제가 발표 준비를 끝내서, 내일 온종일 연습하려고요.
M: 좋아요. 그 발표가 우리의 첫 번째 행사라서, 우리 세미나에 대해 입소문이 잘 퍼지도록 모든 게 잘 되게 해야 돼요.

어휘 anticipate 기대하다, 예상하다 show up 나타나다 registration fee 등록비, 신청료 practice 연습하다 go well 잘 되어가다 spread 퍼지다 good word 호의적인 말 order form 주문서

62 What does the woman suggest about the event?

(A) It will last for three days.
(B) It costs money to attend.
(C) It is being led by experts.
(D) It was held in the past.

정답 (B)

해석 행사에 관하여 여자는 무엇을 내비치는가?

(A) 사흘 동안 계속될 것이다.
(B) 참석하는데 돈이 들 것이다.
(C) 전문가들이 이끌 것이다.
(D) 과거에 열린 적이 있다.

해설 처음에 남자가 세미나 준비가 어떻게 되어 가는지 물었고, 여자가 지금까지 58명이 등록비를 지불했다'we've had fifty-eight people pay the registration fee thus far.'고 말했으므로 행사 참석을 위해 돈을 내야 함을 알 수 있다. 따라서 (B)가 정답이다.

캔사스 시 컨벤션 센터 주문서	
필요 장비	갯수
랩톱 컴퓨터	3
스크린	1
마이크	5
테이블	10
의자	40

63 Look at the graphic. Which number must be changed?

(A) 3
(B) 5
(C) 10
(D) 40

정답 (D)

해석 그래픽을 보시오. 어느 갯수가 변경되어야 하는가?

(A) 3
(B) 5
(C) 10
(D) 40

해설 대화 중반부 'You'd better contact the convention center to let them know we'll need them to set up more chairs.'에서 컨벤션 센터에 연락해서 그들에게 의자가 더 필요하다고 알려주는 게 좋겠다고 했고, 그래픽 상에서 현재의 의자 갯수가 40개 이므로 (D)가 정답이다.

64 What will the woman do tomorrow?

(A) Go over her presentation
(B) Visit the convention center
(C) Pay a registration fee
(D) Advertise for the seminar

정답 (A)

해석 여자는 내일 무엇을 할 것인가?

(A) 발표를 검토할 것이다.
(B) 컨벤션 센터에 방문할 것이다.
(C) 등록비를 지불할 것이다.
(D) 세미나를 광고할 것이다.

해설 대화 후반부에서 여자가 'Brian and I have finished our presentations, and we'll be practicing them all day tomorrow.' 브라이언과 발표 준비를 끝내서, 내일 온종일 연습하려고 한다고 말했으므로 (A)가 정답이다.

65-67

M: Central Supply Store. This is Rick. How can I help you?

W: Hi, Rick, this is Sharon over at Bleaker and Associates. 65. I've just gotten a delivery and. I noticed something strange on the invoice.

M: OK, Sharon. Let me pull up your account. Here it is. Invoice number 390X5, right?

W: That's right. We got all the items we ordered, you know, the markers and everything, but there's a service charge at the bottom I've never seen before.

M: Hmmm. That is strange. Just a minute... Ah, I see the problem. 66. For some reason, you were processed as a new customer, so a service charge was added. I'll get that charge taken off the invoice, so your total due will just be $82.50. And for your trouble, 67. I'll send you a code for 10-percent off your next order.

W: You don't have to do that, but thanks.

M: Central Supply Store 입니다. 저는 Rick이구요 무엇을 도와드릴까요?

W: 안녕, Rick, 저는 Bleaker and Associates 의 Sharon 이에요. 65.방금 배달을 받았는데, 청구서에 뭔가 이상한 점이 발견됐어요.

M: 알겠어요 Sharon. 당신의 계정을 띄워볼게요. 여기 있네요. 송장 번호 390X5, 맞나요?

W: 맞아요. 저희가 주문한 물건들은 전부 다 가져 왔어요. 그런데 제가 전에 본 적이 없는 서비스 요금이 적혀 있거든요.

M: 흠…. 그것 참 이상하네요. 잠시만요. 아, 뭔지 알겠어요. 66. 어떤 이유로 인해 신규 고객으로 처리되었기 때문에 서비스 요금이 추가되었어요. 청구서에서 서비스 요금을 공제한 금액을 받을게요 그래서 총 $82.50입니다. 그리고 문제가 생겼기 때문에 67. 다음 주문에 10% 할인을 받을 수 있는 코드를 보내드릴게요.

W: 그렇게 까지 해줄 필요는 없었는데요. 하지만 고마워요.

어휘 invoice 송장, 청구서 Pull up 띄우다 service charge 서비스 요금 problem 문제 take off ~을 제외하고

65 What is the purpose of the woman's call?

(A) To ask about the new service
(B) To complain about a product
(C) To inquire about the bill
(D) To request an extension for a payment

정답 (C)

해석 여자가 전화를 건 목적은 무엇인가?

(A) 새로운 서비스에 관해 물어보려고
(B) 제품에 관한 불평을 하려고
(C) 청구서에 대해 문의하려고
(D) 지급 연장을 요청하려고.

해설 'I noticed something strange on the invoice.'에서 여자는 자신의 송장에 이상한 것을 발견했다고 말하고 있다. 그러므로 전화를 건 목적은 '청구서에 문의하기 위해서'가 질문에 가장 어울리는 답변으로 정답은 (C)이다. 새로운 서비스에 관해 묻는 것이 아니라 청구서에 서비스비용이 추가 청구가 된 것이다. 그래서 (A)는 오답이다.

항목	수량	단가	합계
복사지	6	$8.00	$48.00
폴더	3 (12개 1팩)	$5.50	$16.50
마커	2 (4개 1세트)	$6.50	$13.00
		소계	$77.50
		배송비	$5.00
		서비스 비용	$7.50
		합계	$90.50

66   Look at the graphic. How much will be removed from the invoice?

(A) $5.00
(B) $7.50
(C) $13.00
(D) $16.50

정답 (B)

해석 표를 보시오. 청구서에서 빠지는 금액은 얼마인가?

(A) $5.00
(B) $7.50
(C) $13.00
(D) $16.50

해설 'you were processed as a new customer, so a service charge was added. I'll get that charge taken off the invoice'에서 어떠한 이유로 신규 고객이 되어 서비스 비용이 추가 되었다고 하며 이 금액은 청구서에서 빼겠다고 하고 있다. 표에서 Service charge는 $7.50이므로 정답은 (B)이다.

67   What does the man offer to do?

(A) Deliver the right items
(B) Fix her copy machine soon
(C) Give a future discount
(D) Refund the shipping charge

정답 (C)

해석 남자가 제안하는 것은 무엇인가?

(A) 올바른 품목 배달
(B) 그녀의 복사기 수리
(C) 향후 할인 혜택 제공
(D) 배송료 환불

해설 'I'll send you a code for 10-percent off your next order.'에서 남자는 다음 주문에 사용할 수 있는 10% 할인 쿠폰을 보내겠다고 말한다. 그러므로 향후 할인 혜택을 제공하는 (C)가 정답이다. (A), (B), (D)는 언급되고 있지 않다.

68-70

W: *68, 69.* Hello, I'm calling about the classical concert on Friday night. I hope tickets are still available. *69.* My parents-in- law are coming, so I need four, if possible.

M: Yes, we still have seats for the 8:00 performance. *70.* Uh, I can only offer you seats on the second floor because other sections are completely sold out.

W: Oh, OK. I don't wanna sit in the back rows.

M: I have four seats together in the second row.

W: *70.* Great, I'll take them.

W: *68, 69.* 안녕하세요, 금요일 밤 콘서트에 관해 문의하려고 전화했습니다. 아직 티켓을 구매할 수 있길 바래요. *69.* 제 시부모가 오시거든요, 그래서 가능하면 4장을 구하고 싶어요.

M: 네, 아직 8시 공연 표는 남아있습니다. *70.* 오, 다른 구역들이 완전히 매진되어서 2층 좌석만 제공할 수 있습니다.

W: 아, 괜찮아요. 제일 뒷줄만 아니면 상관 없어요.

M: 두 번째 열에 4명 함께 앉을 수 있는 자리가 있습니다.

W: *70.* 좋아요, 그걸 사겠어요.

어휘 parents-in- law 시부모   back row 극장의 제일 뒷줄

68   What type of event does the woman want to attend?

(A) A film festival
(B) A music performance
(C) A product launch
(D) A sports game

정답 (B)

해석 여자는 어떤 행사에 참석하고 싶어 하는가?

(A) 영화제
(B) 음악 공연
(C) 제품 출시
(D) 스포츠 게임

해설 'I'm calling about the classical concert on Friday night. I hope tickets are still available.'에서 여자는 금요일 밤의 클래식 콘서트의 표를 구하고 싶다고 말하고 있다. 답변 중 가장 문맥에 맞는 답변은 (B)이다.

69   How many other people will attend the event with the woman?

(A) 1
(B) 2
(C) 3
(D) 4

정답 (C)

해석 여자와 함께 행사에 참석할 사람은 몇 명인가?

(A) 1명
(B) 2명
(C) 3명
(D) 4명

해설 'I need four.'여자는 4장의 티켓이 필요하다고 했다. 여기서 여자를 제외한다면 여자와 함께 행사에 참여하는 인원은 3명이다. 정답은 (C)이다.

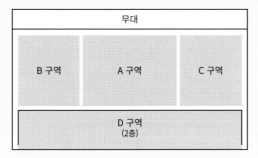

무대		
B 구역	A 구역	C 구역
D 구역 (2층)		

70 Look at the graphic. Where most likely will the woman and her companions sit?

(A) Section A
(B) Section B
(C) Section C
(D) Section D

정답 (D)

해석 그림을 보아라. 여자와 그녀의 일행이 앉을 가능성이 가장 높은 곳은 어디인가?

(A) A구역
(B) B구역
(C) C구역
(D) D구역

해설 'I can only offer you seats on the second floor'남자는 오직 second floor의 티켓만 남아있다고 말하고 있고 여자는 'Great, I'll take them'에서 그 티켓들을 구매하겠다고 했다. 정답은 (D)이다.

71-73

The Ladybug Market is happening once again this Saturday and Sunday in beautiful downtown Spartan. *71.* This monthly open-air market features over 50 local small businesses selling fresh produce, honey, jam, crafts, candles, jewelry, and much, much more. *72.* You can find almost anything you need from a special gift to a side dish for your dinner. *73.* Supporting our area's mom-and-pop businesses is so important. Come down to the corner of Thomas and Jenkins Streets anytime between 10 and 5 this weekend.

Ladybug 시장은 이번 토요일과 일요일에 아름다운 도시 Spartan에서 다시 한번 열립니다. *71.* 이 월간 오픈 마켓 시장은 지역의 50여개 이상의 소규모 업체들이 신선한 청과물, 꿀, 잼, 공예품, 양초, 보석 등을 파는 것을 특징으로 합니다. *72.* 여러분들은 특별한 선물에서부터 저녁 식사의 곁들임 요리까지 거의 모든 것을 찾을 수 있습니다. *73.* 우리 지역의 영세 기업들을 지원하는 것은 매우 중요합니다. 이번 주말 10시부터 5시 사이 언제든지 Thomas와 Jenkins가의 코너를 돌아 내려오세요.

어휘 happening 행사 open-air 옥외의, 야외의 feature 특색, 특징 side dish 곁들임 요리 mom-and-pop 소규모인, 영세한

71 What is being advertised?

(A) A local restaurant
(B) An outdoor market
(C) A shopping mall
(D) A small book shop

정답 (B)

해석 무엇을 광고하고 있는가?

(A) 지역 레스토랑
(B) 옥외 시장
(C) 쇼핑몰
(D) 작은 서점

해설 'This monthly open-air market'에서 옥외 시장이라고 말하고 있다. 그러므로 정답은 (B)이다. (A), (C), (D)는 언급된 적이 없다.

72 According to the speaker, what could a visitor get at the event?

(A) A alcoholic drink
(B) A signed book
(C) A take-out meal
(D) A unique gift

정답 (D)

해석 화자에 따르면 방문객들은 행사에서 무엇을 구입할 수 있는가?

(A) 알코올 음료
(B) 서명된 책
(C) 포장 식사
(D) 독특한 선물

해설 지문 중반부 'You can find almost anything you need from a special gift to a side dish for your dinner.'에서 특별한 선물에서부터 저녁 식사의 곁들임 요리까지 거의 모든 것을 찾을 수 있다고 언급하고 있다. special을 unique라는 말로 대신한 (D)가 정답이 된다.

73 According to the speaker, what type of businesses should listeners support?

(A) Branches of other country's businesses
(B) Businesses run by her parents
(C) Large corporations
(D) Small businesses owned by local people

정답 (D)

해석 화자에 따르면 어떤 종류의 기업들을 지원해야 하는가?

(A) 다른 나라 기업
(B) 그녀 부모님들이 운영하는 기업
(C) 대기업
(D) 지역 주민이 주인인 소규모 기업

해설 'Supporting our area's mom-and-pop businesses is so important.'에서 지역의 소규모 사업을 지원하는 것은 매우 중요하다라고 화자는 밝히고 있다. 정답은 (D)이다. 다른 보기는 언급된 적이 없다.

74-76

Winter weather does terrible things to your car's undercarriage and paint. 74. All the salt and moisture on the road damages the metal and takes years off the life of your vehicle. That's why you need our great new product RustBeGone. To keep you car looking good and running well, rub some RustBeGone underneath your car and all over the painted surface. 75. RustBeGone can even be applied with a paintbrush to get a thicker layer of rust protection. Let it dry thoroughly and you're done. 76. RustBeGone can be purchased in any automotive supply store. Try it today.

겨울 날씨는 차의 하부 구조와 페인트에 끔찍한 영향을 미칩니다. 74. 도로 위의 염분과 습기는 금속을 손상시키고 자동차의 수명을 몇 년씩 단축시킵니다. 그래서 바로 우리의 위대한 신제품 RustBeGone을 필요로 하는 이유입니다. 당신의 차를 보기 좋고 잘 달리게 하기 위해서 RustBeGone을 차량 하부 구조와 페인트 표면 전체에 문지르세요. 75. RustBeGone을 페인트 붓으로 덧대어 바르면 한층 두꺼운 녹 방지효과를 얻을 수 있습니다. 그리고 완전히 건조시키세요 그러면 끝난 것입니다. 76. 모든 자동차 용품 상점에서 RustBeGone을 구매하실 수 있습니다. 오늘 시도해 보세요.

어휘 undercarriage (차량) 하부 구조 vehicle 차량, 탈 것 looking good 보기 좋은 apply 바르다 붙이다. Layer 층

74 What is being advertised?

(A) Car paint
(B) A car protection product
(C) House paint
(D) A vehicle accessory

정답 (B)

해석 무엇을 광고하고 있는가?

(A) 차량 페인트
(B) 자동차 보호 제품
(C) 주거용 페인트
(D) 차량 악세서리

해설 'All the salt and moisture on the road damages the metal and takes years off the life of your vehicle. That's why you need our great new product RustBeGone.'에서 염분과 습기가 자동차의 수명을 단축하기 때문에 신제품이 필요하다고 언급하고 있으므로 정답은 (B)이다. 차량 페인트도 보호한다고 말하고 있다. 그래서 (A)은 오답이다.

75 According to the advertisement, what can a customer use to apply the product?

(A) A cloth
(B) A paintbrush
(C) A roller brush
(D) A spray can

정답 (B)

해석 광고에 따르면 고객들은 어떤 제품을 적용시킬 수 있는가?

(A) 옷
(B) 페인트 붓
(C) 롤러 붓
(D) 스프레이 캔

해설 'RustBeGone can even be applied with a paintbrush'에 따르면 페인트 붓에 적용시킬 수 있다고 선전하고 있다. 정답은 (B)이다. 나머지 문항은 지문에서 언급하지 않았다.

76 According to the advertisement, where can a customer buy the product?

(A) At an car supply store
(B) At a drug store
(C) At a hardware store
(D) Online

정답 (A)

해석 광고에 따르면 고객들은 어디에서 제품을 구매할 수 있는가?

(A) 차량 용품 판매점에서
(B) 약국에서
(C) 철물점에서
(D) 인터넷에서

해설 'RustBeGone can be purchased in any automotive supply store.'에 따르면 자동차 용품점 어디에서든 구매가 가능하다고 선전하고 있다. automotive supply store를 car supply store로 바꾼 (A)가 정답이다.

77-79

77. It's very important that everything goes smoothly tomorrow since this is the new board chairman's first time here. To that end, I've made a schedule that I will post on the bulletin board. But I'll give you the day's highlights right now. First, she'll meet with the product development team. 78. You guys really have to wow her. We want her to be as excited about the new product idea as we are. Then she'll listen to a presentation by the marketing and advertising team. 79. After lunch, she and I will go over the long-term plan for the company.

77. 내일은 새로운 회장이 처음 방문하기 때문에 순조롭게 진행되는 것이 중요합니다. 이 목적을 달성하기 위해서, 저는 일정표를 게시판에 게시해 놓겠습니다. 하지만 지금 당장 행사의 중요 부분을 전달하겠습니다. 우선, 그녀는 제품 개발 팀과 만날 것입니다. 78. 여러분들은 그녀를 열광시켜야 합니다. 우리는 그녀가 신제품 아이디어에 흥분하기를 바라고 있습니다. 그리고 나서 그녀는 마케팅 팀과 광고 팀의 프레젠테이션을 듣게 될 것입니다. 79. 점심 식사 후, 그녀와 저는 회사의 장기 계획을 검토하게 될 것입니다.

어휘 board chairman 회장 To that end 그 목적을 달성하기 위해서 bulletin board 게시판 post 게시하다 highlight 행사의 중요 부분 wow 환호하다

77 What event is the speaker discussing?

(A) A board meeting
(B) An office tour
(C) A product launch
(D) A sales presentation

정답 (B)

해석 화자는 어떤 행사에 대해 말하고 있는가?

(A) 중역 회의
(B) 회사 견학
(C) 제품 출시
(D) 판매 프레젠테이션

해설 'this is the new board chairman's first time here.'에서 화자는 새로운 회장이 첫 방문을 한다고 알리고 있다. 정답은 (B)이다. 프레젠테이션이 언급되기는 하지만 판매 프레젠테이션이 아닌 회장에게 하는 프레젠테이션이다. 그러므로 (D)는 오답이다.

78 What does the speaker mean when she says, "You guys really have to wow her"?

(A) The workers have to impress the visitor.
(B) The workers have to speak more loudly.
(C) The workers should act surprised by the visitor.
(D) The workers should repeat their ideas again.

정답 (A)

해석 그녀가 말한 "You guys really have to wow her"는 어떤 뜻으로 사용되었는가?

(A) 직원들은 방문객에게 강한 인상을 남겨야 한다.
(B) 직원들은 말을 좀 더 크게 해야 한다.
(C) 직원들은 방문객에게 깜짝 놀라는 행동을 해야 한다.
(D) 직원들은 자신의 아이디어를 한번 더 이야기 해야 한다.

해설 wow는 '환호하게 만들다'라는 의미이다. 즉 직원들은 '방문객을 환호하게 만들어야 한다' 이다. 이와 문맥을 같이하는 문장은 (A)라 할 수 있다.

79 Who will meet with the visitor last?

(A) The board members
(B) The marketing department
(C) The product development team
(D) The speaker

정답 (D)

해석 방문객은 누구를 가장 마지막에 만날 것인가?

(A) 임원들
(B) 마케팅 부서
(C) 제품 개발팀
(D) 화자

해설 'After lunch, she and I will go over the long-term plan for the company.'에서 점심식사 후 화자와 함께 있다고 말하고 있다. 정답은 (D)이다. 방문객은 제품 개발팀을 가장 먼저 만나고 그 이후 마케팅 부서를 만나게 된다. 그래서 (B), (C)는 오답이다. (A)는 언급된 적이 없다.

80-82

And now for some unfortunate local news. *80.* After 55 years serving the South Riding area, Three Brothers Furniture has announced it is closing its doors next month. Three Brothers was started, yes, you guessed it, by three brothers who made fine furniture by hand. As the years went by, the owners no longer made all the pieces, but they employed the finest craftsman in the trade. *81.* But with the recent popularity of do-it-yourself furniture stores, Three Brothers just couldn't compete. *82.* With the closure of Three Brothers, South Riding has only one locally-owned home furnishings store.

지금 몇몇 불행한 지역 소식을 전해 드리겠습니다. *80.* 지난 55년동안 South Riding 지역에서 영업하던 Three Brothers Furniture가 다음달 문을 닫는다고 발표했습니다. 네, 당신이 생각하는 대로 Three Brothers 는 손으로 만든 멋진 가구를 만드는 세 명의 형제 자매가 개시했습니다. 세월이 흐르면서 주인들은 더 이상 가구를 만들지 않았지만 그들은 그 방면에서 최고의 장인을 고용했습니다. *81.* 하지만 최근 들어, DIY 가구들의 인기가 높아지면서 Three Brothers는 더 이상 경쟁을 이어갈 수 없었습니다. *82.* Three Brothers가 폐업하면서 South Riding 에는 오직 한 개의 지역 소유주의 집 가구 가게가 남았습니다.

어휘 finest 최고의 craftsman 장인 in the trade 그 방면에서 do-it-yourself 소비자가 직접 조립하는 가구

80 What is the report mainly about?

(A) A craftsman training class
(B) A family of bakers
(C) A home décor trend
(D) A store closure

정답 (D)

해석 이 기사는 무엇에 관한 것인가?

(A) 장인 양성 수업
(B) 제빵사 가족
(C) 가정용 인테리어 트렌드
(D) 문을 닫는 가게

해설 'Three Brothers Furniture has announced it is closing its doors next month.'에서 다음달에 문을 닫는다고 알리고 있다. 정답은 (D)이다. 지문에서 장인을 고용했다고 설명하고 있으며 장인 양성 수업에 대해선 언급하고 있지 않아 (A)는 오답이다. 나머지 항목은 언급되지 않았다.

81 What is mentioned about do-it-yourself stores?

(A) They are creating unique designs.
(B) They are hiring younger workers.
(C) They are opening more and more stores.
(D) They are pushing other stores out of business.

정답 (D)

해석 DIY매장에 대해 언급된 것은 무엇인가?

(A) 그들은 독특한 디자인을 창조하고 있다.
(B) 그들은 젊은 노동자들을 고용하고 있다.
(C) 그들은 점점 더 많은 상점들을 열고 있다.
(D) 그들은 다른 상점들을 폐업하게 하고 있다.

해설 'with the recent popularity of do-it-yourself furniture stores, Three Brothers just couldn't compete.'에서 DIY 매장과 경쟁을 할 수 없다고 알리고 있고 이후에 지역 가구 판매점은 한 곳 밖에 남지 않다고 묘사하고 있다. 그래서 다른 상점들을 폐업하게 한다고 볼 수 있으므로 (D)가 정답이다.

82 What can be said about South Riding?

(A) It is well-known for its wealthy residents.
(B) It will have one local furniture store.
(C) It will have one locally-owned store left.
(D) It will host a craftsman event next month.

정답 (B)

해석 South Riding에 언급된 것은 무엇인가?

(A) 부유한 주민들로 잘 알려져 있다.
(B) 한 개의 지역 가구 매장이 있을 것이다.
(C) 1개의 지역 소유주의 가게가 남아 있을 것이다.
(D) 다음달에 장인 행사를 주최할 것이다.

해설 'South Riding has only one locally-owned home furnishings store.'에서 South Riding에는 이제 한 개의 지역 가구 판매점만이 남게 된다고 알리고 있다. (C)가 오답인 이유는 한 개의 가구판매점이지 한 개의 지역 소유주의 가게인 것은 아니기 때문이다. 정답은 (B)이다.

83-85

Hi, Ryan, it's Melissa at Restaurant Wholesalers. *83.* I got your order this morning and I wanted to let you know that the olive oil you wanted is on back-order at the moment. *84.* It should arrive next Monday and we'll ship it to you overnight at no extra charge. The rest of your order shipped today, so you should see it either Thursday or Friday. I'm sorry about the inconvenience on the oil. *85.* We've never had a problem with our supplier before, but believe me. We'll be looking into this problem. I don't like to keep loyal customers like you waiting. Thanks for your understanding.

안녕, Ryan, Restaurant Wholesalers의 Melissa에요. *83.* 주문을 오늘 오전에 받았어요 그리고 당신이 원하는 올리브 오일은 현재 품절상태입니다. *84.* 그 오일은 다음 주 월요일에 도착할 예정이고 추가 요금 없이 익일 배송할게요. 나머지 주문은 오늘 발송되었으니, 아마 목요일이나 금요일에 받아 볼 수 있을 겁니다. 오일에 관해 불편을 끼쳐 죄송합니다. *85.* 이전 공급 업체와는 문제가 없었지만, 우리를 믿어주세요, 이 문제에 대해서 검토할 예정입니다. 저는 당신처럼 단골 손님을 기다리게 하고 싶지 않습니다. 양해해 주셔서 감사합니다.

어휘 back-order (재고가 없어)처리 못한 주문 at the moment 현재

83 What is the purpose of the call?

(A) To cancel an item on an order
(B) To confirm an order
(C) To give information about an order
(D) To place an order

정답 (C)

해석 전화를 건 목적은 무엇인가?

(A) 주문했던 물품을 취소하려고
(B) 주문을 확인하려고
(C) 주문에 대한 정보를 제공하려고
(D) 주문서를 작성하려고

해설 'I got your order this morning and I wanted to let you know that the olive oil you wanted is on back-order'에서 주문을 받았지만 현재 올리브 오일은 재고가 없다고 말하고 있다. 그러므로 주문에 대한 정보를 제공하기 위해 전화를 걸었다고 볼 수 있다. 정답은 (C)이다.

84 When most likely will Ryan receive the oil?

(A) On Thursday
(B) On Friday
(C) Next Monday
(D) Next Tuesday

정답 (D)

해석 Ryan은 언제 오일을 받게 될 것인가?

(A) 목요일
(B) 금요일
(C) 돌아오는 월요일
(D) 돌아오는 화요일

해설 'It should arrive next Monday and we'll ship it to you overnight'에서 올리브 오일은 월요일에 도착하고 익일 배송을 한다고 알리고 있다. 그러므로 월요일 다음인 돌아오는 화요일, (D)가 정답이다.

85 What does the speaker imply when she says, "believe me"?

(A) She hopes the listener will trust her with orders in the future.
(B) She is not sure what the listener believes about the shipment.
(C) She thinks the listener has some doubts about her honesty.
(D) She wants the listener to know she's taking the situation seriously.

정답 (D)

해석 화자가 "believe me"라고 말한 것은 무엇을 나타내는가?

(A) 그녀는 청취자가 추후에 주문할 때 그녀를 믿게 될 것이라 믿는다.
(B) 그녀는 청취자가 배송에 대해 어떻게 생각하는지 확신하지 못한다.
(C) 그녀는 청자가 그녀의 정직함에 의구심을 가지고 있다고 생각한다.
(D) 그녀가 상황을 심각하게 받아들이고 있다는 것을 말하고 싶어 한다.

해설 "believe me" 이후 이번 문제를 조사할 예정이라고 밝히며 고객을 기다리게 하고 싶지 않다고 말하고 있다. 이를 통해서 성의를 보이기 위한 설명이라고 볼 수 있다. 정답은 (D)이다.

86-88

86. We installed a high-tech machine on this floor this morning. *87.* It has multiple functions, like printing, copying, and faxing. *88.* I encourage you to use the scanning function to make .pdf files, so we can save on paper. To make .pdf files, select the destination PC where you want to save the file. Then press the "Scan" button to scan the document or picture. The machine automatically makes a .pdf file and sends it to the folder you selected. You can edit or modify the .pdf file with EasyPDF, the software that Paul from IT already installed on your computers. If you have trouble using the machine or EasyPDF, please talk to Paul.

86. 우리는 오늘 아침 이 층에 최첨단 기계를 설치했습니다. *87.* 이 기계는 인쇄, 복사, 팩스 같은 다양한 기능을 갖추고 있습니다. *88.* 저는 여러분이 스캔 기능을 사용하여 .pdf 파일을 만들기를 권장합니다. 그러면 우리는 종이를 절약할 수 있습니다. .pdf파일을 만들려면 파일을 저장할 대상 PC를 선택합니다. 그런 다음"Scan"버튼을 눌러 문서나 사진을 스캔 합니다. 기계는 자동으로 .pdf파일을 만든 후 선택한 폴더로 보냅니다. IT부서 Paul이 미리 설치한 EasyPDF를 사용하여 .pdf파일을 편집하거나 수정할 수 있습니다. 만약 당신이 기계 또는 EasyPDF에 문제가 생긴다면 Paul 에게 문의하세요.

어휘 encourage 격려하다 권장하다 function 기능 modify 수정하다 destination 행선지 도착지

86 What is the speaker mainly talking about?

(A) A new computer system
(B) A new IT staff member
(C) A new piece of equipment
(D) A new piece of software

정답 (C)

해석 화자가 말하는 것은 무엇인가?
(A) 새로운 컴퓨터 시스템
(B) 새로운 IT부서 직원
(C) 새로운 장비
(D) 새로운 소프트웨어

해설 'We installed a high-tech machine'에서 새로운 기계를 설치했다고 알리고 있다. 따라서 (C)가 정답으로 적절하다. 지문에서 EasyPDF를 설치한 IT직원이 신입이라는 말은 없으므로 (B)는 오답이다.

87 According to the speaker, what can the listeners do with the machine?

(A) Bind copies into reports
(B) Print both sides of the paper at once
(C) Send documents over a telephone line
(D) Sort multiple documents

정답 (C)

해석 화자에 따르면 청자들은 기계로 무엇을 할 수 있는가?
(A) 리포트 사본에 바인딩
(B) 한번에 양면 인쇄
(C) 전화 회선을 통한 문서 전송
(D) 여러 문서 정렬

해설 'It has multiple functions, like printing, copying, and faxing.'에서 인쇄, 복사 그리고 팩스까지 다양한 기능이 있다고 설명하고 있다. 설명한 기능 중 바인딩과 양면 인쇄 그리고 문서 정렬에 대한 기능은 언급되지 않고 있다. 팩스의 기능은 있으므로 정답은 (C)이다.

88 Why does the speaker recommend making .pdf files?

(A) They are easier to edit.
(B) They are easier to read.
(C) They are quicker to share.
(D) They cost less.

정답 (D)

해석 화자는 왜 .pdf파일을 만들라고 권유하는가?
(A) 편집하기 쉬워서
(B) 읽기 쉬워서
(C) 공유하기 빨라서
(D) 비용을 아낄 수 있어서

해설 'so we can save on paper.'에서 우리는 종이를 절약할 수 있다고 했다. 종이를 절약하게 되면 비용을 아낄 수 있으므로 정답은 (D)이다. 나머지 항목은 지문에서 다루지 않았다.

89-91

It's 7:00 and that means it's time for a traffic update. If you're heading home on Highway 12, it'll be nearly stop and go through the Baseline Tunnel to the East Ridge exit due to an earlier accident. *89.* For those of you on Simmons Boulevard traveling west, you'll be hitting some pre-game traffic turning into the baseball stadium. The Bluebirds have their first home game starting in a few minutes. *90.* And for drivers planning to use 48th Avenue, remember that it will be closed for repairs starting at 10:00 p.m. tonight until 5:00 a.m. tomorrow. *91.* Next, we'll have your weekend weather forecast, so stay tuned to WKMT.

7시 입니다. 지금은 교통 속보를 알려드려야 할 때라는 뜻이죠. 만약 12번 고속도로를 타고 집으로 가고 있다면, 앞선 사고 때문에 Baseline Tunnel 을 지나 East Ridge 출구로 빠져나갈 때 거의 가다 서다를 반복할 겁니다. *89.* Simmons Boulevard에서 서쪽으로 가는 사람들은, 야구장으로 가는 사람들 때문에 극심한 정체를 겪게 될 것입니다. Bluebirds는 몇 분 후면 그들의 첫 홈경기를 시작합니다. *90.* 그리고 48번가를 이용하려는 운전자 분들은, 오늘 밤 10시부터 내일 오전 5시까지 보수 공사 때문에 폐쇄될 것입니다. *91.* 다음으로 주말 일기 예보를 전해드릴 테니, 계속 WKMT를 청취해 주세요.

어휘 traffic update 교통 속보 Highway 고속도로 earlier accident 앞선 사고 weather forecast 일기 예보

89 What is happening along Simmons Boulevard?

(A) Clearing of an accident
(B) A lane closure
(C) Repairs
(D) A sports event

정답 (D)

해석 Simmons Boulevard에서 무슨 일이 일어나고 있는가?
(A) 사고 수습
(B) 차선 폐쇄
(C) 수리
(D) 스포츠 행사

해설 지문 초반 'For those of you on Simmons Boulevard traveling west, you'll be hitting some pre-game traffic turning into the baseball stadium.'에서 해당하는 길거리에서 일어나고 있는 일이 baseball로 나와 있다. 이를 넓은 표현으로 sports event로 대신한 (D)가 가장 적절한 대답이다.

90 According to the speaker, what will be closed later?

(A) 48th Avenue
(B) The Baseline Tunnel
(C) The East Ridge exit
(D) Highway 12

정답 (A)

해석 화자에 따르면 늦게 폐쇄되는 곳은 어디인가?

(A) 48번가
(B) Baseline Tunnel
(C) East Ridge 출구
(D) 12번 고속도로

해설 'for drivers planning to use 48th Avenue, remember that it will be closed for repairs starting at 10:00 p.m. tonight'에서 오늘 밤 10시부터 수리를 위해 폐쇄된다고 알리고 있다. (B), (C), (D) 모두 현재 7시 상황을 알리고 있다. 정답은 (A)이다.

91 What will listeners hear next?

(A) Commercials
(B) News headlines
(C) Sports news
(D) Weather information

정답 (D)

해석 청자는 이어서 무엇을 듣는가?

(A) 광고 방송
(B) 뉴스 헤드라인
(C) 스포츠 뉴스
(D) 날씨 정보

해설 'Next we'll have your weekend weather forecast'라고 말하고 있으므로 이후 청취자가 들을 방송은 날씨 정보이다. 정답은 (D)이다. (A)와 (B)는 언급이 되지 않았고 (C)는 앞서 스포츠 행사 때문에 도로가 폐쇄 된다고 알렸다. 잘 듣지 못했다면 오답으로 유도하는 답이다.

92-94

Hi, everyone. *92.* I want to go over a few instructions before we start preparing for today's corporate luncheon. We're expecting about 40 people and the group will be sitting outside on the restaurant's terrace. *93.* Let's start by setting the tables and putting pitchers of water on each table. *94.* The florists are scheduled to deliver flower arrangements in 30 minutes and I'll need one person to help me bring the flower arrangements to the terrace. That's about it. Let me know if you have any questions.

모두들 안녕하세요. *92.* 오늘 있을 기업 오찬 행사의 준비를 시작하기 전에 몇 가지 지시사항을 검토해야겠습니다. 약 40명 정도를 예상하고 있는데 이 그룹은 우리 식당의 야외 테라스에 앉을 것입니다. *93.* 테이블을 가져다 놓고 각 테이블마다 물 주전자를 놓는 것으로 시작합시다. *94.* 30분 후에는 꽃집 직원들이 꽃꽂이를 배달할 예정인데 저를 도와 꽃꽂이들을 테라스로 가져가는 일을 해줄 사람이 한 명 필요합니다. 대충 이 정도입니다. 질문 있으면 저에게 알려주세요.

어휘 go over 점검[검토]하다 instruction 지시 corporate 기업[회사]의 luncheon 오찬 set (특정 장소에) 놓다 pitcher 주전자 flower arrangement 꽃꽂이 That's about it. 대충 그렇습니다

92 Where most likely are the instructions being given?

(A) At a grocery store
(B) At a cooking school
(C) At a restaurant
(D) At a flower shop

정답 (C)

해석 지시사항은 어디에서 전달되고 있겠는가?

(A) 식료품 가게
(B) 요리 학교
(C) 식당
(D) 꽃가게

해설 기업 오찬을 준비한다고 간단하게 언급하고 나서 'we start preparing for today's corporate luncheon~. We're expecting about 40 people and the group will be sitting outside on the restaurant's terrace.' 기업 오찬을 준비한다고 하면서 40명 예상 인원이 식당 야외 테라스에 앉을 것이라고 언급하고 있으므로 지시사항은 식당에서 전달되고 있음을 알수 있다. (C)가 정답이다.

93 What are the listeners asked to do first?

(A) Prepare tables for an event
(B) Clean a work space
(C) Greet customers
(D) Check prices of daily specials

정답 (A)

해석 청자들은 먼저 무엇을 하라는 요구를 받는가?

(A) 행사를 위해 테이블을 준비한다.
(B) 작업장을 청소한다.
(C) 손님들을 맞이한다.
(D) 오늘 특별 요리의 가격을 확인한다.

해설 중간 부분 'Let's start by setting the tables and putting pitchers of water on each table.'에서, 테이블을 가져다 놓고 각 테이블마다 물 주전자를 놓자고 말하고 있으므로 청자들은 테이블을 준비할 것임을 알 수 있다. 정답은 (A)이다.

94 According to the speaker, what will take place in 30 minutes?

(A) A business will open.
(B) A delivery will be made.
(C) Food will be served.
(D) A bus will arrive.

정답 (B)

해석 화자의 말에 따르면 30분 후에는 무슨 일이 있을 것인가?

(A) 사업체가 문을 연다.
(B) 배달이 이루어진다.
(C) 음식이 제공된다.
(D) 버스가 도착한다.

해설 후반부에 'The florists are scheduled to deliver flower arrangements in 30 minutes' 30분 후에는 꽃집 직원들이 꽃꽂이를 배달할 예정이라고 언급하고 있으므로, 30분 후에는 배달이 이루어질 것임을 알 수 있다. 따라서 정답은 (B)가 된다.

95-97

Hi, Alan. It's Kensey from Mr. Ullrey's office. *95, 96.*
I'm afraid Mr. Ullrey is running late and needs to push
your appointment back by about 30 minutes. He's been
running late all day since we had an unexpected visitor
to our facility. Anyway, since you guys were going to
meet at the Wilson Club, *97.* just order something to
drink and relax until he gets there. Apologies for the last-
minute notice, Alan.

안녕하세요, Alan. Mr. Ullrey씨 사무실의 kensey 입니다. *95. 96.* Ullery
씨의 업무가 늦어져서 당신과의 약속을 30분 정도 뒤로 미뤄야 할 것
같아요. 우리 시설에 예상치 못한 방문객이 오셔서 그는 하루 종일 업무가
늦어졌어요. *97.* 어쨌든, 우리는 Wilson Club에서 만나기로 했으니 그가
도착할 때까지 마실 것을 주문하고 쉬고 있어요. 임박한 공지에 사과
드립니다. Alan씨.

어휘 unexpected visitor 예상치 못한 방문객 last minute notice
임박한 공지

95 Why is the woman calling?

(A) To cancel an appointment
(B) To postpone an appointment
(C) To request a visitor's pass
(D) To schedule an appointment

정답 (B)

해석 여자는 왜 전화했는가?

(A) 약속을 취소하기 위해
(B) 약속을 미루기 위해
(C) 방문증을 요청하기 위해
(D) 약속을 잡기 위해

해설 'Mr. Ullrey is running late and needs to push your
appointment back by about 30 minutes.'에서 여자는 Mr.
Ullrey씨가 30분 정도 약속을 미뤄야 할 것을 요청하고 있다.
그러므로 정답은 (B)이다. (A)와 (D)는 appointment만 들은
학생들을 오답으로 유도하기 위한 답안이다.

Ullrey씨 일정		
시간	할 일	장소
10:00	직원 회의	컨퍼런스룸
12:00	영업팀과의 점심식사	루비 카페
3:00	앨런 스테슨	윌슨 클럽
6:00	라디오 인터뷰	KERX

96 Look at the graphic. What time will Mr. Ullrey likely
meet with Alan?

(A) 10:30
(B) 12:30
(C) 3:30
(D) 6:30

정답 (C)

해석 그림을 보아라.. Ullrey씨는 몇 시에 Alan을 만나겠는가?

(A) 10:30
(B) 12:30
(C) 3:30
(D) 6:30

해설 'Mr. Ullrey is running late and needs to push your
appointment back by about 30 minutes.'에서 약속시간을
30분 늦추자고 요청하고 있다. 표에서 원래 Alan을 만나는
시간은 오후 3시로 나타나 있으므로 30분 뒤인 3:30분에 만날
것이다. 정답은 (C)이다.

97 What does the woman suggest the listener do?

(A) Call her back
(B) Have a drink
(C) Meet Mr. Ullrey for lunch
(D) Tour her company's facility

정답 (D)

해석 여자는 무엇을 제안하는가?

(A) 그녀에게 다시 연락
(B) 음료 마시기
(C) 오찬을 위해 Ullrey씨와 만나기
(D) 그녀 회사의 시설 견학

해설 'just order something to drink and relax until he gets
there.'에서 Ullrey씨가 도착하기 전까지 음료를 시키고 편하게
기다리고 있으라고 전달하고 있다. 정답은 (B)이다. (A)와
(D)에 대해선 언급되지 않았다. 지문 전체를 듣지 못한다면
'음료를 시킨다'를 듣고 (C)를 선택하도록 유도하고 있다.

98-100

Next on the agenda is last quarter's sales report. It
wasn't all bad news. I mean, two out of the four regions
did better than expected. *98.* With all of our lines of
men's outerwear, we've had really good results with
our campaigns in the Southern and Western regions.
The sales team says the "buy one get one at half price"
campaign worked quite well in those areas. *99.* In our
most under-performing region, I'm not sure why the
campaign offer didn't work as well. What we need to try
next quarter is a totally new approach. *100.* Now, I'd like
to hear your ideas on ways to bring up our sales there.

다음 안건은 지난 분기의 매출 보고서 입니다. 나쁜 소식만 있는 것은
아니네요. 제 말은, 4곳 중 2 곳이 예상했던 것 보다 더 매출이 좋았다는
거예요. *98.* 우리의 모든 남성 겉옷 라인으로, 우리는 남부와 북부
지역에서의 캠페인들로 정말 좋은 결과를 얻었어요 영업팀은 '한 개 구매
시 다른 한 개는 반값에 구매' 캠페인이 그 지역에서 상당히 효과적으로
이루어 졌다고 말했습니다. *99.* 우리의 성적이 저조한 지역에서 왜
우리의 캠페인이 효과가 없는지 알 수 없어요. 우리는 다음 분기에 완전히
새로운 접근법으로 시도를 해야만 해요. *100.* 자, 저는 그 곳에서 판매를
할 수 있는 여러분들의 아이디어를 듣고 싶습니다.

어휘 outerwear 외투 expected 예상되는 as well 또한, 역시 need
to ~해야만 한다

98 What type of merchandise does the speaker's company sell?

(A) Men's jackets
(B) Men's shirts
(C) Men's socks
(D) Men's ties

정답 (A)

해석 화자의 회사는 어떤 종류의 상품을 판매하는가?
   (A) 남성용 재킷
   (B) 남성용 셔츠
   (C) 남성용 양말
   (D) 남성용 넥타이

해설 'With all of our lines of men's outerwear'에서 우리의 남성용 외투 라인에 대해 말하고 있다. (B)는 외투에 속하지 않고 (C)와 (D) 또한 외투에 속하지는 않는다. 정답은 (A)이다.

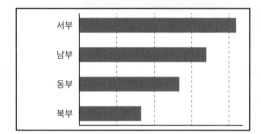

99 Look at the graphic. In which region will a new approach be tried?

(A) In the Eastern region
(B) In the Northern region
(C) In the Southern region
(D) In the Western region

정답 (B)

해석 그림을 보아라 어떤 지역에서 새로운 시도를 시도할 것인가?
   (A) Eastern 지역
   (B) Northern 지역
   (C) Southern 지역
   (D) Western 지역

해설 'In our most under-performing region, I'm not sure why the campaign offer didn't work as well. What we need to try next quarter is a totally new approach.'에서 제일 성적이 좋지 않은 지역에 새로운 접근법을 시도해야 한다고 말하고 있다. 그래프를 보면 가장 매출이 적은 곳은 Northern 지역이다. 정답은 (B)이다.

100 What are the listeners asked to do next?

(A) Come up with a new strategy
(B) Contact their loyal customers
(C) Give ideas about a new line
(D) Listen to a sales presentation

정답 (A)

해석 청중들은 다음에 무엇을 하라고 요청 받았는가?
   (A) 새로운 전략 제안
   (B) 단골들에게 연락
   (C) 새로운 라인에 대한 아이디어 내기
   (D) 판매 프레젠테이션 듣기

해설 'I'd like to hear your ideas on ways to bring up our sales there.'에서 화자는 새로 시도할 아이디어를 듣기를 원하고 있다. 그러므로 청중들은 이후에 새로운 전략에 대해 제안할 것이다. 정답은 (A)이다.

PART 5

101

정답 (B)

해석 조수는 자료 입력이 거의 다 끝났으며 아마도 마감 몇 시간 전에 끝낼 수 있을 것이다.

해설 부사 어휘 찾기 문제이다. 빈칸 뒤 '끝냈다.'라고 해석이 되므로 거의 끝났다가 되어야 문장이 매끄럽다. 정답은 (B)이다.

어휘 assistant 조수, deadline 마감시간

102

정답 (D)

해석 디자이너는 두 개의 선거포스터 샘플을 제출하였지만 광고부장은 선호하지 않았다.

해설 문장에 접속사 but이 있고 동사는 presented와 had가 나와서 더 이상의 동사는 쓸 수 없다. 형용사 no의 수식을 받는 명사가 들어가야 하므로 정답은 (D) preference이다.

어휘 present 제시, 제출하다 chief 우두머리, 상사

103

정답 (B)

해석 경쟁 업체를 이기고 시장 점유율을 높이기 위해 IT회사는 신제품 개발을 가속화했습니다.

해설 문장에 동사가 세 개에 접속사는 한 개이므로 빈칸은 접속사 역할을 해야 한다. 전치사 (C)는 오답이다. 경쟁 업체를 이기고 점유율을 높이기 위해~ 라고 해석이 되므로 정답은 (B) in order to 이다.

어휘 competitor 경쟁자 market share 시장 점유율

104

정답 (D)

해석 메리 케인은 해외 지사로 발령이 났을 때 비즈니스 잡지 구독을 취소해야 했다.

해설 빈칸 뒤에 business magazine 이라는 힌트가 있으며 앞쪽에는 cancel 의 힌트가 있다. 비즈니스 잡지의 ~을 해지했다. 라고 해석이 돼야 하므로 정답은 (D) subscription이다.

어휘 magazine 잡지, assign (일,책임 등을) 배정하다, 맡기다

105

정답 (C)

해석 아이들을 위한 새로운 어휘 소프트웨어의 고유 장점은 교육적이고 재미있다는 것이다.

해설 등위접속사 and는 앞 뒤로 같은 역할을 하는 단어가 온다. And 앞에 be 동사 뒤 형용사 educational이 왔으므로 같은 역할을 하는 형용사 (C) amusing이 정답이다.

어휘 selling point (상품의) 고유 장점, vocabulary 어휘

106

정답 (C)

해석 사내 전문가들은 고객 설문 조사 결과를 분석하고 있으며 조만간 회람될 것이라고 말하고 있습니다.

해설 시제 문제이다. 문장 끝의 shortly는 곧 이라는 뜻을 가지고 있으며 아직 일어나지 않은 미래시제를 내포한다. 그러므로 미래시제 (C) will be 가 정답이다.

어휘 interoffice memo 사내 메모, circulated (편지 따위)를 회람시키다

107

정답 (D)

해석 Comin' Home Estate는 Mayville에서 당신의 이상적인 집을 찾을 수 있는 친절하고 유능한 중개인들을 보유하고 있습니다.

해설 agent를 꾸미는 형용사를 찾는 문제이다. 유능하고 친절한 중개인이 해석상 제일 어울린다. 그러므로 정답은 (D) knowledgeable이다.

어휘 agent 중개, 대리인 ideal 이상적인

108

정답 (B)

해석 프랑스 건축가 Jean André에 의해 독특하게 디자인된 이 호텔은 도시의 중심부에서 우아함과 호화로움을 제공한다.

해설 품사 문제이다. 빈칸 이하 Jean André까지 문장을 꾸며주는 부사구이다. designed를 수식할 수 있는 부사 (B) Uniquely가 정답이다.

어휘 architect 건축가, in the heart of ~의 한가운데에

109

정답 (C)

해석 다음 주 월요일부터는 모든 직원이 사내 인트라넷을 통해 휴가 신청을 해야 합니다.

해설 동사 start의 적절한 형태를 찾는 문제이다. 빈칸부터 콤마 전까지 문장 전체를 꾸미는 부사구 이므로 동사 (A), (D)는 오답이다. "다음 주 월요일부터 시작" 이라는 의미의 분사 구문이 되어야 하므로 정답은 (C) starting 이다.

어휘 employee 직원 be required to ~하라는 요구를 받다. apply for ~에 지원하다

110

정답 (B)

해석 본사를 이전하려는 항공기 제조 업체의 계획은 주주들로부터 강한 비난을 받았다.

해설 "비난, 비판을 맞딱드리다, 충돌하다" 라는 의미로 이용할 수 있는 것은 meet의 과거 분사형인 met 뿐이다. 그래서 정답은 (B) met이다.

어휘 criticism 비난 stockholder 주주

111

정답 (A)

해석 본사는 Louisville에 위치하고 있지만 전국 각지에 사무실이 있습니다.

해설 어휘 문제이다. 전국 각지에 라고 해석이 되야 한다. Across the country는 전국 각지에 라는 해석으로 쓰이므로 정답은 (A) across이다.

어휘 across the country 전국에, 전국 각지에

112

정답 (D)

해석 지역 언론에 따르면, 고속 도로 Y7의 통행료 인상은 유지 관리 비용이 크게 증가했기 때문으로 나타났다.

해설 품사 찾기 문제이다. 전치사 in 뒤에 costs 명사가 왔으므로 형용사 또는 명사가 와서 고유명사가 될 수 있다. Maintenance cost는 보수 유지 비용으로 복합명사로 외우도록 한다.

어휘 toll (통행세)요금 hike 가격 따위의 인상 a significant increase 상당한 증가

113

정답 (C)

해석 그 보고서는 향후 2년간의 실업률이 점차적으로 감소할 것으로 보인다는 것을 보여 준다.

해설 부사 어휘 문제이다. 빈칸 뒤에는 증감 동사 중 하나인 decline 감소하다가 있다. (C) gradually는 증감동사 수식 부사로써 정답이다. 나머지는 사용하게 되면 해석이 어색하게 된다.

어휘 unemployment rate 실업률 is expected to ~할 것으로 예상된다

114

정답 (A)

해석 상황이 진정되길 기다리고 있는 것은 아니었지만, CEO는 그에 대한 혐의를 대신 설명하기로 결정했다.

해설 품사 찾기 문제이다. 빈칸 뒤 명사가 없으므로 전치사 (C) toward는 오답이다. 또, 접속사도 올 수 없으므로 (D) whereas도 오답이다. "CEO가 설명을 대신하다" 라는 뜻이 더 어울리므로 정답은 (A) instead이다.

어휘 allegation 혐의, 주장 explain 설명하다

115

정답 (C)

해석 최근에 발견된 시스템 오류로 인해 비디오 게임 개발자는 새로운 소프트웨어 출시를 지연시킬 것으로 보인다.

해설 동사 delay 뒤 이므로 동사형태 (A),(B)는 올 수 없다. The new software를 꾸며주어야 하는데 형용사는 관사를 뛰어넘어 수식할 수 없으므로 [동명사 + N] 로써 -ing형인 (C) launching이 정답이다.

어휘 due to ~때문에 discovered 발견된 developer 개발자

116

정답 (D)

해석 첨부된 양식의 강조된 부분을 작성해 주시고, 당신의 첫 출근 날에 가져오세요.

해설 어휘 문제이다. 관사 The 와 전치사 of 사이에 있으므로 형용사 highlighted의 수식을 받는 명사가 와야 한다. 보기에서 강조된 부분을 작성해 달라는 표현이 어울리므로 정답은 (D) section이다.

어휘 highlighted 강조된 attached 동봉된 form 양식

117

정답 (D)

해석 종종 가장 위대한 훈련 지휘자 중 한 명이라고 언급되는 Kurt Stein의 회고록을 이달 말에 발표할 것이다.

해설 콤마(,) 사이에 있는 문장은 Kurt stein을 수식하고 "종종 가장 위대한 훈련 지휘자 중 한 명이라고 언급되는"이 문맥상 매끄럽다. 그래서 진짜 동사인 (A) refers는 정답이 아니고 분사형태인 (D)referred가 정답이다.

어휘 conductor 지휘자, memoir 회고록

118

정답 (D)

해석 오랜 심사숙고 끝에 인사 부장은 전기공학을 전공한 후보자를 뽑았다.

어휘 consideration 심사 숙고 candidate 후보자

161

Test 01 Test 02 Test 03 Answer 01 Answer 02 Answer 03

119

정답 (D)

해석 이 회사는 개방되고 투명한 정책 및 실천을 통해 공정하고 포괄적인 업무 공간 조성에 최선을 다하고 있다.

해설 명사 앞 형용사 어휘 찾는 문제이다. Policies는 '정책'의 뜻을 가지고 있으므로 '투명한 정책'이 되어야 가장 자연스럽다. 정답은 (D)이다. (A)와 (B) 둘 다 솔직한, 정직한 뜻으로 사용되고 있으므로 오답이다.

어휘 committed to ~에 전념하는 practices 실천, 관행 inclusive 포괄적인

120

정답 (B)

해석 거대한 후원자를 찾지 못한다면, 비영리 단체는 오랫동안 운영될 수 없을 것이다.

해설 접속사 어휘 문제이다. 해석상 "거대한 후원자를 찾지 못한다면~"이 되는 것이 매끄러우므로 정답은 (B) unless이다.

어휘 sponsor 후원자, organization 조직, 단체, 기구 stay afloat 유지하다

121

정답 (C)

해석 주요 소매 체인점들은 좀 더 경쟁력 있는 가격의 상품들을 더 많은 사람들에게 제공하기 위해 여러 도시에서 새로운 매장을 열 계획이다.

해설 부사 more와 형용사 priced의 사이에 온다. 즉 부사와 형용사 모두를 수식 받고 수식할 수 있어야 하므로 부사 (C) competitively가 정답이다.

어휘 retail chain 소매 체인점, competitively priced goods 경쟁력 있는 가격의 상품들

122

정답 (A)

해석 이 제안의 목적은 개발도상국의 전기 발전 사업을 위한 바이오매스 개발을 가속화하는 것이다.

해설 동사 어휘 문제이다. "개발을 가속화하다."의 의미가 제일 매끄럽다. 정답은 (A) accelerate이다.

어휘 aim 목적,목표 electricity generation 발전 사업

123

정답 (A)

해석 Tina의 부엌은 아름다운 해변 전망 배경을 제공하고, 지역 특산품들을 사용해 다양한 종류의 세계 각국의 요리를 제공합니다.

해설 전치사, 접속사 어휘문제 이다. 먼저 문장에 진짜 동사가 한 개 이므로 접속사는 올 수 없다. 그래서 (D)는 오답이다. along with은 함께 짝으로 쓰이며 '~와 함께, ~에 따라'라고 해석이 된다. 그러므로 정답은 (A)이다.

어휘 beachfront 해변, 해안지대 international dishes 세계 각국의 요리

124

정답 (B)

해석 의료 기관은 환자의 허가 없이 보험 회사에 개인 건강 정보를 공개할 수 없다.

해설 품사 문제이다. 빈칸은 앞에 전치사 without이 있으므로 명사 자리이다. (C),(D)는 명사가 아니므로 오답이다. 문맥상 "권한 없이" 보다 "허가 없이"가 더 알맞다. 정답은 (B) authorization이다.

어휘 Medical institutions 의료기관 disclose 밝히다, 폭로하다 insurance 보험

125

정답 (D)

해석 그 매니저는 신입 사원의 비용 절감 계획이 꼼꼼하게 계산된 것에 놀랐다.

해설 부사 어휘 문제이다. 빈칸은 calculated를 수식해주는 부사 자리이다. "계산을 꼼꼼하게" 라고 해석이 되야 문맥상 매끄럽다. 정답은 (D) meticulously 이다.

어휘 cost-reduction plan 비용 절감 계획

126

정답 (B)

해석 이 웹사이트의 모든 자료는 출처를 밝힌다면, 비상업적 목적으로 자유롭게 복사할 수 있다.

해설 빈칸 앞에 주어와 동사가 나와 있고, 빈칸 뒤에도 역시 주어와 동사가 나와 있다. 즉, 2개의 문장을 연결시켜주는 접속사가 필요한데, 'provided that = if : ~한다면'이 되어야 접속사 역할을 할 수 있다. 따라서 (B)가 정답이다.

어휘 reproduce 복제하다 복사하다 non-commercial 비상업적인 source 출처

127

정답 (C)

해석 HTO, Inc는 30년 이상 전기 전도성 물질을 설계하고 제조하고 있다.

해설 품사 찾기 문제이다. 빈칸 앞에는 부사 electrically가 있고 뒤에는 빈칸의 수식을 받는 명사 materials가 있다. 그러므로 빈칸은 형용사자리이다. 정답은 (C) conductive이다.

어휘 manufacture 생산하다 material 물질

128

정답 (A)

해석 Hudson City Library 후원자들은 분실된 물건에 대해 100달러의 요금이 부과됨을 알아야 한다.

해설 명사 어휘 문제이다. "100달러의 요금을 청구한다"가 되어야 한다. (C) pay는 노동의 대가인 임금의 뜻이 강하고 (D) price는 물건의 값을 나타낸다. 또 (B) money는 '돈' 자체를 나타내는 단어이므로 정답은 (A) charge 이다.

어휘 patron 후원자 aware 알아차린, 감지한

129

정답 (B)

해석 Ken Willis은 자신의 우산을 기차에 두고 출근했고, 그는 하루 일과가 끝날 때 우산을 하나 사야 했다.

해설 대명사 문제이다. 기차에서 우산을 잃어 버렸기 때문에 하나 사야 하는 것이므로 잃어버린 우산은 그 전의 자기 것과 동일한 것이 아니므로 이 조건에 부합하는 대명사는 (B) one이 정답이다.

130

정답 (A)

해석 만약 지원자가 500명이 넘는다면, 우리는 행사를 위해 더 넓은 장소를 예약해야 할 것이다.

해설 빈 칸 다음에 있는 number는 '~숫자에 도달하다'라는 의미로 동사로 사용될 수 있다. 접속사 If를 빈 칸에 넣고 '신청자 수가 500에 도달하면'이라는 의미가 가장 적절한 정답이 된다. then (그 때)은 부사이고, despite (비록 ~이지만)와 regarding (...에 대하여)는 전치사이므로 오답이 된다.

어휘 applicant 지원자, venue 장소

PART 6

131-134

다시 한번 더 우리의 단종된 상품 또는 경미한 손상으로 반품된 상품의 연례의 사내 131. 판매가 시작될 시간입니다. 여러분들이 꿈꿨던 접이식 의자, 원예 도구, 페인트, 목재, 그리고 화장실 비품들을 얻을 수 있는 기회입니다. 이것들과 더 많은 품목들을 소매 가격의 절반 이하로 직원 분들은 구입할 수 있습니다. 132. 게다가 첫 50명의 직원들에게 총 구매액에서 15%를 할인해 드립니다. 이 장터는 1월 15일 토요일에 Warehouse No. 3에서 열릴 것입니다. 133. 반품이 불가하므로, 구입하기 전에 신중하게 확인해 주십시오. 행사 중 134. 또는 행사 후에는 반품, 환불 또는 교환이 불가능합니다.

어휘 discontinued items 단종된 상품 slightly damaged 경미한 손상 acquire 습득하다. lawn chairs 접이식 의자 lumber 목재

131
(A) 검사
(B) 재고 조사
(C) 개방
(D) 판매

정답 (D)

해설 빈칸에 알맞은 단어를 넣는 문제 이다. 단종된 상품이나 경미한 파손으로 반품된 상품을 직원들에게 소매가의 반값에 판매 한다는 내용이다. 그러므로 정답은 (D)이다.

132
(A) 예를 들면
(B) 추가로
(C) 물론
(D) 반대로

정답 (B)

해설 알맞은 부사구 넣기 문제이다. 빈칸 앞에서 판매 가격이 소매 가격의 절반 가격이라고 말하면서 빈칸 뒤에는 선착순 50명에게 추가로 할인을 해준다고 하고 있다. 이를 통해 원래의 혜택에 추가로 더 해준다는 의미가 되어야 하므로 정답은 (B)이다.

133
(A) 모든 환불 또는 교환은 구입일로부터 원본 영수증이 필요합니다.
(B) 반품이 불가하므로, 구입하기 전에 신중하게 확인해 주십시오.
(C) 직원들은 상품을 반품처리하기 위해서 신분증을 보여줘야 한다.
(D) 손상된 항목이 발견되면 고객 서비스 카운터로 이동하십시오.

정답 (B)

해설 빈칸에 문맥에 알맞은 문장을 넣는 문제이다. 빈칸 뒤에는 교환, 환불이 불가능 하다고 말하고 있으므로 앞에서 이에 관한 경고문구가 나올 것이라 생각할 수 있다. 정답은 (B)이다.

134
(A) 하지만
(B) ~을 위해
(C) 또는
(D) 그래서

정답 (C)

해설 접속사 찾기 문제이다. 빈칸 앞은 이벤트 진행 중 뒤에는 이벤트가 끝난 후 라고 알리고 있다. 그러므로 이벤트 전 후 라고 해석이 되는 (C)가 와야 한다. 정답은 (C)이다.

135-138

안녕 Jackson.

당신에게 부탁할 것이 있는데 싫어할지도 모르겠어요. 135. Hughes 사장은 가능하다면 11월 15일 이전에 카탈로그를 끝내라고 요청했습니다. 저는 당신과 함께 136. 가능한지 확인해 보겠다고 했어요. 제가 알기로 수 많은 팀들의 사진과 설명을 모아서 종합적으로 만들어 137. 보는 게 큰 일이라고 알고 있습니다. 만약 일주일 전에 카탈로그를 빨리 138. 만드는데 걸리는 시간을 알려주신다면, 정말 좋을 것 같아요. 만약 도움이 필요 하신다면 임시 보조자를 배정해 드릴게요.

오늘 업무 마감 전까지 알려주세요.

감사합니다.

Russ

어휘 request 요청, description 서술, 묘사 big job 큰 일, catalog 목록, 카탈로그

135
(A) 저는 방금 신제품 라인에 관한 마케팅 팀과의 회의에서 돌아왔습니다.
(B) Hughes 사장은 가능하다면 11월 15일 이전에 카탈로그를 끝내라고 요청했습니다.
(C) 새로 오신 부사장 Whitmore씨를 위한 사무실이 필요합니다.
(D) 그다지 성과가 없는 Northwest 지역에서 판매량을 올리려고 노력하고 있습니다.

정답 (B)

해설 빈칸 뒤의 내용은 새로운 일에 있어 어려움에 대해 설명하고 가능한 빨리 만들 수 있는가에 대해 묻고 있다. 이를 토대로 앞서 일을 빨리 끝내라는 내용을 들었다는 내용이 오는데 문맥에 매끄럽다. 정답은 (B)이다.

136
(A) ~와 같은
(B) 만약
(C) 그러나
(D) 언제

정답 (B)

해설 전치사, 접속사 구분 후 어휘 문제이다. 먼저 접속사가 필요 하므로 (B)와 (C)를 제외하고는 오답이다. 빈칸에 만약 가능하다면~ 이 되어야 문맥이 매끄러우므로 정답은 (B)이다.

137
(A) 시도하다
(B) 시도하다
(C) 시도하다
(D) 시도하는 것

정답 (D)

해설 등위접속사 and 뒤에 오는 품사를 찾는 것이다. And 앞에는 'various teams' 명사 역할을 하는 단어가 왔으므로 뒤에도 명사 역할을 하는 답을 찾으면 된다. (D)를 제외한 나머지는 동사 형태이고 (D)는 동명사 형태 이므로 정답은 (D)이다.

138
(A) 만들다
(B) 받다
(C) 제출하다
(D) 돌다

정답 (A)

해설 동사 어휘 문제이다. 빈칸 뒤에 카탈로그를 만들다 라는
문장이 와야 한다. 그러므로 정답은 (A)이다.

142
(A) 고려하다
(B) 배우다
(C) 제안하다
(D) 말하다

정답 (B)

해설 알맞은 의미의 동사를 선택한다. 목적어는 how to compile
home energy ratings 이다. 연수를 받는 사람은 주택 에너지
평가 방법에 대해 배우는 학생이므로 정답은 (B)이다.

139-142

가정 에너지 평가자 교육

가정 에너지 평가자들은 Energy Plus 주택 건설 업체들에 의해
고용됩니다. 평가자가 되기 위해서는 지역 *139.* 전체에 걸쳐 에너지 절약
사무소에서 필요한 교육을 수료해야 합니다. *140.* 훈련은 총 6시간이
걸리고 독서, 강의 그리고 시험을 합친 것이다. 교육 주제는 가정 에너지
등급의 목적과 이점 그리고 잠재 고객에게 이러한 점을 *141.* 어떻게
전달하는지에 대해 다루고 있습니다. 여러분은 또한 건축 계획과 현장
검사로부터 가정 에너지 등급을 집계하는 방법을 *142.* 배우게 될 것입니다.
교육 장소와 시간에 대한 자세한 내용은 www.energyplustraining.net
웹사이트를 방문하세요.

어휘 in order to ~을 위하여 complete 가능한, 최대의 benefits
혜택, 이득 compile 집계하다

139
(A) ~저편에, 너머에
(B) 넘어서, ~너머로
(C) 도처에,
(D) ~ 쪽으로

정답 (C)

해설 전치사 어휘를 찾는 문제다. 빈칸 뒤에 region 이라는 지역을
나타내는 명사가 나온다. 장소에 관한 전치사는 (A)와 (C)가
가능하며 '지역에 걸쳐서~' 라고 해석이 되어야 하므로 정답은
(C)이다. (A)는 이상적인 (B)는 위치에 쓰이는 전치사이다.

140
(A) Energy Plus의 가정용 에너지 평가자는 건축가와 고객
사이에서 연락 역할을 해야 합니다.
(B) 사무실은 모두 St. Breem 시에 있으며 기차 또는 버스로 갈
수 있다.
(C) 훈련은 총 6시간이 걸리고 독서, 강의 그리고 시험을 합친
것이다.
(D) Energy Plus의 온라인 튜터 시스템을 통해 집에서도 훈련할
수 있다.

정답 (C)

해설 빈칸 뒤의 내용은 교육 주제에 대해서 말하고 있다. 이를
통해서 앞 내용에는 교육 수료에 대한 정보가 나와야 한다.
정답은 (C)이다.

141
(A) 어떻게
(B) 무엇
(C) ~인지 아닌지
(D) 누구

정답 (A)

해설 접속사 문제이다. "잠재 고객에게 어떻게 전달하는지에 대해
다루고 있다"가 문맥상 자연스러우므로 (A)가 정답으로
적절하다.

143-146

Latest Hudsonville 거주자 설문조사 결과

Hudsonville 도시에 의해 *143.* 보내진 최근의 거주자 설문 조사는 도시
서비스 품질에 대해 전례 없는 수준의 만족도를 보여주고 있습니다.
Hudsonville시 의회는 목요일 회의에서 그 *144.* 보고서를 검토했습니다.
전반적으로, 설문조사는 92퍼센트의 거주자들이 도시 서비스에 만족하는
결과를 보여주었습니다. *145.* 의회 멤버 Katherine Long은 특히 몇몇
분야에서 높은 점수를 받았다고 말했습니다. "교량과 터널 보수를 포함한
교통비, 그리고 지방 교육 지출은 가장 *146.* 열렬한 반응을 보였습니다."
라고 그녀는 말했습니다. 또한 이 조사는 대부분의 주민들이 다음 시의회
선거를 온라인 투표로 치르는 것에 찬성하고 있다는 것도 보여주고
있습니다.

어휘 latest 최근의 survey 설문조사 unprecedented 전례 없는 city
council 시의회 resident 거주자 enthusiastic 열렬한, 열광적인

143
(A) V
(B) V-ing
(C) p.p
(D) be + P.P

정답 (C)

해설 동사의 시제를 찾는 문제이다. 문장의 진짜 동사는 show
로써 진짜 동사역할을 하는 (A)와 (D)는 오답이다. 또, 빈칸
앞에 최근의 설문조사 라는 과거를 나타내는 명사가 있으므로
정답은 (B)이다.

144
(A) 적용
(B) 기사
(C) 견적
(D) 보고서

정답 (D)

해설 명사 어휘 문제이다. 시 의회가 검토하는 명사가 와야 하므로
가장 문맥에 맞는 단어는 보고서인 (D)가 정답이다. (C)
estimate도 정답이 될 순 있지만 현재 지문에서 견적에 관한
이야기는 나오지 않아 적합하지 않다.

145
(A) 설문 조사에 대한 모든 답변은 익명이므로 정직하게 평가해
주세요.
(B) 의회 멤버 Katherine Long은 특히 몇몇 분야에서 높은
점수를 받았다고 말했습니다.
(C) 회원들은 도시의 서비스 만족도를 높이기 위한 방안을
논의했습니다.
(D) 이 설문 조사는 다음 주에 지역 우편함과 지역 사회 센터에
배포될 것입니다.

정답 (B)

해설 145번 뒤로는 어떤 주제에 대해 나열하고 있다. 그러므로
145번에는 나열되는 단어들의 원인이 되는 문장이 나와야
하고, 바로 뒤 문장에서 'she said' 즉 she에 대해서 언급이
되어야 하므로 여기에서 she는 Katherine Long임을 짐작할
수 있다. 따라서 (B)가 정답이다.

146
(A) 열정
(B) 열광적인 팬
(C) 열광적인
(D) 열정적으로

정답 (C)

해설 품사 찾기 문제이다. 관사 the와 명사 사이에 들어올 품사는 형용사이다. 정답은 (C)이다. 부사는 명사를 수식하지 못하므로 (D)는 오답이다.

PART 7

147-148

Nancy Sax (10:00): 고객에 대해 궁금한 게 있어요.

Laura Marley (10:10): 네, 물어봐요.

Nancy Sax (10:12): 계약을 재검토하고 싶어하는 고객이 있어요. 우리가 보통 그렇게 하지 않는다는 것을 알고는 있지만, 147. 여기서의 경험을 고려할 때 물어볼 만한 사람이 당신이라고 생각했습니다.

Laura Marley (10:20): 글쎄요, 제가 경험이 많지는 않지만, 사례를 보았을 때 현시점에서는 우리가 재협상을 하지 않았었어요. 어느 고객인지 물어봐도 될까요?

Nancy Sax (10:24): Cooper and Cooper요. 그들은 우리 요금이 시세보다 높다고 느끼는 거 같아요. 저는 동의하지 않지만...

Laura Marley (10:25): 그들과의 거래에 대해서는 잘 못해요. 그저 당신의 판단력을 믿고 148. 결정을 내려야 해요.

어휘 renegotiate 재교섭하다. Contract 계약 At this point 이쯤에서 judgment 판단

147 Ms. Sax'의 질문 목적은 무엇인가?

(A) Ms. Marley씨와 의견차이 때문에
(B) 정책에 대한 정보를 얻기 위해서
(C) 계약을 재협상하기 위하여
(D) 계약을 신청하려고

정답 (B)

해설 10시 25분 문자 'but thought you'd be the one to ask, with all of your experience'에서 경험이 많은 사람들에게 묻기 위한다 라고 하고 있으므로 정책에 대한 정보를 얻기 위해서라고 판단할 수 있다. 정답은 (B)이다.

148 10시 25분에 Ms. Mally가 말한 "결정하다"은 무슨 뜻인가?

(A) Ms. Sax는 고객을 불러야 한다.
(B) Ms. Sax는 새로운 계약을 거절해야 한다.
(C) Ms. Sax는 결정을 내려야 한다.
(D) Ms. Sax는 다른 동료들에게 확인을 받아야 한다.

정답 (C)

해설 10시 25분 문자 'You should just exercise your judgment and make the call'는 스스로 판단하고 결정해야(=make the call) 한다는 뜻으로 가장 잘 어울리는 문장은 (C) Ms. Sax should make the decision.가 된다.

149-150

만약 당신이 어떤 제품에 만족하지 못한다면, 전액 환불 받을 수 있습니다. 149. 고객 지원센터 1-800-555-8787로 문의하시기 바랍니다. (연중무휴 연락 가능) 반품 승인(RA)을 발급할 수 있도록 문제에 관한 설명과 당신의 이메일을 제공 받도록 요청할 수 있습니다.

다음 조건은 모든 반품에 적용됩니다.
−구매 영수증 사본을 첨부해야 합니다.
−모든 원본 포장을 포함해야 합니다.
−환불을 하기 전에 물품을 반품할 것입니다.
−RA는 발행일로부터 한 달간 유효합니다.

150. 귀하의 RA는 포장 및 배송 안내를 포함합니다. 배송료는 최대 50파운드까지 선불됩니다. 50파운드 이상이면 고객 지원 팀에 문의하시기 바랍니다. 당사 웹 사이트에서 당사의 전액 환불 정책을 이용할 수 있습니다. 정품 구매 영수증이 포함되어 있다면 당사의 소매점에서 품목을 반품할 수도 있습니다.

어휘 be asked to N ~하도록 요청 받다. Following 그 다음의 condition 상태

149 고객은 어떻게 환불을 받을 수 있는가?

(A) 올바른 부서에 연락한다.
(B) 회사 이메일을 보낸다.
(C) 물품을 반송한다.
(D) 직접 상점을 방문한다.

정답 (A)

해설 'Contact customer support'에서 고객 지원센터에 연락하라고 알려주고 있다. 그러므로 정답은 (A)이다. Contact customer support를 correct department로 바꾼 점을 주의해야 한다. (D)에 관한 점도 글의 마지막에 나오지만 그것에만 국한 된 것은 아니므로 (D)는 오답이다.

150 반품 허가증에는 어떤 정보도 포함되는가?

(A) 환불 받는 방법
(B) 제품을 반품하는 방법
(C) 환불 요청 시 포함되어야 할 사항
(D) 손상된 제품을 가져오는 곳

정답 (B)

해설 'Your RA will list packaging and shipping instructions' 에서 포장과 배송에 관한 안내를 포함한다고 말하고 있으며 How to send a product back으로 바꾸어서 나타냈다. 정답은 (B)이다.

151-152

Western Health Care
30년 넘게 건강 서비스를 제공하고 있습니다.

151. Western Health Care는 1984년에 새로운 방식의 의료서비스를 제공하고자 하는 의사들에 의해 설립되었습니다. 오늘날, 우리는 3개의 지점과 100명 이상의 직원과 함께하고 있습니다. 그럼에도 우리의 철학은 변하지 않았습니다. 152. 우리는 여전히 사람들을 개인으로 취급하는 것이 옳다고 생각합니다. 그것이 바로 대부분의 환자들이 10년 넘게 함께 해오는 이유입니다.

우리는 대부분의 의료 보험이 적용됩니다. 새로운 고객들은 언제나 환영합니다. 우리의 세 곳의 사무실 중 편리한 위치를 선택하세요. 다음에 말하는 것들 중 어떤 것이라도 예약을 위해 오늘 전화주세요.

−소아과
−이비인후과
−가정의학과
−산부인과
−정형외과
−물리치료

Western Health Care
1-800-555-7651
위치: Silverdale, Kensworth, and Concordia

어휘 health care 의료 서비스, Philosophy 철학, believe in sth ~이 옳다고(좋다고) 생각하다 insurance plans 의료 보험, following 다음에 말하는 것

151 Western Health Care는 어떤 서비스를 제공하는가?

(A) 건강 보험
(B) 의학 연구
(C) 의료
(D) 처방전

정답 (C)

해설 'who wanted to offer a new approach to health care.'에서 새로운 방식의 의료서비스를 제공하고자 하는 사람들 이라고 알려주고 있다. 정답은 (C)이다.

152 웹사이트는 Western Health Care's approach를 어떻게 묘사하는가?

(A) 최첨단
(B) 개인에게 맞춘다
(C) 과학적인
(D) 독특한

정답 (B)

해설 'We still believe in treating people as individuals.'에서 개개인에게 맞는 치료를 하고 있다고 강조하고 있다. 정답은 (B)이다.

153-154

153. 소음과 불편함을 양해해 주시기 바랍니다!

153. 우리는 고객들을 더 잘 응대하기 위해 주차장을 재포장하고 있습니다. 그 결과, 1월 7일부터 1월 10일까지 주차장이 폐쇄될 예정입니다. 우리는 공정이 진행되는 동안 평상시처럼 개방될 것이고 우리의 영업 시간은 그대로 유지될 것입니다.

비록 주차가 제한되어 있지만, 고객들은 건물 북쪽에 인접한 주차장에 주차할 수 있습니다. 교대로, 35번과 50번 버스가 정문 앞에 정차합니다. 그래서 대중 교통 수단은 또 다른 방법입니다.

154. 손님들이 구입한 물건을 자기 차량이나 버스 정류장에 가지고 가는데 도움이 필요할 지도 몰라 공사 중일 때 직원을 증원하고 대기시킬 것입니다.

153. 불편을 끼쳐 드려 죄송합니다, 당신의 인내심과 이해에 감사 드립니다!

어휘 resurfacing 재포장, In order to ~하기 위하여, as usual 평상시처럼, neighboring 이웃의, 인접한 on hand 구할 수 있는 in case ~할 경우에 대비해서

153 이 공고문의 타겟은 누구입니까?

(A) 시공자
(B) 고객들
(C) 배달 담당 직원
(D) 매장 점원

정답 (B)

해설 'Please excuse our noise and the inconvenience!'와 'We thank you for your patience and understanding!'에서 주차장을 폐쇄하여 피해를 입은 사람들에게 말하는 것임을 알 수 있다. 그러므로 이 고지는 고객들에게 보내는 공고문이다. 정답은 (B)이다.

154 1월 7일부터 10일까지 추가 직원들이 어떻게 고객을 도울 것인가?

(A) 질문이나 용무에 대답한다.
(B) 구매를 제공한다.
(C) 차량까지 도움을 제공한다.
(D) 발렛 파킹을 해준다.

정답 (C)

해설 지문 세 번째 문단 'We will have additional employees on hand during the construction in case customers require help bringing their purchases to their vehicles or the bus stop.'에서 손님들이 구입한 물건을 자기 차량이나 버스 정류장까지 가지고 가는데 도움이 필요할 지도 몰라 공사 중일 때 직원을 증원하고 대기시킬 것이라고 언급하고 있으므로 (C)가 정답으로 어울린다.

155-157

1월 1일부터, 주요 회사 방침이 바뀝니다. 다음과 같은 변경 사항을 기록해 두십시오.

"full-time"상태의 시간이 변경됩니다. 지금까지 주당 40시간을 일하는 직원들이 수당을 받을 수 있었습니다. 155. 이제부터 일주일에 32시간 또는 이상 일하는 사람들도 포함될 것입니다. 이러한 변화에 영향을 받는 직원은 그들의 HR담당자에게 수당과 관련된 정보를 말해야 합니다.

156. PTO(유급 휴가)는 일원화될 것입니다. 휴가와 병가는 함께 모을 수 있습니다. 직원들은 여전히 PTO를 현금으로 환급 받을 수 있지만, 여전히 연간 40시간이 한계일 것입니다. 추가 PTO를 사용해야 하거나 연말에 재시작됩니다.

회사 출장은 더 이상 초과 근무 수당에 포함되지 않을 것입니다. 모든 출장 일정은 일주일에 40시간 이하가 되어야 합니다. 157. 초과 근무 추가 요청은 예상치 못한 상황의 경우에 개별적으로 고려될 수 있습니다. 모든 직원들은 이러한 변화에 대처하기 위해 최선을 다할 것으로 예상됩니다.

정책 변경 사항에 대한 문의 사항이 있는 경우 인사 담당 대표자에게 문의하십시오.

어휘 make note of 기록해 두다, up to ~까지 paid time off 유급 휴가 designation 명칭, 호칭 accumulate 모으다 축척하다, unforeseen circumstances 예상치 못한 상황 adhere to sth ~을 충실히 지키다(고수하다)

155 직원 복리 후생 제도는 어떻게 바뀌는가?

(A) 새 공급 업체로 바뀐다.
(B) 20퍼센트가 삭감될 것이다.
(C) 연공 서열에 따라 달라진다.
(D) 혜택을 받는 직원들이 늘어난다.

정답 (D)

해설 'Now anyone who works 32 or more hours per week will be included. Employees affected by this change'에서 원래는 주 40시간 이상 근로자들만 복리 후생 제도 혜택을 받았지만 이제부터는 주 32시간 근무자들도 포함이 된다는 이야기로 결국에 혜택을 받는 직원이 늘었다는 말과 같다. 정답은 (D)이다.

156 휴가에 대해 옳지 않은 것은 무엇인가?

(A) 직원들은 휴가를 돈으로 바꿀 수 있다.
(B) 연말에 만료된다.
(C) 카테고리가 축소되었다.
(D) 새로운 규칙에는 예외가 없다.

정답 (D)

해설 3번째 단락에 (A) Employees will still be able to cash out PTO와 (B) it will reset at the end of the year (C) PTO(paid time off) will be one designation only. 로 나타나 있지만 (D)에 해당되는 정보는 나타나 있지 않다. 정답은 (D)이다.

157 정보에 따르면 누가 초과근무를 요청할 수 있는가?

(A) 특수 업무에 종사하는 직원
(B) 예상치 못한 출장을 가는 직원
(C) 외국으로 여행하는 직원
(D) 중앙 사무실에서 근무하는 직원

정답 (B)

해설 제 4문단의 중반에 'Additional requests for overtime may be considered on an individual basis in cases of unforeseen circumstances.'에서 알리고 있다. 여기서 unforeseen circumstances를 unexpected travel로 바꾸어 표현했다. 정답은 (B)이다.

158-160

To : 모든 직원들에게
From : John Logan, Site Manager
날짜 : 1월 4일
주제 : 연례 HQ 방문

우리는 다음 주 내내 우리 회사 본사에서 방문객들을 현장으로 안내할 것입니다. *158.* 일부 부서에 지장을 초래할 수 있겠지만, 우리는 반드시 우리의 손님들을 수용하기 위해 모든 노력을 다해야 합니다.

특별 프로젝트 그룹은 아마도 최소한 세 명의 방문객을 가질 것입니다. 알아자마자 알려 드리겠습니다. 많은 사람들이 당신이 어떻게 일을 하고 있는지 알고 싶어 합니다. 왜냐하면 그것은 회사의 가장 높은 이윤을 내기 때문입니다.

159. 기획부와 사업부는 각 부서당 한 명씩 주중에 근무하는 전담 전문가를 고용하게 됩니다. 이 사람은 추가적인 직원으로써 활동할 것이며 특별한 대우를 기대하지는 않습니다. 이것은 효율성을 살펴보는 회사만의 방식 입니다.

일련의 엔지니어들이 General Development 부서를 방문할 것입니다. 어떤 이들은 그냥 관찰만 할 것입니다. *160.* 일부는 프레젠테이션을 할 예정입니다. 더 많은 정보를 제공할 수 있으면 제공해 드리겠습니다. GDG그룹에 대한 몇몇 발표는 다른 부서들에게 유용할 것이고, 따라서 참석하는 것을 추천 드립니다.

즐거운 시간을 만들기 위해 월요일 업무 후 회의실에서 방문객들을 환영할 것입니다. 모두 참석하시기 바랍니다.

어휘 headquarter 본부 disruptive 지장을 주는 absolutely 전적으로 efficiency 효율 attendance 참석자

158 그 메모는 방문자의 가능한 문제점을 어떻게 설명하는가?

(A) 바쁜 시간에 온다.
(B) 일부 작업을 방해할 수 있다.
(C) 작동이 완전히 종료될 수 있다.
(D) 초과 근무가 필요할 수 있다.

정답 (B)

해설 첫 번째 문단 'While this may be disruptive to some departments' 우리 부서에 혼란을 줄 수도 있다고 나타내고 있으므로 (B)가 정답으로 적절하다.

159 어떤 부서가 추가로 임시 직원을 채용할 것인가?

(A) 공학 부서
(B) 일반 개발 부서
(C) 사업부
(D) 특수 프로젝트 팀

정답 (C)

해설 'Planning and Operations will each have one specialist working in their department for the duration of the week'에서 Operation 부서에 한 명의 전문가를 고용한다고 알리고 있다. 'This person will function as an additional staff member.' 전문가는 추가적인 직원으로써 활동할 것이라고 언급하고 있으므로 정답은 (C)이다.

160 누가 General Development 부서에서 발표할 것인가?

(A) 계획 전문가
(B) 일부 엔지니어들
(C) 연구 전문가
(D) 그들 회사의 수장

정답 (B)

해설 4번째 단락 'Some are scheduled to make presentations'에서 some이 나타내는 것은 series of engineers이므로 (B)가 정답이 된다.

161-163

To   Frank Woods ⟨frank-wo@bil.com⟩
From   Bob Landers ⟨bob-la@bil.com⟩
주제   추천서
날짜   2월 22일 월요일

좋은 아침입니다. Frank,

즐거운 주말을 보내고 월요일을 산뜻하게 출발하길 바랍니다. 간단히 참고하세요, 공급 업체들은 우리의 제안을 기쁘게 받아들였습니다 그래서 오늘 늦게 의논하기 위해서 회의를 준비했습니다.

개인적인 이야기지만, 지난 주말에 우리 가족이 이사한 것 기억하세요? *162.* 음, 우리는 낡은(오래된) 주방용품을 치우고 새로운 장소를 위해 새 물품을 사기로 결정했어요. 하지만 사용했던 물품을 어떻게 해야 할까요? 몇 시간 동안 인터넷을 검색한 후에 우리가 찾고 있는 것을 정확하게 제시한 사람을 찾았는데요. 그에게 곧바로 전화를 걸었고 그는 다음날 저녁에 모든 것을 처리해주었습니다. 그리고 꽤 괜찮은 가격이었어요! *163.* 가장 좋았던 부분은 제 마음의 짐을 덜고, 우리의 짐이 많지 않아서 쉽게 해결할 수 있었던 겁니다.

161. 당신이 새로운 가전 제품을 구매하고 싶다고 한 것을 알아요, 그러니 만약 오래된 물건들을 치우려고 하면, 당신에게 괜찮은 선택권이 될 수 있을 것 같아요. 그 남자의 이름은 Rich Cooper이고 전화번호는 045-555-435번이에요.

도움이 되었길 바랍니다!

나중에 봐요.

Bob

어휘 get a good start 순조롭게 출발하다. 산뜻한 출발을 하다, FYI 참고해, 너를 위한 정보(For Your Information) FYI 참고해, 너를 위한 정보(For Your Information), straight away 즉시 지체 없이, decent price 괜찮은 가격, take a load off one's mind 안심하다 마음의 짐을 덜다, breeze 쉽게 할 수 있는 일, stuff 물건

161 Mr. Landers가 이메일을 보낸 목적은 무엇인가?

(A) 그의 사업을 홍보하기 위해
(B) 이사 도움을 요청하려고
(C) Mr. Woods에게 회의에 대해 알려주려고
(D) Mr. Woods에게 사업 추천을 하려고

정답 (D)

해설 'if you are looking to get rid of your old things, maybe this could be an option for you guys too.'에서 자신이 사용했던 서비스를 소개하면서 wood 에게도 좋은 선택권이 될 것이라고 말하고 있다. 첫 단락에서 사업에 대해 이야기를 하고 있지만 구체적인 이야기는 아니므로 (C)는 오답이다. 정답은 (D)이다.

162 Mr. Landers는 어떤 종류의 서비스를 이야기 하는가?

(A) 구매 서비스
(B) 피팅 서비스
(C) 제거 서비스
(D) 판매 서비스

정답 (C)

해설 'Well, we decided to get rid of some of the old kitchen stuff and buy fresh for the new place. But what to do with the used things?'에서 get rid of는 '~을 치우다 제거하다 라는 의미'이다. 물건을 치웠지 판매했다는 정보는 없으므로 (D)는 오답이다. 정답은 (C)이다.

163 Mr. Landers는 그 서비스에 대해 어떤 것을 가장 좋아했는가?

(A) 이사를 쉽게 했다.
(B) 값이 쌌다.
(C) 찾기 쉬웠다.
(D) 빨랐다.

정답 (A)

해설 'The best part was it took a load off my mind and the move was a breeze'에서 자신의 마음에 짐을 던 것과 일을 쉽게 처리할 수 있어서 좋았다고 말하고 있으므로 정답은 (A)이다.

164-167

안녕, Tom

주말은 어떻게 보냈어요? 너무 바쁘지 않았으면 하네요!

164. 이것 좀 도와줄 수 있어요? 내 주소록에 새 그룹을 추가하는 방법을 알아내려고 고심하고 있어요. 프로그램에 대해서 샅샅이 찾아봤지만 지금까지 운이 없었어요. *165.* 심지어 온라인상 에서도 찾아봤지만 우리가 사용하는 시스템은 너무 낡고 구식이 되어서 그것에 대한 정보가 없어요. 예약(일정)을 잘 입력 할 수도 없고 방 예약을 변경하려면 손이 많이 들게 됩니다. *166.* 아마도 우리는 소프트웨어 업데이트에 관해 Green씨와 이야기를 해야 하지 않을까요? 그렇게 하면, 우리는 시간, 에너지 그리고 노력을 절약할 수 있고, 훨씬 더 나은 곳에서 사용할 수 있게 해줄 수 있어요!

어쨌든, 별거 아니에요 만약 당신이 시간이 나지 않는다면 각각의 이메일을 개별적으로 보낼 거예요 하지만 나를 도와준다면 큰 도움이 될 거예요!

안부를 전하며.

Nancy

추신. 길 모퉁이에 있는 new deli를 먹고 싶으면 언제든 알려주세요. Patricia와 저는 당신이 좋다면 언제든지 준비가 되어있어요.

어휘 racking one's brains 머리를 짜내다 figure out 생각해 내다 old 구식의 favor 호의, 친절

164 Mr. Dudson씨가 부탁 받은 것은 무엇인가?

(A) 시스템 업데이트 확인
(B) Ms. Low씨의 주소록을 업데이트하도록 도와달라
(C) 오래 된 주소를 살펴보아라
(D) 그의 동료들을 위해 점심을 주문해달라

정답 (B)

해설 두 번째 문단에서 'I wonder if you could lend a hand with something?'에서 부탁이 있다고 말하며 새로운 주소록에 그룹을 추가하는 것에 애를 먹고 있다고 말하고 있다. 이를 토대로 Dudson씨가 부탁 받은 것은 주소록 업데이트를 도와달라는 내용임을 유추할 수 있다. 정답은 (B)이다.

165 Ms. Low씨에 따르면, 무엇이 문제를 일으켰는가?

(A) 네트워크상 버그
(B) 제한된 보관 공간
(C) 회계 소프트웨어
(D) 오래된 시스템

정답 (D)

해설 두 번째 단락 끝에서 'it seems the system we are using is so old and out-of-date that there is no information about it.'라고 말하고 있다. 여기서 시스템이 너무 낡고 구식이라 그 어디에도 정보가 없다고 말하고 있다. 정답은 (D)이다.

166 누가 소프트웨어 업데이트를 담당할 것인가?

(A) Mr. Dudson
(B) Mr. Greene
(C) Ms. Low
(D) Patricia

정답 (B)

해설 세 번째 단락에서 'Perhaps we should speak to Mr. Greene about updating the software?' 여자는 Green씨에게 소프트웨어 업데이트를 부탁해야 하지 않냐고 묻고 있다. 이를 토대로 소프트웨어 업데이트는 Green씨다 담당하는 것을 알 수 있다. 정답은 (B)이다.

167 "That's not the only problem I've had."이 문장은 어디에 위치하는가?

(A) [1]
(B) [2]
(C) [3]
(D) [4]

정답 (B)

해설 "That's not the only problem I've had."는 문제는 이것뿐만이 아니다 라고 말하고 있다. 이 문장의 앞에는 문제점에 대해 밝히고 있을 가능성이 높다. [2]번 앞 두 번째 문단에서는 주소록 추가에 애를 먹고 있다고 밝히면서 [2]번 뒤에서는 일정을 입력하고 변경하는데 있어 애를 먹고 있다고 밝히고 있으므로 [2]번 위치에 문장이 들어가야 문맥상 알맞다. 정답은 (B)이다.

168-171

The Quantum Center Breaks Ground in February

Johnson Enterprises는 어제 그들의 주력 사업인 The Quantum Center의 공사가 2월에 시작된다고 발표했습니다. 보도 자료에 따르면, 다각적인 프로젝트는 Harris 시티를 위한 "새로운 도시 중심지"를 만들 것이라고 합니다.

"도시 마을"로 설계된 이 시설은 수상 경력이 있는 건축가이자 엔지니어인 Wanada Pererson의 아이디어 입니다. 이 개념은 대량 수송 중심지, 소매 시설, 여러 주거지를 한 곳에 결합하는 것입니다. *169.* 게다가, 이 모든 개발(현상)이 도시 중심부에서 일어날 것이라는 사실은 전례가 없는 일입니다.

170. 주정부와 시정부의 지원으로 이 계획이 실시 가능 해졌습니다. "우리 도심 지역의 많은 부분이 낡았고 반드시 수리가 필요합니다. 이 프로젝트는 한번에 많은 변화를 가져 올 것입니다."라고 시장 William Benson이 말했습니다.

(4개의 도시 구획에 걸쳐) 중앙에는 50층 높이의 건물이 들어 설 것입니다. 뿐만 아니라 큰 녹지 공간도 만들어 지고 있습니다. *171.*

168. 아직 완공 시기는 발표되지 않았지만, 도시 거주자들이 진행 경과를 흥미 있게 지켜볼 것은 의심할 여지가 없습니다.

168 프로젝트에 대해 발표되지 않은 것은?

(A) 건축가
(B) 완공 일자
(C) 시설물의 특성
(D) 시설의 크기

정답 (B)

해설 다섯 번 째 문단에서 'A time of completion estimate has not been announced yet'라고 말하며 아직 완공 일자는 발표되지 않았다고 말하고 있다. 정답은 (B)이다. (A)와 (C)는 "urban village," the center is the brainchild of Wanda Peterson, award-winning architect and engineer.'문장에서 나타나 있으며 (D)는 네 번째 문단 'Spanning an area of four city blocks, the center will have some buildings as high as 50 stories. A large green space is being created as well.'에 나타나 있다.

169 기사는 프로젝트를 어떻게 묘사하는가?

(A) 흔하게
(B) 과도하게
(C) 선구적으로
(D) 비판적으로

정답 (C)

해설 두 번째 단락 '169. In addition, the fact that all of this development will take place in the center of the city is unprecedented.'에서 선례가 없다고 말하고 있다. Unprecedented를 Pioneering으로 바꾼 (C)가 정답이다.

170 프로젝트는 어떻게 성사되었나?

(A) 기업 자금조달
(B) 정부 보조금
(C) 세금 인상
(D) 투표자 의견

정답 (B)

해설 세 번째 단락 처음에 'Incentives from state and city government allowed this project to happen'에서 주 정부 및 시청의 도움을 받았다고 밝히고 있습니다.

171 "이것은 도시에 대한 수요 중 하나인 더 많은 공공 공원을 늘리는 것이다"라는 문장의 위치는 어디인가?

(A) [1]
(B) [2]
(C) [3]
(D) [4]

정답 (C)

해설 삽입하는 문장에 있는 This가 나타내는 적절한 것을 찾으면 된다. 공원에 대해 언급된 문장이므로 4번 째 문단 'A large green space is being created as well.' 다음에 넣어서 This로 자연스럽게 이어주는 것이 가장 적절하다.

172-175

Patrick Anderson (11:32) Red Hill Watershed에 대해 언제 회의를 할 수 있어요?

Randy Baldwin (11:33) 저는 화요일이나 목요일이요.

Jennifer Rassen (11:35) 저는 스케줄을 보고 나서 언제 될지 봐야 해요.

Patrick Anderson (11:37) *172.* 이번 주가 제일 좋긴 하지만 만약 불가능 하다면 다음주 중까지는 회의를 마쳐야 해요.

Jennifer Rassen (11:38) 저는 금요일 일찍 시간을 낼 수 있어요. 얼마나 걸릴까요?

Patrick Anderson (11:39) 약 30분 정도요.

Randy Baldwin (11:40) *173.* 금요일 아침에 Clarksdale과 회의가 있어요.

Jennifer Rassen (11:42) 좋아요 그럼 그 날은 제외하죠.

Patrick Anderson (11:43) 다음주 초에 회의를 하죠, 이의 있으신 분?

Jennifer Rassen (11:45) 월요일이 제일 낫겠네요.

Randy Baldwin (11:46) *174.* 저도 마찬가지예요.

Patrick Anderson (11:48) *175.* 좋아요, 월요일 정오에 회의실에서 만나기로 해요. 점심식사도 가져오고 옷도 편하게 입구요. 제가 여러분들께 보여 드리고자 하는 청사진에 대해 간단히 프레젠테이션을 진행할게요. 그리고 나서 당신의 의견을 구할 게요.

Jennifer Rassen (11:49) 좋아요.

Randy Baldwin (11:50) 알겠어요. 월요일 정오. 고마워요!

Patrick Anderson (11:50) 저도 고마워요.

어휘 workable 실행 가능한 half an hour 30분 blueprints 청사진 flexible 융통성 있는

172 Mr. Anderson은 Mr. Baldwin과 Ms. Rassen씨를 언제 만나는 것이 이상적인가?

(A) 이번 주
(B) 돌아오는 월요일
(C) 돌아오는 수요일
(D) 돌아오는 금요일

정답 (A)

해설 11시 37분에 보낸 메시지' This week would be better, but if that's not workable, definitely by the middle of next week.'에서 이번 주가 제일 이상적이지만 적어도 다음주 중순까지는 했으면 한다고 말하고 있다. 즉, 가장 이상적인 것은 이번 주 이다. 다음 주 월요일은 이들이 실제 만나는 날이다. 정답은 (A)이다.

173 그들은 왜 금요일 아침에 미팅을 할 수 없는가?

(A) Mr. Baldwin은 사무실을 나가서
(B) Ms. Rassen은 약속이 있어서
(C) 회의실이 사용되고 있어서
(D) 필요한 데이터가 그때까지 준비되지 못해서

정답 (A)

해설 11시 40분에 보낸 메시지를 보면 'I'm in Clarksdale for a meeting Friday morning.' Mr.Baldwin은 금요일 오전에 회의가 있다고 말하고 있다. 정답은 (A)이다.

174 11:46분에 Mr. Baldwin씨가 말한 "Same here"은 무엇을 뜻하는가?

(A) 그와 같은 반대 의견을 가지고 있다.
(B) 그는 월요일에 자유롭다.
(C) 아무것도 변하지 않을 것을 알고 있다.
(D) Ms.Rassen의 프로젝트를 도와준다.

정답 (B)

해설 11시 46분 문자에 앞서 Jennifer Rassen 이 'Monday is flexible for me.'라고 말한 것에 동조한 것으로 Rassen은 월요일이 낫다라는 의견을 피력했다. 즉 Baldwin도 월요일에 자유롭다고 말한 것과 같다. 정답은 (B)이다.

175 Mr. Anderson은 Ms. Rassen과 Mr. Baldwin에게 무엇을 원하는가?

(A) Clarksdale에 방문한 고객 의견
(B) 일부 계획에 대한 의견
(C) Watershed에 대한 그들의 계획
(D) 일부 계획에 대한 수정안

정답 (B)

해설 11시 45분에 보낸 문자를 보면 둘에게 청사진을 프레젠테이션을 하면서 이 둘의 의견을 묻고 싶다고 했다. 정답은 (B)이다.

176-180

GO GREEN의 연례 회의		
09:00-09:30	등록	
09:45-10:15	환영사	176.Jennifer Frezo, Go Green의 (의장)
10:15-10:50	세계적인 환경 문제 단계 (GAL)	Richard Hatter, Go Green의 연구원
10:50-11:00	휴식	
11:00-12:00	How the GAL has changed	180. Daso Wend, Finland 대학교 교수
12:00-13:30	점심	
13:30-14:00	177. 어떻게 하면 GAL을 늘릴 것인가	Rosie Pointer, Green 운동가
14:00-14:30	모든 연설자들과 공개 토론	Moderated by Kent
14:30-15:00	팬 미팅	Long, Environmentalist
15:00-15:15	폐회사	Jennifer Frezo, Go Green의 의장

To : newsletter@group.gogreen.co.uk
From : Jennifer Frezo ⟨jennifer-president@gogreen.co.uk⟩
주제 : 연례 회의
날짜 : 1월 25일

친애하는 동료들과 Go Greeners의 회원 분들에게

우리는 올해 Go Green conference에 빠르게 가까워지고 있고 지금까지 준비는 순조롭게 되고 있습니다. 장소는 작년에 비해 상당히 개선되어 왔고, 그 어느 때보다도 더 많은 참석자들이 함께할 것입니다. 우리에게는 아주 평판이 좋은 연사들이 있으며, 이 분야에서 뛰어난 성과를 거둔 Pointer씨를 환영하는 특전이 있습니다.

우리는 Wend씨가 합류하기를 학수고대하고 있었지만, 핀란드의 불안정한 날씨 때문에 그가 올 수 없다는 것을 어제 알았습니다. 178. Wend씨는 이 분야에서 매우 유명한 전문가이며 우리 회의에서 이 부분은 참석자들이 쇠퇴하는 환경적 상황을 충분히 이해하는데 도움을 주는 데 있어서 매우 중요하기에 아주 불행한 일입니다.

179. 이것에 비추어 볼 때, 만약 누군가가 이 지역에서 적절한 교환 연설자가 될 수 있는 사람을 안다면, 연락해 주세요. 현재로서는, 우리에게 회의 시작 전까지 일주일이 남았고, 주요 연사들 중 한 명이 비었습니다.

조속한 회신을 기대합니다.

안녕히 계세요.

Jennifer
Go Green의 의장

어휘 Panel discussion 공개 토론회, speaker 연설자, Closing Address 폐회사, privilege 특전 특혜, look forward to N N를 학수고대 하다, comprehend 이해하다, In light of this ~로 비추어 볼 때 adequate 충분한

176 회의에 누가 먼저 참석할 것인가?

(A) Daso Wend
(B) Jennifer Frezo
(C) Richard Hatter
(D) Rosie Pointer

정답 (B)

해설 첫 번째 그림을 보면 Jenifer Frezo가 환영사를 하는 것을 알 수 있다. 그러므로 가장 먼저 회의에 참석하는 사람은 Jenifer Frezo가 된다. 정답은 (B)이다.

177 Ms. Pointer는 회의에서 무엇에 대해 말하는가?

(A) 변화하는 환경 인식 수준의 원천
(B) 현재의 세계적인 환경 문제 수준
(C) 현재의 환경 인식 수준을 높이는 방법
(D) 녹색 인식 수준이 수년간 변한 방식

정답 (C)

해설 Pointer씨가 담당하는 일이 'How we can increase the GAL'이다. 10시 15분 예정된 일을 기록한 부분에서 GAL은 Green Awareness Level (환경 의식 수준)의 약자임을 알 수 있다. 이를 '현재의 환경 인식 수준을 높이는 방법'으로 적절하게 설명한 (C)가 정답이다.

178 Ms. Frezo는 Mr.Wend에 대해서 뭐라고 말하는가?

(A) 그는 필리핀 사람이다.
(B) 그는 국제적으로 유명하다.
(C) 그는 매우 재능이 넘친다.
(D) 그는 회의에 참가할 것이다.

정답 (B)

해설 이메일 세 번째 문단에서 'Mr. Wend is a world-renowned expert'. 라고 말하고 있다. 또 그가 회의에 참가하지 못하는데 이유는 핀란드 날씨의 영향 때문이라고 설명하고 있어 (A)는 오답이다. 정답은 (B)이다.

179 Ms. Frezo는 그녀의 e-mail로 무엇을 요청하는가?

(A) 다른 적합한 화자에 대해 통보한다.
(B) 변경 사항에 대해 통보한다.
(C) 회의 장소를 통보한다.
(D) 참석자 수를 알려준다.

정답 (A)

해설 이메일 네 번째 문단에서 'if anyone knows a person who could be an adequate replacement speaker in this area, please get in touch'라고 말하고 있다. 적당한 대체자가 있으면 연락을 달라는 내용으로 adequate replacement speaker가 another suitable speaker로 바뀌었다. 정답은 (A)이다.

180 대체자는 언제 연설을 할 가능성이 높은가?

(A) 10:15
(B) 11:00
(C) 13:30
(D) 14:00

정답 (B)

해설 Wend씨를 대체하게 되므로 표를 보면 Wend씨의 원래 연설 시간은 11시이다. 그러므로 대체자는 11시에 연설을 할 가능성이 높다. 정답은 (B)이다.

181-185

Horizon Mobile 기술
1월30일
주간 판매 보고서
휴대폰 및 태블릿 – 모든 위치

항목	월	화	182.수	목	금	합계
Z10 태블릿	15	27	5	22	25	94
Z25 태블릿	10	15	10	20	22	77
Geo 전화	100	57	66	150	90	463
181.Neo 전화	120	120	121	120	120	601
Neo 경량 전화	220	200	175	150	150	895
	465	419	377	462	407	2,130

전주의 총 % +/−%: +18%

*Neo 및 Neo Lite 가격 일주일 내내 인하

**Neo Lite가 판매 신기록을 세웠습니다.

To : Michelle Collins 〈MichelleC@Horizon.com〉
From : Wilson James 〈Wilson@HorizonRetail.com〉
Date : January 31
Subject : Weekly Retail Sales Report – additional info

Collins씨 에게

저희가 발송한 주간 소매 판매 보고서를 받았으면 좋겠네요. 183. 확실히, 몇몇 결과들(마지막 줄)은 뜻밖의 기쁨이었습니다. 그래서 일부 다른 제품군의 재편성의 필요성을 보일 수 있습니다.

184. Neo와 Z제품군 모두에서 "저렴한"모델이 가격이 비싼 제품 군보다 많이 팔리고 있습니다. 확실히, 단지 한 주 보고서일 뿐이지만 저는 잠재적인 추세로 볼 가치가 있다고 생각합니다. 사람들은 더 싼 물건을 사기 위해 사용하지 않는 기능은 선택하지 않는 경향이 있습니다.

185. Geo 판매수량은 지난 6주간 바뀌지 않았습니다, 따라서 우리의 효과적인 현재 전략을 갱신할 필요가 있다고 생각합니다.

저것들은 소매 부문에서의 나의 관찰입니다. 몇 가지 생각을 나에게 보낼 시간이 있으면 당신의 전략에 대한 조언을 듣고 싶습니다.

감사합니다.

Wilson James
VP, Retail

---

181 보고서에 따르면 Neo phone에 대한 사실은 무엇인가?

(A) 이번주 초에 매출이 더 높았다.
(B) 가장 일관성 있는 매출을 올렸다.
(C) 가장 저렴한 제품이다.
(D) Neo Lite를 능가했다.

정답 (B)

해설 표에서 확인한다. Neo Phone의 판매량은 큰 변화가 없다. 그러므로 정답은 (B)이다. 표에서 보면 Neo Lite가 Neo Phone의 판매량을 능가했으므로 (D)는 오답이다.

---

182 총 매출액은 언제 가장 낮았는가?

(A) 화요일
(B) 수요일
(C) 목요일
(D) 금요일

정답 (B)

해설 표에서 확인하면 월요일부터 금요일 중 수요일의 총 판매수량이 377개로 제일 적다. 정답은 (B)이다.

---

183 Mr. James는 어떤 판매결과에 놀랐는가?

(A) The Geo
(B) The Neo
(C) The Neo Lite
(D) The Z25

정답 (C)

해설 2개의 지문 모두 읽어야 한다. 이메일의 첫 번째 문단에서 'Obviously, some of the results (the last row) were a pleasant surprise.'라고 말하고 있다. The last row는 표에서 Neo Lite Phone을 나타내고 있다. 정답은 (C)이다.

---

184 이메일에 따르면, Z10에 가정할 수 있는 것은 무엇인가?

(A) Z25보다 많은 기능이 있다.
(B) Z25보다 저렴하다.
(C) Z25보다 신제품이다.
(D) 시장에서 가장 잘 팔리는 제품이다.

정답 (B)

해설 이메일 두 번째 단락에 'It seems that the "lighter" models in both the Neo and the Z lines are outselling their higher-priced counterparts.'라고 말하고 있다. 표에서 Z25태블릿 보다 Z10태블릿의 판매 수가 많이 팔린 것으로 보아 Z25보다 저렴한 것을 알 수 있다

---

185 Mr. James가 생각하는 교체해야 하는 기종은 무엇인가?

(A) Geo Phone
(B) Neo Phone
(C) Z10 Tablet
(D) Z25 Tablet

정답 (A)

해설 이메일 3번 째 단락에 'The Geo numbers are unchanged from the past six weeks, so I think our current strategy, while effective, might require some sort of renewal.'에서 Geo의 판매수량이 유지가 되고 있어 새로운 전략이 필요하다고 말하고 있다. 정답은 (A)이다.

186-190

성인들을 위한 3주 세금 전문가 코스

아마도 당신은 당신의 작은 사업이나 개인적인 신뢰를 위해 세금을 부과하고 싶어할 것입니다. 아마도 당신은 당신이 옳은 세금을 지불하고 있는지 확인하고 싶어 할 것입니다. 당신의 이유가 무엇이든지 간에, 3주간의 세금 전문가 코스는 당신이 프로처럼 세금을 부과할 수 있는 수단을 제공할 것입니다!

본 코스에서는 공인 회계사(공인 회계사)가 청구한 모든 정보를 보고, 공제, 면제 및 모든 팁을 받을 수 있습니다! 186. 선생님 Linda Reed 씨는 공인 회계사입니다. 세금은 위협적이지만, 만약 당신이 무역의 도구를 알고 있다면 복잡하지 않습니다. 이 강좌는 당신이 필요로 하는 것 이상으로 충분히 지불하지 않도록 당신에게 충분한 도구를 제공하기 위해 고안 되었습니다.

비록 당신이 이미 세금 소프트웨어를 사용하고 있다고 해도, 만약 당신이 무엇을 찾아야 할지 모른다면 당신은 전액 환불 받지 못할 것입니다. 이 특별한 과정을 통해 당신의 지식을 넓히고 정부로부터 돈을 되찾으세요. 188. CCC졸업생들은 할인이 가능합니다.

187. 7:00–9:00 메인 캠퍼스 Miller Hall 10번 방에서 화요일과 목요일 저녁에 진행됩니다

성인 학습 코스 지원서
Collins Community College

이름	Mike Caswell	전화:	202-555-4646
주소	2120 5th St, Collins, OR 97432	이메일:	MC@w122.net
코스	Three-Week Tax Specialist	참조번호	Econ 22A
날짜	189. January 4 – January 25 Eve		

현재 CCC 수강생인가요?	아니오.
CCC 졸업생인가요?	아니오.
학위 프로그램에 관심이 있으신가요?	지금은 관심 없음.
등록금 지원이 필요한가요?	아니오.

To : Mike Caswell 〈MC@w122.net〉
From : Denise Wang, Registrar's Office 〈Dwang@ccc.edu〉
날짜 : 1월 1일
주제 : Econ 22A 지원서

Caswell씨 에게

저희의 성인 교육 프로그램에 대한 Tax Specialist 코스에 대한 귀하의 관심과 지원에 감사 드립니다. 189. 답장이 너무 늦어서 죄송합니다만, 신청하신 과목은 다 찼습니다.

저희는 겨울 내내 이 코스를 제공합니다(세금 시즌까지 이어짐). 따라서 다음 주부터 다시 시작하기 원한다면 현재 지원서를 사용하여 등록시켜 드리겠습니다. 당신이 신청한 이후의 주부터 시작하는 강좌와 다음달 처음부터 시작하는 강좌, 그리고 그 다음 달 처음부터 시작하는 강좌도 있습니다.

190. 이 강좌는 매우 인기가 있기 때문에, 만약 당신이 등록하기를 원한다면, 나는 당신이 가능한 한 빨리 하는 것을 제안할 것입니다. 제 직통 전화 번호는 212-555-0001입니다. 8시부터 4시 사이에 전화해 주시거나, 가능하면 언제든지 이메일로 연락 주시기 바랍니다.

Collins Community College에 관심을 가져 주셔서 다시 한번 감사 드립니다..

Denise Wang

교무과 대리
Collins Community College

---

186 Linda Reed는 누구인가?

(A) 대학 관리자
(B) 금융 분석가
(C) 전문 회계사
(D) 경제학자

정답 (C)

해설 광고에서 '186. The teacher, Linda Reed, is a CPA herself. Taxes are intimidating'는 Linda는 전문 회계사라고 말하고 있다. 정답은 (C)이다.

---

187 하나의 강좌는 몇 개로 나뉘나요?

(A) 2
(B) 3
(C) 6
(D) 8

정답 (C)

해설 안내되고 있는 강좌는 세무 전문가 강좌 3주반이다.. 광고에서 'Offered Tuesday and Thursday evenings, 7:00–9:00' 화요일과 목요일 주 2회 3주간 수업을 진행하므로 강좌는 총 6개로 나뉜다. 정답은 (C)이다.

---

188 Mr. Caswell는 왜 강좌수강료를 할인 받을 자격이 없는가?

(A) 그는 이미 대학 학위를 가지고 있어서
(B) 그는 CCC에 참석해서
(C) 그는 회계 경험이 없어서
(D) 그는 대학의 전 학생이 아니어서

정답 (D)

해설 광고에서 마지막 문단' Discounts available for CCC alumni.'에서 CCC졸업생은 할인을 받을 수 있다고 알리고 있다. Caswell은 CCC에서 수업을 수료한 적이 없기 때문에 할인을 받지 못한다. 정답은 (D)이다.

---

189 Mr. Caswell이 수강할 수 없는 코스는 어떤 것인가?

(A) 1월 4일부터 시작하는 코스
(B) 1월 11일부터 시작하는 코스
(C) 2월 1일부터 시작하는 코스
(D) 3월 1일부터 시작하는 코스

정답 (A)

해설 메일 첫 문단에서 'the section of the course you applied for is full.'라고 말하며 지원했던 수업은 들을 수 없다고 하고 있다. 두 번째 지원서 일정에 January 4–January25로 표기되어 있으므로 1월 4일부터 시작하는 강좌를 수강할 수 없다고 판단할 수 있다. 정답은 (A)이다.

---

190 Mr. Caswell이 다른 강의에 등록하려면 어떻게 해야 하는가?

(A) Ms. Reed에게 직접 전화한다.
(B) 이메일을 통해 Ms. Wang에게 연락한다.
(C) 신규 신청서를 접수한다.
(D) 등록 사무실을 방문한다.

정답 (B)

해설 이메일 마지막 문단에서 'I'd suggest doing so as soon as you are able. My direct number here is 212-555-0001 ext. 21 .You can call me between 8:00 and 4:00 most days, or just e-mail me back when you are able.'라고 말하고 있다. 등록을 원한다면 Wang씨에게 직접 전화를 하거나 이메일을 보내야 한다고 말하고 있다. 정답은 (B)이다. Reed는 공인 회계사이자 수업의 강사로써 수업 등록과는 연관이 없으므로 (A)는 오답이다.

191-195

To : Customer Service, HRG Lighting <CS@hrg.com>
From : Hank Charles <HCharles1 @wilson.com>
날짜 : 1월 15일
주제 : DL1000 Light

작년에 DL1000 motion-sensor light를 구입하고 설치했습니다. 저는 전등을 집의 외부 보안기능에 따라 지시 사항에 따라 조명을 설치했습니다. 첫 몇 달 동안 잘 작동했고 그 다음에는 움직임이 있을 때 불이 켜지는 것을 멈췄습니다.

192. 배터리를 교환과 연결을 확인하고 전등을 땅에서 더 낮게 옮겼습니다 (8피트 높이로). 최종 선택은 한동안 그 상황을 해결하는 것처럼 보였고 같은 문제가 발생하기 시작했습니다. 최종적으로, 지난 주에 완전히 작동을 멈추었습니다.

191. 만약 결함이 있다면 수리나 교체를 위해 HRG로 제품을 보내고 싶습니다.

감사합니다.

Hank Charles

To : Hank Charles <HCharles1 @wilson.com>
From : Customer Service, HRG Lighting <CS@hrg.com>
날짜 : 1월 15일
주제 : Re: DL1000 Light repair

Charles씨 에게,

저희 제품의 성능에 문제가 생겼다는 소식을 듣고 매우 유감스럽게 생각합니다. 우리가 당장 처리하고 싶다는 것을 알려드리고 싶습니다.

불행히도 DL1000은 더 이상 생산되지 않습니다. 수리는 해당 모델의 선택사항이 아닙니다. 수리를 위한 필수 재료를 더 이상 가지고 있지 않습니다.

193. 우리의 새로운 버전인 DL1500은 현저하게 개선되었습니다. 특징으로 범위가 넓어지고 내부 온도가 내려가며 배터리 수명이 연장되었습니다. 이 브래킷은 1000과 동일한 브래킷에 장착되므로 현재 장치와 매우 손쉽게 교체할 수 있습니다. *192.* 또한 지상에서 15피트만큼 높은 높이에 옮길 수 있습니다.

DL1500 선물 쿠폰을 .pdf로 첨부했습니다. 이 쿠폰은 Home World, First Hardware 또는 HRG 제품을 보유하고 있는 소매점에서 사용할 수 있습니다. 상품권을 인쇄하고 상점에 가져가거나, 스마트폰이 있는 경우, 일부 상점에서 휴대폰 화면의 바코드를 바로 스캔할 수 있습니다.

이것이 문제를 해결하기를 바라며 제가 할 수 있는 일이 있으면 알려 주세요.

감사합니다.

Jim Hart
고객 서비스

HRG Lighting 선물 쿠폰
HRG 소매점 어디서든지 사용 가능합니다.
194. 보유자에게 다음과 같은 자격을 부여합니다:
DL1500
195. (소매 가격: $39.99)

0 123456 789012

현금 또는 스토어 크레딧으로 반환 불가
만료일: 12/31/20XX

191 첫 이메일의 주된 목적은 무엇인가?

(A) 수리를 요청하려고
(B) 제품 반환 방법을 요청하려고
(C) 제품의 디자인에 대해 항의하려고
(D) 환불을 요청하려고

정답 (A)

해설 첫 이메일 마지막 문단 'I was hoping I could ship this item back to HRG for repair or replacement if it's defective.'에서 수리 또는 교환을 원하며 이메일을 보낸 목적을 밝히고 있다. 이를 바탕으로 '수리를 요청한다고 볼 수 있다. 정답은 (A)이다.

192 Mr. Charles는 그의 전등을 얼마나 높이 옮길 수 있는가?

(A) A foot
(B) A few feet
(C) 7 feet
(D) 10 feet

정답 (C)

해설 처음 보낸 이메일에서 Charles는 'even moved the light slightly lower to the ground (8 feet high).'라 말하며 8피트 정도 땅에서 띄웠다고 말하고 있다. 이후 두 번째 이메일에서 'as high as 15 feet from the ground.'만큼 땅에서 띄울 수 있다고 성능을 설명한다. 이를 바탕으로 지금보다 7 피트 더 높게 띄울 수 있는걸 알 수 있다. 정답은 (C)이다.

193 Mr. Hart가 새 기계에 대해 언급하지 않은 것은?

(A) 유효 범위
(B) 에너지 효율
(C) 빛의 밝기
(D) 낮은 온도

정답 (C)

해설 두 번째 이메일 두 번째 문단에서 Hart는 새로운 기계의 성능에 대해서 언급한다. 하지만 빛의 밝기에 대한 이야기는 언급하지 않았다. 정답은 (C)이다.

194 쿠폰에 대해 옳지 않은 것은?

(A) 여러 지역에서 사용할 수 있다.
(B) 단 한 번만 사용할 수 있다.
(C) 어떤 기종도 사용할 수 있다.(?)
(D) 여러 달 동안 유효하다.

정답 (C)

해설 상품권을 확인해 보면 'This entitles the bearer to one: DL1500' 라고 명시하고 있다. 이를 바탕으로 DL1500 기종만 유효하다고 볼 수 있다.

195 Mr. Charles에게 제공되는 HRG조명의 가격은 얼마인가?

(A) 약 $40
(B) 약 $50
(C) 약 $80
(D) 약 $100

정답 (A)

해설 상품권을 확인해 보면 바코드 위에 '(Retail value: $39.99)'라고 쓰여있다. 이를 바탕으로 조명의 가격은 약 $40라고 유추할 수 있다. 정답은 (A)이다.

First Class Catering
결혼식, 파티, 그리고 특별한 행사를 위한 당신의 첫 번째 선택!

197. 주방장 Charlie Smith 는 2010년에 First Class Catering을 시작했습니다. 20년 간 고급 식당(Le Petit, Chamonix, La Fontana)에서 보낸 후 그는 좀 더 개인에 대응할 수 있는 서비스의 제공에 중심을 두고자 했습니다. First Class Catering은 Charlie와 그의 팀이 최고의 맛을 내는 노련한 요리와 맞춤형 체험을 결합할 수 있도록 해주는 완벽한 *196.* 수단입니다.

First Class팀이 수용하지 못할 메뉴는 거의 없습니다. 하얀 린네르 프렌치 트러스트로부터 길변 조개까지 이르는 모든 것은 선택 사항입니다. 인터내셔널, 퓨전, 미식가, 캐주얼, 그리고 당신의 선택은 당신의 것입니다.

여러분의 결혼식, 생일 파티, 기업 행사이건 간에, 퍼스트 클래스는 여러분과 여러분의 손님들에게 깜짝 놀랄 만한 저녁 식사 경험을 만들어 줄 수 있습니다.

555-4962번으로 언제든지 무료 상담 전화를 받으시거나 또는 www. YirstClassCatering.com.에서 온라인으로 문의하시기 바랍니다.

Nakamura 결혼식 메뉴 제안서 (*198.* 2월 20 – Broadmoor Hotel)

오브 되브르: (결혼식 후 칵테일 시간에)
게 케이크
프로슈토를 싼 아스파라거스
브루스케타

샐러드:
녹색 채소와 호두, 자두 그리고 고르곤 졸라
전통적인 시저
(샐러드 코스와 함께 제공되는 빵 껍질)

메인 요리:
소갈비살 스테이크, 마늘 으깬 감자와 구운 야채 Cedar-plank Salmon served with lentil hash and 블란코 브로코리니

디저트:
컵케이크 – 3가지 맛:
에스 모어, 초콜릿, 에스프레소

To : Charlie Smith 〈Charlie@firstclasscatering.com〉
From : Jennifer Nakamura 〈Jen25@utech.com〉
날짜 : *198.* 1월 30일
Subject : Nakamura/Holmes Wedding Menu

안녕하세요, Charlie,

오늘 아침에 메뉴 제안서를 보내주셔서 감사합니다. 저는 메뉴를 검토해 가족들과 이야기했고 만족했습니다. 괜찮으시다면 몇 가지 수정하고 싶은 게 있습니다.

200. 샐러드 코스에서, 우리가 두 가지 옵션이 필요하다고 생각하지 않아요. 혼합된 채소들은 괜찮을 것 같아요.

전채 요리에서, 게살 케이크를 대체할 수 있을까요? *199.* 사람들이 게살 케이크를 사랑한다는 것을 알지만, 제가 갔던 모든 행사에서 있었던 것 같아요. 그래서 그 메뉴는 진부하다고 생각해요. 제 희망사항을 반영해 주시길 부탁드립니다. 다른 멋진 걸 생각해 내실 거라 믿습니다.

마지막으로, 디저트를 위한 추가적인 선택권을 가질 수 있을까요? 아마도 과일이나 요구르트나 그런 것들로요? 일부 사람들은 관대하고 달콤한 디저트를 먹고 싶어 하지 않을 수도 있습니다.

만약 이 아이디어들이 가능하다면 저에게 알려 주세요.

감사합니다!
Jennifer

---

196 광고에서 첫 번째 문단 3번째 줄의 "vehicle"과 가장 가까운 뜻의 단어는?

(A) 차
(B) 힘
(C) 기계
(D) 수단

정답 (D)

해설 'First Class Catering is the perfect vehicle to allow Charlie and his team to combine top-tier gourmet dining with a more personal, customized experience.'에서 First Class Catering은 Charlie와 그의 팀이 최고의 맛을 내는 노련한 요리와 맞춤형 체험을 결합할 수 있도록 해주는 완벽한 '수단'이 적절한 해석이므로 (D)가 정답이 된다.

197 Ms. Nakamura는 누구에게 이메일을 보냈는가?

(A) 회사 소유주
(B) 고객 서비스 담당자
(C) 웨딩 플래너
(D) 친구 중 한 명에게

정답 (A)

해설 광고' Chef Charlie Smith started First Class Catering in 2010.'에서 First Class Catering의 주인은 Chef Charlie Smith임을 알 수 있다. Nakamura가 보낸 이메일의 Charlie Smith이므로 회사 소유주에게 이메일을 보낸다고 할 수 있다. 정답은 (A)이다.

198 Mr. Smith는 Ms. Nakamura의 행사를 준비할 기간은 얼마나 되는가?

(A) 일 주
(B) 이 주
(C) 삼 주
(D) 한 달

정답 (C)

해설 메뉴 제안서에는 Nakamura의 결혼식은 February 20일 임을 알 수 있고 Nakamura가 Smith에게 보낸 이메일은 1월 30일임을 알 수 있다 이를 바탕으로 약 3주 정도 준비 할 수 있다고 볼 수 있다. 정답은 (C)이다.

199 왜 Ms. Nakamura는 전채요리 중 하나를 바꾸고 싶어 하는가?

(A) 그녀의 친구 결혼식에서 이 전채요리를 제공했다.
(B) 그 메뉴는 지나치게 자주 사용된다.
(C) 다른 전채요리를 생각하고 있다.
(D) 몇몇 손님들이 그 음식에 알러지가 있다.

정답 (B)

해설 Nakamura가 Smith에게 보낸 이메일 'I know people love them, but it seems like every event I go to has them, and I just think they've become somewhat boring.' 에서 이 메뉴를 사람들이 좋아하는 것을 알지만 너무 자주 봐서 식상하다고 하고 있다. 정답은 (B)이다. 손님들의 알러지 때문에 변경하는 메뉴는 디저트이다.

200 Ms. Nakamura가 지우고 싶은 메뉴는 무엇인가?

(A) 빵
(B) 시저 샐러드
(C) 디저트
(D) 소갈비살 스테이크

정답 (B)

해설 Nakamura가 Smith에게 보낸 이메일 'For the salad course, I don't really think we even need two options'에서 그녀는 샐러드에서 두 개의 옵션이 필요하지 않다고 생각하고 있다. 하지만 'The mixed greens will be fine.'에서 채소를 섞은 샐러드는 괜찮다고 한다. 메뉴 제안서에서 채소를 섞은 샐러드를 제외하면 남은 건 시저 샐러드 이므로 지우고 싶어 하는 메뉴는 시저 샐러드 이다. 정답은 (B)이다.

퀵 토익 실전모의고사 II SET 2

	응시일	TEST 소요시간	맞은 개수
LC	__월 __일	_____ 분	_____ 개
RC		_____ 분	_____ 개

PART 1	PART 2	PART 3		PART 4	PART 5	PART 6	PART 7		
1 (B)	7 (A)	32 (C)	62 (D)	71 (C)	101 (A)	131 (A)	147 (D)	176 (A)	186 (A)
2 (C)	8 (A)	33 (B)	63 (B)	72 (B)	102 (B)	132 (D)	148 (B)	177 (C)	187 (B)
3 (D)	9 (B)	34 (C)	64 (C)	73 (D)	103 (C)	133 (D)	149 (B)	178 (D)	188 (A)
4 (D)	10 (A)	35 (B)	65 (C)	74 (A)	104 (D)	134 (C)	150 (A)	179 (B)	189 (B)
5 (B)	11 (B)	36 (C)	66 (D)	75 (D)	105 (D)	135 (B)	151 (B)	180 (C)	190 (D)
6 (D)	12 (C)	37 (B)	67 (D)	76 (A)	106 (C)	136 (D)	152 (A)	181 (D)	191 (C)
	13 (B)	38 (C)	68 (A)	77 (B)	107 (B)	137 (B)	153 (D)	182 (D)	192 (D)
	14 (B)	39 (C)	69 (B)	78 (C)	108 (D)	138 (C)	154 (D)	183 (B)	193 (B)
	15 (B)	40 (A)	70 (D)	79 (C)	109 (D)	139 (A)	155 (A)	184 (B)	194 (A)
	16 (A)	41 (B)		80 (B)	110 (C)	140 (A)	156 (B)	185 (B)	195 (C)
	17 (B)	42 (C)		81 (B)	111 (B)	141 (C)	157 (D)		196 (C)
	18 (A)	43 (B)		82 (A)	112 (C)	142 (B)	158 (B)		197 (C)
	19 (C)	44 (C)		83 (B)	113 (C)	143 (D)	159 (C)		198 (A)
	20 (C)	45 (A)		84 (A)	114 (B)	144 (C)	160 (D)		199 (A)
	21 (B)	46 (B)		85 (C)	115 (D)	145 (D)	161 (A)		200 (C)
	22 (A)	47 (C)		86 (D)	116 (D)	146 (D)	162 (B)		
	23 (A)	48 (A)		87 (D)	117 (D)		163 (D)		
	24 (C)	49 (D)		88 (D)	118 (B)		164 (B)		
	25 (C)	50 (C)		89 (C)	119 (B)		165 (C)		
	26 (A)	51 (B)		90 (C)	120 (D)		166 (B)		
	27 (A)	52 (C)		91 (A)	121 (D)		167 (D)		
	28 (B)	53 (C)		92 (D)	122 (B)		168 (B)		
	29 (B)	54 (B)		93 (B)	123 (B)		169 (C)		
	30 (A)	55 (A)		94 (A)	124 (A)		170 (C)		
	31 (C)	56 (A)		95 (D)	125 (B)		171 (C)		
		57 (D)		96 (D)	126 (B)		172 (A)		
		58 (B)		97 (A)	127 (B)		173 (A)		
		59 (D)		98 (D)	128 (B)		174 (C)		
		60 (D)		99 (D)	129 (C)		175 (B)		
		61 (D)		100 (D)	130 (C)				

1
(A) A person is holding a camera in his hand.
(B) A person is looking at a notebook.
(C) A person is putting something in a box.
(D) A person is taking a picture.

정답 (B)

해석 (A) 한 사람이 손에 카메라를 들고 있다.
(B) 한 사람이 공책을 보고 있다.
(C) 한 사람이 상자 안에 무언가를 넣고 있다.
(D) 한 사람이 사진을 찍고 있다.

해설 한 인물이 수첩을 쳐다보는 모습을 is looking at a notebook으로 묘사한 (B)가 정답이다. (A)의 one's hand는 '한쪽 손에'라는 의미이다.

2
(A) The bus is pulling into a parking lot.
(B) A car is picking up a passenger.
(C) Cars are lined up next to the bus.
(D) People are boarding the bus.

정답 (C)

해석 (A) 버스가 주차장으로 들어오고 있다.
(B) 차 한대가 승객을 태우고 있다.
(C) 차량이 버스 옆에 나란히 서 있다.
(D) 사람들이 버스에 탑승하고 있다.

해설 차들이 버스 옆에 나란히 주차된 것을 are lined up next to the bus으로 묘사한 (C)가 정답이다.

어휘 pulling into ~에 도착하다, (열차가) 역에 들어오다 line up 줄을 서다 board (배, 기차, 비행기) 따위에 타다, 오르다

3
(A) They're crossing a street.
(B) They're entering a driveway.
(C) They're turning a corner.
(D) They have their feet on the pedals.

정답 (D)

해석 (A) 그들은 길을 건너고 있다.
(B) 그들은 진입로에 진입하고 있다.
(C) 그들은 코너를 돌고 있다.
(D) 그들은 페달 위에 발을 올려놓고 있다.

해설 자전거 페달에 다리를 올리고 있는 모습을 have their feet on the pedals로 묘사한 (D)가 정답이다. (B)의 driveway는 '진입로'를 (C)의 turn a corner는 '모퉁이를 돌다'라는 의미이다.

어휘 driveway 진입로, 자동차 도로 pedal (자동차, 자전거)등의 페달

4
(A) They're leaving a building.
(B) They're putting their luggage on the counter.
(C) They're shopping for coats.
(D) They're waiting in line.

정답 (D)

해석 (A) 그들은 건물에서 나오고 있다.
(B) 그들은 짐을 카운터에 두고 있다.
(C) 그들은 코트를 사고 있다.
(D) 그들은 줄지어 기다리고 있다.

해설 사람들이 줄을 서서 기다리고 있는 것을 are waiting in line으로 묘사한 (D)가 정답이다. in line은 '일렬로'라는 의미이다.

5
(A) Chairs are being folded up.
(B) Screens are hanging from the ceiling.
(C) Seats are filled with people.
(D) A speaker is standing on the stage.

정답 (B)

해석 (A) 의자들이 접히고 있다.
(B) 스크린이 천장에 매달려 있다.
(C) 좌석은 사람들로 가득 차 있다.
(D) 화자가 스테이지에 서 있다.

해설 스크린이 천장에 매달려 있는 모습을 hanging from the ceiling으로 묘사한 (B)가 정답이다. ceiling은 천장을 의미한다. (A)의 fold up은 '접다'라는 뜻이다.

6
(A) A ship is being painted.
(B) A ship is docking at a pier.
(C) People are getting on a ship.
(D) People are standing on the beach.

정답 (D)

해석 (A) 배에 페인트가 칠해지고 있다.
(B) 배는 항구에 정박하는 중 이다.
(C) 사람들은 배에 오르고 있다.
(D) 사람들은 해변에 서 있다.

해설 여러 사람들이 해변가에 서는 모습을 are standing on the beach으로 묘사한(D)가 정답이다.

어휘 dock (배를) 부두에 대다, 정박하다 pier 부두 get on ~에 탑승하다, 오르다.

PART 2

7 Does your university still offer night classes?

(A) Yes, on Tuesdays and Thursdays.
(B) It has a library on campus.
(C) Many students go to the school.

정답 (A)

해석 대학교는 아직 저녁 수업을 제공합니까?
(A) 네, 화요일과 목요일이에요.
(B) 캠퍼스에 도서관이 있습니다.
(C) 많은 학생들은 학교에 갑니다.

해설 Yes/No 응답문이다. 대학에서 야간 강좌를 하는지 묻고 있는 말에 Yes의 의미를 내포한 '화요일과 목요일에 저녁 수업을 제공한다'고 얘기한 (A)가 정답이다.

8 Whose mobile phone keeps ringing?

(A) It seems to be Jerry's.
(B) I think it's a good song.
(C) The caller is sister.

정답 (A)

해석 누구의 휴대폰이 울리고 있습니까?
(A) Jerry의 휴대폰 같아요.
(B) 제 생각에는 좋은 노래 같아요.
(C) 발신자는 여동생이에요.

해설 Whose를 사용하여 울리고 있는 핸드폰의 소유자를 묻는 질문에, '제리의 휴대폰인 것 같다'고 답하는(A)가 정답이 된다. (C)의 caller는 "전화를 건 사람; 방문객"이라는 뜻으로 오답이다.

9 When did you go to the store?

(A) Across form the bank.

(B) I went this morning

(C) The total was $24.92.

정답 (B)

해석 언제 가게에 갔습니까?

(A) 은행 건너 편에 있어요.

(B) 오늘 아침에 방문했습니다.

(C) 총 $24.92 입니다.

해설 When을 사용하여 시간을 묻고 있다. 언제 가게에 갔는지를 묻는 질문에 '오늘 아침에 갔다'고 대답한 (B)가 정답이다. (A)는 장소, (C)는 금액을 답해서 오답이다.

어휘 total 총액

---

10 The traffic is bad today.

(A) It's always like this on Fridays.

(B) The train was delayed due to the accident.

(C) I think that piece is fantastic.

정답 (A)

해석 오늘 교통 체증이 심하네요.

(A) 금요일마다 이렇게 항상 막힙니다.

(B) 사고 때문에 열차가 연착되었어요.

(C) 그 작품은 환상적인 것 같아요.

해설 교통 체증이 심하다는 말에 ' 금요일에는 항상 교통 체증이 심하다'고 답하는 (A)가 정답이 된다. traffic은 차나 사람의 교통량을 나타내므로 기차에는 적용하기 힘들어 (B)는 오답이다. (C)의 piece는 "작품, 물건"의 뜻으로 쓰이고 있다.

어휘 accident (불의의) 사고, 재난 piece 작품, 물건

---

11 They haven't sold all of the new books by Mr. Martin, have they?

(A) Yes, if you want to see a movie.

(B) There are still a few left on the table over there.

(C) His latest book won an award.

정답 (B)

해석 그들은 Mr. Martin의 신간을 전부 팔지 못했어요, 그렇죠?

(A) 네, 만약 당신이 영화를 보기를 원한다면요.

(B) 저쪽 탁자 위에 아직 몇 권 남아있습니다.

(C) 그의 최근 저서는 상을 받았어요.

해설 부가 의문문의 형태이다. Mr. Martin의 신간을 모두 팔지 못했다는 걸 확인하는 질문에, '테이블 위에 몇 권 남아 있다'고 답한 (B)가 정답이다. 수상과는 연관이 없으므로 (C)는 오답이다.

어휘 new books 신간 award 상

---

12 What was the last thing you read?

(A) It's a good way to spend a night.

(B) The event will last about 30 minutes.

(C) A great ghost story set in England

정답 (C)

해석 당신이 마지막에 읽은 것은 무엇인가요?

(A) 밤을 보내는 좋은 방법입니다.

(B) 이 행사는 약 30분간 지속될 것입니다.

(C) 영국을 배경으로 한 재미있는 유령 이야기입니다.

해설 최근에 읽은 책을 묻고 있는 질문에 책에 대해서 대답한 (C)가 정답이다. (B)의 last는 '(시간이) 지속되다'라는 의미의 동사이고, 형용사 last(마지막의)과는 전혀 다른 뜻으로 쓰인다.

어휘 good way to N N하기 좋은 방법 set in N N를 배경으로 하다

---

13 Is Mr. Stark still the president of Wolf's Creek?

(A) The company is growing.

(B) He retired last year.

(C) I think they sell auto parts.

정답 (B)

해석 Mr. Stark는 아직도 Wolf's Creek의 사장인가요?

(A) 그 회사는 성장하고 있습니다.

(B) 그는 작년에 은퇴했어요.

(C) 그 회사는 자동차 부품을 판매하는 것 같습니다.

해설 Yes / No 응답문이다. Mr. Stark가 아직 사장인지 묻는 질문에 '작년에 은퇴했다'고 답하는 (B)가 자연스럽게 연결된다. 회사의 상태에 대해서 말한 (A)나 판매하는 물품에 대해 대답한 (C)는 부적절하다.

어휘 retire 은퇴하다 auto parts 자동차 부품

---

14 Why are the lights off in this room?

(A) There are four of them.

(B) No one was using it.

(C) The lunchroom is on the first floor.

정답 (B)

해석 왜 방에 불이 꺼져 있나요?

(A) 그들 중 4명이 있습니다.

(B) 아무도 사용하지 않아서요.

(C) 식당은 1층에 있어요.

해설 Why를 사용하여 이유를 묻고 있다. 방의 불이 꺼지는 이유를 묻는 질문에 '아무도 사용하지 않아서 꺼졌다'고 답한 (B)가 정답이다. (C)의 lunchroom은 간이 식당을 의미한다.

어휘 lunchroom 간이 식당

---

15 Where should we meet next time?

(A) Probably in the morning

(B) Let's go to a restaurant.

(C) Once a week is best.

정답 (B)

해석 다음에 어디서 만날까요?

(A) 아마도 아침에 봐야 할 것 같습니다.

(B) 식당에 가요.

(C) 일주일에 한 번이 제일 좋습니다.

해설 Where을 사용하여 장소를 묻고 있다. 다음에 만날 장소를 묻는 질문에, 구체적인 장소인 '식당'을 언급한 (B)가 정답이다. (A)는 시간을 답했고 (C)는 빈도를 대답해서 오답이다.

---

16 How often do you visit your hometown?

(A) Every two years or so.

(B) It's a few hours from here.

(C) My parents still live there.

정답 (A)

해석 고향에 얼마나 자주 방문하십니까?

(A) 2년에 한 번쯤 가요.

(B) 여기서 몇 시간은 걸려요.

(C) 부모님은 여전히 그곳에서 살고 계십니다.

해설 How often을 사용해서 빈도를 묻고 있다. '고향을 방문하는 빈도를 묻는 질문에 "2년마다" 라고 대답한 (A)가 정답이다. (B)는 소요 시간을 답하고 있어 오답이다.

어휘 or so ~쯤, ~정도

17 Is she planning on flying to the conference?

(A) From Wednesday through Friday.
(B) She was, but all the flights were booked.
(C) These plans look great.

정답 (B)

해석 그녀는 회의에 비행기를 타고 갈 계획인가요?

(A) 수요일부터 금요일까지입니다.
(B) 그러려고 했는데요. 비행편이 모두 예약되었다고 해요.
(C) 이 계획들은 훌륭해 보입니다.

해설 Yes / No 응답문이다. 여자가 회의에 비행기로 갈 예정인지 묻는 질문에 '그녀는 비행기를 타고 갈 계획이었지만, 항공편 예약이 꽉 찼다.'고 답한 (B)가 정답이다.

어휘 plan on ~할 예정이다, ~할 계획이다

18 Where did the marketing team go?

(A) They're at a seminar.
(B) It's all in this folder.
(C) We need two additional members.

정답 (A)

해석 마케팅 팀은 어디에 갔나요?

(A) 세미나에 참석하고 있어요.
(B) 폴더 안에 다 들어 있습니다.
(C) 우리는 두 명의 추가 인원이 필요합니다.

해설 Where을 사용해서 장소를 묻고 있다. 마케팅 팀이 간 장소를 묻자 '세미나에 갔다'고 정확한 장소를 언급한 (A)가 정답이다. (B)는 사람들이 찾아간 장소를 나타낸 것으로 부적절하다.

19 He's taken on a lot of extra responsibility, hasn't he?

(A) No, he arrived five minutes ago.
(B) We'll take extra precautions, of course.
(C) Yes, and it's rather surprising.

정답 (C)

해석 그는 엄청난 책임감을 가지고 있어요, 그렇죠?

(A) 아뇨, 그는 5분 전에 도착했습니다.
(B) 물론 우리는 각별히 주의해야 할 것입니다.
(C) 네, 그래서 상당히 놀라워요.

해설 부가 의문문의 형태이다. 남자의 많은 책임감에 대해서 묻는 질문에 '남자가 책임감이 많다는 사실이 다소 놀랍다'고 답하는 (C)가 정답이다. (A)는 No, 부정하고 있지만 질문과 관련이 없으므로 오답이다. 질문에 쓰인 (B) take, extra 단어를 반복한 함정이다.

어휘 precaution 예방책, 예방 조치

20 How did everything go at the convention?

(A) I'll try to be on time.
(B) In Los Angeles, I believe.
(C) Very well. I wish you had been there.

정답 (C)

해석 회의는 어땠나요?

(A) 제 시간에 오도록 노력하겠습니다.
(B) Los Angeles에서 하는 걸로 알고 있습니다.
(C) 너무 좋았어요. 거기에 같이 있었더라면 좋았을 텐데요.

해설 How 의문문을 활용하여 회의가 어떻게 진행이 됐는지를 묻는 질문에, '너무 좋았다'고 답한 (C)가 정답이 된다.

어휘 convention 회의, 집회 on time 정각에, 시간을 어기지 않고

21 I'm thinking about changing apartments.

(A) I pay nearly $2,000 a month.
(B) Oh, really? Why?
(C) We have only one more candidate.

정답 (B)

해석 아파트를 바꿀까 생각 중입니다.

(A) 한 달에 거의 $2,000을 지불합니다.
(B) 오, 정말이요? 왜요?
(C) 후보자는 한 명 밖에 없습니다.

해설 질문의 changing apartment는 다른 아파트로 이사를 가고 싶다는 생각을 말하고 있다. 이사를 할까생각 중이라는 말에 놀라움을 표하며 아파트를 바꾸려는 이유를 묻는 (B)가 정답이다. 매달 지급액에 대해 말한 (A)는 오답이고, 후보의 상황에 말한 (C)는 답변으로 적절치 않다.

22 Have all the attendees received a packet?

(A) Yes. I handed them out as they arrived.
(B) This package.
(C) No. We need to collect more data.

정답 (A)

해석 모든 참석자들이 꾸러미를 받았습니까?

(A) 네. 그들이 도착했을 때 제가 나눠줬어요.
(B) 이 소포입니다.
(C) 아니요. 더 많은 데이터를 수집해야 합니다.

해설 Yes / No 응답문이다. 참석자 전원이 작은 꾸러미를 받는지 묻고 있다. 이에 대한 답변으로 '참석자 전원 꾸러미를 받았고, 도착했을 때 나누어 주었다'는 추가 정보를 답한 (A)가 정답이다. (C)는 질문과 연관이 없는 데이터 수집에 대해 말하고 있다.

어휘 packet 소포, 선물 꾸러미 package 소포, 짐, 상자 hand out 나누어 주다, 배포하다

23 When is a good time to reach Mr. Thompson?

(A) He's in the office by 8:00 every morning.
(B) I'm sorry we've run out of time.
(C) It opened last week.

정답 (A)

해석 Mr. Thompson에게 연락하기 좋은 시간이 언제인가요?

(A) 그는 매일 오전 8시에 사무실에 있습니다.
(B) 죄송해요, 우리는 시간이 부족합니다.
(C) 지난 주에 문을 열었어요.

해설 When을 사용해서 연락하기 좋은 시간을 묻는 질문에 '오전 8시에 사무실에 있다' 즉, 이때가 연락하기 가장 좋은 시간이라고 우회적으로 답한 (A)가 정답이다. (C)의 it은 무엇을 뜻하는지 모르며 과거에 대해 말하고 있어 오답이다.

어휘 run out of time 시간이 부족하다

24 Could you help me with next quarter's budget?

(A) Which floor are you going to?
(B) We went over by quite a bit.
(C) Yes, but I'm busy until noon.

정답 (C)

해석 다음 분기 예산안 좀 도와 주시겠습니까?

(A) 어느 층으로 갈 거예요?
(B) 우리는 꽤 많이 초과했습니다.
(C) 네, 하지만 정오까지는 바빠요.

해설 Could you~를 사용해서 다음 분기의 예산에 대해 도움을 부탁하자 '네, (도와줄게요) 그런데 정오까지는 바쁘다'고 답한 (C)가 자연스럽게 연결된다.

어휘 go over 초과하다 quite 꽤, 상당히

25 His sales numbers are slipping, unfortunately.

(A) All of our accessories are on sale today.

(B) I don't have time right now.

(C) What should we do about it?

정답 (C)

해석 불행하게도, 그의 영업 실적이 떨어지고 있어요.

(A) 오늘 우리의 모든 장신구는 세일 중입니다.

(B) 지금 당장은 시간이 없습니다.

(C) 그것에 대해서 우리가 어떻게 해야 할까요?

해설 slip은 '떨어지다; 악화되다 부진하다'라는 뜻으로 남자의 영업 실적이 나빠지고 있다는 말에 '그걸 어떻게 해야 할까'라고 다시 묻는 (C)가 답변으로 잘 어울린다. 장식품의 발매일과 시간이 없다고 답하는 (A)와 (B)는 오답이다.

어휘 sales number 판매 실적 accessory 장신구, 경품 be on sale (상품이) 발매 중이다

26 Should we buy these supplies online or at the store?

(A) Whichever is cheaper.

(B) I'd rather take the train.

(C) We accept all types of credit cards.

정답 (A)

해석 이 용품을 온라인에서 사야 할까요, 아니면 상점에서 구입해야 할까요?

(A) 어느 쪽이든 저렴한 곳에서요.

(B) 저는 차라리 기차를 타겠습니다.

(C) 우리는 모든 종류의 신용카드를 받고 있습니다.

해설 선택 의문문의 형태로 물품의 구입처에 대해 묻고 있다. 온라인이든, 오프라인 매장이든, 어느 쪽이든 더 싼 곳에서 구입하라고 대답한 (A)가 문맥상 가장 적절하다.

27 The new clients have been entered in the system, right?

(A) I'm just finishing the last one.

(B) No. They're staying overnight.

(C) Yes. They just left.

정답 (A)

해석 새로운 고객들이 시스템에 입력되었죠, 그렇죠?

(A) 마지막 고객 등록을 이제 막 마무리 중입니다.

(B) 아뇨, 그들은 하룻밤 머무르고 있어요.

(C) 네, 그들은 방금 떠났습니다.

해설 신규 고객 등록이 끝났는지 확인하는 말에 '마지막 고객 등록을 이제 막 마무리 중이다'고 답하는 (A)가 정답이다.

어휘 stay overnight 하룻밤 자다, 숙박하다

28 Who is the waiting in the conference room?

(A) The client suddenly postponed the meeting.

(B) It must be my 10:00 appointment.

(C) The equipment is all ready.

정답 (B)

해석 회의실에서 기다리는 사람이 누구죠?

(A) 고객이 갑자기 회의를 연기했어요.

(B) 10시에 예약한 사람이요.

(C) 장비는 모두 준비되었어요.

해설 Who를 사용해서 누구인지 묻고 있다. 회의실에서 기다리는 사람은 누구인지 묻는 질문에 '10시에 예약한 사람이다'고 답한 (B)가 정답이다.

29 Have you decided on a section leader yet?

(A) All seats in this section are reserved.

(B) It's between Logan and Maria.

(C) Not everyone is happy about it.

정답 (B)

해석 구역 감독을 벌써 결정했나요?

(A) 이 구역의 모든 좌석들은 예약되어 있습니다.

(B) Logan과 Maria 둘 중 한 명입니다.

(C) 모두가 그것에 기뻐하지 않습니다.

해설 현재 완료 시제로 구역의 감독을 정했는지에 대해 묻고 있다. 이에 대한 답변으로 'Logan과 Maria 둘 중 한 명이 반장이 될 것이다'가 문맥상 가장 적절하므로 (B)가 정답이다.

어휘 decide on ~로 결정하다 section leader 반장, 구역 감독

30 You picked up the new brochures, didn't you?

(A) No. I'm just leaving to do that now.

(B) Whenever you decide to go is fine.

(C) Yes. They'll be ready tomorrow.

정답 (A)

해석 오늘 새로 나온 책자를 가지고 왔어요, 그렇지 않나요?

(A) 아뇨, 지금 가지러 가려고 막 나가려던 참이었습니다.

(B) 당신이 언제 가기로 하던지 좋습니다.

(C) 네, 내일이면 준비가 될 것입니다.

해설 부가 의문문의 형태로 새로 나온 책자를 가지고 왔지 않느냐는 질문에 '아직 받지 않았고, 이제 막 책자를 가지고 오려고 나가려던 참이다'고 답하는 (A)가 정답이 된다. (C)는 yes라고 말하고 나서, 내일 준비된다고 말하고 있어 질문과 정확하게 부합하지 않아 오답이다.

어휘 pick up (어떤 정보를) 듣게 되다, ~을 얻다 brochures 책자

31 Will the company change its name after the merger?

(A) Everyone agrees on the amount.

(B) Yes, to Vancouver.

(C) We have no intention of doing so.

정답 (C)

해석 회사는 합병 이후에 이름을 바꿀까요?

(A) 모든 사람들은 액수에 동의합니다.

(B) 네, 벤쿠버로요.

(C) 우리는 그렇게 할 의향이 없습니다.

해설 Yes / No 응답 문. 회사가 합병 뒤 회사 명칭을 변경하는지 묻고 있다. 거절하는 답변으로 '회사명을 바꿀 의향이 없다'고 하는 (C)가 잘 어울린다. (A)의 amount는 돈의 액수에 대해 나타내고 있어 문맥상 어울리지 않으며 (B)는 지역 명칭에 대해 말하고 있어 오답이다.

어휘 merger (회사, 사업의)합병 agree on ~에 동의하다, intention 의향, 의도

PART 3

32-34

M: Excuse me. *32.* I'm going to Coty Stadium to watch the baseball game with my son. Is this the bus we should take?

W: *33.* Yes, this bus goes to the stadium, but I heard there's long delay on Satellite Avenue because of road construction. If I were you, I'd take the subway.

M: Oh, I didn't know I could get there on the subway.

W: Yes, it's a new station. *34.* Just get on the Blue Line and get off at 14th Street.

M: Thank you very much.

M: 실례합니다. *32.* 저는 아들과 야구경기를 관람하기 위해 Coty Stadium 으로 가려고 합니다. 이 버스를 타면 되나요?

W: *33.* 네, 이 버스는 경기장으로 가요. 하지만 도로 공사 때문에 Satellite Avenue가 지체가 많이 된다고 들었어요. 만약 저라면, 지하철을 타겠어요.

M: 아, 지하철로 갈 수 있는지 몰랐어요.

W: 네, 새로 생긴 역이에요. *34.* 파란색 호선을 타고 14번가에서 내리세요.

M: 정말 감사합니다.

어휘 delay 지연, 지체 get on ~에 타다

---

32 Where is the man going?

(A) To a bus stop
(B) To a concert hall
(C) To a sports venue
(D) To a theater

정답 (C)

해석 남자는 어디로 가는가?

(A) 버스 정류장
(B) 콘서트 홀
(C) 스포츠 경기장
(D) 극장

해설 'I'm going to Coty Stadium to watch the baseball game with my son.'에서 아들과 야구 경기를 관람하기 위해서 Coty Stadium으로 간다고 말하고 있다. 정답은 (C)이다.

---

33 What is mentioned about Satellite Avenue?

(A) It is a new street.
(B) It is being repaired.
(C) It is closed.
(D) It is near downtown.

정답 (B)

해석 Satellite Avenue에 대해 언급된 것은 무엇인가?

(A) 새로 뚫린 길이다.
(B) 보수 중이다.
(C) 폐쇄되었다.
(D) 시내와 가깝다.

해설 'there's long delay on Satellite Avenue because of road construction.'에서 'Satellite Avenue는 공사 중이다.'라고 말하고 있다. 공사 중을 보수로 바꾼 (B)가 정답이다.

---

34 What does the woman suggest the man do?

(A) Catch a taxi
(B) Go home
(C) Ride the Blue Line
(D) Wait for the next bus.

정답 (C)

해석 여자는 남자가 무엇을 하도록 제안하는가?

(A) 택시를 탄다.
(B) 집으로 돌아간다.
(C) *Blue Lien*에 탑승한다.
(D) 다음 버스를 기다린다.

해설 'Just get on the Blue Line'에서 여자는 남자에게 지하철역에 가려면, Blue Line을 타라고 말하고 있다. 정답은 (C)이다.

35-37

W: *35.* Well, Mr. French, from all I've heard today, you are our strongest choice for the position. I just have a few more questions.

M: Of course. And please call me Chris. Mr. French sounds like my father.

W: OK, Chris. *35, 36.* Your resume shows you started the job you have now just six months ago. Why are you looking for a different job so soon?

M: *37.* Actually, my wife got promoted to branch manager here in Oak City, and we decided to relocate.

W: *35.* 음, Mr. French, 제가 오늘 모두에게 들어본 바로는, 당신이 이 직책에 가장 유력한 후보네요. 몇 가지 질문이 있습니다.

M: 물론이죠. 그리고 Chris라고 불러주세요. Mr. French는 제 아버지처럼 들려요.

W: 좋아요, Chris. *35, 36.* 당신의 이력서에 따르면 지금 일을 시작한지 6개월 밖에 되지 않았습니다. 왜 이렇게 빨리 다른 일을 찾고 있나요?

M: *37.* 사실, 제 아내가 여기 Oak City 지점장으로 승진해서, 우리는 이사하기로 결심했습니다.

어휘 strongest choice 유력한 선택

---

35 Who most likely is the man?

(A) A branch manager
(B) A job candidate
(C) A job recruiter
(D) A reporter

정답 (B)

해석 남자의 직업은 무엇인가?

(A) 지점장
(B) 입사 지원자
(C) 직업 소개원
(D) 기자

해설 'you are our strongest choice for the position.'에서 남자는 최고 유력 후보라는 점과 'Your resume shows you started the job you have now just six months ago.'에서 남성의 이력서에 대해서 언급하고 있으므로, 이를 통해 남자는 (B) 입사 지원자라고 생각하는 것이 적합하다. 정답은 (B)이다.

36 How long has the man been working in his current job?

(A) 2 months
(B) 3 months
(C) Half a year
(D) A year

정답 (C)

해석 남자는 최근 직장에서 얼마나 일했는가?

(A) 2 달
(B) 3 달
(C) 반 년
(D) 1 년

해설 'Your resume shows you started the job you have now just six months ago.'에서 남자가 최근 직장에서 일한 기간이 6개월 이라고 말하고 있다. 정답은 (C)이다.

37 What is mentioned about the man's family?

(A) His wife is not happy with his job.
(B) His wife got a new position.
(C) They are from Oak City.
(D) They do not want to relocate.

정답 (B)

해석 그의 가족에 대해 언급된 것은 무엇인가?

(A) 그녀의 아내는 그의 직업에 만족하지 않는다.
(B) 그의 아내는 새로운 직위를 얻었다.
(C) 그들은 Oak City 출신이다.
(D) 그들은 재배치를 원하지 않는다.

해설 'my wife got promoted to branch manager'에서 남성의 아내가 지점장으로 승진했다고 말하고 있으므로 정답은 (B)가 된다.

38-40

W: Marcus, this is Sylvia from Three Rivers Inc. *38.* I'm sorry to do this to you at the last minute, but I have to change our appointment tomorrow. Something urgent came up and I have to leave the office early.

M: That's no problem, Sylvia. Do you have time earlier in the day, like around noon?

W: Actually, no. That's why I'm apologizing. I really have no time at all tomorrow. *39.* But the next day, Thursday, I'm free in the morning.

M: *39.* Works for me. Why don't we say 10:00?

W: Sounds good, Marcus. Thanks so much for your understanding. *40.* I look forward to hearing your proposal for our joint project.

W: Marcus, 저는 Three Rivers Inc.의 Sylvia에요. *38.* 시간이 임박해서 이런 말씀을 드려 죄송하지만, 내일 우리의 약속시간을 변경해야만 합니다. 급한 일이 생겨서, 빨리 퇴근을 해야 하거든요.
M: 괜찮아요 Sylvia. 좀 더 이른 시간인, 낮 정오쯤에 괜찮아요?
W: 사실, 그 때도 안 돼요. 그게 제가 사과하는 이유예요. 제가 내일은 정말로 시간이 없어요. *39.* 하지만 다음 날, 목요일 아침에는 시간을 낼 수 있어요.
M: *39.* 저도 좋아요. 10시는 어때요?
W: 좋아요, Marcus. 이해해 주셔서 정말 감사해요. *40.* 우리의 공동 프로젝트에 대한 당신의 제안을 듣기를 고대하고 있겠습니다.

어휘 appointment 약속 our joint project 공동 프로젝트

38 Why does the woman apologize?

(A) She has to cancel the appointment.
(B) She is late for the meeting.
(C) She needs to reschedule the meeting.
(D) She refused the man's offer.

정답 (C)

해석 여자는 왜 사과하는가?

(A) 그녀가 약속을 취소해야 해서
(B) 그녀가 회의에 늦어서
(C) 그녀가 회의 일정을 변경해야 해서
(D) 그녀가 남자의 제안을 거절해서

해설 'I'm sorry to do this to you at the last minute, but I have to change our appointment tomorrow.'에서 다음날 남성과 만날 예정이었지만 직전에 약속을 변경해야 하는 것에 대해 사과하고 있다. 선택지에서 '회의 일정을 변경할 필요가 있다.'가 가장 적합하다. 정답은 (C)이다.

39 What does the man mean when he says. "Works for me?"

(A) He is agreeing with the place to meet.
(B) He is fine with a video chat.
(C) The suggested schedule is convenient for him.
(D) The woman works in his department.

정답 (C)

해석 남자가 "Works for me."라고 말한 의도는 무엇인가?

(A) 그는 만나는 장소에 대해 동의하고 있다.
(B) 그는 비디오 채팅이라도 상관 없다.
(C) 제안된 일정은 그에게 편하다.
(D) 여자는 그의 부서에서 일한다.

해설 'Thursday, I'm free in the morning.'에서 여자는 목요일 오전 중에는 시간을 낼 수 있다고 말하고 있다. 이를 통해 남자의 'Works for me'의 의도는 그 에게도 편안한 일정임을 알 수 있다. 정답은 (C)이다.

40 What will the speakers discuss at their meeting?

(A) A collaboration plan
(B) A merger
(C) The man's budget ideas
(D) The woman's qualifications

정답 (A)

해석 화자들은 회의에서 무엇을 논의할 것인가?

(A) 공동 작업 계획
(B) 합병
(C) 남자의 예산 아이디어
(D) 여자의 자격

해설 'I look forward to hearing your proposal for our joint project.'에서 여자는 공동 프로젝트에 대한 남성의 제안을 듣기를 기대한다고 말하고 있다. joint project를 collaboration plan으로 바꾼 (A)가 정답이다.

41-43

M: Hi, Elizabeth. How are you? Did you do anything over the three-day weekend?

W: Oh, hi, Ben. Nothing special. *41.* Just worked in the garden. You know, it was great weather to be outside. How about you?

M: I took my family to the new amusement park on the west side of the city. It was absolutely packed with people. *42.* We couldn't find a parking spot for about 30 minutes.

W: Sounds stressful. But I'm sure your kids loved it.

M: Yes, once we finally got into the park, they had a great time. The roller coaster was their favorite. *43.* I'll show you some picture I took.

M: 안녕, Elizabeth. 어떻게 지냈어요? 지난 3일간의 연휴 동안 뭐하셨어요?

W: 어, 안녕 Ben. 별다른 것은 없었어요. *41.* 그저 정원에서 일했습니다. 당신도 알지만, 야외에 있기 정말 좋은 날씨였어요. 당신은 어떻게 지냈어요?

M: 저는 도시의 서쪽에 새로 생긴 놀이공원에 우리 가족을 데리고 갔어요. 그곳은 확실하게 사람들로 인산인해였어요. *42.* 우리는 30분 동안이나 주차 공간을 찾을 수 없었어요.

W: 듣기만해도 스트레스가 많았을 것 같아요. 하지만 아이들은 좋아했을 거라 확신해요.

M: 네, 드디어 공원에 도착했을 때, 아이들은 정말 즐거운 시간을 보냈어요. 아이들은 롤러코스터를 가장 좋아했어요. *43.* 제가 찍은 사진 몇 장을 보여줄게요.

어휘 amusement park 놀이공원 packed with ~로 가득 찬

---

41 What did the woman do on the weekend?

(A) Did home repair jobs
(B) Did some gardening
(C) Visited an amusement park
(D) Visited her parents

정답 (B)

해석 여자는 주말에 무엇을 했는가?

(A) 집 수리를 하였다.
(B) 정원을 손질했다.
(C) 놀이 공원을 방문했다.
(D) 그녀의 부모님을 방문했다.

해설 주말에 무엇을 했는지 묻는 남성에 대한 여자의 답변으로 'Just worked in the garden'라고 답했다. 여기서 여자는 정원일을 한 것이라고 말하고 있으므로 정답은 (B)이다. 놀이 공원을 방문한 건 남자이므로 (C)는 오답이다.

---

42 What did the man have trouble doing?

(A) Deciding where to go
(B) Finding his destination
(C) Getting a parking space
(D) Making a reservation

정답 (C)

해석 남자는 어떤 것을 하는데 어려움을 겪었는가?

(A) 어디로 가야 할지 결정하기
(B) 그의 목적지 찾기
(C) 주차 공간 확보
(D) 예약하기

해설 남자는 가족들을 데리고 놀이공원에 갔다고 말했다. 'we couldn't find a parking spot for about 30 minutes.'에서 30분 가량 주차 공간을 찾지 못했다고 말하고 있으므로 정답은 (C)이다.

---

43 What will the woman probably do next?

(A) Call her children
(B) Look at some photos
(C) Take a break
(D) Talk about her holiday

정답 (B)

해석 여자는 다음에 무엇을 하겠는가?

(A) 그녀의 아이에게 전화한다.
(B) 몇 장의 사진을 본다.
(C) 휴식을 취한다.
(D) 그녀의 휴일에 대해 이야기 한다.

해설 'I'll show you some picture I took.'에서 남성이 여성에게 놀이 공원에서 찍은 사진을 보여준다고 하고 있다. 이를 통해 여성은 곧 사진을 보게 될 것임을 유추할 수 있다. 정답은 (B).

44-46

M: *44.* Hello, I'd like to make a reservation for six for next Monday night. I also have a question about your menu.

W: OK. We have a lovely table with a view that would seat six. What would you like to know about the menu?

M: One woman in our party has a dietary restriction. *45.* She's allergic to soy, so she can't have any soy based products or oil on any of her food.

W: That won't be a problem. *46.* Our chef is familiar with this type of restriction. He can prepare everything without soy for her.

M: *46.* That's a relief. It hasn't been easy finding a suitable restaurant for her.

M: *44.* 안녕하세요, 다음 주 월요일 밤에 6명 예약을 하려고 하는데요. 그리고 메뉴에 대해서도 질문이 하나 있습니다.

W: 좋아요. 6명이 경치를 볼 수 있는 멋진 자리가 있습니다. 메뉴에 대해 어떤 것을 알고 싶으신가요?

M: 일행 중 여자 한 명이 식사 제한이 있습니다. *45.* 그녀는 콩 알레르기가 있어서, 어떠한 콩을 바탕으로 한 음식이나 콩기름도 그녀의 음식에 있으면 안됩니다.

W: 그것은 문제되지 않아요. *46.* 우리 주방장은 이런 종류의 식사 제한에 익숙합니다. 그는 그녀를 위해 콩 없이 모든 음식을 준비할 수 있어요.

M: *46.* 그럼 안심이 되네요. 그녀에게 괜찮은 식당을 찾는 것은 쉬운 일이 아니거든요.

어휘 make a reservation 예약하다 dietary 음식물의, 식이 요법의 restriction 규제, 제한 relief 안도, 안심

182

44 How many people will accompany the man to the restaurant?

(A) 3
(B) 4
(C) 5
(D) 6

정답 (C)

해석 식당에 얼마나 많은 사람들이 동행할 것인가?

(A) 3명
(B) 4명
(C) 5명
(D) 6명

해설 'I'd like to make a reservation for six'에서 남자는 6명의 예약을 했다고 말하고 있다. 남성을 제외한 일행은 5명이다. 정답은 (C)이다.

45 What is mentioned about one of the man's party?

(A) She has a serious allergy.
(B) She is a vegetarian.
(C) She likes the table with a view.
(D) She will show up late.

정답 (A)

해석 남자의 일행 중 한 명에 대해 언급된 것은 무엇인가?

(A) 그녀는 심각한 알레르기를 가지고 있다.
(B) 그녀는 채식주의자다.
(C) 그녀는 경치가 좋은 자리를 좋아한다.
(D) 그녀는 늦게 참석할 것이다.

해설 'She's allergic to soy, so she can't have any soy based products or oil on any of her food.'에서 일행 중 한 여성에게 콩 알레르기가 있어 어떠한 콩 또는 콩기름이 들어간 음식은 가능하지 않다고 말하고 있다. 심한 알레르기가 있다고 볼 수 있으므로 (A)가 정답이다.

46 Why does the man say, "That's a relief"?

(A) He is concerned his guests will not like the restaurant.
(B) He is glad the chef can do what he asks.
(C) He is happy to get a reservation at a busy time.
(D) He is worried that there will not be enough menu choices.

정답 (B)

해석 남자는 왜 "That's a relief"라고 말하는가?

(A) 그는 손님들이 식당을 좋아하지 않을 거라고 걱정하고 있다.
(B) 그는 주방장이 그의 요청을 들어줄 수 있어서 기쁘다.
(C) 그는 바쁜 시간에 예약을 할 수 있어서 행복하다.
(D) 그는 충분한 메뉴 선택이 없을 것이라고 걱정하고 있다.

해설 'Our chef is familiar with this type of restriction. He can prepare everything without soy for her.'에서 레스토랑의 주방장이 이런 종류의 제한에 익숙하며 그녀를 위해 콩 없이 모든 음식을 준비할 수 있다고 말하고 있다. 그러므로 남성이 안심한 부분은 주방장이 자신의 요구를 수행할 수 있는 것을 기쁘게 생각한다고 할 수 있다. 정답은 (B)이다.

47-49

W: 47. Louis, I've been getting complaints about the heater in Room C. I guess it's making a loud noise every time it turns on and off.

M: Hmm, I just fixed that last week. 48. I guess this community center is just getting old. I'll look at it after lunch.

W: It would be great if you could look at it now because there's a group coming at 1:00 to use the room. They're going to be listening to a lecture about the town's history.

M: OK. 49. Let me get my tools and I'll go over there.

W: 47. Louis, Room C의 난방에 대해서 민원이 들어오고 있어요. 제 생각엔 전원이 들어오고 나갈 때 매번 큰 소음이 나는 것 같아요.

M: 흠, 지난 주에 고쳤었는데요. 48. 제 생각에는 이 지역 센터가 점점 노후화되고 있는 것 같아요. 점심을 먹고 한번 가서 확인해 볼게요.

W: 당신이 지금 확인해 준다면 좋을 것 같아요, 왜냐하면 1시에 Room C를 사용하기 위해 한 그룹이 오거든요. 그들은 도시의 역사에 대한 강의를 듣게 될 거예요.

M: 좋아요. 49. 공구를 가지러 가서 그 다음 그리로 갈게요.

47 What problem does the woman mention?

(A) The building is old.
(B) The construction outside is noisy.
(C) The heater is not working properly.
(D) The rooms are too cold.

정답 (C)

해석 여자가 언급한 문제는 무엇인가?

(A) 그 건물은 낡았다.
(B) 바깥쪽 건물은 소음이 심하다.
(C) 난방기가 제대로 작동하지 않는다.
(D) 방이 너무 춥다.

해설 'I've been getting complaints about the heater in Room C. I guess it's making a loud noise every time it turns on and off.'에서 여자는 큰 소음을 내는 난방기에 대해 불평을 받고 있다고 말하고 있다. 이를 통해서 난방기가 작동을 잘 하지 않는다는 것을 알 수 있다. 정답은 (C)이다.

48 Where is the conversation taking place?

(A) In a community center
(B) In a hotel
(C) In a library
(D) In a retirement home

정답 (A)

해석 대화가 이루어지고 있는 장소는 어디인가?

(A) 지역 센터에서
(B) 호텔에서
(C) 도서관에서
(D) 퇴직자 전용아파트

해설 'this community center is just getting old.'에서 남자는 이 지역 센터가 점점 노후화되고 있다고 말하고 있다. 이를 통해서 대화는 지역 센터에서 일어나고 있음을 알 수 있다. 정답은 (A)이다.

49 What will the man do next?

(A) Call the maintenance department
(B) Have his lunch
(C) Listen to a lecture
(D) Retrieve his tools

정답 (D)

해석 남자는 다음에 무엇을 할 것인가?
(A) 유지 관리 부서에 전화하기
(B) 점심 먹기
(C) 강의 듣기
(D) 공구 되찾아오기

해설 Room C 난방기의 수리를 부탁 받은 남자가 'Let me get my tools and I'll go over there.'에서 공구를 가지러 간다고 말하고 있다. get을 retrieve로 바꾼 (C)가 정답이다.

50-52

M: *50.* Wendy, congratulations on your Employee of the Year award. You deserve it after all your hard work on the new product line.

W: Oh, thanks, Russell. *51.* It's a bit embarrassing since I was just part of a large group that worked really hard on the new line. It really was a team effort.

M: But you were the leader of the team. Their cheerleader, so to speak. I know you put in extra long hours over several months.

W: Yes, it was a lot of work. But it paid off. *52.* We have the number one tablet computer in the market now.

M: *50.* Wendy, 올해의 직원상을 수상한 거 축하해요. 신제품 군에 대해 모든 노고를 기울인 당신은 그 상을 받을 자격이 있어요.
W: 오, 고마워요, Russell. *51.* 저는 신제품 군을 위해 정말 열심히 일한 큰 그룹의 일원이었기 때문에 좀 쑥스럽네요. 이건 정말이지, 팀 전체의 노력이었어요.
M: 하지만 당신은 팀의 리더였어요. 말하자면 그들의 치어리더였어요. 저는 당신이 지난 몇 달 동안 더 긴 시간을 투자했다는 것을 알아요.
W: 네, 일이 많긴 했어요. 그러나 성과를 거뒀죠. *52.* 우리는 현재 태블릿 컴퓨터 시장에서 1위예요.

어휘 deserve ~을 받을 만하다 ~할 가치(자격)이 있다 hard work 노고 embarrassing 난처한, 쑥스러운 so to speak 말하자면

50 Why is the man congratulating the woman?

(A) She got married
(B) She got promoted.
(C) She received an honor.
(D) She won a contract.

정답 (C)

해석 남자는 왜 여자에게 축하를 건네는가?
(A) 그녀는 결혼했다.
(B) 그녀는 승진했다.
(C) 그녀는 표창을 받았다.
(D) 그녀는 계약을 따냈다.

해설 'congratulations on your Employee of the Year award.'에서 남성은 여성이 연간 최우수 직원상을 수상한 것에 대해 축하의 말을 말하고 있다. 정답은 (C)이다.

51 What does the woman say about her group?

(A) They have not worked with her before.
(B) They put in a lot of effort.
(C) They were not cooperative with her.
(D) They will get reassigned soon.

정답 (B)

해석 여자는 그녀의 그룹에 대해서 뭐라고 말하는가?
(A) 지금까지 그녀와 같이 일을 한 적이 없다.
(B) 많은 노력을 했다.
(C) 그녀에게 협력적이지 않았다.
(D) 그들은 바로 전출되었다.

해설 'I was just part of a large group that worked really hard on the new line.'에서 저는 신제품 군을 위해 열심히 일한 그룹의 일부라고 말하고 있다. 정답은 (B)이다.

52 What kind of products does the woman's company sell?

(A) Clothes
(B) Digital devices
(C) Electric machinery
(D) Medicine

정답 (C)

해석 여자의 회사는 어떤 종류의 제품을 판매하는가?
(A) 옷
(B) 디지털 기기
(C) 전자 기계
(D) 의학용품

해설 'We have the number one tablet computer in the market now.'에서 태블릿 컴퓨터 시장에서 1등 임을 말하고 있다. 정답은 (B)이다.

53-55

M: Sarah, I'm having a lot of trouble with this catalog update. I was wondering if you could help me.

W: Of course, Stephen. When I did the update a few years ago, I was surprised how much work it was. What seems to be the problem?

M: *53.* It's the photographer. He doesn't understand that the pictures of the new products should look similar to the older ones.

W: That doesn't sound good. Are you using Cathryn Jacobs, the photographer I used?

M: No, she wasn't available. I went with someone she recommended, but now I wish I had waited until Ms. Jacobs was free. *54.* And it's too late now since the deadline is in two weeks.

W: *55.* Maybe if I went with you to the studio, I could try to explain what we want.

M: That would be great. I'm sorry to take up your time like this.

W: It's no problem. I'm happy to help.

M: Sarah, 이 카탈로그의 업데이트에 애를 먹고 있습니다. 혹시 저를 도와줄 수 있나요?

W: 물론이죠, Stephen. 몇 년 전에, 제가 업데이트를 할 때, 일의 양에 깜짝 놀랐죠. 무슨 문제라도 있습니까?

M: 53. 사진 작가요. 그는 신제품들의 사진들이 구형 제품들과 비슷해야 한다는 것을 이해하지 못하고 있어요.

W: 별로 좋지 않은데요. 제가 함께 일했던 사진 작가인, Cathryn Jacobs와 같이 하고 있어요?

M: 아뇨, 그녀는 함께할 수 없었어요. 저는 그녀가 추천했던 사람과 함께 했지만, 지금은 Jacobs씨와 같이 일할 수 있을 때를 기다렸으면 좋겠어요. 54. 그리고 지금은 너무 늦었어요, 왜냐하면 마감일이 2주 후에요.

W: 55. 어쩌면 제가 당신과 함께 스튜디오에 가면, 우리가 원하는 것을 제가 설명할 수 있어요.

M: 좋아요. 이렇게 당신의 시간을 뺏어서 죄송해요.

W: 괜찮아요. 당신을 도울 수 있어서 기뻐요.

53　What is the man's problem?

(A) He cannot find a photographer for a project.
(B) He does not have enough pictures for a catalog.
(C) He does not have the right kind of pictures.
(D) His deadline is already past.

정답 (C)

해석 남자의 문제는 무엇인가?

(A) 프로젝트를 위한 사진작가를 찾지 못했다.
(B) 카탈로그에 넣을 충분한 사진을 가지고 있지 않다.
(C) 그는 올바른 종류의 사진을 가지고 있지 않다.
(D) 그의 마감일은 벌써 지났다.

해설 'It's the photographer. He doesn't understand that the pictures of the new products should look similar to the older ones.'에서 그와 함께 일하는 사진작가는 신제품과 기존 제품의 사진이 비슷해야 함을 이해하지 못하고 있다고 말하고 있다. 정답은 (C)이다.

54　What will happen in two weeks?

(A) A photographer will be available.
(B) An update needs to be finished.
(C) The man will leave the company.
(D) The woman will take over the project.

정답 (B)

해석 2주 후에 어떤 일이 일어나겠는가?

(A) 사진작가와 일을 할 수 있다.
(B) 업데이트를 완료해야 한다.
(C) 남자는 회사를 떠날 것이다.
(D) 여자는 그 프로젝트를 인수할 것이다.

해설 'the deadline is in two weeks.'에서 2주 후 마감일임을 말하고 있으므로, 카탈로그 업데이트를 완료해야 함을 짐작할 수 있다. 정답은 (B)이다.

55　What does the woman offer to do for the man?

(A) Accompany him to a photo shoot
(B) Call a different photographer
(C) Find a new studio
(D) Review a previous catalog

정답 (A)

해석 여자는 남자에게 무엇을 제안하는가?

(A) 사진 촬영장에 남자와 동행하기
(B) 다른 사진기사 부르기
(C) 새로운 스튜디오 찾기
(D) 이전 카탈로그 검토하기

해설 'Maybe if I went with you to the studio, I could try to explain what we want.'에서 여자는 남자와 함께 스튜디오에 가면 사진에 대한 자신들의 요청사항을 설명할 수 있을지도 모른다고 말하고 있다. 그러므로 사진 촬영에 협조한다고 볼 수 있다. 'I went with you to the studio.'를 'Accompany him to a photo shoot'로 바꾼 (A)가 정답이 된다.

56-58

W1: *56.* It looks like we're all ready for the facility inspection in Singapore. I've gotten our tickets and Jane, you booked the hotel, right?

W2: Yes, I found a place very close to the facility. It will be just a ten-minute taxi ride away.

W1: So we don't need to rent a car?

M: *57.* I've been to Singapore before. The public transit system is fantastic. Nobody needs to use a car in the city center, especially visitors.

W1: *58.* That's good news since our boss wants up to keep expenses as low as possible. Well, be sure to bring your inspection checklists and passport. See you tomorrow.

W1: 56. Singapore에서 시설 검사를 할 준비가 다 된 것 같네요. 제가 우리의 티켓을 가지고 있고, Jane, 당신은 호텔 예약을 했나요?

W2: 네, 제가 시설과 매우 가까운 곳을 찾았어요. 택시를 타고 10분 거리에 있어요.

W1: 그러면 우리는 차를 빌릴 필요가 없나요?

M: 57. 전에 싱가포르에 갔던 적이 있습니다. 대중 교통 시스템이 잘 구비되어 있습니다. 특히 방문객들은 시내 중심가에서 차를 이용할 필요가 없어요.

W1: 58. 좋은 소식이네요. 왜냐하면 상사가 가능하면 최대한 비용을 낮추길 원하시거든요. 음, 검사 체크 리스트와 여권을 반드시 지참해 주세요. 내일 만나요.

어휘 close to 아주 가까이에서 public transit 대중 교통

56 What are the speakers mainly discussing?

(A) A business trip
(B) A new company policy
(C) Their new boss
(D) Their recent vacations

정답 (A)

해석 화자들이 말하고 있는 주제는 무엇인가?

(A) 출장
(B) 회사의 새 정책
(C) 그들의 새로운 상사
(D) 그들의 최근 휴가

해설 'we're all ready for the facility inspection in Singapore. I've gotten our tickets and Jane, you booked the hotel, right?'에서 여자은 싱가포르의 공장 시찰을 위한 티켓을 가지고 있음을 말하고 있고 여성2에게 호텔 예약을 확인하고 있다. 공장 시찰을 출장으로 바꾼 (A)가 정답이다.

57 What does the man mention about Singapore?

(A) It has a lot of good food.
(B) It has many sightseeing spots.
(C) It is a beautiful city.
(D) It is easy to get around.

정답 (D)

해석 남자는 Singapore에 대해서 무엇을 언급하는가?

(A) 좋은 음식이 많다.
(B) 많은 관광지가 있다.
(C) 아름다운 도시다.
(D) 돌아다니기 편리하다.

해설 여성1이 차량을 빌려야 하는지에 대해 묻자 남자는 'The public transit system is fantastic.'에서 대중 교통 시스템이 잘 구비되어 있다고 말하고 있다. 이를 바탕으로 싱가포르는 돌아다니기 편리함을 알 수 있다. 정답은 (D)이다.

58 What does the speakers' boss want them to do?

(A) Go over the inspection checklist
(B) Save on costs
(C) Stay in a specific hotel
(D) Treat a facility manager to dinner

정답 (B)

해석 화자들의 사장은 그들이 무엇 하기를 원하는가?

(A) 점검 체크리스트 검토하기
(B) 비용 절감하기
(C) 특정 호텔에 머무르기
(D) 시설 관리자에게 저녁 대접하기

해설 'our boss wants up to keep expenses as low as possible.'에서 여성 1은 자신의 상사가 되도록 출장비 줄이기를 바라고 있다고 말하고 있다. 가급적 경비를 억제를 비용 절감으로 바꾸었다. 정답은 (B)이다.

59-61

M1: Thank you for coming, Ellen. We have something we want to ask you.

M2: *59.* How would you like to work at our overseas branch, you know, the one in Shanghai?

W: Oh, I hadn't thought about it. I mean, I thought this meeting was going to be an employee evaluation or something. I thought that's why you're here, Mr. Evans.

M2: *60.* Well, as head of personnel, I wanted to explain some of the details if you were to take us up in the offer.

M1: We've heard good things about you form your supervisor and we thought the time was right to give you some more responsibility.

W: I'm really flattered uh, honored. Since it's quite sudden, can I have some time to think it over?

M2: Of course. But there are a lot of things my department needs to sort out, like visas. *61.* So we'll need an answer by the end of the month.

M1: 와줘서 고마워요, Ellen. 우리는 당신에게 물어보고 싶은 것이 있어요.

M2: *59.* Shanghai에 있는 우리 해외 지사에서 일하면 어떨까요?

W: 어, 생각해보지도 않았어요. 제 말은, 이 회의가 직원 평가나 다른 것일 거라고 생각했어요. 그래서 Mr. Evans, 당신이 여기에 온 것이라고 생각했어요.

M2: *60.* 글쎄요, 만약 당신이 이 제안을 받아 드린다면, 인사 부장으로써 자세하게 설명해 주고 싶었습니다.

M1: 우리는 당신의 상사에게서 좋은 평가를 들어서, 이제는 당신에게 더 많은 책임감을 수반하는 일을 주는 게 적절하다고 생각했습니다.

W: 정말 기쁘고 영광스러워요. 너무 갑작스러운데 제가 생각할 시간을 좀 가져도 될까요?

M2: 물론이죠. 하지만 제 부서에서 처리해야 할 일이 많아요. 예를 들면 비자 같은 거요. *61.* 그래서 우리는 이번 달 말까지는 답변이 필요합니다.

어휘 overseas 해외의, 국외의 evaluation 평가 quite 매우

59 What is the purpose of the meeting?

(A) To conduct an employee evaluation
(B) To discuss a new branch
(C) To interview a job candidate
(D) To offer a position

정답 (D)

해석 회의의 목적은 무엇인가?

(A) 직원 평가를 실시하기 위해
(B) 새 지점에 대해 논의하기 위해
(C) 입사 지원자를 면접하기 위해
(D) 직책을 제시하기 위해

해설 'How would you like to work at our overseas branch'에서 남자2는 여자에게 해외 지부에서 일하는 것에 대해 묻고 있습니다. 이를 통해서 일자리를 제시한다고 볼 수 있다. 정답은 (D)이다.

Test 01

Test 02

Test 03

Answer 01

Answer 02

Answer 03

60 Who most likely is Mr. Evans?

(A) The company president
(B) The overseas branch head
(C) The Personnel Department director
(D) The woman's direct supervisor

정답 (D)

해석 Mr. Evans의 직업은 무엇인가?

(A) 회사 사장
(B) 해외 지사장
(C) 인사 부장
(D) 여자의 직속 상관

해설 여자가 Mr. Evans가 온 이유는 직원 평가나 다른 것 때문에 온 것이라고 생각했다고 말하고 있다. 그러므로 남자 2가 Mr. Evans라고 볼 수 있다. 또, 'as head of personnel, I wanted to explain some of the details'에서 남자는 여자에게 인사 부장으로써 자세한 설명을 하기 위해 왔다고 말하고 있다. 정답은 (C)이다.

61 What does the woman need to do by the end of the month?

(A) Find a new job
(B) Get a visa
(C) Make a decision
(D) Move to Shanghai

정답 (D)

해석 여자는 이번 달 말 까지 무엇을 해야 하는가?

(A) 새 직업 찾기
(B) 비자 받기
(C) 결정 내리기
(D) Shanghai로 이동하기

해설 여자는 해외 지사 근무제안이 갑작스러워 생각할 시간이 필요하다고 말했다. 이후 남자2는 'we'll need an answer by the end of the month.'에서 월 말까지 결정을 내려 달라고 요청하고 있다. 정답은 (C)이다.

62-64

M: *62.* Did you hear that Alice Stone is being transferred to the Cairo branch next week?

W: Yes, she just told me about it. We should have a going-away party for her this Friday after work.

M: That's a great idea. *63.* How about going to European Delights? It's a new restaurant located on the corner of Western Avenue and Fourth Street.

W: *63.* I'm familiar with that place. Alice will love it since she's a huge fan of German food. I've even got a coupon that we can use for it.

M: Okay. *64.* I'll let everyone else in the office know what we're planning to do.

M: *62.* 앨리스 스톤이 다음주에 카이로 지사로 전근을 갈 거라는 소식 들었어요?

W: 네, 그녀가 얘기해줬어요. 이번 주 금요일에 퇴근하고 그녀를 위해 작별 파티를 해줘야 할 텐데요.

M: 좋은 생각이에요. *63.* 유러피언 딜라이츠는 어때요? 웨스턴 대로와 4번가 코너에 있는 새로 생긴 식당이에요.

W: *63.* 제가 그곳을 잘 알아요. 앨리스가 독일 음식의 광팬이라서, 그곳을 아주 좋아할 거에요. 저한테 사용할 수 있는 쿠폰도 있어요.

M: 좋아요. *64.* 사무실에 있는 다른 모든 분들에게 우리가 계획하는 걸 알려 드릴게요.

62 What news does the man tell the woman about?

(A) An application was just accepted.
(B) A retirement ceremony will be held.
(C) A contract was just signed.
(D) A colleague is being transferred.

정답 (D)

해석 남자는 여자에게 어떤 소식을 전하고 있는가?

(A) 신청서가 방금 접수되었다.
(B) 은퇴식이 열릴 것이다.
(C) 계약이 방금 체결되었다.
(D) 동료가 전근을 갈 것이다.

해설 남자의 첫 대화 'Did you hear that Alice Stone is being transferred to the Cairo branch next week?'에서 남자가 앨리스 스톤이 다음 주에 카이로 지사로 전근을 갈 거라는 소식 들었냐고 물었으므로 (D)가 정답이다.

유러피언 딜라이츠 할인 쿠폰
15퍼센트 할인 프랑스 음식 20퍼센트 할인 독일 음식 25퍼센트 할인 이탈리아 음식 30퍼센트 할인 스페인 음식

63 Look at the graphic. How much of a discount will the speakers receive?

(A) 15%
(B) 20%
(C) 25%
(D) 30%

정답 (B)

해석 그래픽을 보시오. 화자들은 할인을 얼마나 받을 것인가?

(A) 15퍼센트
(B) 20퍼센트
(C) 25퍼센트
(D) 30퍼센트

해설 앞서 전근을 가게 될 앨리스 스톤을 위해 송별 파티를 하자고 했고 남자가 유러피언 딜라이츠를 제안하자(How about going to European Delights?) 앨리스가 'I'm familiar with that place. Alice will love it since she's a huge fan of German food. I've even got a coupon that we can use for it.' 독일 음식을 좋아하고 여자가 그곳 쿠폰도 있다고 했는데, 그래픽 상에서 독일 음식의 할인율은 20%이므로 (B)가 정답이다.

64 What does the man offer to do?

(A) Pay for a meal
(B) Make arrangements with Alice
(C) Speak with his coworkers
(D) Book a table at a restaurant

정답 (C)

해석 남자는 무엇을 하겠다고 제의하는가?

(A) 음식값을 지불하겠다고
(B) 앨리스와 약속을 정하겠다고
(C) 그의 동료들에게 얘기하겠다고
(D) 식당에 자리를 예약하겠다고

해설 남자의 마지막 대화 'I'll let everyone else in the office know what we're planning to do.'에서 사무실에 있는 다른 모든 사람들에게 우리가 계획하는 걸 알려 주겠다고 했으므로 (C)가 정답이다.

65-67

W: *65.* Hey, Mark, I found the list of music streaming services on the Internet. These services are pretty reasonable.

M: Oh, thanks for this, Janice. *66.* I want to be able to listen to music anywhere, especially when I'm on the train. I guess I can go for the cheap one since I just like hip hop.

W: *67.* I really like the idea of no limits since my musical taste is pretty varied. And I'd like to be able to listen to it on both my phone and PC.

W: *65.* 이봐 Mark, 인터넷에서 음악 스트리밍 서비스 리스트를 찾았어요. 이 서비스들 가격이 상당히 합리적이에요.

M: 오 고마워요, Janice. *66.* 저는 어디서든지 음악을 듣고 싶어요. 특히 기차 안에서요. 저는 힙합만 좋아해서 저렴한 가격에 들을 수 있을 거 같아요.

W: *67.* 저는 무제한이어서 너무 좋아요. 왜냐하면 제 음악 취향은 상당히 넓기 때문이에요. 그리고 전화와 컴퓨터, 둘 다에서 음악을 듣고 싶어요.

65 What does the woman say about the service?

(A) It is convenient
(B) It is high-tech.
(C) It is priced fairly.
(D) It is very popular.

정답 (C)

해석 여자는 서비스에 대해 뭐라고 말하는가?

(A) 편리하다.
(B) 고도의 기술이 사용되고 있다.
(C) 요금이 적당하다.
(D) 매우 유명하다.

해설 'I found the list of music streaming services on the Internet. These services are pretty reasonable.'에서 여자는 음악 스트리밍 서비스가 꽤 적당한 요금이라고 말하고 있다. 정답은 (C)이다.

66 Where does the man like to listen to music in particular?

(A) At home
(B) At the gym
(C) At work
(D) On the train

정답 (D)

해석 남자는 특이 어디에서 음악을 듣는 것을 좋아하는가?

(A) 집에서
(B) 체육관에서
(C) 일터에서
(D) 기차에서

해설 'I want to be able to listen to music anywhere, especially when I'm on the train.'에서 남자는 어떤 곳에서도 음악을 듣고 싶지만 특히 기차에서 듣고 싶다고 말하고 있다. 정답은 (D)이다.

이름	월 수수료	사용 가능한 노래 / 월	장비
Music Depot	$8.50	무제한	phone
Play Now	$5.00	2,000	phone
Smart Sound	$3.99	1,000	phone, PC
X Hits	$9.50	무제한	phone, PC

67 Look at the graphic. Which service will the woman most likely choose?

(A) Music Oepot
(B) PlayNow
(C) Smartsound
(D) X Hits

정답 (D)

해석 그림을 보아라. 여자는 어떤 서비스를 선택할 것인가?

(A) Music Oepot
(B) PlayNow
(C) Smartsound
(D) X Hits

해설 'I really like the idea of no limits since my musical taste is pretty varied. And I'd like to be able to listen to it on both my phone and PC.'에서 여자는 전화와 컴퓨터 모두에서 음악을 듣고 무제한으로 들을 수 있어 좋다고 말하고 있다. 이를 통해 X Hits를 선택한다고 할 수 있다. 정답은 (D)이다.

68-70

W: *68.* Mark, the parade went really well last year. We got so many positive comments. And now, we have to decide where we want the parade to start this year. Of course, it should be somewhere downtown.

M: Well, we can't start it on Morris Street because it's too narrow. And Vector Street is out because of the fire station. That leaves two possible streets.

W: *69.* Why don't we start it at City Hall? There is a big plaza to gather in front.

M: Sounds good. Now all we need to do is get the permit.

W: I've already filled out the permit application form. I just need to add the starting place information and the time. *70.* Then I'll drop it at the city office on my way home this evening.

W: *68.* Mark, 작년 퍼레이드는 정말 좋았어요. 우리는 정말 많은 긍정적인 의견을 받았어요. 그리고 이제 올해 퍼레이드 시작을 어디서 할지 결정해야 해요. 물론, 번화가 어딘가에서 시작해야 해요.

M: 음, 우리는 Morris Street에서 시작할 수 없어요, 왜냐하면 너무 비좁거든요. 그리고 Vector Street도 제외하죠, 왜냐하면 소방서가 있어요. 이렇게 되면 가능성이 있는 거리는 두 개네요.

W: *69.* City Hall에서 시작하는 것은 어때요? 거기 앞에는 모일 수 있는 커다란 광장이 있어요.

M: 좋아요. 이제 우리가 해야 할 일은 허가증을 받는 것뿐이네요.

W: 허가 신청서는 이미 작성을 했어요. 단지 출발지 정보와 시간을 추가해야 해요. *70.* 그럼 오늘 저녁 퇴근하는 길에 시청에 들렀다 갈게요.

68 What can be said about the parade?

(A) It was successful last year.
(B) It will be canceled this year.
(C) It will be held for the first time.
(D) Its budget was increased.

정답 (A)

해석 퍼레이드에 대해서 뭐라고 말할 수 있는가?

(A) 작년에 성공적이었다.
(B) 올해는 취소될 것이다.
(C) 처음으로 개최된다.
(D) 예산이 증액되었다.

해설 'the parade went really well last year.' the parade went really well last year.'에서 여자는 지난해 퍼레이드는 정말 좋았다고 말하고 있다. 이를 작년에는 성공적이었다고 볼 수 있다. 정답은 (A)이다.

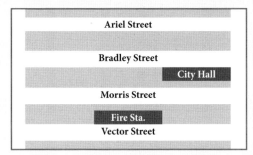

69 Look at the graphic. Where will the parade start?

(A) On Ariel Street
(B) On Bradley Street
(C) On Morris Street
(D) On Vector Street

정답 (B)

해석 그림을 보아라. 퍼레이드는 어디서 시작될 것인가?

(A) On Ariel Street
(B) On Bradley Street
(C) On Morris Street
(D) On Vector Street

해설 'Why don't we start it at City Hall?'에서 여자는 남자에게 시청에서 퍼레이드를 시작하자고 제안했고 이어 남자도 동의했다. 지도에서 시청은 Bradley Street에 있으므로 정답은 (B)이다.

70 What does the woman say she will do?

(A) Call City Hall
(B) Fill out a job application
(C) Help the man with the paperwork
(D) Visit a government office

정답 (D)

해석 여자는 무엇을 할 것이라고 말하는가?

(A) 시청에 전화한다.
(B) 입사 지원서 작성
(C) 남자의 서류 작성 도와주기
(D) 정부 사무실 방문

해설 'I'll drop it at the city office on my way home this evening.'에서 여자는 집에 가는 길에 시청에 들러 서류를 제출한다고 하고 있다. 시청 방문은 정부 사무실 방문으로 볼 수 있으므로 정답은 (D)이다.

PART 4

71-73

Au Well, after more than ten years away, hometown hero and basketball star, *71.* Harrison Jones, is finally returning home. Mr. Jones has just announced his retirement and relocation back here to Orangeton. *72.* After nearly eight years in the professional league, Mr. Jones suffered an injury in a game last season. Though doctors did everything they could, he eventually had to give up playing. *73.* Since then, he's been to 20 different cities talking about his book and now he's coming back here to open up a sports gym chain.

음, 10여년이 흐른 뒤, 고향의 영웅이자 농구 스타인 *71.* Harrison Jones 가 마침내 고향에 돌아왔습니다. Mr. Jones는 방금 그의 은퇴를 발표함과 동시에 여기 Orangeton으로 돌아올 것이라고 했습니다. *72.* 프로 리그에서 지난 8년간 활약 후, Mr. Jones는 지난 시즌 경기에서 부상을 입었습니다. 의사들은 그들이 할 수 있는 모든 것을 다 했지만, 결국 그는 운동을 포기해야 했습니다. *73.* 그 이후로, 그는 20개의 도시를 돌아다니며 그의 책에 대해 이야기하고, 이제 그는 이곳으로 돌아와 스포츠 체육관 체인점을 열 것입니다.

어휘 retirement 은퇴 relocation 이사 suffer 고통 받다, 시달리다

71 What is implied about Orangeton?

(A) It is experiencing a lot of growth.
(B) It is getting a professional sports team.
(C) It is Mr. Jones' place of birth.
(D) It is the speaker's favorite place.

정답 (C)

해석 Orangeton에 대해 언급된 것은?

(A) 크게 성장하고 있다.
(B) 프로 스포츠 팀을 운영하고 있다.
(C) Mr. Jones의 고향이다.
(D) 화자가 좋아하는 장소이다.

해설 'Harrison Jones is finally returning home. Mr. Jones has just announced his retirement and relocation back here to Orangeton.'에서 Orangeton이 Mr. Jones의 고향이라고 밝히고 있다. 정답은 (C)이다.

72 How long was Mr. Jones a professional athlete?

(A) For 5 years
(B) For 8 years
(C) For 10 years
(D) For 20 years

정답 (B)

해석 Mr. Jones는 얼마나 프로 선수로 활동했는가?

(A) 5년 간
(B) 8년 간
(C) 10년 간
(D) 20년 간

해설 'After nearly eight years in the professional league, Mr. Jones suffered an injury'에서 8년간 프로 운동선수로 활약했다고 말하고 있다. 정답은 (B)이다.

73 What did Mr. Jones recently do?

(A) Became a doctor
(B) Left a hospital
(C) Played in a tournament
(D) Traveled around

정답 (D)

해석 Mr. Jones씨는 최근에 무엇을 했는가?

(A) 의사가 되었다.
(B) 병원을 떠났다.
(C) 토너먼트에 참여했다.
(D) 주변을 여행했다. / 주변을 돌아다녔다.

해설 'he's been to 20 different cities talking about his book'에서 각지를 돌아다니며 강연 활동을 해왔던 것을 알 수 있다. 정답은 (D)이다.

74-76

74. Hello, this is Vince Conklin. I own the East End Diner on Main Street. 75. A friend recommended I call you to get an estimate on putting window coverings on our south facing windows. The customers are complaining about the late afternoon sun in the front part of our restaurant. 76. Could you give me a call at 555-2839 when you get this message? I'd like to get started on this as soon as possible since the weather is warming up.

74. 안녕하세요, 저는 Vince Conklin 입니다. 저는 Main street에 있는 East End Diner의 주인입니다. 75. 제 친구의 추천으로 남쪽을 향하는 창문들에 창문 덮개를 설치하는 비용의 견적을 받고 싶어서 전화했습니다. 고객들께서 늦은 오후에 햇빛이 우리 레스토랑의 정면으로 비추는 것에 불만을 가지고 계십니다. 이 76. 메시지를 받으시면 555-2839로 전화 좀 주시겠어요? 날씨가 따뜻해지고 있기 때문에 가능한 빨리 공사를 시작하고 싶습니다.

어휘 recommend 추천하다 estimate 견적하다, 평가하다

74 Who is the caller?

(A) A business owner
(B) The listener's friend
(C) A new customer
(D) A weather forecaster

정답 (A)

해석 발신자는 누구인가?

(A) 사업주
(B) 수신자의 친구
(C) 신규 고객
(D) 기상 캐스터

해설 'this is Vince Conklin. I own the East End Diner'에서 자신이 식당 주인이라고 말하고 있으므로 (A)가 정답이다.

75 What can the listener provide?

(A) Live music
(B) Locally-grown food
(C) A new window
(D) A quotation

정답 (D)

해석 청취자는 무엇을 제공할 수 있는가?

(A) 라이브 음악
(B) 지역 향토 식품
(C) 새로운 창문
(D) 견적서

해설 'A friend recommended I call you to get an estimate on putting window coverings'에서 화자는 창문 덮개를 설치할 경우 견적을 의뢰하고 있다. 이를 통해서 청자는 견적서에 대한 답변을 할 것이라고 생각할 수 있다. Estimate를 quotation으로 바꾼 (D)가 정답이다.

76 What does Mr. Conklin ask the listener to do?

(A) Call back quickly
(B) Contact his assistant
(C) Reply by e-mail
(D) Stop by his office

정답 (A)

해석 Mr. Conklin은 청자에게 무엇을 부탁하는가?

(A) 빠른 전화 답신하기
(B) 그의 조수에게 연락하기
(C) 이메일로 답변하기
(D) 그의 사무실에 들르기

해설 'Could you give me a call at 555-2839 when you get this message?'에서 메시지를 받고 전화를 달라고 요청하고 있다. 정답은 (A).

77-79

Does your house of apartment need a thorough cleaning but you don't have the time? If you're an older couple who just can't keep up with the tasks or a bust working mom who's just plain tired, let Merry Workers help you out. 77. Our cheerful staff of cleaners can come in and do what might take you several days-in a few hours. 78. It will give you a big lift to wait into your fresh-smelling and orderly house after a long day. 79. Call us today for a new customer discount of up to 25 percent, depending on the size of your place. 555-3829.

당신의 아파트는 청소가 필요하지만 시간이 부족한가요? 만약 여러분이 피곤한 일만 하는 일을 감당할 수 없는 나이든 부부이거나, 피곤한 일을 하는 직장인이라면 Merry Worker가 여러분들을 도와줄 것입니다. 77. 우리의 쾌활한 청소 직원이 방문해서 당신이라면 며칠이 걸리는 일을 몇 시간 내에 할 수 있습니다. 78. 긴 하루를 마치고 산뜻한 향기가 가득하고 정돈된 집에 들어 가는 것으로 당신의 기분은 좋아질 것입니다. 79. 오늘 당장 전화 주세요. 신규 고객을 대상으로 최대 25%의 할인이 집 크기에 따라 적용됩니다. 전화번호는 555-3829 입니다.

77 What kind of business is being advertised?

(A) Childcare service
(B) Cleaning service
(C) Delivery service
(D) Elderly care service

정답 (B)

해석 어떤 종류의 사업을 선전하고 있는가?

(A) 보육 서비스
(B) 청소 서비스
(C) 배송 서비스
(D) 노인 요양 서비스

해설 'Our cheerful staff of cleaners'에서 우리의 쾌활한 청소 직원이라고 말하고 있다. 정답은 (B)이다.

78 What does the speaker mean when she says, "It will give you a big lift"?

(A) She believes the service can show people how to save money.
(B) She hopes customers can feel lighter after using the service.
(C) She thinks the service will make people happy.
(D) She wants the service to take listeners where they need to go.

정답 (C)

해석 화자가 "It will give you a big lift"라는 말을 한 의도는 무엇인가?

(A) 그녀는 이 서비스가 사람들에게 돈을 절약하는 방법을 보여줄 수 있다고 믿는다.
(B) 그녀는 고객들이 이 서비스를 이용한 후 더 가볍게 느낄 수 있기를 바란다.
(C) 그녀는 이 서비스가 사람들을 행복하게 할 것이라고 생각한다.
(D) 그녀는 청취자들이 갈 필요가 있다고 생각하는 장소로 데려가기를 원한다.

해설 It will give you a big lift에서 lift의 뜻을 문맥에서 이해할 필요가 있다. 이 경우 "기분이 좋다."의 뜻으로 쓰이고 있다. 그러므로 이 문장에서의 의미는 (C)라고 볼 수 있다. 정답은 (C)이다.

79 Who can get a discount?

(A) Those who give a discount code
(B) Those who have a certain size house
(C) Those who have not used the service before
(D) Those who live in a certain area

정답 (C)

해석 누가 할인을 받겠는가?

(A) 할인 코드를 가지고 있는 사람
(B) 일정한 크기의 집을 가진 사람
(C) 이전에 서비스를 이용하지 않은 사람
(D) 특정 지역에 거주하는 사람

해설 'Call us today for a new customer discount of up to 25 percent'에서 할인을 받는 것은 신규 고객,즉 그 동안 서비스를 받은 적이 없는 사람임을 알 수 있다. 정답은 (C)이다.

80-82

Good evening. I'm Rex Madison with your news update. *80.* Our top story tonight is the approval of a new bridge over the Marble River. While the river is our city's most visible landmark, it makes it rather inconvenient to get from one side of town to the other. Now, we'll have two bridges to choose from. *81.* Taxpayers approved the bridge last November, but it has taken six months for city officials to choose a construction company. They finally went with the lowest bidder, *82.* Nine Point Construction, a local business that expects to hire more than 50 people for the five-year project.

좋은 저녁입니다. Rex Madison이 최신 뉴스를 전달합니다. *80.* 오늘 밤 우리의 탑 뉴스는 Marble River에 생기는 새로운 다리의 승인에 대해서입니다. 그 강은 우리 도시에서 가장 눈에 띄는 명소이지만, 마을 한쪽에서 다른 쪽으로 가는 것은 오히려 불편하게 했습니다. 이제는, 2개의 다리 중 하나를 선택해서 가게 됩니다. *81.* 납세자들은 작년 11월에 다리를 승인했지만, 시 관계자들이 건설사를 선택하는데 6개월이 걸렸습니다. 그들은 최종 최저 금액 입찰자입니다. *82.* 지역 사업체 Nine Point Construction는 향후 5년간의 사업기간 동안 50명이 넘는 일자리를 창출하게 되리라 예상하고 있습니다.

어휘 approval 승인, 찬성 visible (눈에) 보이는, 명백한 inconvenient 불편한

80 What will the new bridge go over?

(A) A lake
(B) A river
(C) A valley
(D) Some train tracks

정답 (B)

해석 새로 생긴 다리는 어디를 건너갈 것인가?

(A) 호수
(B) 강
(C) 계곡
(D) 일부 열차 선로

해설 'tonight is the approval of a new bridge over the Marble River.'에서 신설되는 다리는 Marble River 위를 지나는 것을 알 수 있다. 정답은 (B)이다.

81 Why was the project delayed?

(A) The citizens did not want to approve it.
(B) The city could not decide on a builder.
(C) The city did not have the money.
(D) The construction company had problems.

정답 (B)

해석 프로젝트는 왜 지연되었는가?

(A) 시민들은 승인하고 싶지 않았다.
(B) 시가 건축업자를 결정하지 못했다.
(C) 시에 돈이 없었다.
(D) 건설 회사는 문제점이 있었다.

해설 'It has taken six months for city officials to choose a construction company.'에서 시에서는 건설 업체 선정에 6개월이 걸렸다고 말하고 있다. 이를 통해 시가 건설업자를 결정하지 못했다고 볼 수 있다. 정답은 (B)이다.

82 What is the construction company expected to do?

(A) Employ many people
(B) Give a press conference
(C) Start the bidding process
(D) Underbid its rivals

정답 (A)

해석 건설 회사는 어떤 것을 예상했는가?

(A) 많은 사람 고용하기
(B) 기자 회견 열기
(C) 입찰 절차 시작하기
(D) 경쟁 업체보다 싼 가격 입찰하기

해설 'Nine Point Construction, a local business that expects to hire more than 50 people'에서 50명이 넘는 사람들을 고용할 것이라고 말하고 있다. hire more than 50 people은 employ many people이라 설명하고 있는 (A)가 정답이다.

83-85

Just a quick word before we open this morning. As you know, we're having our big annual sale this weekend. *83.* Many customers wait to buy all their clothes at this sale, so it gets pretty busy. *84.* Based on last year's sale, business really picked up between 5:00 and 7:00p.m., so I need more of you for that time. I've adjusted the schedule and posted it on the bulletin board in the break room. Please check it before you leave today. *85.* Of course, anybody working a longer shift will be paid overtime, which is double your hourly wage.

오늘 아침 문을 열기 전에 잠깐 말씀 드리겠습니다. 여러분들도 아시다시피, 우리는 이번 주말에 연례 대규모 세일이 있습니다. *83.* 많은 고객이 이번 세일 때 옷을 사기 위해 기다리고 있어서 매우 바쁠 거예요. *84.* 작년 세일을 기준으로, 오후 5시~7시 사이가 가장 바빠서 그 시간에 더 많은 분들이 필요합니다. 제가 스케줄을 조정해서, 휴게실에 있는 게시판에 올려 놨습니다. 오늘 퇴근하시기 전에 확인해 주세요. *85.* 물론, 연장 근무를 하는 사람은 초과 근무 수당을 받을 것이고, 초과 근무 수당은 시급의 두 배입니다.

어휘 annual 매년의, 연례의 based on ~에 근거하여 adjust 조정하다, 조절하다 hourly wage 시급

83 Where is the announcement taking place?

(A) At a bookstore
(B) At a clothing store
(C) At a grocery store
(D) At a shoe store

정답 (B)

해석 안내 방송은 어디에서 하고 있는가?

(A) 서점
(B) 의류 판매 가게
(C) 식료품 가게
(D) 신발 가게

해설 'any customers wait to buy all their clothes at this sale'에서 모든 고객들이 그들의 옷을 세일 기간에 사기 위해 기다리고 있다고 말하고 있다. 이를 통해 의류를 판매하는 곳에서 방송하는 것을 알 수 있다. 정답은(B)이다.

84 What does the speaker imply when she says, "business really picked up between 5:00 and 7:00 P.M."?

(A) A lot of customers came in in the evening.
(B) The customers used a shuttle bus to come to the store
(C) A special discount was offered in the evening.
(D) Those who work in the evening were paid double.

정답 (A)

해석 화자가 "business really picked up between 5:00 and 7:00 P.M."라고 말하면서 암시하고 있는 것은 무엇인가?

(A) 많은 손님들이 저녁에 방문한다.
(B) 고객들은 가게에 방문하기 위해 셔틀 버스를 이용한다.
(C) 저녁에 특별 할인을 제공한다.
(D) 저녁에 일하는 사람은 두 배의 보수를 받는다.

해설 'Based on last year's sale, business really picked up between 5:00 and 7:00p.m'에서 지난 해에 오후 5시부터 7시까지 제일 바쁘다고 말하고 있다. 이를 통해서 저녁에 많은 손님들이 방문한다는 것을 암시하고 있다. 정답은 (A)이다.

85 What will listeners receive if they work longer this weekend?

(A) A bonus
(B) Free merchandise
(C) Higher salary
(D) A paid day off

정답 (C)

해석 청취자들은 이번 주말에 일을 더 하면 무엇을 받을 것인가?

(A) 보너스
(B) 무료 상품
(C) 높은 급여
(D) 유급 휴가

해설 'anybody working a longer shift will be paid overtime, which is double your hourly wage.'에서 연장 근무를 하게 되면 시급의 2배를 받는다고 말하고 있다. 정답은 (C)이다.

86-88

Are you unreasonably tired at the end of the day? Do you have trouble staying awake after lunch? *86.* Then, you need our all-natural energy supplement, Pep Pills. *87.* These supplements are non-addictive and perfectly safe for people over 15. Made with ginseng and vitamin B12, Pep Pills give you a big boost of energy quickly. Available in capsule or convenient gel form. Don't look for Pep Pills at the drug store. *88.* They're only sold online at www.peppills.com. Visit our website for a free sample sent right to your door. No obligation, no charge.

당신은 하루가 끝날 무렵이면 지나치게 피곤한가요? 점심 식사 후에 깨어있는데 어려움이 있나요? *86.* 그렇다면 우리의 천연 에너지 보충제인 Pep Pills가 필요합니다. *87.* 이 보충제는 15세 이상의 사람들에게 중독성을 초래하지 않으며 완벽하게 안전합니다. 인삼과 비타민 B12로 만들어진 Pep Pills는 여러분에게 대량의 에너지를 빠르게 공급해 줍니다. 캡슐 또는 편리한 젤 형태로 구입할 수 있습니다. 약국에서 Pep Pills를 찾지 마세요. *88.* 오직 www.peppills.com에서만 구매할 수 있습니다. 우리의 웹 사이트를 방문하셔서 무료 샘플을 받아보세요. 어떤 의무도 부과되는 금액도 없습니다.

어휘 non-addictive 중독성을 초래치 않는, 비 중독성의 (약) available 구할(구입할) 수 있는

86 What is being advertised?

(A) A drink
(B) A health food
(C) A medication
(D) A supplement

정답 (D)

해석 무엇을 광고하는가?

(A) 음료
(B) 건강 식품
(C) 의약품
(D) 보충제

해설 'you need our all-natural energy supplement, Pep Pills.'에서 Pep Pills는 에너지 보충제라고 말하고 있다. 정답은 (D)이다.

87 Who can use the advertised product?

(A) Anyone
(B) Hospital patients only
(C) Students only
(D) Those over 15

정답 (D)

해석 누가 광고하는 제품을 사용할 수 있는가?

(A) 누구든지
(B) 입원 환자 전용
(C) 학생 전용
(D) 15에 이상인 누구든

해설 'These supplements are non-addictive and perfectly safe for people over 15.'에서 15에 이상인 사람에게 안전하다고 말하고 있다. 정답은 (D)이다.

88 Where can the product be purchased?

(A) At a health exhibition
(B) At all health food stores
(C) At any drug store
(D) On the web

정답 (D)

해석 제품은 어디에서 구입 가능한가?

(A) 건강 박람회에서
(B) 모든 건강 식품 가게에서
(C) 모든 약국에서
(D) 인터넷에서

해설 'They're only sold online'에서 오직 인터넷에서만 구입할 수 있다고 말하고 있다. 정답은 (D)이다.

89-91

89. Just wanted to let everybody know before they leave for the weekend that the parking lot to the north side will be closed next week, Monday through Friday, for resurfacing. *89.* That means we will be restricted to the east end parking lot, which is smaller. *90.* I encourage you to carpool or take public transportation because parking in that lot will be first come, first served. *91.* With only 25 spots, some of you may have to find street parking, which is expensive and far from the office.

89. 여러분들이 주말을 쉬러 가기 전에 북쪽에 있는 주차장이 다음주 월요일부터 금요일까지 재포장 때문에 폐쇄된다는 것을 알리고 싶습니다. *89.* 이는 우리가 동쪽 끝에 있는 더 작은 주차장만 사용할 수 있도록 제한된다는 것을 의미합니다. *90.* 선착순으로 주차를 하기 때문에, 여러분들이 카풀이나 대중교통을 이용하는 것을 권장합니다. *91.* 오직 25대 정도만 주차를 할 수 있어, 몇몇 분들은 길거리 주차장을 찾아야만 할 수도 있지만, 요금이 비싸고 사무실에서 멀리 떨어져 있습니다.

어휘 resurfacing 재포장 Restricted 제한된, 한정된

89 What is the talk mainly about?

(A) An expansion of the office
(B) A new employee's first day
(C) Parking location changes
(D) Public transportation fees

정답 (C)

해석 이야기의 주된 목적은 무엇인가?

(A) 사무실 확장
(B) 신입 사원의 첫 날
(C) 주차 위치 변경
(D) 공공 교통비

해설 'Just wanted to let everybody know before they leave for the weekend that the parking lot to the north side will be closed next week'에서 북쪽 주차장을 쓰지 못하게 되었다고 말하고 있다. 또, 'That means we will be restricted to the east end parking lot,'에서 사용할 수 있는 주차장은 동쪽에 있는 주차장으로 제한된다고 말하고 있다. 이를 통해서 이 이야기의 주요 목적은 주차 장소 변경에 대한 것이라고 생각하는 것이 타당하다. 정답은 (C)이다.

90 What are listeners encouraged to do?

(A) Keep their desks clean
(B) Participate in a survey
(C) Ride to work together
(D) Welcome a new employee

정답 (C)

해석 청자들은 무엇을 하라고 장려하는가?

(A) 책상 청결 상태 유지하기
(B) 설문 조사 참여하기
(C) 출근길 함께하기
(D) 새 직원 환영하기

해설 'I encourage you to carpool or take public transportation'에서 카풀 또는 대중교통을 이용하기를 장려하고 있다. 정답은 (C)이다.

91 According to the speaker, what might some listeners experience next week?

(A) A long walk
(B) Loud construction noise
(C) Low temperatures in the office
(D) A new desk assignment

정답 (A)

해석 화자에 따르면, 다음 주 청자들은 무엇을 겪게 될 것인가?

(A) 긴 거리 걷기
(B) 시끄러운 공사 소음
(C) 낮은 사무실 기온
(D) 새 책상 배정

해설 'some of you may have to find street parking, which is expensive and far from the office.'에서 길가 주차장은 회사에서 멀리 떨어져 있다고 말하고 있다. 이를 통해서 청자 중 길가 주차장을 이용하는 사람은 긴 거리를 걷게 될 수 있다고 볼 수 있다. 정답은 (A)이다.

92-94

92. 93. Summer time is outdoor time and this week, 'Zee's Sporting Goods' is holding its annual summer festival of savings. Come in for huge savings on all of your outdoor gear. You'll find all the equipment you need for camping, fishing, hiking and more. *94.* And to make it easier for you to take advantage of these savings, Zee's will stay open late every evening this week.

92. 93. 여름은 야외에서 보내는 계절이죠, 이번 주 Zee's 스포츠용품에서 연례 여름 할인 대잔치가 열립니다. 모든 야외 장비의 엄청난 할인을 위해 방문하세요. 캠핑, 낚시, 등산 등에 필요한 모든 장비를 찾으실 수 있습니다. *94.* 그리고 할인을 쉽게 활용하실 수 있도록, Zee's는 이번 주 내내 저녁 늦게까지 영업합니다.

어휘 outdoor 야외 sporting goods 스포츠용품 annual 연례의 saving 절약 gear 장비 equipment 장비 take advantage of ~을 활용하다

92 What type of business is being advertised?

(A) A fitness center
(B) An amusement park
(C) A supermarket
(D) A sporting goods store

정답 (D)

해석 어떤 업체가 광고되고 있는가?

(A) 헬스센터
(B) 놀이공원
(C) 슈퍼마켓
(D) 스포츠용품 상점

해설 광고 초반부 "Zee's Sporting Goods' is holding its annual summer festival of savings.'에서 Zee's 스포츠용품에서 연례 여름 할인 대잔치가 열린다고 소개하고 있으므로 (D) 스포츠용품 상점이 광고되고 있음을 알 수 있다.

93 What event is the business having?

(A) A grand open
(B) A seasonal sale
(C) A food festival
(D) A fishing contest

정답 (B)

해석 업체는 어떤 행사를 여는가?

(A) 개업식
(B) 계절 세일
(C) 음식축제
(D) 낚시대회

해설 광고 초반부 "Zee's Sporting Goods' is holding its annual summer festival of savings.'에서 'annual summer festival of savings 연례 여름 할인 축제'라고 소개하고 있으므로 (B) 계절 세일이 정답이다.

94 What will the business do this weekend?

(A) Extend its hours of operation
(B) Offer a free delivery
(C) Serve refreshment
(D) Announce contest winner

정답 (A)

해석 업체는 이번 주말에 무엇을 할 것인가?

(A) 영업시간을 늘린다
(B) 무료 배송을 제공한다
(C) 다과를 제공한다
(D) 대회 수상자를 발표한다

해설 광고 마지막 문장 'And to make it easier for you to take advantage of these savings, Zee's will stay open late every evening this week.'에서 고객이 할인을 쉽게 이용할 수 있도록, 이번 주 내내 저녁 늦게까지 영업을 할 것이라고 언급하고 있다. 따라서 업체는 이번 주말에 (A) 영업 시간을 늘릴 것임을 알 수 있다.

95-97

95. Thanks everyone for your hard work on the next issue. Our subscribers are really going to like the beautiful photographs we're adding to the magazine. Now, I'd like to mention a change to the office renovation plans. I've talked with the architect and she said that to get the most light in our studio, we should add one more set of window. *96.* That will mean the room next to the studio will be smaller. *97.* I'd like to hear from anyone who has any objections or concerns about this now. What do you think?

95. 다음 호에 대한 여러분의 노고에 감사 드립니다. 구독자들은 우리가 잡지에 추가하는 아름다운 사진들을 정말 좋아할 것입니다. 이제 사무실 개조 계획의 변경 사항을 말씀 드리겠습니다. 저는 건축가와 이야기를 나누었고, 그녀는 스튜디오를 더 밝게 하려면, 창문을 하나 더 추가 해야 한다고 말했습니다. *96.* 즉, 스튜디오 옆방이 더 작아질 것을 의미합니다. *97.* 지금 이 상황에 대해 이의가 있거나 우려하는 사람이 있으면 의견을 듣고 싶습니다. 어떻게 생각하시나요?

95 What industry does the speaker work in?

(A) Architecture
(B) Construction
(C) Medical
(D) Publishing

정답 (D)

해석 화자는 어떤 업종에서 일하고 있는가?

(A) 건축
(B) 건설
(C) 의학
(D) 출판

해설 'your hard work on the next issue. Our subscribers are really going to like the beautiful photographs we're adding to the magazine.'에서 화자는 다음 호에 대한 노고에 감사하다고 말하며 우리가 잡지에 추가하는 아름다운 사진을 구독자들이 좋아할 것이라고 하고 있다. 이를 통해 화자는 출판업계에 일하고 있는 것을 알 수 있다. 정답은 (D)이다.

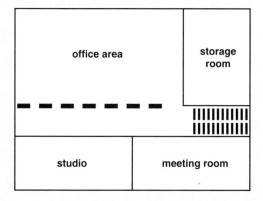

office area	storage room
studio	meeting room

96 Look at the graphic. Which room will be smaller after the renovation?

(A) The meeting room
(B) The office area
(C) The storage room
(D) The studio

정답 (D)

해석 그림을 보아라. 어떤 방이 개조 후 작아질 것인가?

(A) 회의실
(B) 사무실 공간
(C) 창고
(D) 스튜디오

해설 'That will mean the room next to the studio will be smaller.'에서 스튜디오 옆 방이 더 작아질 것이라고 말하고 있다. 그림에서 스튜디오 옆은 회의실이 위치하는 것을 알 수 있으므로 정답은 (A)이다.

97 What most likely will the listeners do next?

(A) Discuss the office layout
(B) Have lunch together
(C) Plan a new product
(D) Speak with an architect

정답 (A)

해석 청중들은 다음에 무엇을 할 것인가?

(A) 사무실 배치에 대해 토론한다.
(B) 다같이 점심을 먹는다.
(C) 신제품 계획을 짠다.
(D) 건축가와 이야기한다.

해설 'I'd like to hear from anyone who has any objections or concerns about this now. What do you think?'에서 걱정 또는 반대하는 사람들의 의견을 물어보고 싶다고 말하고 있다. 이를 통해서 사무실 배치에 대해 토론할 것이라고 생각할 수 있다. 정답은 (A)이다.

98-100

98. Attention passengers. Please be aware that we've had a change of time for one of our trains leaving soon. 99. The express to Gilmore Station will leave ten minutes later than scheduled. We apologize for this delay. If you are taking the express to Gilmore Station, please go to Platform 3. The local to Green River is leaving from Platform 4. 100. As a reminder, cars 5 to 9 are for passengers with reserved tickets only. If you have an unreserved ticket, please enter at the front of the train, in cars 1 to 4.

98. 승객 여러분께 안내 말씀 드립니다. 곧 출발하는 기차 한 편의 출발 시간이 바뀌었다는 것을 숙지해 두세요. 99. Gilmore Station행 급행 열차가 예정보다 10분 늦게 출발할 예정입니다. 출발이 지연되어서 죄송합니다. 만약 Gilmore Station행 급행 열차를 타신다면 3번 승강장으로 가세요. Green River행 열차는 4번 승강장에서 출발합니다. 100. 주의사항을 말씀 드리면, 5~9번 열차 칸은 예약된 승차권을 소지한 승객들만 이용할 수 있습니다. 예약되지 않은 티켓을 소지하고 있으신 경우에는, 열차 앞쪽 1~4번 열차 칸에 탑승해 주시기 바랍니다.

어휘 express (열차, 버스 따위의) 급행 platform (역의) 승강장

98 Who most likely is the speaker?

(A) A passenger
(B) A train conductor
(C) A train driver
(D) A train station staff

정답 (D)

해석 화자는 누구이겠는가?

(A) 승객
(B) 열차 차장
(C) 열차 기관사
(D) 기차 역 직원

해설 방송에서 복수의 열차와 승강장 안내를 한다는 점에서 화자는 철도 역 직원이라고 생각하는 게 타당하다. 정답은 (D)이다.

플랫폼	시간	목적지
1	15:30	Arendale
2	15:35	Hastings Cross
3	15:45	Gilmore Station
4	15:48	Green River

99 Look at the graphic. What time is the train to Gilmore Station going to leave?

(A) 15:35
(B) 15:45
(C) 15:48
(D) 15:55

정답 (D)

해석 그림을 보아라. Gilmore Station으로 가는 기차는 몇 시에 출발할 것인가?

(A) 15:35
(B) 15:45
(C) 15:48
(D) 15:55

해설 'The express to Gilmore Station will leave ten minutes later than scheduled.'에서 Gilmore Station행 급행열차의 출발은 예정보다 10분 늦어진다고 말하고 있다. 표에 적힌 15시 45분의 10분 후인 15시 55분이 정답이다. 정답은 (D).

100 Where should passengers with reserved tickets go?

(A) Car 1
(B) Car 2
(C) Car 4
(D) Car 8

정답 (D)

해석 예약된 표를 가진 승객은 어디로 가야 하는가?

(A) 1번 열차 칸
(B) 2번 열차 칸
(C) 4번 열차 칸
(D) 8번 열차 칸

해설 'cars 5 to 9 are for passengers with reserved tickets only.'에서 5~9번 열차 칸은 예약된 표를 가진 승객들만 탈 수 있다고 말하고 있다. 정답은 (D)이다.

PART 5

101

정답 (A)

해석 만약 우리의 회의실 중 한 곳을 예약하고 싶다면, 프로젝터 또는 비디오 카메라 같은 장비가 필요한지 알려 주세요.

해설 의미에 알맞은 명사를 선택합니다. 회의실에 사용할 프로젝터나 비디오 카메라를 나타낼 수 있는 단어는 equipment이다. facility는 시설, 설비를 instrument는 계기, 도구이고 tool은 제품, 공구를 나타낸다. 정답은 (A)이다.

102

정답 (B)

해석 A to Z Industry는 다양한 사무 가구와 필요에 딱 맞춘 사무용품을 빌려 드립니다.

해설 전치사 of와 명사 office furniture 사이에 빈칸이 있다. 그러므로 명사를 수식할 수 있는 형용사인 rental이 들어가야 한다. 명사인 rent와 rental도 빈칸에 넣어 복합 명사를 만들 수 있지만 어느 쪽도 문맥상 맞지 않다. 정답은 (B)이다.

103

정답 (C)

해석 컴퓨터에 소프트웨어 설치 시 문제가 생긴다면, 고객 서비스 직원에게 전화 또는 이메일을 보낼 수 있습니다.

해설 빈칸 앞에 either가 있다. either A or B의 형태를 만드는 or가 정답이다. 정답은 (C)이다.

104

정답 (D)

해석 정기 바이러스 검사는 보통 1시간 정도 걸리지만, 오늘은 여러 가지 이유로 몇 시간이 걸렸습니다.

105

정답 (D)

해석 예정되어 있던 연설자가 개인 사정으로 취소가 되어서, 행사 개최자는 마지막 순간에 대체할 사람을 구해야 했습니다.

해설 빈칸은 부정관사 a와 전치사 at사이에 있으므로 명사가 들어간다는 것을 알 수 있다. 예정되어 있던 연설자를 대체할 사람(replacement)가 정답이다. replace는 동사 replaceable은 형용사로 오답이다. 정답은 (D)이다.

106

정답 (C)

해석 리더는 자신의 사업 계획이 얼마나 실용적인지에 대해 팀원 전원이 그 계획을 동의할 때까지 장황하게 설명했다.

해설 접속사 선택 문제이다. '리더가 자신의 사업 계획이 얼마나 실용적인지를 장황하게 말했다'와 '팀 전원이 그의 계획을 시행하기로 동의했다'를 연결하는 접속사를 찾아야 한다. 계속의 종료를 나타내는 until이 적합하다. in case는 '~하는 경우에 대비하여' given that은 '~을 생각하면' whether는 '~인지 아닌지'이다. 정답은 (C)이다.

107

정답 (B)

해석 Sarah Luther는 사내 인트라넷 시스템을 위한 의무 세미나에 참석하기 위해 서둘러 사무실로 돌아와야 했다.

해설 형용사 어휘 문제이다. 급히 회사로 돌아가야 했다는 점에서 'mandatory'를 넣어 의무 세미나에 참석하기 위함임을 알 수 있다. complimentary는 '무료의' preliminary는 '예비의' voluntary는 '임의의'라는 뜻이다. 정답은 (B)이다.

108

정답 (D)

해석 난방에 문제 때문에, 영업 팀은 극도로 추운 방에서 회의를 해야 했다.

해설 빈칸이 없어도 문장이 성립한다. 그러므로 빈칸에 수식어구가 들어갈 수 있다고 볼 수 있다. 빈칸 뒤 형용사 cold를 수식하는 부사 exceedingly가 정답이다.

109

정답 (D)

해석 전 직원들은 그들이 회사의 새로운 규정에 대해 통지를 받았고, 모든 면에서 그 정책에 동의한다는 것을 인정해야 한다.

해설 대명사 어휘 문제이다. that이후 주어가 보이지 않으므로, 주어 All employees를 대신할 수 있는 주격대명사 they가 적절하다. 어법상 소유 대명사인 theirs도 주어자리에 올 수 있지만 이 문장에서는 문맥상 적절하지 않아 오답이다. 정답은 (D)이다.

110

정답 (C)

해석 Melba Logistics는 세계적으로 빠르고 안전한 운송 서비스를 제공하는 허가 받은 수송업자입니다.

해설 동사 어휘 문제이다. 빈칸은 a licensed carrier를 수식하고 있다. 수송업자는 '운송 서비스를 제공한다'가 문맥상 적절하므로 (C)가 정답이다. forward는 '~을 전송하는' equip는 '(필요한 것을) 갖춘'이라는 뜻이다.

111

정답 (B)

해석 50개국에서 모인 300명이 넘는 사람들이 제 15회 국제 환경 과학 학술 대회에 참가했다.

해설 전치사 어휘 문제이다. 출신, 출처를 나타내는 전치사 from을 빈칸에 넣으면 50개국에서 모인 300명이 넘는 사람들~이라는 뜻이 된다. 나머지 선택지는 같은 의미로 이용할 수 없다. 정답은 (B)이다.

112

정답 (C)

해석 이사회의 승인을 받은 후, Mr. Henderson은 다음 달에 의장직을 맡게 될 것이다.

해설 빈칸 앞에 소유격이 있으므로 빈칸에는 명사가 들어간다고 볼 수 있다. endorsement와 endorser 두 개 모두 명사이지만 회장이 되기 위해 '이사회에서 승인을 얻는다'가 문맥상 적절하므로 endorsement가 정답이다.

어휘 assume 맡다 chairperson 의장

113

정답 (C)

해석 만약 통신망 접속 절차에 대해 문제 또는 궁금한 사항이 있으면, 우리의 IT 부서에 문의하세요.

해설 명사 어휘 문제이다. network access를 수식하며 문맥상 알맞은 것은 '통신망 접속 절차(protocol)'이다. 따라서 정답은 (C). custom은 '습관, 관례' manner는 '매너, 방식' sequence는 '연속 순서'의 뜻이다.

114

정답 (B)

해석 재정 고문에 따르면, 사전에 상세한 조사를 실시하는 것은 주식을 사는데 있어 매우 중요하다.

해설 품사 찾기 문제이다. 빈칸 앞 동명사 conducting과 뒤에 명사 research가 와 있다. 이를 통해서 형용사가 와야 함을 알 수 있다. 문맥상 '자세한(detailed) 조사를 실시하는 것'이 자연스럽게 연결되므로 정답은 (B)이다.

115

정답 (D)

해석 인사 부장은 입사 지원자를 면접할 때, 예상외의 질문을 하는 것이 지원자의 성격을 판단하는데 도움이 될 수 있다는 것을 고려한다.

해설 빈칸 뒤로 '동명사+목적어'가 나와 있으므로 빈칸은 분사구문을 이끄는 접속사가 들어갈 자리임을 알 수 있다. 문맥상 '인사 부장이 예상치 못한 질문을 해서 지원자의 성격을 파악한다는 것은, 지원자를 면접할 때(when) 가능한 것'이므로 시간의 접속사 (D)가 정답이 된다. 주절과 종속절의 주어가 같을 때는 분사구문을 사용하여 주어와 동사를 생략할 수 있으므로, interviewing 앞에는 he / she is가 생략된 것임을 알 수 있다.

116

정답 (D)

해석 팀 매니저는 신제품의 디자인을 부분적으로 수정하기 보다는, 디자인을 전체적으로 재고해야 한다고 생각했다.

해설 형용사 어휘 문제이다. 콤마 앞 문장에서는 "부분적으로 수정하기 보다~,"라고 말하고 있다. 뒤에 오는 문장은 앞 문장과 반대되는 주장이 온다는 것을 알 수 있다. 그러므로 whole이 빈칸에 들어가 '디자인 전체를 바꾸는 것이~' 되어야 문맥상 적절하다. 정답은 (D)이다.

117

정답 (D)

해석 법원의 명령을 따라, 회사는 이번 주까지 모든 소유물을 제거하고 임차한 부동산을 비워야 할 것이다.

해설 빈칸 앞 have to remove all of its possessions and가 있고 빈칸 뒤에 the rented property의 명사 구가 있으므로 remove와 같은 형태의 동사인 vacate가 들어간다고 볼 수 있다. 문맥상 '임차한 부동산을 비우다'가 적절하다. vacancy는 '공허, 공실'을 vacant는 '공허한'이라는 뜻이다.

118

정답 (B)

해석 소비자 경향 보고서는 최근에 사람들이 휴가에 돈을 덜 쓰고 대신에 저축했다는 것을 발견했다.

해설 형용사 어휘 문제이다. 불가산 명사 money를 수식할 수 있는 형용사는 less, more이다. 문맥상 '사람들이 휴가 때 더 적은(less) 돈을 소비하고, 대신에 저축을 했다'가 잘 어울리므로 (B)가 정답이 된다.

119

정답 (B)

해석 신형 노트북인 TGX 800은 기존 모델보다 크게 향상되었고, 사용하기가 훨씬 더 쉬워져서 많은 호평을 받았다.

해설 부사 어휘 문제이다. 빈칸 뒤 improved를 수식할 수 있는 품사는 바로 부사이다. 문맥상 '신형 노트북이 기존 모델보다 크게(drastically) 향상되었다'가 적절하다. 외형이 개선된 경우에 이용되는 beautifully는 부적절하다. scarcely는 '간신히', temporarily는 '일시적으로'라는 의미이다. 정답은 (B).

120

정답 (D)

해석 사장은 지난 몇 주 동안 회사의 주가가 꾸준히 하락세를 보이고 있는 것에 대해 극도로 우려하고 있다.

해설 주절의 시제가 현재이고, 'over the past few weeks' 기간이 명시되면서, 현재 완료 진행형의 has been dropping이 정답이다. over, for, since 등의 전치사와 현재완료가 잘 어울린다는 점을 기억해두자.

121

정답 (D)

해석 놀랍게도, 몇 가지 최종적인 변화가 필요했음에도 불구하고, 제품 출시는 순조롭게 진행되었다.

해설 빈칸이 비어 있어도 문장은 완벽하다. 그러므로 문장 전체를 수식하는 부사가 빈칸에 들어가야 한다. 정답은 부사인 surprisingly이다. 정답은 (D)이다.

122

정답 (B)

해석 Mason Engineering은 더 고객을 중시하는 기업이 되기 위해서, 몇 년 간 큰 비용을 지출해왔다.

해설 동사 어휘 문제이다. 문맥상 '몇 년 간 큰 비용을 지출해왔다'가 자연스럽게 연결되므로, (B)가 가장 적절하다.

123

정답 (B)

해석 모든 참가자들에게 행사가 Celia Hall 대신에, Hamilton Hall에서 열린다는 것을 알리기 위해 이메일을 보냈다.

해설 문맥상 Celia Hall 대신에 Hamilton Hall에서 열린다는 것을 알리기 위해~ 라고 되어야 적절하다. 정답은 (B)이다.

124

정답 (A)

해석 노인들을 위한 무료 버스 승차권폐지에 반대하는 집회에 거의 1,000명의 사람들이 참석했다.

해설 품사 찾기 문제이다. 문맥상 '집회에 1000명 가까운 사람들이 참석했다'가 자연스럽게 연결되므로 형용사 present가 정답이 된다. 과거분사 presented를 빈칸에 넣으면 수동의 의미가 되므로 적절하지 않다. presentation과 presenter 두 명사는 문맥상 어울리지 않는다. 정답은 (A).

125

정답 (B)

해석 수집된 개인 정보는 법정 명령을 제외하고 사전 동의 없이는 제 3자에게 공개되지 않을 것이다.

해설 명사 어휘 문제이다. 빈칸 앞 prior과 짝이 되는 명사로 consent를 넣으면 '사전 동의 없이'라는 표현으로 문맥상 적절하다. analysis는 '분석', engagement는 '약속'의 의미이다. 정답은 (B)이다.

126

정답 (B)

해석 그 기자는 익명을 요구한 기사의 출처(정보원)를 밝히기를 거부했기 때문에 구속되었다.

해설 관계사 문제이다. 빈칸 앞에 선행사 'the source of his story'가 나와 있고 뒤에 동사가 나와 있으므로 빈칸은 주격 관계대명사가 쓰일 자리이다. 또한 익명을 요구한 것은 정보원, 즉 사람이기 때문에 (B)who가 정답이 된다.

127

정답 (B)

해석 Jade Private Hospital은 환자의 만족을 위해 크게 헌신하고 있어, 지역에서 훌륭한 평판을 쌓아오고 있다.

해설 품사 찾기 문제이다. 빈칸 앞 형용사 high와 빈칸 뒤 전치사 to가 위치해 있다. 이를 통해 빈칸에는 명사가 들어갈 자리임을 알 수 있다. commitment 와 committal 두 개가 명사지만 이 문장에서 적절한 것은 헌신을 뜻하는 (B) commitment가 정답이다.

128

정답 (B)

해석 식당이 번창하고 있어서, 주인은 그 지역에 사업을 확장하는 것을 고려 중이다.

해설 형용사 어휘 문제이다. 주인이 사업 확장을 고려 중이므로 빈칸에는 문맥상 번창하는 뜻의 prosperous가 적절하다. productive는 '생산력 있는', strategic은 '전략적인', struggling은 '경영 부진'의 뜻이다. 정답은 (B)이다.

129

정답 (C)

해석 강의에서, 유명한 요리사는 청중들에게 이렇게 간단한 레시피로 어떻게 그렇게 맛있는 요리를 만들 수 있는지에 대해 말했다.

해설 빈칸 뒤 절이 오고 있으므로, 빈칸에는 접속사가 들어갈 자리임을 알 수 있다. 빈칸에 how를 넣으면 '이렇게 간단한 레시피로 어떻게 맛있는 요리를 만들 수 있는가~'라는 해석이 자연스럽게 연결된다. 접속사 if는 문맥상 적절하지 않다. despite는 전치사 then은 부사이므로 정답이 될 수 없다. 정답은 (C).

130

정답 (C)

해석 IT직원은 오랜 시간 수리를 하는데 시간을 보냈지만, 네트워크 문제를 해결할 수 없었다.

해설 iron out은 '~을 해결하다, 바로 잡다'라는 뜻이다. 문맥상 '네트워크 문제를 해결할 수 없었다'가 자연스럽게 연결되므로, (C)가 정답이다. 덩어리로 암기해두자.

PART 6

131-134

수신: Amanda Green

발신: Exciting Travel Co.

주제: Costa Rica 방문

날짜: 3월 19일

Exciting Travel이 말하는 당신이 코스타리카를 방문해야 하는 3가지 이유

1. 모험을 *131.* 갈망한다면 코스타리카는 확실히 당신을 위한 곳입니다. 급류 타기, 카약, 스쿠버 다이빙, 클리프 다이빙, 스카이 다이빙 등 셀 수조차 없이 많은 것들을 할 수 있습니다.

2. *132.* 해안선이 거의 1,000마일이 되는 코스타리카는 세계에서 가장 아름다운 해변이 몇 개 있습니다. 공공 그리고 개인 바닷가 모두 *133.* 당신과 같은 태양과 모래를 사랑하는 사람들을 기쁘게 해줄 것입니다.

3. 코스타리카는 지구상에서 가장 행복한 나라라고 불리고 있고 거기에는 타당한 이유가 있습니다. 사람들은 평온하고, 친근하며 모든 방문객들이 집이라고 느낄 수 있도록 각별한 노력을 하고 있습니다.

우리의 코스타리카 *134.* 패키지 여행에 대한 자세한 내용은 우리의 웹사이트 www.excitingtravle.net에 방문해 주시기 바랍니다.

어휘 crave 열망하다, 갈망하다 good reason 타당한 이유 go out of one's way to do sth. ~을 하기 위해 특별히 애를 쓰다, 노력하다

131

(A) 만약 ~한다면
(B) 아마, 어쩌면
(C) 어디에, 어디로
(D) ~인지 아닌지

정답 (A)

해설 빈칸 뒤 문장 구조를 살펴 보면, '주어+동사~, 주어 동사~' 즉, 2개의 문장이 나와 있으므로 빈칸은 2개의 문장을 연결시켜주는 접속사가 쓰일 자리이다. 문맥상, '모험을 갈망한다면,~'이 자연스럽게 연결되므로 조건을 나타내는 접속사 If가 정답이 된다.

132

(A) 코스타리카는 세계적으로 유명한 열대 우림을 보유하고 있으며 많은 환경 단체들이 투어를 진행하고 있다.
(B) 만약 여러분들이 어린 아이들이 있다면, 여섯 개의 수영장을 보유한 우리 리조트로 오고 싶을 거예요.
(C) 우리는 코스타리카의 멋진 여행 투어를 판매하고 있습니다 하지만 곧 만료되니 전화를 미루지 마세요.
(D) 해안선이 거의 1,000마일이 되는 코스타리카는 세계에서 가장 아름다운 해변이 몇 개 있습니다.

정답 (D)

해설 빈칸에 알맞은 문장 채우기 문제이다. 빈칸에 뒤에 해변에 대해 설명하고 있으므로, 해변에 관한 문장이 오는 것이 문맥상 적절하다. 정답은 (D)이다.

133

(A) 우리 자신
(B) 그들에게
(C) 그들 자신이
(D) 너 자신, 당신 자신을

정답 (D)

해설 대명사 찾기 문제이다. 해변을 방문할 사람은 이메일을 읽는 사람이므로 읽는 사람 스스로를 대신할 수 있는 (D) yourself가 정답이다.

134

(A) 대리점
(B) 보험
(C) (여행사의) 패키지 여행
(D) 조언

정답 (C)

해설 어휘 문제이다. our가 나타내는 것은 발신인 Exciting Travel Co.이다. 그러므로 코스타리카 여행을 권하고 있는 이 회사는 여행 관광상품을 판매한다고 볼 수 있다. 문맥상 '코스타리카 패키지 여행에 대한 자세한 내용은~'이 자연스럽게 연결되므로 정답은 (C)이다.

135-138

Stamford로 옮기는 미디어 회사.

STAMFORD - Westville에 *135.* 본사를 두고 있는 라이브 스트리밍 미디어 회사, Blasted는 몇 달 달 내로 Stamford의 남쪽 끝에 있는 복합 상업 지구로 이주할 계획이다. 이 회사는 Brookbend Center에 9,500 평방 피트에 대한 장기 임대 계약을 *136.* 채결 후 올해 2분기 내에 이주할 계획이다.

"Brookbend Center는 완공 *137.* 이후에 많은 첨단 기술 회사들에게 있어 고향과 같아서, Blasted가 미래의 고향으로 돌아가는 걸 기쁘게 생각하고 있습니다."라고 부동산 자산관리사, Jonathan Turner이 성명서에서 이와 같이 말했습니다. Norton River 옆에 위치한 BrookBend Center는 40에이커를 커버합니다. 특징으로는 최대 200명을 수용할 수 있는 회의실, 강당 그리고 6개의 회의실이 있습니다. *138.* 그 사무실 센터는 또한 카페테리아, 1,457대 수용 가능한 주차장 그리고 몇 개의 산책로 등을 포함하고 있습니다.

어휘 Office park 복합 상업 지구 set to 시작하다, 착수하다
auditorium 객석, 강당

135

정답 (B)

해설 시제 문제로 볼 수 있겠지만, 품사 문제에 가깝다. 본 문장의 주어는 Blasted이고 동사는 plans이므로 동사역할을 할 수 있는 (A), (C), (D) 모두 정답이 될 수 없다. 문맥상 'Westville에 본사를 두고 있는 라이브 스트리밍 미디어 회사, Blasted는~'이 자연스럽게 연결된다. 과거분사가 앞의 명사를 수식할 경우에는 '주격 관계대명사+be동사'가 생략된 형태로 'Blasted, a live-streaming media company (which is) based in West-ville' 이렇게 이해할 수 있다.

136

(A) ~을 만들다
(B) ~을 잃다
(C) ~을 제안하다
(D) ~에 서명하다

정답 (D)

해설 동사 어휘 문제이다. 주어 the firm은 이전을 계획하고 있는 Blasted를 나타내고 있다. 빈칸 앞에 after가 있고 뒤에 a long term lease이 나와 있으므로 빈칸은 목적어를 취할 수 있는 타동사가 쓰일 자리이다. 문맥상 '장기 임대 계약을 체결/서명한 후에~'가 잘 어울리므로 (D)가 정답이 된다.

137

(A) ~동안에, ~중에
(B) 그 후로
(C) ~까지
(D) 아직

정답 (B)

해설 빈칸 앞에는 완벽한 한 문장이 나와 있고 뒤에 its founding 명사 상당어구가 나와 있으므로 빈칸은 명사 상당어구와 함께 쓰일 수 있는 전치사가 쓰일 자리임을 알 수 있다. 문맥상 '완공 이후로'가 적절하고, 전치사 since는 현재 완료시제와 잘 어울리므로 문장의 현재 완료 시제를 한 번 더 확인할 수 있다면 since가 정답일 가능성이 높다는 것을 알 수 있다.

138

(A) Mr. Turner씨는 다른 세입자들로부터 사무실을 구할 수 있는 지원서를 받고 있다.
(B) 그 회사는 이사 후 국내 제조 능력을 확대할 예정이라고 소식통은 말하고 있다.
(C) 그 사무실 센터는 또한 카페테리아, 1,457대 수용 가능한 주차장 그리고 몇 개의 산책로 등을 포함하고 있다.
(D) 시간이 지나면 이러한 성능 저하로 인해 제품의 수익성이 향상될지 여부를 알 수 있다.

정답 (C)

해설 빈칸에 알맞은 문장 채우기 문제이다. 빈칸 앞에서 BrookBend Center에 대해서 자세하게 소개하고 있고, (C) 문장도 BrookBend Center에 대한 내용이므로 (C)가 정답이 된다.

Test 01
Test 02
Test 03
Answer 01
Answer 02
Answer 03

139-142

사내 전언
수신: 모든 직원들
발신: Oscar Mendelson
날짜: 5월 25일
주제: 신입 사원 환영회

Ms. Joanne Remnick가 고객 서비스 분야의 공석을 메우기 위해 Medifast, Inc에 입사하게 됨을 기쁘게 알려 드립니다. Joanne은 BioServe의 고객 서비스 분야에서 5년 이상 *139.* 일했습니다. 그녀는 그곳에서 일하는 동안 여러 번의 월간 직원상을 받았으며 상급자들로부터 *140.* 많은 추천을 받았습니다. Joanne의 직속 상관은 Robert Vesper가 될 것이므로, 질문이 있으시면, 그녀가 시작하기 전에 Robert와 *141.* 얘기하시기 바랍니다. 우리는 Joanne이 Medifast팀에 합류하게 되어 기쁩니다.

Joanne의 첫 날은 6월 13일 화요일에 될 것입니다. *142.* 만약 건물 주변에서 Joanne를 보게 된다면 반드시 회사에 온 것을 환영해 주세요.

어휘 memorandum (약식의) 사내 전언, ~에 관한 메모 superiors 상급자, 선배 direct supervisor 직속 상관

139

정답 (A)

해설 시제 문제이다. Joanne은 앞으로 Medifast에서 일하게 된다고 첫 번째 문단 앞에 나와 있다. 'She earned several employee-of-the-month awards'과 이어지면서 BioServe는 Joanne이 과거에 근무하던 기업이라고 판단할 수 있다. 그러므로 과거 시제인 worked를 빈칸에 넣는 것이 적절하다. 정답은 (C)이다.

140

(A) 매우
(B) 주로
(C) 거의
(D) 조용히

정답 (A)

해설 적절한 의미의 부사를 선택하는 문제이다. 빈칸에 highly를 넣으면 '매우 권장된다'라고 해석되어 문맥상 적절하다. 정답은 (A)이다. mainly는 주로 mostly는 거의 quietly는 조용히 라는 의미이다.

141

(A) 공유하다
(B) 해결하다
(C) 말하다
(D) 생각하다

정답 (C)

해설 적절한 의미의 동사를 선택하는 문제이다. with이후 올 수 있는 동사의 짝은 talk와 think이다. 문맥상 '질문이 있으면, Robert와 얘기하시기 바랍니다.'가 자연스럽게 연결되므로 talk with가 정답이 된다. think with는 '~와 같은 의견이다'라는 의미이다.

142

(A) 다음 주에는 안전 검사관들이 이곳에 올 예정이니, 늦게 출근하지 마세요.
(B) 만약 건물 주변에서 Joanne를 보게 된다면 반드시 회사에 온 것을 환영해 주세요.
(C) Joanne는 고객 서비스 분야에서 우리의 최고 직원 중 한 명이었고 우리는 그녀를 그리워할 것이다.
(D) 그때까지 반드시 월간 우수 사원에 대한 제안서를 제출해 주세요.

정답 (B)

해설 빈칸에 알맞은 문장을 선택한다. 첫 번째 단락은 신입 사원에 대한 소개 두 번째 단락은 신입 사원의 근무 시작에 대해 말하고 있다. 문맥상 Joanne이 6월 13일에 첫 출근을 하니 Joanne을 본다면 반갑게 환영인사를 해달라는 의미의 (B)와 자연스럽게 연결된다. 안전 검사관과 월간 우수 사원 후보에 대한 언급은 없으므로 (A)와 (D)는 오답이다.

143-146

수신: Atlas Property Management Agency
발신: Rita Hanson, Buildmore Co.
날짜: 5월 13일
주제: 필요한 수리

5월 12일에 있었던 대화에 대한 후속 조치로, Bradford Building 301호에 위치한 우리 사무실의 수리를 *143.* 요청하는 바입니다. 그 사무실은 우리 측의 어떠한 잘못, 남용, 또는 부주의로 인한 것이 아닌, 우리가 이사를 왔을 *144.* 때 수리가 필요했습니다. 수리가 필요한 항목은 다음과 같습니다. 하나의 내부 사무실 문(걸쇠가 파손됨) 그리고 사무실 남쪽에 있는 난방 장치(켜기/끄기가 제대로 되지 않음)

145. 당연히, 우리는 이 문제를 가능한 한 빨리 처리하고 싶습니다. 애석하게도, 이런 문제 때문에 이 지역의 영업 *146.* 수행 능력에 방해가 되고 있습니다. 언제 수리할 수 있을 것인지 알려 주세요.

잘 부탁드립니다,

Rita

어휘 properly 제대로, 적절히 abuse 남용, 오용 negligence 부주의 regrettably 유감스럽게, 애석하게 interferes 간섭하다, 개입하다

143

(A) 청구서
(B) 견적
(C) 답장
(D) 요청

정답 (D)

해설 문맥으로 적절한 명사를 선택해야 하는 문제이다. 계속 글의 'The office was in need of these repairs'와 다음 문장 'These are the items in need of repair.'를 통해 발신인인 Rita씨가 수리를 요청하고 있다는 것을 알 수 있다. 그러므로 요청을 뜻하는 (D)가 정답이다. bill은 '청구서', quote는 '견적', reply는 '답장'의 의미이다.

144

(A) 비록~일지라도
(B) ~때문에
(C) 언제, 어떤 경우 (때)에
(D) ~인지 아닌지

정답 (C)

해설 알맞은 접속사 찾기 문제이다. 사무실의 수리는 우리의 잘못 때문이 아닌 이사를 왔을 때(when) 필요했다가 되어야 문맥상 적절하다. 그러므로 시간의 접속사 when이 적절하다. 정답은 (C).

145

(A) 우리 회사는 최근 디자인과 효율성 부문에서 여러 상을 수상했다.
(B) 이 사무실은 공간 활용성과 자연광 같은 많은 멋진 특징을 가지고 있다.
(C) 우리의 협업 제안에 대해 당신 측의 회신을 기대합니다.
(D) 당연히, 우리는 이 문제를 가능한 한 빨리 처리하고 싶습니다.

정답 (D)

해설 빈칸에 알맞은 문장을 선택한다. '빨리 문제를 처리하고 싶다.'인 (D)를 빈칸에 넣으면 빈칸 뒤 문장에 대한 이유를 나타내고 있는 것이 되어 문맥상 적절하다. 정답은 (D)이다.

146

정답 (D)

해설 적절한 동사의 형태를 선택한다. 빈칸을 포함한 문장의 주어는 it, 동사는 interferes이다. 따라서 동사 역할을 할 수 있는 (B), (C)는 탈락. 명사 ability는 to부정사와 잘 어울리므로 (D)가 정답이 된다.

PART 7

147-148

Trine Blender TopSpeed를 구매해 주셔서 감사합니다. 우리는 손 쉽게 사용할 수 있는 고품질의 주방 용품과 식기에 대한 자부심을 가지고 있습니다.

새 믹서기를 사용하려면 먼저 포장용지에서 부품들을 꺼내어 설치해야 합니다. 147. 믹서기가 무거울 수 있으니, 포장지의 밑을 개봉하면 떨어질 수 있다는 것을 숙지해두기 바랍니다.

148. 상자의 구성품으로는, 1개의 베이스, 2개의 칼날 부착 장치, 1개의 주전자, 그리고 4개의 서빙 컵이 들어 있습니다. 사용하기 전에, 기계의 모든 부품을 깨끗하게 청소해 주세요. 사용할 칼날을 고리시고 (한 개의 큰 날과 한 개의 작은 날, 다른 사이즈는 낱개로 판매합니다) 베이스에 칼날을 나사로 고정시켜 줍니다. 고정 되었다면, 사용할 준비가 되었습니다. 그 다음으로 플러그를 꽂고, 재료를 넣고, 주전자가 꽉 닫혔나 확인해 주세요. 다 되었으면 Trine Blender TopSpeed를 사용할 준비가 다 된 것입니다.

어휘 appliance 가전 제품 utensil (가정에서 사용하는)기구, 도구 pitcher 주전자 thoroughly 대단히, 완전히 Pride on ~을 자랑하다 Utensil 부엌 도구

147 고객이 제품을 꺼낼 때 주의해야 할 점은 무엇인가?

(A) 설치 설명서
(B) 칼날의 날카로움
(C) 상자를 여는 칼의 종류
(D) 박스 개봉 방향

정답 (D)

해설 두 번째 단락 후반에 'The blender base will be heavy, so please be aware it might fall if opened from the bottom of the package'에서 상자를 개봉하는 방향에 주의가 필요한 것으로 정답은 (D)이다.

148 이 상자에는 몇 가지 유형의 칼날이 포함되어 있는가?

(A) 1
(B) 2
(C) 3
(D) 4

정답 (B)

해설 세 번째 단락의 'The contents of the box will include: one base, two blade attachments, one pitcher attachment, and four serving cups.'에서 두 종류의 칼날이 동봉되어 있다고 말하고 있다. 정답은 (B)이다.

149-150

Steve Bedrosian (9:34 A.M.):
안녕하세요, Mark, 귀찮게 해서 죄송해요. 당신의 새 고객과의 약속 시간이 거의 다 된 것을 알고 있지만, 부탁 드릴 게 있어요.

Mark Fitz (9:37 A.M.)
알겠어요, 무슨 일이에요?

Steve Bedrosian (9:39 A.M.):
149. 하루 종일 사무실에서 미팅을 하느라 바빠서, 오늘 저녁 회의를 위해서 돌아오는 길에 Westside 사무실에 들려서 Bunker Hill project 디자인 서류를 가져다 주실 수 있나요?

Mark Fitz (9:41 A.M.)
문제 없어요. 지금 고객 사무실로 가고 있어요. 멀지 않으니까 여기 일을 끝내고 잠깐 들려서 가져다 줄게요. 프로젝트는 예정대로 진행되고 있나요?

Steve Bedrosian (9:43 A.M.):
고마워요. 신세를 졌네요. 우리는 그 디자인을 오리지널 BH 프로젝트를 재구성할지 또는 다음 봄에 새로운 Wilder 프로젝트를 시작할 때 사용할지 논의하고 있어요.

Mark Fitz (9:48 A.M.)
와, 좋은 소식이네요! 다시 어떤 것을 위해 그 설계가 채택될 수 있기를 바랐어요. 150. 그 설계도가 처음 시작되고 만들어 지는 과정이 정말 마음에 들었거든요. 제가 서류를 찾아서 돌아갈 때 다시 문자 할게요.

어휘 shpe up (특히 좋은 방향으로) 되어 가다, 전개되다

149 무엇이 Mr. Bedrosian이 회의 서류를 받지 못하게 하는가?

(A) 그는 Bunker Hill에 가야만 한다.
(B) 그는 반드시 회사에 있어야 한다.
(C) 그의 동료가 휴가를 냈다.
(D) 아직 서류를 준비하지 못했다.

정답 (B)

해설 9시 39분 문자 'I'm stuck in meetings at the office all day.'에서 회의 때문에 사무실에 잡혀 있다고 말하며 서류를 가져다 줄 수 있는지 부탁하고 있다. 이를 통해서 그는 회사에 있어야 하기 때문에 서류를 얻지 못하는 것을 알 수 있다. 정답은 (B)이다.

150 오전 9:48분에 Mr. Fitz가 "일이 잘 풀리고 있어 정말 좋았어요." 라고 말한 것은 무슨 뜻인가?

(A) 그는 그 프로젝트의 디자인이 좋았다고 생각했다.
(B) 그는 그 모임이 잘 조직되었다고 생각했다.
(C) 그는 그 프로젝트가 불필요한 것들을 잃고 있다고 생각했다.
(D) 그는 이 계획이 효과가 있을 것이라고 생각했다.

정답 (A)

해설 설문에서 받는 문에 포함된 it은 project를 가리키고 있다. shape up은 '(일이 좋은 방향으로) 전개되다'의 의미로 사용되고 있으므로, 그는 프로젝트의 디자인에 만족했다는 것을 알 수 있다. 정답은 (A)이다.

151-152

Rosa's Italian Homestead는 4월 16일, 토요일에 52번가에 위치한 지점을 재오픈할 것을 알려드리는 것을 자랑스럽게 생각하며, 모든 사람들이 우리의 새로운 모습과 메뉴를 보러 오기를 바랍니다. 지난 30년간, 지역에서 최고의 요리(최고급 요리)를 제공해 드렸지만 우리는 현대화하고, 고객 여러분들을 위해 디자인과 식사를 업데이트 하고 싶었습니다.

Mariemont 지역에서 감사하는 시간을 표하기 위해, 이번 달에만 받을 수 있는 특별 아이템을 제공할 예정입니다! *152.* 오셔서 전통적인 시칠리안 파스타 alla Noma, Manicotti 그리고 신선한 해산물 요리 Pesce spada alla ghiotta를 즐기세요. *151.* 첫 번째 주 동안, 특별한 3가지 코스 요리를 라지 사이즈 피자와 같은 가격에 제공합니다. 오셔서 Rosa의 신선한 새로운 맛을 경험해 보세요!

어휘 finest dish 최고급 요리 gratitude 고마움, 감사

151 특별 할인은 언제 끝나는가?

(A) 며칠 후에
(B) 이번 주 말에
(C) 이번 달 말에
(D) 다음 달 말에

정답 (B)

해설 두 번째 단락 후반부에 'During the first week, we will be offering a special three-course meal for the price of a large pizza.' 에서 첫 주 동안, 특별한 코스 요리를 큰 피자 한판 가격과 같은 금액에 판매한다고 말하고 있다. 문제에서의 special discount는 피자 한판 가격임을 이므로 (B)가 정답이다. 두 번째 단락 전반부에 서술된 a few special items(몇몇 특별한 요리)은 할인의 대상이 되지 않아 (C)는 오답이다. 정답은 (B)이다.

152 어떤 종류의 음식이 Rosa가 특별 재오픈 메뉴로 제공하지 않는가?

(A) Large pizza
(B) Manicotti plate
(C) Seafood plate
(D) Sicilian pasta

정답 (A)

해설 제2단락의 중반 'Come and enjoy traditional Sicilian Pasta alla Norma, Manicotti, and a fresh seafood plate of Pesce spada alla ghiotta.'라고 말하고 있다. 이에 포함되지 않는 것은 (A) Large pizza 이다. 정답은 (A)이다. 후반부에 a large pizza라고 되어 있으나 이는 특별 할인 가격의 참고로 말하고 있다.

153-154

수신 James McCullen
발신 Sebastian Bludd
주제 윈터홀름 프로젝트
날짜 4월 20일

Mr. McCullen에게

Winterholm 프로젝트는 시작하기 위한 허가를 받았지만, 당신에게 몇 가지 도움을 받아야 할 것 같아요. *153.* 새로운 건설을 이끄는 게 처음이지만, 당신은 이런 상황에서 많은 경험을 해 보았으니 조언해 주시면 감사하겠습니다.

154. 첫째로, 우리는 공사 기간이 14개월 밖에 남지 않았지만, 공사를 11월에 시작해야 해서, 차가운 겨울 공기가 우리 건설 팀을 더욱 힘들게 할 것 같습니다. 당신 생각에는 건설 팀을 더 적은 규모로 시작해서, 나중에 더 고용하는 게 나을까요? 큰 공사가 될 것이고, 우리의 신입 사원을 위한 최상의 작업 공간을 만드는데 상당한 시간이 필요할 것 같습니다. 저도 품질만큼이나 속도가 중요하다는 것을 알고 있지만 저는 그렇게 하고 싶습니다. 당신의 생각을 저에게 알려주세요

어휘 clearance 허가 construction site 공사 현장 experience 경험 input 조언 workspace 작업 공간

153 Mr. Bludd 가 McCullen씨에게 조언을 요청하는 이유는 무엇인가?

(A) 그는 그 프로젝트에 책임을 지고 싶지 않다.
(B) 그는 건설 경험이 없다.
(C) 그는 시작하기 전에 승인이 필요하다고 생각한다.
(D) 그는 프로젝트에 대한 그의 의견을 신뢰한다.

정답 (D)

해설 첫 번째 단락 후반부에 'I know you've had a lot of experience in situations like this, so I would appreciate your input.'라고 말하고 있다. McCullen이 경험이 풍부하니 그를 믿고 의견을 요구하고 있다. 그러므로 정답은 (D)이다. 첫 번째 단락의 전반부에 "This will be my first time as lead of a new construction site."는 책임자로서의 경험이 없는 것을 말하고 있는 것이지 건설 경험이 아예 없는지는 알 수 없으므로 (B)는 오답이다.

154 Mr. Bludd가 언급한 문제는 무엇인가?

(A) 사무실 배치
(B) 건물의 가격
(C) 부지의 크기
(D) 공사 중 날씨

정답 (D)

해설 두 번째 단락의 전반부 'but we will have to start construction in November, so the winter air will make it more difficult for our construction team,'에서 겨울 날씨가 우리의 건설 팀을 더 힘들게 할 것이라고 말하고 있다. 정답은 (D)이다.

155-157

어휘 participate in ~에 참여하다

155 세일기간 중 어떤 종류의 제품을 구입할 수 있는가?

(A) 전체 제품
(B) 주방 기구
(C) 사무실 장비
(D) 여름 의류

정답 (A)

해설 첫 번째 단락 마지막에 'That means televisions, ovens, radios, and more.' 에서 세일의 대상품을 말하고 있다. 위에 열거되고 있는 종류를 요약하면 전자 제품이다. 정답은 (A)이다.

156 세일은 언제 끝나는가?

(A) 6월 5일
(B) 6월 19일
(C) 6월 30일
(D) 7월 1일

정답 (B)

해설 첫 번째 문단 처음에 'The Annual Summer Warehouse Sale will begin on June 5!'라고 말하고 있다. 이어 마지막 문단 마지막에 'The sale will only last two weeks, so take advantage of this once-a-year savings opportunity!'에서 세일은 2주간 진행됨을 알 수 있다. 6월 5일의 2주 후인 6월 19일에 세일이 끝나는 것을 알 수 있다. 정답은 (B)이다.

157 세일이 시작 되기 전에 사람들은 어떻게 세일 품목을 알 수 있는가?

(A) 웹사이트에 접속해서
(B) 목록을 요청해서
(C) 본사에 있는 누군가에게 연락해서
(D) 창고를 방문해서

정답 (A)

해설 두 번째 단락 처음에 'We have updated the Employee Sale section of the company intranet, so that you can start searching the catalog now!'에서 회사 인트라넷에 직원 세일 목록에 업데이트를 해서, 카탈로그를 지금 찾을 수 있다고 말하고 있다. 정답은 (A)이다.

158-160

어휘 thoroughness 철저함 faith 신뢰

158 JD Turk Cleaners에 대해 옳은 것은 무엇인가?

(A) 그들은 일을 빨리 끝낼 수 있다.
(B) 그들은 언제든지 일을 할 수 있다.
(C) 그들은 오직 그 분야에서 최고인 사람을 고용한다.
(D) 그들은 20년 전에 사업을 시작했다.

정답 (B)

해설 두 번째 단락 전반부의 'so we are available 24 hours a day and seven days a week, whenever you need us.'에서 당신이 우리를 원하면 언제든지 작업을 할 수 있다고 말하고 있다. 정답은 (B)이다. 24hours a day and seven days a week(하루 24시간 1주일 매일 계속)는 연중무휴를 나타내는 정형적인 표현이다.

159 Mr. Matthews는 무엇을 하는가?

(A) 그는 사무실에서 전화를 받는다.
(B) 그는 신입 사원을 채용한다.
(C) 그는 JD Turk의 현장 책임자이다.
(D) 그는 즉시 이메일 답변을 보낸다.

정답 (C)

해설 첫 번째 단락 후반부의 'Our team leader Glen Matthews, has over 20 years of experience in the field, and will be able to get the job done for you.'에서 Matthews를 20년 경력의 팀장이라고 소개하고 있다. team leader를 field manager로 바꾼 (C)가 정답이다.

160 고객이 JD Turk Cleaners와 연락할 수 없는 수단은 무엇인가?

(A) 우편으로
(B) 전화로
(C) 이메일을 통해
(D) 웹사이트를 통해

정답 (D)

해설 두 번째 문단 마지막 'To contact JD Turk, you can call our office number: 916-555-2342 or send us a message to jdtruk@mailme.com or you can send forms to our address: 4023 Sacred Heart Boulevard, San DiFrangeles, CA 94207.'에서 연락 가능한 방법을 서술하고 있다. 서술하지 않은 방법은 (D) Via the website이므로 (D)가 정답이다.

161-163

161. Garibaldi Security Services는 고객의 인터넷 안전과 보호에 대한 Londo Award를 받았다는 소식을 오늘 듣고 축하했습니다. GSS는 235명 이상의 고객을 책임지고 있고, 시상식 기간 동안 서버 장애가 발생하지 않았습니다. 최근 몇 년간, GSS는 과거의 실수를 극복해왔고, 보안 기술 분야의 선두 주자가 되었으며, 기업과 소비자 정보의 손실을 방지하기 위한 새로운 보안 대책이 되었습니다.

GSS가 이 상을 수상한 것은 처음이고, "이 상은 우리 회사가 작년에 회사 고객들이 그들의 사생활을 믿고 맡길 수 있도록 한 모든 노력을 인정해주고 있습니다."라고 대변인이 말했습니다. *162.* 대변인은 5년 전 회사의 재편이 새로운 해킹 기법과 외부 출처로부터의 스파이 활동을 완전히 장악하는데 더 큰 공헌을 할 수 있도록 도와주었다고 계속해서 말했습니다. *163.* GSS는 또한 수익과 인지도를 극대화하기 위한 노력으로, 내년에 서비스를 확대할 것을 모색하고 있습니다.

어휘 time frame 시간, 기간

161 기사의 주요 내용은 무엇인가?

(A) 우수한 서비스를 인정 받은 회사
(B) 신규 설립 업체의 실패
(C) IT회사의 주요 인사 이동
(D) 정보 기술 산업의 최근 동향

정답 (A)

해설 첫 번째 단락 처음'Garibaldi Security Services was celebrating today after receiving word that they had received the prized Londo Award for Internet protection and safeguarding of clients.'에서 Garibaldi Security Services가 고객의 인터넷 안전과 보호에 대한 Londo Award를 받았다는 소식을 전하고 있다. 따라서 정답은 (A).

162 회사는 왜 5년 전에 개편을 실시했는가?

(A) 해외 사업을 확장하기 위해
(B) 고객을 지원하기 위한 더 나은 방법을 얻기 위해
(C) 업데이트된 기술을 구매하기 위해
(D) 고령 근로자를 대체하기 위해

정답 (B)

해설 두 번째 단락 중반부분 'the reorganization of the company five years ago helped create a stronger commitment to staying on top of new hacking techniques and espionage from outside sources.'에서 5년 전 회사의 재편이 새로운 해킹 기법과 외부 출처로부터의 스파이 활동에 더 큰 공헌을 할 수 있도록 도와주었다고 말하고 있다. 정답은 (B)이다. stay on top of 는 '~을 완전히 장악하다'라는 표현이다.

163 이 회사가 미래에 할 예정이 아닌 것은 무엇인가?

(A) 자사 브랜드 인지도 확장
(B) 수익 증대
(C) 사업 확대
(D) 정부 계약 추진

정답 (D)

해설 두 번째 단락 마지막의 'GSS is also looking to expand their services in the next year, in an effort to maximize profits and name recognition.'에서 maximize profits and name recognition은 수익을 크게 증가시키면서 인지도를 넓히겠다고 말하며 서비스도 확대한다고 말하고 있다. 이는 (A), (B) 그리고 (C)에 해당하지만 (D)는 언급되지 않았다.

164-167

164. 여러분은 아이들의 멘토로 활동하면서 여름을 보내고 싶나요? 만약 그렇다면, 신나는 6주간의 Camp Crystal에 참여하세요. *165.* 우리는 캠프에서 2주동안 일하고 훈련을 하면서 여러분들의 어린 시절을 기억하는 모든 재미 있는 일들을 할 것입니다.

Camp Crystal에는 아이들이 배우고, 재미있는 시간을 보낼 수 있는 3개의 장소가 있습니다. *167.* 먼저, 숙박 지역에서 생활하고, 요리하고, 청소하며 그룹으로 재미있는 시간을 보냅니다. 임무를 공유하고 허드렛일을 돕는 것은 팀워크의 본보기가 됩니다. 캠핑객들은 객실 실내 장식과 식사를 만드는데 도움을 줄 것입니다.

다음으로, 캠프를 둘러싼 숲 속에서, 모든 사람들은 Camp Crystal 주변에 사는 많은 종류의 흥미로운 야생동물을 바로 앞에서 볼 수 있습니다. 과거의 트레킹에서, 우리는 곤충에서부터 여우, 곰까지 모든 것을 봐왔습니다! 훈련된 야외 지도자들이 모든 자연 산책을 주관하므로 다치거나 길을 잃을 위험은 없을 것입니다.

마지막으로, 가장 유명한 장소에서, 우리는 큰 호수에서 상담가들과 캠핑객들은 수영, 보트 타기 그리고 운이 좋다면, 100년동안 호수 근처에서 살고 있는 커다란 거북이인 Old Jason을 볼 수 있을 것입니다.

166. 우리는 또한 추가 비용을 내면 음악, 요리 그리고 미술 레슨까지 제공해 드립니다. 만약 여러분이 가르칠 수 있는 수업이 있다면 저희에게 알려주세요. Camp Crystal에 오셔서 모든 사람들이 무엇에 흥분하는지 확인해 보세요!

어휘 mentor 멘토 duty 임무 wildlife 야생 동물 counselor 카운슬러, 고문

164 이 광고의 주된 목적은 무엇인가?

(A) Camp Crystal로 관광객을 끌어들이기 위해
(B) 여름 캠프 지도자 신규 채용을 하기 위해
(C) 주민에게 Camp Crystal의 변경 사항 통보하기 위해
(D) 여름 야외 활동 소개를 하기 위해

정답 (B)

해설 첫 번째 문단 처음"Do you want to spend your summer working as a mentor to children? If so, come join us for an exciting six weeks at Camp Crystal."에서 여름기간 동안 학생들의 멘토로 지내고 싶은지 묻고 원한다면 Camp Crystal에 참여하라고 말하고 있다. 이를 통해 여름 캠프 지도자를 고용하기 위한 광고임을 알 수 있다. 정답은 (B)이다.

165 캠프가 시작되기 전에 직원들은 얼마나 훈련을 받을 것인가?

(A) 몇 일
(B) 1주
(C) 2주
(D) 1달

정답 (C)

해설 첫 번째 단란 후반부" We will spend two weeks working and training together at camp"에서 2 주간의 트레이닝을 받을 것이라고 말하고 있다. two weeks를 half a month로 바꾼 (C)가 정답이다.

166 Camp Crystal에서 제공하지 않는 추가 강습은 무엇인가?

(A) 요리
(B) 승마
(C) 음악
(D) 미술

정답 (B)

해설 다섯 번째 문단 "We also offer music, cooking, and painting lessons at an additional cost."에서 포함되지 않는 (B)가 정답이다.

167 [1], [2], [3] 또는 [4]의 위치 중 어느 것이 다음 문장이겠는가?

".먼저, 숙박 지역에서 생활하고, 요리하고, 청소하며 그룹으로 재미있는 시간을 보냅니다."

(A) [1]
(B) [2]
(C) [3]
(D) [4]

정답 (B)

해설 문맥에서 글을 삽입하기에 적절한 곳을 판단한다. 문장의 First가 힌트이다. 세 번째 문단의 시작이 Next~ 로 시작하고 있으므로 [3] 보다 먼저 들어간다고 알 수 있다. 두 번째 캠프에 대해서 말하고 있으므로 [2]의 위치가 들어가기 알맞음을 알 수 있다. 정답은 (B)이다.

168-171

수신 Sarah McGinly
발신 Frank Tyson
주제 우리 제품
날짜 4월 14일

Mr. McGinly에게

최근 귀하가 사용한 교육 제품군에 대한 이메일을 최근에 받았습니다. 그리고 제품을 사용한 경험에 대해 좋은 말씀을 해주신 것을 고맙게 생각하고 있습니다. *168.* 우리는 언제나 우리 제품들에 만족하는 사람들로부터 듣는 것을 좋아하며 향후 출시될 어플리케이션, 게임, 그리고 소프트웨어를 선택하는 것을 도울 기회를 제공하게 되어 기쁘게 생각합니다.

우리의 고객 베타 프로그램에서는, 현재 작업 중인 어플리케이션 또는 컴퓨터 소프트웨어 버전들을 보내 드립니다. *169.* 당신은 무료로 다운로드해서 사용할 수 있습니다. 그리고 우리가 당신에게 원하는 것은 간단한 설문에 답변해 주시고 선호하는 고객 웹 사이트를 통해 피드백을 제공하는 것입니다.

170. 관심이 있으시다면, 당신이 가장 베타 테스트를 즐길 수 있는 어플과 소프트웨어의 종류의 선호도와 얼마나 자주 테스트에 참여하기 원하는지, 이런 부분들을 포함한 동봉된 서식을 작성해 주시기 바랍니다. *171.* 우리는 또한 당신이 선호하는 고객 프로그램에 포함될 비밀 협정에 서명해야 합니다.

170. 당신이 가장 관심이 있는 제품을 알게 된 후에, 일단 우리가 이런 서류들을 받고 나면, 우리가 귀하에게 첫 번째 테스트 기간을 시작할 수 있도록 연락을 드릴 것입니다.

감사합니다. 좋은 하루 되세요,

Frank Tyson, Product Manager
Brain Games Entertainment

---

168 Brain Games는 어떤 타입의 제품을 Ms. McGinly에게 보내지 않을 것인가?

(A) 어플리케이션
(B) 책
(C) 게임
(D) 소프트웨어

정답 (B)

해설 첫 번째 단락 후반의 'would be excited to offer you a chance to help decide what kinds of future apps, games, and software we will release.'에서 포함되지 않는 것은 책이다. 정답은 (B)이다.

169 Ms. McGinly는 이 프로그램의 일환으로 무엇을 해야 하는가?

(A) 사무실로 출근한다
(B) 담당자에게 보고서를 작성한다
(C) 제품에 대한 질문에 응답한다
(D) 신제품에 대해 기자들에게 말한다

정답 (C)

해설 두 번째 단락 전반'all we need for you to do is answer short questionnaires and give feedback via our preferred customer website.'에서 짧은 설문지에 답하고 선호하는 웹 사이트를 통해 피드백을 제공한다고 말하고 있다. 이를 "제품에 대한 질문에 답하다."로 요약할 수 있다. 정답은 (C)이다.

170 Ms. McGinly는 이 프로그램에 참여하기 위해 무엇을 해야 하는가?

(A) Mr. Tyson에게 직접 전화한다
(B) 어플리케이션 양식을 다운로드한다
(C) 첨부 파일을 보낸다
(D) Brain Games Entertainment에 방문한다

정답 (C)

해설 두 번째 단락 중반'If interested, please fill out the form attached'와 'Once we receive these forms and after we find products you are most interested in,' 에서 the form attached를 the attachment로 바꾸었다. 정답은 (C)이다.

171 [1], [2], [3] 또는 [4]의 위치 중 어느 것이 다음 문장이겠는가?

"우리는 또한 당신이 선호하는 고객 프로그램에 포함될 비밀 협정에 서명해야 합니다."

(A) [1]
(B) [2]
(C) [3]
(D) [4]

정답 (C)

해설 삽입해야 할 문장은 요구사항을 나타내고 있으며 "also"가 있다. 이를 통해 이 문장의 문장 앞 뒤에 요구 사항을 포함한다고 볼 수 있다. 두 번째 단락 중반부 '~please fill out the form attached, which includes sections such as preferences of what kind of apps and software you would most enjoy beta testing and how often you would want to be included in the test.'에서 요구사항을 나열하고 있다. 그러므로 [3]에 문장이 위치해야 문맥이 자연스럽다. 정답은 (C)이다.

172-175

Steve Banner [2:23 P.M.]: 안녕하세요. Brad 그리고 Kate, 시간을 내줘서 고마워요. 우리 웹사이트의 방문자 수에 대해 물어 볼게 있어요. 데이터를 확인했는데 지난 며칠 간 고객의 방문 수가 급격하게 감소했더군요. 이게 무슨 일인지 아시는 분 계신가요?

Brand Thompson [2:24 P.M.]: 172. 며칠 전에 그것에 관련될 수도 있는 특별 뉴스 보도가 나왔는데, 뉴스에 따르면 우리의 제품들 중 하나가 사용 시 부상을 초래했다고 하더군요.

Kate Marna [2:26 P.M.]: 뭐라고요? 전 이것에 대해서 어떤 것도 들은 게 없어요. 무슨 일이에요?

Steve Banner [2:27 P.M.]: 저도 처음 듣는 이야기네요. 말해줄 수 있어요? Brad?

Brand Thompson [2:30 P.M.]: 한 지역 뉴스 채널이 훈련용 바퀴 달린 자전거, Cubby 200을 가진 학부모를 인터뷰했어요. 그 부모는 바퀴가 갑자기 접혀서 아이가 넘어지고 다리와 얼굴에 약간의 찰과상을 입었다고 말했어요.

Steve Banner [2:32 P.M.]: 이게 왜 제 관심을 끌지 못했을까요? 173. 우리는 이 부모님에게 연락을 취해 진심으로 사과를 드릴 뿐만 아니라 자전거도 교체해 드려야 합니다. 우리가 제품과 고객을 관리하는 걸 보여주면서 화제를 전환해봐요.

Kate Marna [2:34 P.M.]: Brad, 어떤 뉴스 방송국인지 알려 주세요. 174. 그러면 상황을 바로잡을 수 있도록 제가 연락해 볼게요. 175. 너무 늦기 전에 이 불을 꺼요!

Brad Thompson [2:35 P.M.]: 알겠어요. 정보를 찾아봐야 해요. 하지만 오늘 안에 보내드릴게요.

Steve Banner [2:37 P.M.]: 알겠어요. 왜 우리의 방문자 수가 떨어졌는지 알려줘서 고마워요. 걱정스러운 것은 부모님들 사이에서 구전으로 이 상황을 들어서 방문자 수가 낮아지는걸 야기시키는 거예요. 그래서 여러분들 둘에서 고객들이 다시 돌아올 수 있도록 같이 일해야 합니다.

어휘 scrape up 긁어 모으다 scrape 찰과상을 입히다 straighten out ~을 바로 잡다 by word of mouth 사람들의 입에서 입으로(구전으로)

172 웹 사이트 방문수가 감소한 원인은 무엇인가?

(A) 결함 제품
(B) 물가 상승
(C) 새로운 회사 방침
(D) 잘못된 일부 정보

정답 (A)

해설 오후 2시 23분 Mr. Banner는 웹 사이트의 방문자가 급감했다고 말하며 그 이유를 묻고 있다. 이에 대한 답변으로 Mr. Thompson씨가 'There was a special report on the news a few days ago saying that one of our products caused an injury, which might have something to do with it.'에서 자사 제품에서 부상자가 나온 것이 원인일지도 모른다고 말하고 있다. 정답은 (A)이다.

173 그들은 어떻게 문제를 해결하려고 노력할 것인가?

(A) 새로운 Cubby 200을 주어서
(B) 특정 웹 사이트 방문자에게 상을 수여함으로써
(C) 미디어를 사용하여 제품 홍보를 하여서
(D) 고객에게 제품을 사용하지 말라고 경고함으로써

정답 (A)

해설 오후 2시 32분 Mr. Banner씨의 "We need to contact this parent and extend our apologies, as well as we offer a replacement."에서 다친 아이의 부모에게 연락을 취하여 사과하는 것과 대체품을 제공하는 것 두 가지의 해법이 제시되고 있다. 따라서 (A)가 정답이다.

174 누가 특정 뉴스 매체에 연락할 것인가?

(A) Mr. Banner
(B) Mr. Thompson
(C) Ms. Marna
(D) 그들의 상사

정답 (C)

해설 오후 2시 34분의 Mr. Banner가 'I will get in touch with them so I can help straighten out the situation.'라고 말하고 있다. 여기서의 them은 앞에서 어떤 뉴스인지에 대해 말하고 있으므로 뉴스 매체임을 짐작할 수 있다. 그러므로 (C)가 정답이다.

175 오후 2시 34분에, Ms. Marna가 "너무 늦기 전에 이 불을 끄자."고 말한 의도는 무엇인가?

(A) 그들은 회사의 다른 직원들이 더 잘하도록 장려할 필요가 있다.
(B) 그들은 더 많은 고객을 잃기 전에 신속하게 문제를 해결해야 한다.
(C) 회사에 충성하는 고객에게 더 많은 할인 혜택을 제공할 필요가 있다.
(D) 시 공무원가 더 자주 협업할 필요가 있다.

정답 (B)

해설 갑자기 웹 사이트 방문 수가 줄어든 것에 대한 대화의 주요 내용인 것으로 보아, Ms. Maran가 "너무 늦기 전에 이 불을 끄자."라고 말한 의도는 (B) 더 많은 고객을 잃기 전에 신속하게 문제를 해결해야 한다는 의미임을 알 수 있다. 'put out this fire'를 'fix the problem'으로 바꾸고 '더 고객을 잃기 전에~'라고 구체적 설명을 추가한 (B)가 정답이다.

176-180

176. Expanse Engineering은 주거, 가구, 가전제품, 그리고 더 많은 것을 렌트, 구매, 판매 또는 거래하기를 원하는 직원들을 위해 온라인 게시판을 시작했습니다. 포스팅에는 소액이 들긴 하지만, 답장 또는 직원 라운지에서의 거래는 언제든지 무료입니다. 광고를 내리려면, 신청서에 필요한 정보를 빠짐없이 작성하고, 요금을 지불하세요.

요금

177. 물건 소개 (50자 이하)	$2.00
물건 소개 (50-99자 사이)	$3.00
180. 물건 소개 (100자 이상)	$4.00
180. 사진	사진 당 $0.1

직원 이름:	Mary Logan
구분:	판매/가구
날짜:	3월 23일

물품 설명:

178. 이번 회계 연도가 끝나면, 이사할 계획이어서 가구를 좀 팔고 싶습니다. 세 가지 물건을 팔고 있습니다. 먼저 서랍장 4개 달린 큰 나무 화장대입니다. 4년동안 썼지만 좋은 상태를 유지하고 있습니다. 이어 작은 흰색 컴퓨터 책상은 작업을 하는데 충분한 크기지만, 방 안으로 들어가는데 아무런 문제가 없습니다. 마지막으로 소형 냉장고인데요. 여러 개의 용기와 최대 6개의 캔 음료를 넣을 수 있습니다. 세 개 모두 한번에 팔고 싶지만 필요하면, 개별로도 판매가 가능합니다. *179.* 각각의 물품에 대해서는 첨부된 사진을 확인하시고, 저에게 연락해서 제안해 주시면 됩니다!

180. 단어 수:	114
180. 첨부 사진:	3
게재 날짜:	30 days

어휘 fiscal year 회계 연도 dresser 화장대

176 회사 게시판은 어떤 서비스를 제공하는가?

(A) 상품의 매매
(B) 불필요한 물건 회수
(C) 회의 일정
(D) 서류 번역

정답 (A)

해설 첫 번째 문단 'Expanse Engineering has started an online board for employees who wish to rent, buy, sell, or trade housing, furniture, appliances, and more.'에서 인터넷 게시판을 통해 다양한 거래를 할 수 있도록 서비스를 제공한다고 말하고 있다. 정답은 (A)이다.

177 서비스 요금은 어떻게 책정되는가?

(A) 구분에 따라서
(B) 상품의 수에 따라서
(C) 단어 수에 따라서
(D) 게재 기간에 따라서

정답 (C)

해설 첫 번째 문단 표를 확인하면 단어의 수와 첨부하는 사진의 수에 따라서 서비스 요금이 결정되는 것을 볼 수 있다. 정답은 (C)이다.

178 Ms. Logan은 왜 물건들을 판매하는가?

(A) 그녀는 새로운 것을 사려고 한다.
(B) 그녀는 회사를 그만둘 예정이다.
(C) 그녀는 돈이 필요하다.
(D) 그녀는 이사를 갈 것이다.

정답 (D)

해설 두 번째 문단 'I am preparing to move after this fiscal year and want to sell some of my furniture.'에서 그녀는 회계연도 이후 이사를 가기 때문에 물건을 판매하고 싶다고 한다. 정답은 (D)이다.

179 사람들은 물건의 상태를 어떻게 알 수 있는가?

(A) 웹 관리자에게 연락해서
(B) 온라인에서 사진을 보고
(C) Ms. Logan에게 이메일을 보내서
(D) Ms. Logan의 방에 방문해서

정답 (B)

해설 두 번째 문단 'Check out the pictures for each piece included'에서 각각의 물품에 대한 사진을 첨부했다고 말하고 있으므로 정답은 (B)이다.

180 Ms. Logan은 광고에 얼마를 썼는가?

(A) $2.10
(B) $3.30
(C) $4.30
(D) $9.30

정답 (C)

해설 두 번째 문단에서 Ms. Logan의 광고 단어 수는 114자이고 사진은 총 3장 첨부하였다. 첫 번째 문단에서 물건 소개에 100자 이상일 시 $4,000이고 사진은 개당 $0.10이므로 총 $4.30임을 알 수 있다. 정답은 (C)이다.

181-185

신입 사원– 오리엔테이션 일정:
4월 3일 – 7일

일정	시간
환영 조찬	오전 8시 – 오전 10시
규정 및 절차 소개	오전 10:15 – 오전 11:05
시스템 연수(고객 서비스 담당자만) – Lana Carney	오전 11:15 – 오후 12:00
시스템 연수 (엔지니어 대상) – Vince Turner	오전 11:15 – 오후 12:00
점심	오후 12:15 – 오후 1:15
185. 시스템 연수 (내, 외근 영업부원 대상) – Richard Bird	오후 1:15 – 오후 2:00
185. 시스템 연수 (관리 부분 연수 대상) – Lori Stevens	오후 1:15 – 오후 2:00
부장 위원회 (부장만)	오후 1:30 – 오후 2:00
부서별 분과 회의 – 매니저 소개	오후 2:15 – 오후 3:00
181. 팀 회의 – 모든 그룹	오후 3:15 – 오후 4:45
오리엔테이션 종료	오후 5:00

수신: Richard Bird; Lori Stevens
발신: Vincent Turner
주제: 오리엔테이션 일정
날짜: 4월 5일 오후 2:43

안녕하세요. Rich 그리고 Lori

신입 사원 오리엔테이션이 다음 주로 다가왔다는 것을 알고 있는데, Towson 매니저가 저에게 그들의 새 데이터베이스를 183. 구축하는 것을 돕기 위해 바로 다음 주에 함께 일할 시간이 있는지를 물었어요. 그들이 저에게 요구하는 것은 오전 중에 그들의 사무실에 작업을 시작할 수 있게 하는 것입니다. 182. 185. 가능하다면, 저는 여러분들 중 한 명과 훈련 시간을 바꾸고 싶습니다. 184. 보통은 제가 이런 걸 요청하지 않는데, 상위 10위권의 고객이라서 거절하고 싶지 않았습니다. 제가 데이터베이스의 관리 책임자이기 때문에, 그들은 제가 필요하고 또 그들을 안내해야 한다고 말했습니다. 제가 설치에 대해서 고객들에게 충성도를 보여 주는 것이 중요하다고 생각합니다.

월요일부터 수요일까지 한정되지만, 그 주 모든 일정을 변경할 수 있다면, 관계자 모두에게 더 편해질 것이라고 생각합니다. 아침에 Towson과 같이 일할 수 있도록, 여러분들 중에서 누가 저와 시간을 바꾸실 수 있나요?

감사합니다,

Vince Turner

어휘 orientation 예비 교육 reschedule 일정을 변경하다 build 구축하다

181 Team Breakout 회의에 소요되는 시간은 얼마나 되는가?

(A) 30분
(B) 45분
(C) 60분
(D) 90분

정답 (D)

해설 일정 아래 부분에서 'Team Breakout – All Groups 3:15 P.M. – 4:45 P.M.'에서 오후 3시 15분부터 4시 45분 까지 총 90분간 이루어지는 것을 알 수 있다. 정답은 (D)이다.

182 이메일을 쓴 목적은 무엇인가?

(A) 오리엔테이션에서 무엇을 논의할 것인지 묻기 위해
(B) 경영진의 참여 여부를 확인하기 위해
(C) 교육 프로그램 진행자를 파악하기 위해
(D) 일정 변경을 요청하기 위해

정답 (D)

해설 두 번째 문단 'If possible, I would need to switch training times with one of you.'에서 당신들 중 한 명과 트레이닝 시간을 바꾸고 싶어한다고 말하고 있으므로 정답은 (D)이다.

183 이메일 첫 번째 단락, 세 번째 줄의 "building"이 의미하는 바와 가장 가까운 단어는?

(A) 더하는
(B) 만드는, 구축하는
(C) 확대하는
(D) 고정하는

정답 (B)

해설 'with building their new database.'에서 building은 새 데이터 베이스를 '만들다, 구축하다'라는 의미로 쓰였다. (B)의 creating이 가장 뜻이 가깝다. 정답은 (B).

184 Mr. Turner는 왜 고객의 부탁을 거절하지 않는가?

(A) 그는 언제나 그들을 돕겠다고 약속했다.
(B) 그들은 회사에 중요한 사람들이다.
(C) 그들은 그가 없이는 데이터베이스를 사용할 수 없다.
(D) 그들은 그에게 많은 급여를 줄 것이다.

정답 (B)

해설 두 번째 문단 'Normally, I wouldn't ask, but this is a Top 10 client, so I didn't want to say no.'에서 보통은 거절하지만, 상위 10위안에 드는 고객이어서 거절할 수 없었다고 말하고 있다. 정답은 (B)이다.

185 Mr. Turner는 언제 새로운 엔지니어들과 이야기하고 싶어하는가?

(A) 오전 11시 15분
(B) 오후 1시 15분
(C) 오후 1시 30분
(D) 오후 5시

정답 (B)

해설 이 메일 'If possible, I would need to switch training times with one of you.'에서 Rich와 Lori 중 한 명과 일정을 바꾸고 싶다고 말하고 있다. 이를 통해서 Rich와 Lori의 강의 시간대인 오후 1:15~오후 2:00 사이의 시간대에 이야기를 할 것임을 알 수 있다. 정답은 (B)이다.

186-190

파손된 짐

186. 만약 당신이 맡긴 짐이 파손된 채로 도착한다면, 가방을 받고 7일 이내에 파손을 신고하셔야 합니다. 공항에 있는 지상 근무요원에게 연락하거나, 고객 서비스 부서로 메시지를 보낼 수 있습니다. (cs@forwardair.com)

파손된 짐에 대한 Forward Airlines의 책임은 제한적입니다. 우리의 짐 정책에 대한 자세한 내용을 여기에서 확인하시기 바랍니다(Forward Airlines Baggage Policies).

일반적으로, 우리는 통상적인 손상에 대해서는 책임을 지지 않습니다. 여기에는 다음이 포함됩니다:
*주의 깊은 취급에도 불구하고 발생할 수 있는 절단, 긁힌 자국, 흠, 음푹 들어간 자국과 흔적
*189. 스트랩, 포켓, 손잡이, 옷걸이, 바퀴, 외부 잠금 장치, 보안 스트랩 또는 지퍼를 포함한 짐의 돌출부 손상 또는 손실
*부적합하게 포장된 짐(예: 과적)

수신: Forward Airlines Customer Services ⟨cs@forwardair.com⟩
발신: Beverly Rodriguez ⟨brodriguez@pronto.net⟩
주제: 파손된 짐
날짜: 5월 22일
담당자님께,

제가 최근 Hong Kong에서 Los Angeles로 돌아올 때 Forward Airlines를 이용했습니다. 187. 저는 맡겼던 여행 가방이 파손되어 있는 것을 보고 경악했습니다. 그날 바로 여행 가방을 수리점에 가져가서 수리했습니다. 이 메시지에 청구서를 첨부했습니다. 수리 대금 전액을 환불 받을 수 있기를 기대하고 있습니다. 188. 이번이 Forward Airlines에서의 첫 번째 좋지 않은 경험이며, 이 문제가 조속히 해결되기를 바라고 있습니다.

Beverly Rodriguez

Three star 짐 수리점

187. 맡은 날:	5월 17일	청구서 번호:	5V803
고객 이름:	Beverly Rodriguez	점원:	Yannick
가방 기입:	검은색, 큰 롤링백	수리 완료일:	5월 21일
190. 가방 제조사:	Stenson, Inc.		

수리 설명:
수납식 핸들 장치의 교환

190. 주의: 모든 수리는 회사의 기준을 따라 본 제조 업체에서 제공한 부품을 사용합니다.	소계:	$35.50
	세금:	$5.00
	총액:	$40.50

어휘 ground staff 지상 근무요원 responsibility for ~에 대한 책임 assume (책임, 역할, 임무 따위를)떠맡다 dismayed ~에 낙패한 ~에 경악하는 expect to do ~하기를 기대하다

186 Forward Airlines 고객이 손상된 짐에 대해 보고하는 기간은?
  (A) 일 주일
  (B) 일 주일 반
  (C) 이 주일
  (D) 일 개월

정답 (A)

해설 첫 번째 문단 'you'll need to report the damage within seven days of receiving your bag.'에서 짐을 받고 7일 이내에 신고를 해야 한다고 말하고 있으므로 정답은 (A)이다.

187 Ms. Rodriguez는 언제 Los Angeles에 도착했는가?
  (A) 5월 15일
  (B) 5월 17일
  (C) 5월 21일
  (D) 5월 22일

정답 (B)

해설 두 번째 문단 'I was dismayed to see that my checked suitcase had been damaged. I took it to a luggage repair shop the same day'에서 돌아온 날과 같은 날 짐을 수리점에 맡겼다고 말하고 있다. 세 번째 문단 'Data received: May 17'에서 수리점에 맡긴 날이 5월 17일인 것을 알 수 있다. 그러므로 Los Angeles에 도착한 날은 5월 17일 이다.

188 Ms. Rodriguez가 이메일에서 암시하는 것은 무엇인가?
  (A) 그녀는 전에 Forward Airlines에서 비행기를 탄 적이 있다.
  (B) 그녀는 최근에 해외로 이사를 갔다.
  (C) 그녀는 직장을 옮기고 싶어 한다.
  (D) 그녀는 홍콩에서 일한다.

정답 (A)

해설 두 번째 문단 'This is my first bad experience with Forward Airlines'에서 Forward Airlines에서 처음 겪는 나쁜 경험이라고 말하고 있다. 이를 통해서 그녀는 전에도 Forward Airlines를 이용한 적이 있음을 짐작할 수 있다. 정답은 (A)이다. 나머지는 본문에서 언급된 적이 없다.

189 Forward Airlines가 Ms. Rodriguez의 요구를 거절하는 이유는 무엇인가?
  (A) 적절한 직원에게 보고하지 않았다.
  (B) 손잡이가 파손되었다.
  (C) 그녀는 가방에 짐을 너무 많이 쌌다.
  (D) 그녀는 요구하기 위해 너무 오래 기다렸다.

정답 (B)

해설 첫 번째 문단 'Damage to, or loss of, protruding parts of the baggage including: straps, pockets, pull handles, hanger hooks, wheels, external locks, security straps, or zippers'에서 나열하고 있는 목록은 수리비 청구에서 제외되는 부분을 말하고 있다. 여기서 손잡이는 수리비 청구에 제외되는 항목임을 알 수 있다. 그러므로 Ms. Rodriguez의 파손 부위는 손잡이이므로 수리비를 환불 받을 수 없다. 정답은 (B)이다.

190 수리에 대해 언급된 내용은 무엇인가?
  (A) 예상보다 비용이 덜 들었다.
  (B) 작업이 요청한 것 보다 빨리 끝났다.
  (C) 제품이 제조사로 발송되었다.
  (D) 교체 부품은 Stenson, Inc의 부품이었다.

정답 (D)

해설 세 번째 문단 'Note: All repairs completed according to manufacturer's standard using parts from original manufacturer.'에서 모든 수리는 본 제조업체에서 제공된 부품을 사용한다고 말하고 있다. 따라서 가방 제조사는 'Stenson, Inc.'임을 알 수 있으므로 정답은 (D)이다.

191-195

Castle Clothing 주문 요약

고객:

Eric Pratchett
5400번지 Hanover 길
Smith Village, 우편번호 94423 캘리포니아주

주문 날짜: 5월 14일
배송 날짜: 5월 17일

물품 번호	물품 이름	색상	개수	단가	합계액
SW99	스웨터	파란색	1	$50.00	$50.00
CR67	남자용 바지	회색/검정색	2	$80.00	$160.00
192. BL02	가벼운 블레이저	갈색	1	$150.00	$150.00
SH14	191. 셔츠	흰색	2	191. $40.00	$80.00
				소계:	$440.00
				주문 총액	$440.00

*CA에 거주하시는 분들은 가격에 세금이 포함되어 있습니다.
** 300달러 이상 주문하면, 배송비는 무료입니다.

수신: Eric Pratchett ⟨ericpratchett@strongly.net⟩
발신: Castel Clothing Customer Care ⟨cccc@castelclothing.com⟩
주제: 귀하의 주문
날짜 5월 29일
Mr. Pratchett 에게

192. 안타깝게도, 귀하가 주문하신 다음 품목은 현재 품절되었습니다: #BL02. 비록 우리가 재고량을 100% 정확도로 유지하기 위해 최선을 다하고 있지만, 드물게 재고 오류를 범하는 경우가 있습니다.

194. 현재 저희가 재고를 보유하고 있는 것 중에서 구매하신 것과 유사한 품목에 대한 설명서를 첨부해 드립니다. 이 제품은 고객님이 구매한 것보다 더 저렴하기 때문에 차액은 환불될 것입니다. 193. 제품을 교환하고 싶거나, 원래 주문하신 품목이 나올 때까지 기다릴 것인지 알려 주시기 바랍니다.

감사합니다.

Raleigh McIntosh
Castel Clothing Customer Care

194. Graveline 스포츠 재킷

이 남성용 재킷은 적당히 가벼워서 따뜻한 봄에 입거나, 쌀쌀한 날에 스웨터 위에 걸칠 수 있습니다. 194. 통기성이 있는 100% 면으로 만들어진 이 재킷은 다섯 개의 앞 단추, 195. 두 개의 널찍한 옆 호주머니, 그리고 한 개의 안쪽 가슴 주머니가 있습니다. 바람을 막아주는 스탠드 업 깃은 멋지고 실용적입니다.

다양한 색상으로 구매할 수 있습니다. $140(세금 포함)

어휘 out of stock 품절 maintain 유지하다 replacement 교체, 대체, 교환

---

191 Mr. Pratchett이 주문한 품목 중 가장 저렴한 제품은 무엇인가?

(A) 블레이저
(B) 바지
(C) 셔츠
(D) 스웨터

정답 (C)

해설 첫 번째 주문표에서 단가가 가장 저렴한 것은 2개 가격이 $40인 셔츠이다. 따라서 정답은 (C)이다.

192 Mr. Pratchett이 주문한 물건 중 어떤 물품을 즉시 구할 수 없는가?

(A) 검정 바지
(B) 회색 바지
(C) 파란 스웨터
(D) 갈색 블레이저

정답 (D)

해설 두 번째 문단 이메일 'Unfortunately, the following item that you ordered is now out of stock:#BL02.'에서 BL02항목이 품절되었다는 것을 알 수 있다. 첫 번째 주문표에서 BL02가 블레이저임을 알 수 있다. 정답은 (D)이다.

193 Mr. McIntosh가 원하는 정보는 무엇인가?

(A) 신용 카드 번호
(B) 고객의 결정
(C) 배달 주소
(D) 물품 번호

정답 (B)

해설 두 번째 이메일 'Please let us know if you would like this one as a replacement or if you would like to wait until your original item becomes available.'에서 물품을 교환할 것인지, 아니면 원래 주문한 제품을 기다릴 것인지 알려 달라고 하고 있다. 이는 고객의 결정을 원하는 것을 알 수 있다. 정답은 (B)이다.

194 BL02는 어떤 소재로 제작되었을 것 같은가?

(A) 면
(B) 나일론
(C) 실크
(D) 양모

정답 (A)

해설 세 번째 정보는 현재 재고가 없는 BL02와 유사한 물품에 대한 정보이다. Graveline Sports Jacket이 'Made of 100-percent breathable cotton'에서 통풍이 잘 되는 100퍼센트 면이라고 말하고 있으므로 BL02 역시 면으로 되어 있음을 유추할 수 있다. 따라서 정답은 (A).

195 광고하는 재킷에 몇 개의 주머니가 있는가?

(A) 1
(B) 2
(C) 3
(D) 5

정답 (C)

해설 세 번째 문단 광고 'two roomy side pockets, and one inner breast pocket.'에서 두 개의 사이드 주머니와 한 개의 안쪽 가슴 주머니가 있다고 말하고 있다. 총 3개이므로 정답은 (C)이다.

196-200

싱가포르 여행 일정
5월 10-13일

197. 수요일, 5월 10일
오후 4:00 싱가포르 도착
오후 7:00 팀 멤버들과 저녁 (당신이 선택한 장소에서)

목요일, 5월 11일
오전 10:00 – 오후4:00 제조 시설 견학, 진행자 Mr. Chang
오후 7:00 Mr. Chang과 디너 크루즈

금요일, 5월 12일
196. 오전 10:00 싱가포르 관광
오후 2:00 제품 개발팀의 발표
오후 6:30 Waverly Point에서 저녁

토요일, 5월 13일
오전 10:00 호텔 체크아웃
정오 12:00 샌 프란시스코행 비행기 출발

Singapore에서 먹을 만한 곳

Pavilion
Western Hotel에 위치한 Pavilion은 고향을 떠나온 여행자들에게 고향의 맛을 느끼게 해줍니다.
우리는 여러분의 식사에 멋진 와인을 *198.* 조합해 드리겠습니다. 연중무휴

Fortini
199. 메뉴를 요청하지 마세요… 우리는 하나도 없습니다. 수상 경력이 있는 저희 쉐프가 여러분을 위해 메뉴를 고르도록 하세요. 후회하지 않으실 거라 약속 드립니다.
197. 수요일 휴무

Aubergine
프랑스 요리사 Paul Desautel는 5년 전 Aubergine를 시작하기 위해 편안한 파리 생활을 정리했습니다. 싱가포르에서 가장 쾌적한 식당 중 하나입니다.
연중무휴

Chantilly
Marina Bay의 중심부에 위치한 Chantilly는 퓨전요리에 진지하게 임하고 있습니다.
세계 각지의 최고의 음식들을 함께 맛보세요. 월요일 휴무

발신: Jocelyn woods
수신: Brandon Ainsley
주제: 추천
날짜: 4월 28일

안녕하세요. Jocelyn,

Singapore로 간다는 소식을 들었어요. 그곳은 환상적이에요! *199.* Fortini 라 불리는 이 멋진 레스토랑을 절대로 놓쳐서는 안 돼요. 이탈리안 레스토랑처럼 들리고 정말 맛있는 이탈리아 음식을 주지만, 그들은 훨씬 더 많은 요리를 제공해요. 이 레스토랑에는 3번 간 적이 있는데, 매번 지금까지 먹은 요리 중 최고라고 생각합니다. *200.* Megan에 대해서도 걱정할 필요는 없어요. 그 요리사는 언제나 채식주의자에게 멋진 요리를 준비합니다. 여러분 모두가 매우 마음에 들 것이라고 장담해요!

안전한 여행 되세요,

Brandon Ainsley

어휘 traveler 여행자 terrific 아주 좋은, 멋진

---

196 일정에 따르면, 그 팀은 언제 몇 군데의 관광지를 방문할 것인가?
(A) 수요일
(B) 목요일
(C) 금요일
(D) 토요일

정답 (C)

해설 첫 번째 지문, 예정표를 참고한다. 5월 12일 금요일 오전 10시에 싱가포르 관광을 한다고 예정되어 있으므로 정답은 (C)이다.

197 첫날 팀이 방문할 수 없는 식당은 어디인가?
(A) Aubergine
(B) Chantilly
(C) Fortini
(D) Pavilion

정답 (C)

해설 첫 번째 지문, 예정표와 두 번째 지문, 먹을 만한 곳 리스트를 참고한다. 예정표에서 첫 날은 5월 10일 수요일임을 알 수 있다. 두 번째 지문, 먹을 만한 곳 리스트에서 Fortini의 소개글 끝에 Closed Wednesdays를 통해 Fortini는 매주 수요일마다 휴무임을 알 수 있다. 정답은 (C)이다.

198 목록에서, 3번째 줄 단어 "pair"와 의미가 가장 가까운 단어는?
(A) 조합하다
(B) 2배이다
(C) 유지하다
(D) 취급하다

정답 (A)

해설 'We will pair your meal with a great glass of wine.'에서 음식과 와인을 '조합하다'란 뜻으로 pair가 사용되고 있다. '조합하다'는 뜻이 일치하는 (A) combine이 정답이다.

199 Mr. Ainsley가 추천하는 레스토랑에 대해 언급된 것은 무엇인가?
(A) 메뉴가 없다.
(B) 야외 자리가 있다.
(C) 퓨전 음식을 제공한다.
(D) 채식주의자 음식만 제공한다.

정답 (A)

해설 두 번째 리스트와 세 번째 이메일을 참고한다. 이메일 전반에 'You absolutely cannot miss this great restaurant called Fortini.'에서 Ainsley가 추천하는 레스토랑을 알 수 있다. 두 번째 리스트에서 'Don't ask for the menu … we don't have one.'에서 메뉴가 없다는 것을 알 수 있다. 정답은 (A)이다. 채식주의자를 위한 음식 준비를 잘 한다고 말했지, 채식주의자 음식만 제공한다고 하지는 않았으므로 (D)는 오답이다.

200 이 그룹의 구성원에 대해 암시하고 있는 것은?
(A) 그녀는 여행을 좋아하지 않는다.
(B) 그녀는 해산물을 좋아하지 않는다.
(C) 그녀는 식이 요법에 제한이 있다.
(D) 그녀는 여행을 가지 않을 것이다.

정답 (C)

해설 세 번째 문단, 이메일 'And you don't need to worry about Megan either—the chef always has something terrific for vegetarians.'에서 요리사가 채식주의자에게 좋은 음식을 제공하니 Megan에 대해 걱정할 필요가 없다고 말하고 있다. 이를 통해서 그녀는 채식만 하는 식이 요법에 제한이 있음을 알 수 있다. 따라서 정답은 (C)이다.

Test 01 Test 02 Test 03 Answer 01 Answer 02 Answer 03

211

토익
실전모의고사 II
SET 3

	응시일	TEST 소요시간	맞은 개수
LC	___ 월 ___ 일	_____ 분	_____ 개
RC		_____ 분	_____ 개

PART 1	PART 2	PART 3		PART 4	PART 5	PART 6	PART 7		
1 (D)	7 (A)	32 (B)	62 (B)	71 (D)	101 (C)	131 (C)	147 (B)	176 (B)	186 (A)
2 (B)	8 (C)	33 (D)	63 (A)	72 (B)	102 (C)	132 (A)	148 (A)	177 (B)	187 (B)
3 (D)	9 (B)	34 (C)	64 (C)	73 (D)	103 (C)	133 (C)	149 (B)	178 (D)	188 (B)
4 (C)	10 (A)	35 (D)	65 (D)	74 (B)	104 (D)	134 (A)	150 (B)	179 (B)	189 (D)
5 (D)	11 (A)	36 (D)	66 (A)	75 (B)	105 (B)	135 (A)	151 (D)	180 (A)	190 (D)
6 (D)	12 (C)	37 (B)	67 (A)	76 (D)	106 (A)	136 (A)	152 (D)	181 (A)	191 (C)
	13 (B)	38 (A)	68 (D)	77 (D)	107 (D)	137 (D)	153 (C)	182 (C)	192 (D)
	14 (C)	39 (C)	69 (D)	78 (D)	108 (A)	138 (B)	154 (C)	183 (C)	193 (D)
	15 (A)	40 (B)	70 (B)	79 (A)	109 (D)	139 (B)	155 (C)	184 (B)	194 (C)
	16 (B)	41 (A)		80 (D)	110 (A)	140 (C)	156 (A)	185 (D)	195 (C)
	17 (B)	42 (C)		81 (D)	111 (D)	141 (A)	157 (C)		196 (D)
	18 (A)	43 (C)		82 (D)	112 (A)	142 (D)	158 (A)		197 (A)
	19 (C)	44 (B)		83 (B)	113 (C)	143 (C)	159 (D)		198 (A)
	20 (B)	45 (B)		84 (B)	114 (A)	144 (D)	160 (C)		199 (B)
	21 (A)	46 (B)		85 (C)	115 (A)	145 (D)	161 (B)		200 (D)
	22 (A)	47 (D)		86 (D)	116 (C)	146 (D)	162 (B)		
	23 (C)	48 (D)		87 (D)	117 (D)		163 (C)		
	24 (C)	49 (D)		88 (B)	118 (B)		164 (B)		
	25 (A)	50 (B)		89 (B)	119 (D)		165 (D)		
	26 (B)	51 (D)		90 (C)	120 (B)		166 (D)		
	27 (A)	52 (C)		91 (B)	121 (C)		167 (D)		
	28 (B)	53 (D)		92 (B)	122 (B)		168 (A)		
	29 (B)	54 (A)		93 (A)	123 (D)		169 (C)		
	30 (C)	55 (D)		94 (D)	124 (A)		170 (D)		
	31 (A)	56 (C)		95 (A)	125 (A)		171 (D)		
		57 (C)		96 (D)	126 (A)		172 (D)		
		58 (D)		97 (A)	127 (C)		173 (B)		
		59 (B)		98 (D)	128 (D)		174 (A)		
		60 (D)		99 (C)	129 (B)		175 (D)		
		61 (B)		100 (D)	130 (C)				

PART 1

1
(A) One person is taking a drink from a bottle.
(B) One person is writing on a computer.
(C) They're listening to a speaker on a stage.
(D) They're sitting around a rectangular table.

정답 (D)

해석 (A) 한 사람이 음료수를 병으로 마시고 있다.
(B) 한 사람이 컴퓨터로 글을 쓰고 있다.
(C) 그들은 무대 위에서 연설자의 말을 듣고 있다.
(D) 그들은 직사각형 테이블 주위에 앉아 있다.

해설 여러 사람이 테이블 주위에 앉아있는 모습을 'are sitting around a rectangular table.'로 묘사한 (D)가 정답이다. (A)의 take a drink는 '한 잔 마시다'라는 의미이다.

어휘 take a drink 한 잔 마시다, rectangular 직사각형의, 직각의

2
(A) Coffee is being poured into cups.
(B) Plates with food sit near a glass.
(C) A spoon has been left in the cup.
(D) A table is covered with vegetables.

정답 (B)

해석 (A) 커피를 컵에 붓고 있다.
(B) 음식이 담긴 접시는 유리컵 근처에 있다.
(C) 스푼이 컵에 남겨 있다.
(D) 식탁은 야채들로 덮여 있다.

해설 접시가 유리컵 근처에 있는 것을 'sit near'로 묘사한 (B)가 정답이다. (A)의 pour into는 '~에 붓다' (D)의 be covered with은 '~으로 뒤덮인'이라는 뜻이다.

어휘 pour into 붓다 be covered with ~으로 덮이다

3
(A) They're drying off with towels.
(B) They're playing with a ball.
(C) They're running toward the sea.
(D) They're standing near a net.

정답 (D)

해석 (A) 그들은 타월로 몸을 말리고 있다.
(B) 그들은 공을 가지고 놀고 있다.
(C) 그들은 바다를 향해 뛰어가고 있다.
(D) 그들은 네트 근처에 서있다.

해설 사람들이 배구 네트 근처에 서 있는 것을 'are standing near a net'로 묘사한 (D)가 정답이다. (A)의 dry off는 '몸을 말리다'라는 뜻으로 사용되었다.

어휘 dry off 몸을 말리다

4
(A) They're adding ingredients to a dish.
(B) They're cleaning some cooking utensils.
(C) They're cooking something in large pans.
(D) They're serving food in a tent.

정답 (C)

해석 (A) 그들은 음식에 재료를 추가하고 있다.
(B) 그들은 일부 조리 기구를 닦고 있다.
(C) 그들은 큰 냄비에 무언가를 요리하고 있다.
(D) 그들은 텐트 안에서 음식을 제공하고 있다.

해설 큰 냄비에 무언가를 요리하고 있는 것을 'are cooking something in large pans'으로 묘사한 (C)가 정답이다.

어휘 ingredient (요리 등의) 재료, 성분 utensil 기구, 도구 serve (음식 등을) 내다, 제공하다

5
(A) All flowers are being placed in baskets.
(B) Flowers are being planted in front of a door.
(C) Some plants and growing over a window.
(D) Some plants are hanging near a wall.

정답 (D)

해석 (A) 모든 꽃들은 바구니에 담겨지고 있다.
(B) 꽃들은 문 앞에 심겨지고 있다.
(C) 일부 식물은 창문 너머로 자란다.
(D) 일부 식물은 벽 근처에 매달려 있다.

해설 벽에 식물이 매달려 있는 것을 'plants are hanging near a wall'로 묘사한 (D)가 정답이다. (C)의 over는 '~를 넘어'라는 뜻으로 사용되었다.

어휘 plant to ~을 심다

6
(A) He's bending down to pick something up.
(B) He's leaning on the side of the car.
(C) He's opening the car window.
(D) He's pointing at something in front of the car.

정답 (D)

해석 (A) 그는 어떤 것을 집으려고 몸을 구부리고 있다.
(B) 그는 차의 옆에 기대고 있다.
(C) 그는 차창을 열고 있다.
(D) 그는 차 앞에서 무언가를 가리키고 있다.

해설 남자가 무언가를 가리키고 있는 모습을 'is pointing at something'으로 묘사한 (D)가 정답이다.

어휘 bend down 몸을 구부리다 lean on ~에 기대다

PART 2

7
How often does the interoffice mail get delivered?
(A) Twice a day.
(B) Which ones are for me?
(C) Take a 15-minute break.

정답 (A)

해석 사내 우편물은 얼마나 자주 배달되나요?
(A) 하루에 두 번이요.
(B) 어떤 것이 저를 위한 것입니까?
(C) 15분간 휴식한다.

해설 How often을 사용하여 횟수를 묻고 있다. 사내 우편물이 얼마나 자주 배달되는지를 묻는 질문에 '하루에 두 번'이라고 대답한 (A)가 정답이다.

어휘 interoffice 사내의

8
Are they planning to work on Saturday?
(A) Yes, it works both ways.
(B) I don't know where they are.
(C) Yes, and Sunday.

정답 (C)

해석 그들은 토요일에 일할 계획인가요?
(A) 네, 두 방법 모두 가능합니다.
(B) 저는 그들이 어디에 있는지 알지 못합니다.
(C) 네, 일요일에도 일을 합니다.

해설 Yes/No 응답 문이다. 토요일에도 일하는지 묻고 있는 말에 Yes의 의미를 내포한 '네, 일요일에도 일을 합니다'라고 답변한 (C)가 정답이다.

어휘 plan to V ~할 계획이다

9 Where is the extra copy paper?

(A) We're out of paper cups.
(B) By the plant over there.
(C) Just $9.99 per pack.

정답 (B)

해석 여분의 복사용지는 어디에 있나요?
(A) 종이 컵이 다 떨어졌습니다.
(B) 저기 있는 화분 옆에 있습니다.
(C) 한 팩당 $9.99 입니다.

해설 Where을 사용해 위치를 묻고 있다. 여분의 복사용지는 어디에 있는지 묻는 말에 '화분 옆에 있다'고 답하는 (B)가 정답이다.

어휘 out of ~ ~가 다 떨어지다

10 You saw the new museum exhibit, didn't you?

(A) Yes, and it was fantastic.
(B) Only if you let me pay.
(C) No one was at the meeting place.

정답 (A)

해석 새로 열린 박물관 전시회를 봤어요. 그렇죠?
(A) 네, 전시회가 아주 좋았습니다.
(B) 제가 결제하도록 허락해 주신다면 그렇게 하겠습니다.
(C) 아무도 회의 장소에 없었습니다.

해설 부가 의문문의 형태이다. 새로 열린 박물관 전시회를 보았는가 확인하는 말에 '전시회를 봤는데, 아주 좋았다'고 답변한 (A)가 정답이다.

어휘 exhibit 전시, 전시회

11 Didn't Sarah submit her application?

(A) Not yet. By tomorrow at noon, she said.
(B) She told me to meet her at the station.
(C) Her report was 15 pages long.

정답 (A)

해석 Sarah는 아직 신청서를 제출하지 않았나요?
(A) 아직 제출하지 않았어요. 그녀의 말에 따르면 내일 정오까지 제출하겠다고 했어요.
(B) 그녀는 역에서 만나자고 했어요.
(C) 그녀의 보고서는 15페이지 분량이었습니다.

해설 부정의문문의 형태이다. Sarah가 신청서를 제출했는지에 대한 물음에 '아직 제출하지 못했으며 내일 제출할 것'이라는 응답이 적절하다. 정답은 (A)이다.

어휘 submit 제출하다 application 신청서

12 I think we should get this agreement in writing.

(A) There is writing on both sides of the paper.
(B) Nobody can agree on the remodeling.
(C) Good thinking. Please request it.

정답 (C)

해석 우리가 이 협정을 서면으로 받아야 한다고 생각해요.
(A) 종이의 양면에 글이 있습니다.
(B) 아무도 리모델링에 동의하지 않습니다.
(C) 좋은 생각입니다. 그렇게 요청하세요.

해설 협정을 서면으로 받아야 한다는 말에 '좋은 생각'이라고 동의하는 (C)가 자연스럽게 어울린다

어휘 in writing 서면으로

13 Why did the sales team leave early today?

(A) Because it cost too much.
(B) They went to a seminar.
(C) To get a repair estimate.

정답 (B)

해석 영업팀은 왜 오늘 일찍 퇴근했나요?
(A) 비용이 너무 많이 들어서요.
(B) 그들은 세미나에 갔습니다.
(C) 수리 견적을 받기 위해서요.

해설 Why를 사용해서 영업팀이 일찍 퇴근한 이유를 묻고 있다. '그들은 세미나에 갔다'는 응답이 가장 적절하다. 따라서 정답은 (B)이다.

어휘 estimate 견적서

14 Do you know when Ms. Travers is going to Sydney?

(A) I haven't heard the price.
(B) With all of her subordinates.
(C) Sometime in August.

정답 (C)

해석 Ms. Travers가 언제 시드니에 가는지 아세요?
(A) 가격을 들어 보지 못했어요.
(B) 그녀의 부하 직원들과 함께요.
(C) 8월 중에요.

해설 일반 의문문이다. Ms. Travers가 언제 시드니에 가는지에 대한 물음에, 시간을 나타내는 '8월 중에요'라고 답하는 (C)가 정답이 된다.

어휘 subordinate 부하, 하급자

15 What is the accounting head doing in Melissa's office?

(A) Don't ask me.
(B) The accounts were reviewed twice.
(C) Let me call you right back.

정답 (A)

해석 회계 담당자는 Melissa의 사무실에서 뭐하고 있나요?
(A) 저에게 묻지 마세요.
(B) 계좌는 2회에 걸쳐 검토되었습니다.
(C) 바로 다시 전화 걸게요.

해설 What을 사용해서 회계 담당자가 Melissa의 사무실에서 무엇을 하는지에 대해 묻고 있다. 답변으로 '묻지 말라'고 답하는 응답이 가장 적절하다. 정답은 (A)이다.

어휘 accounting head 회계 담당자 account 계좌

16 When do you suppose he'll make his decision?

(A) I'm supposed to be in Detroit today.
(B) It could take a while.
(C) A one-in-ten chance, I'd say.

정답 (B)

해석 그가 언제 결정을 내릴 것이라고 추측하세요?
(A) 전 오늘 디트로이트에 있을 예정입니다.
(B) 시간이 좀 걸릴 수도 있습니다.
(C) 확률은 10분의 1이라고 제가 말했습니다.

해설 When을 사용해서 시기에 대해 묻고 있다. 그가 언제 결정할지 묻는 질문에 '시간이 좀 걸릴 수 있다' 응답이 가장 적절하다. 정답은 (B)이다.

어휘 suppose 생각하다, 추측하다 one-in-ten 10분의 1

17 How are you getting to the conference tomorrow?

(A) Just ten minutes from here.
(B) By train, I'd expect.
(C) Tuesday, November the 15th.

정답 (B)

해석 내일 회의에 어떻게 갈 거예요?

(A) 여기서 10분 거리입니다.
(B) *아마 기차를 타고 갈 것입니다.*
(C) 11월 15일 화요일.

해설 How를 사용해 이동/교통 수단을 묻고 있다. 내일 어떻게 회의에 갈지에 대해 묻는 질문에 이동수단인 '기차를 타고 간다'는 답변이 잘 어울린다. 정답은 (B).

어휘 conference 회의

18 Has she spoken to Mr. Sears about her time-off request?

(A) Yes, and he approved it.
(B) No. I haven't been trained yet.
(C) Wherever she goes, she'll be successful.

정답 (A)

해석 그녀가 Mr. Sears에게 휴직 요청에 대해 말한 적이 있나요?

(A) *네, 그리고 그가 승인했습니다.*
(B) 아뇨, 아직 저는 훈련을 받지 못했습니다.
(C) 어디를 가든, 그녀는 성공할 것입니다.

해설 일반 의문문이다. 그녀가 Mr. Sears에게 휴직 요청을 한 적이 있냐는 물음에 '물은 적이 있고, 그가(Mr. Sears) 휴직 요청을 승인했다'는 응답이 적절하다. 정답은 (A)이다.

어휘 approve 승인하다, 허락하다 train 훈련시키다

19 When can we expect an answer about this?

(A) Every third Saturday at noon.
(B) I've stopped going to the gym.
(C) In about three days.

정답 (C)

해석 언제쯤 우리가 이것에 대한 답을 기대할 수 있을까요?

(A) 매주 셋째 토요일 정오예요.
(B) 체육관에 다니는 것을 그만 두었습니다.
(C) *약 3일 후에요.*

해설 When을 사용해서 시기에 대해 묻고 있다. 언제쯤 답변을 들을 수 있을지 묻고 있으며 답변으로 '약 3일후에 들을 수 있다'가 가장 적절하다. 정답은 (C)이다.

어휘 gym 체육관, 헬스장

20 The new temp is working out, isn't it?

(A) Yes. We've had record heat.
(B) Yes, as far as I know.
(C) Just a moment. I'll get him.

정답 (B)

해석 새 임시 직원이 운동 중이에요. 그렇죠?

(A) 네, 기록적인 더위입니다.
(B) *네, 제가 아는 한 그렇습니다.*
(C) 잠시만 기다리세요. 제가 그를 바꿔 드릴게요.

해설 부가 의문문 형태이다. 새 임시 직원이 운동하고 있는지에 대해 확인을 요청하고 있으며 답변으로 그렇다는 응답이 가장 적절하다. 정답은 (B)이다.

어휘 temp 임시 직원 work out 운동하다

21 Could you order takeout for us for lunch?

(A) Sure. What do you want?
(B) The tickets are all sold out.
(C) What time did you arrive?

정답 (A)

해석 점심을 포장 주문으로 해 주시겠어요?

(A) *그러죠. 어떤 걸로 해드릴까요?*
(B) 표는 다 팔렸습니다.
(C) 몇 시에 도착하시나요?

해설 Could you~를 사용해서 의뢰를 요청하고 있다. 점심을 포장 주문으로 요청하자 '그러죠. 어떤 걸로 포장을 해드릴까요?'라고 답하는 (A)가 정답이다.

어휘 takeout 포장 be sold out 다 팔리다

22 Who called for Ms. Carson this morning?

(A) He didn't leave his name.
(B) About 8:00 a.m.
(C) I heard her train was delayed.

정답 (A)

해석 오늘 아침 누가 Ms. Carson을 불렀나요?

(A) *그는 이름을 남기지 않았어요.*
(B) 오전 8시쯤 에요.
(C) 저는 그녀의 기차가 연착되었다고 들었습니다.

해설 Who를 사용하여 누가 Ms. Carson을 불렀는지 묻고 있다. 누가 불렀는지 몰라서, '그가(=Ms. Carson을 불렀던 사람) 이름을 남기지 않았다'는 답변인 (A)가 정답이다.

어휘 be delay 연착되다

23 Do you think Paul will accept the offer?

(A) There are many factories in that area.
(B) We should congratulate him.
(C) He's leaning toward yes.

정답 (C)

해석 Paul이 이 제안을 받아들일 거라 생각하나요?

(A) 그 지역에는 공장이 많습니다.
(B) 우리는 그를 축하해 줘야 해요.
(C) *그는 그렇게 하려는 경향이 있어요.*

해설 일반 의문문 형태이다. Paul이 제안을 받아 들지에 어떻게 생각하냐는 물음에 '그는 그렇게 하려는 경향이 있다'고 응답하는 (C)가 자연스럽게 연결된다.

어휘 lean toward something ~을 하려는 경향이 있다

24 I just realized my phone ran out of battery.

(A) These phones are too heavy.
(B) We're all out of that size.
(C) Here's my charger.

정답 (C)

해석 방금 제 휴대폰의 배터리가 다 떨어졌다는 걸 깨달았어요.

(A) 이 휴대폰들은 너무 무겁습니다.
(B) 그 사이즈의 핸드폰이 다 팔렸어요.
(C) *여기 제 충전기요.*

해설 방금 휴대폰의 배터리가 방전된 것을 깨달았다는 발언에 대해 자신의 충전기를 건네주는 (C)가 대화를 성립시킨다.

어휘 run out of ~을 다 써버리다, (물건)이 바닥나다

25 Are they planning to stay overnight?

(A) I'm not sure, but I'll ask.
(B) we were there just for the weekend.
(C) Actually, I disagree.

정답 (A)

해석 그들은 하룻밤 묵을 예정인가요?

(A) 잘 모르지만, 제가 물어볼게요.
(B) 우린 주말 동안만 그곳에 있었습니다.
(C) 사실, 저는 동의하지 않습니다.

해설 그들이 하룻밤 묵을 예정인지 묻는 말에 '잘 모르지만, 물어 보겠다'고 답한 (A)가 자연스럽게 어울린다. 정답은 (A).

어휘 stay overnight 하루 묵다

26 Where did these flowers come from?

(A) They went to London last year.
(B) A thank-you gift from Mr. Allen.
(C) They haven't been authorized.

정답 (B)

해석 이 꽃들은 어디서 온 것인가요?

(A) 그들은 지난 해 런던에 갔습니다.
(B) Mr. Allen이 감사 선물을 보냈어요.
(C) 그들은 허가를 받지 않았습니다.

해설 where ~ from을 사용해서 출처에 대해 묻고 있다. 꽃들이 어디에서 왔는지에 대한 물음에 'Mr. Allen이 감사의 의미로 보냈다'고 답한 (B)가 정답이 된다.

어휘 authorize ~을 허가하다, ~에게 권한을 주다

27 He isn't sure he wants to go with us.

(A) Well, it's his choice.
(B) Never give up on your dreams.
(C) Those aren't my only options.

정답 (A)

해석 그가 우리와 같이 가고 싶어 할 거라고 확신하지 않아요.

(A) 글쎄요, 그것은 그의 선택이지요.
(B) 당신의 꿈을 절대 포기하지 마세요.
(C) 이건 저의 유일한 선택사항이 아니에요.

해설 그가 우리와 함께 가고 싶어하는 지는 자기가 알 수 있는 일이 아니라는 것을 우회적으로 언급한 (A)가 가장 적절한 응답이라고 볼 수 있다.

어휘 option 선택지, 선택권

28 Should we make the copies now or wait until tomorrow?

(A) the coffee has gotten cold.
(B) We might have last-minute changes.
(C) Not around here.

정답 (B)

해석 복사를 지금 해도 될까요 아니면 내일까지 기다려야 하나요?

(A) 그 커피는 식었습니다.
(B) 갑작스럽게 변경사항이 생길 지도 몰라서요.
(C) 여기서는 안됩니다.

해설 선택 의문문의 형태로 복사를 지금 해도 되는지, 아니면 내일까지 기다려야 하는지에 대해 묻고 있다. '갑자기 변경사항이 생길지도 모른다' 즉, 지금 안 하는 것이 좋다고 간접적으로 언급한 (B)가 정답이다.

어휘 last-minute 마지막 순간의, 막바지의

29 It's going to be a long day.

(A) That's right, by 7:00
(B) True, but we'll get through it somehow.
(C) All of the employees are gone.

정답 (B)

해석 힘든 하루가 될 거예요.

(A) 맞아요, 7시까지입니다.
(B) 맞아요, 하지만 우리는 어떻게든 끝낼 수 있을 겁니다.
(C) 모든 직원들은 떠났습니다.

해설 힘든 하루가 될 것이라는 말에 동의하며 어떻게든 일을 끝낼 수 있다고 답하는 (B)가 문장을 성립시킨다. 정답은 (B)이다.

어휘 get through sth. ~을 끝내다 somehow 어떻게든

30 The reports have been finalized, haven't they?

(A) Yes, they were looking for you.
(B) Not yet. The oven is still heating up.
(C) I'm just checking them for the last time.

정답 (C)

해석 그 보고서는 최종적으로 마무리 되었어요, 그렇죠?

(A) 네, 그들은 당신을 찾고 있었습니다.
(B) 아직이요. 오븐은 아직 예열을 해야 해요.
(C) 마지막으로 보고서들을 확인하고 있습니다.

해설 부가 의문의 형태이다. 보고서가 최종적으로 마무리 되었는지 확인하는 말에, '마지막으로 그 보고서들을 확인하고 있다'고 답한 (C)가 자연스럽게 어울린다.

어휘 finalize 끝내다, 마무리하다

31 Do you mind if I switch seats with you?

(A) Not at all.
(B) Yes. I'm almost there.
(C) There's no need to switch cars.

정답 (A)

해석 제가 당신과 자리를 바꿀 수 있을까요?

(A) 괜찮아요
(B) 네. 거의 다 왔습니다.
(C) 차를 갈아탈 필요가 없습니다.

해설 일반 의문문이다. 자리를 바꿀 수 있는지에 대한 질문에 '괜찮다'고 답하는 (A)가 자연스럽게 연결된다. 정답은 (A)이다.

PART 3

32-34

W: Hi. *32.* I'll be away from home on holiday for the month of October. I was wondering if I could suspend my home internet service while I'm gone.

M: *33.* Yes, you can, but you'll have to pay a suspension fee, $5.00 a month.

W: I guess that's all right. Can you set that up for me now?

M: Of course. *34.* To start the process, I'll need your name and home address.

216

W: 안녕하세요. *32.* 저는 10월 한달 동안 휴가로 집을 비울 예정입니다. 제가 집을 비우는 동안 가정용 인터넷 서비스를 일시 정지할 수 있는지 궁금합니다.

M: *33.* 네, 가능합니다만, 정지 비용을 매달 $5.00씩 지불해야 합니다.

W: 괜찮을 것 같아요. 지금 바로 준비해 주실 수 있나요?

M: 물론이죠. *34.* 절차를 시작하려면, 당신의 이름과 집 주소를 알아야 합니다.

어휘 away from ~에서 떠나서, suspend 일시 정지하다, process 절차

32 What will the woman do in October?

(A) Attend a seminar series
(B) Go on vacation
(C) Study abroad
(D) Take an overseas business trip

정답 (B)

해석 여자는 10월에 무엇을 할 것인가?

(A) 세미나 시리즈 참여
(B) 휴가를 떠나다
(C) 유학
(D) 해외 출장을 간다

해설 여자의 첫 대화에서 'I'll be away from home on holiday for the month of October.' 휴가를 떠날 것이라고 말하고 있다. 정답은 (B)이다.

33 What does the man say about the suspension of service?

(A) It cannot be done.
(B) It has to be longer than a month.
(C) The procedure needs to be done online.
(D) There will be a charge.

정답 (D)

해석 남자는 일시 정지 서비스에 대해서 뭐라고 말하는가?

(A) 불가능하다.
(B) 1개월 이상 걸린다.
(C) 이 절차는 온라인으로 진행해야 한다.
(D) 요금이 부과될 것이다.

해설 'you'll have to pay a suspension fee'에서 정지 비용을 내야 한다고 말하고 있으므로 (D)가 정답이다.

34 What information will the woman give next?

(A) Her account number
(B) Her e-mail address
(C) Her home address
(D) Her phone number

정답 (C)

해석 여자는 어떤 정보를 다음에 줄 것인가?

(A) 그녀의 계좌번호
(B) 그녀의 이메일 주소
(C) 그녀의 집 주소
(D) 그녀의 전화번호

해설 'I'll need your name and home address.'에서 이름과 집 주소를 요구하고 있다. 정답은 (C)이다.

35-37

W: Hello. *35.* My name is Megan Roberts and I have an appointment for a personal yoga session with Ms. Jackson tomorrow morning, but *36.* I'm not going to be able to make it. Does she have time tomorrow afternoon?

M: She is booked all day tomorrow and for the rest of the week, I'm afraid. Looks like she's totally booked the whole next week, too. *37.* If you're fine with someone else, Ms. Dalton is available tomorrow afternoon.

W: I've heard she's good, too. *37.* OK, I'll try her.

W: 안녕하세요. *35.* 제 이름은 Megan Roberts이고 내일 아침에 Ms. Jackson의 개인 요가 수업을 예약했지만, *36.* 제 시간에 갈 수 없을 것 같습니다. Ms. Jackson이 내일 오후에 시간이 될 수 있을까요?

M: 유감스럽게도, 그녀는 내일 모든 시간이 예약되어 있고, 남은 주에도 전부 예약이 되어 있습니다. 그녀는 다음 주 모든 시간에도 예약이 된 것으로 보입니다. *37.* 만약 다른 사람도 괜찮다면, Ms. Dalton이 내일 오후에 가능합니다.

W: 그녀도 잘 한다고 들었어요. 좋아요. *37.* 그녀와 해볼게요.

어휘 session 수업

35 Who most likely is Ms. Jackson?

(A) A receptionist
(B) A school owner
(C) A student
(D) An instructor

정답 (D)

해석 Ms. Jackson의 직업은 무엇인가?

(A) 접수원
(B) 학교 운영자
(C) 학생
(D) 강사

해설 'I have an appointment for a personal yoga session with Ms. Jackson tomorrow morning'에서 Ms. Jackson의 요가 수업을 예약하고 싶다고 말하고 있다. 이를 통해서 Ms. Jackson의 직업은 요가 강사임을 알 수 있다. 정답은 (D)이다.

36 Why is the woman calling?

(A) To book an appointment
(B) To cancel an appointment
(C) To confirm an appointment
(D) To reschedule an appointment

정답 (D)

해석 여자는 왜 전화했는가?

(A) 예약을 하려고
(B) 예약을 취소하려고
(C) 약속을 확인하려고
(D) 예약 일정을 변경하려고

해설 'I'm not going to be able to make it. Does she have time tomorrow afternoon?'에서 그날에는 갈 수 없고 그녀가 다음날 오후에 시간이 되는지 묻고 있다. 이를 통해서 여자는 예약 일정을 변경하려고 전화했다는 것을 알 수 있다. 정답은 (D)이다.

37 What did the woman decide to do?

(A) Call the man back later
(B) Choose a different person
(C) Make an appointment next week
(D) Talk to Ms. Jackson

정답 (B)

해석 여자는 무엇을 하기로 결정했는가?

(A) 나중에 다시 전화하기
(B) 다른 사람을 선택하기
(C) 다음 주에 약속 잡기
(D) Ms. Jackson과 대화

해설 'If you're fine with someone else, Ms. Dalton is available tomorrow afternoon.'에서 다른 사람은 괜찮다면 Dalton이 다음날 오후에 가능하다고 말하고 있다. 이에 여자는 'OK, I'll try her.'에서 그녀와 하겠다고 말하고 있다. 이를 통해서 여자는 다른 강사를 선택한 것을 알 수 있다. 정답은 (B)이다.

38-40

W: Oh, David. I was looking for you. *38.* Do you have a minute to look at the new logos? The design firm sent them to me this morning and.. well, see for yourself.

M: Oh, wow, these are really different from what I expected.

W: Yes, but I can't quite put my finger on what is wrong. The color? The size?

M: *39.* I think the company name is hard to read on these two. And this one is too busy. You know, too many lines and…

W: *39.* That's it. We need something simple and clean. *40.* I'll let the designers know. Hopefully, they'll come up with better ones.

W: 어, David. 그렇지 않아도 당신을 찾고 있었어요. *38.* 새 로고를 볼 시간 좀 내줄래요? 오늘 아침 디자인 회사가 저에게 로고를 보냈어요 그리고 음.. 직접 확인에 보세요.

M: 오, 와우, 제가 생각한 것과는 정말 많이 달라요.

W: 네, 하지만 뭐가 잘못됐는지 정확히 말씀 드리기 힘드네요. 색상? 크기?

M: *39.* 제 생각엔, 이 두 개는 회사 이름을 읽기가 힘들어요. 그리고 이것은 번잡해요. 당신이 알다시피, 선이 너무 많고…

W: *39.* 맞아요, 좀 더 간단하고 명료한 로고가 필요해요. *40.* 디자이너들에게 알려줘야겠어요. 그들이 더 좋은 로고를 만들어 줄 바래요.

어휘 expect (아마 그럴 것이라고)생각하다 come up with N ~을 제시하다, 생산하다

38 What are the speakers discussing?

(A) A company symbol
(B) A new building design
(C) A painting
(D) A photograph

정답 (A)

해석 화자들은 무엇에 대해 말하는가?

(A) 회사 상징
(B) 새 빌딩 설계도면
(C) 그림
(D) 사진

해설 'Do you have a minute to look at the new logos?'에서 새 로고에 대해 이야기를 나눌 수 있는지 묻고 있다. 이를 통해서 이후의 대화는 새 로고에 대해서 이야기가 진행될 것을 알 수 있다. logo를 symbol로 바꾼 (A)가 정답이다.

39 What does the woman mean when she says, "That's it"?

(A) She has said what she wants to say.
(B) She is amused by his opinion.
(C) She thinks the man made a good point.
(D) She wants to end the conversation.

정답 (C)

해석 여자가 "That's it" 라고 말한 의도는 무엇인가?

(A) 그녀는 하고 싶은 말을 다 했다.
(B) 그녀는 그의 의견에 즐거워하고 있다.
(C) 그녀는 그 남자가 좋은 지적을 했다고 생각한다.
(D) 그녀는 대화를 끝내고 싶어 한다.

해설 남자가 'the company name is hard to read on these two. And this one is too busy.'에서 회사명은 읽기 어렵고 번잡하다고 말하고 있다. 여자는 That's it이라고 응답하며 'We need something simple and clean.'에서 좀 더 간단하고 명료하게 만들어야 한다고 말했다. 이를 통해서 여자는 남자가 좋은 지적을 했다고 생각한다고 볼 수 있다. 정답은 (C)이다.

40 What does the woman say she will do?

(A) Ask another co-worker for help
(B) Contact an artistic firm
(C) Hire a different firm
(D) Think of new slogans

정답 (B)

해석 여자는 자신이 무엇을 할 것이라고 말하는가?

(A) 다른 동료에게 도움을 청한다
(B) 디자인 회사와 접촉한다
(C) 다른 회사를 고용한다
(D) 새로운 슬로건을 생각한다

해설 'I'll let the designers know.'에서 디자이너 들에게 알려주겠다고 남자에게 말하고 있다. '알려주다'를 contact로 바꾼 (B)가 정답이다.

41-43

W: I see the Charleston Line isn't running this morning. What happened?

M: *41.* There was a signal malfunction near Dearing Station. They think the storm last night shut down the signals.

W: How long do you think before the line is running again?

M: Hard to say. They've been working on it for an hour or so and I haven't heard an update. *42. 43.* The latest information is on our website. Here's a card with the website address.

W: Charleston 노선이 오늘 아침에 운행하지 않는다는 걸 알았어요. 무슨 일인가요?

M: *41.* Dearing 역 근처에서 신호 오작동이 있었어요. 그들은 지난밤 폭풍이 신호를 차단했다고 생각하고 있습니다.

W: 노선이 다시 운행하려면 얼마나 걸릴 거라고 생각하세요?

M: 말하기 어려워요. 그들은 한 시간 또는 그 정도 작업을 하고 있는 것 같고, 추가 이야기는 듣지 못했어요. *42. 43.* 최신 정보는 우리 웹사이트에 있습니다. 여기 웹사이트 주소가 적힌 카드입니다.

어휘 malfunction (기계, 장치 따위가) 제 기능을 발휘하지 못하다 line (기차) 선로, 노선

41 What is the cause of the delay?

(A) A mechanical problem
(B) A staffing problem
(C) A traffic jam
(D) An accident

정답 (A)

해석 지연의 원인은 무엇인가?

(A) 기계 문제
(B) 직원 채용 문제
(C) 교통 체증
(D) 사고

해설 'There was a signal malfunction near Dearing Station.'에서 Dearing역 근처에서 신호 오작동이 있었다고 말하고 있다. 기계 문제로 운행이 중단되었다는 것을 알 수 있다. 정답은 (A)이다.

42 Who most likely is the man?

(A) A mechanic
(B) A passenger
(C) A station worker
(D) A website designer

정답 (C)

해석 남자의 직업은 무엇인가?

(A) 정비공
(B) 승객
(C) 역무원
(D) 웹사이트 디자이너

해설 노선에 대해 물었을 때, 'The latest information is on our website. Here's a card with the website address.'에서 웹사이트의 주소가 적인 카드를 건네며 최신 정보는 우리의 웹사이트에 있다고 말하고 있다. 이를 통해 남자는 역무원임을 알 수 있다. 정답은 (C)이다.

43 What does the man give the woman?

(A) A map
(B) A refund
(C) A URL of his company
(D) An update on the delay

정답 (C)

해석 남자는 여자에게 무엇을 주었는가?

(A) 지도
(B) 환불금
(C) 그의 회사의 URL
(D) 지연 시간에 대한 최신 정보

해설 'Here's a card with the website address.'에서 남자는 여자에게 웹사이트 주소가 적힌 카드를 건네 주었다. 따라서 정답은 (C)이다.

44-46

W: Hi, there. *44.* I'd like to sign up for the boat tour tomorrow. Uh, do you have any space left in the morning?

M: How many people are there?

W: Two adults and two children.

M: In that case, you'll have to take the afternoon tour. *45.* The boats are not that big, actually. They only hold eight people.

W: I see. *44.* And they go by the floating markets where we can buy souvenirs, right?

M: That's right. The vendors sell all kinds of accessories and food. It's one of our most popular tours.

W: Excellent. *46.* My friend recommended we do this tour. It's one of the main reasons we came here.

W: 안녕하세요. *44.* 내일 보트 투어를 신청하고 싶습니다. 어, 아침에 남은 자리가 있을까요?

M: 몇 명 신청하세요?

W: 어른 두 명과 아이 두 명이요.

M: 그렇다면 당신은 오후 투어에 등록을 해야 합니다. *45.* 사실 보트는 크지 않습니다. 승선 정원이 8명이에요.

W: 알겠습니다. *44.* 그리고 우리가 기념품을 살 수 있는, 수상 시장으로 가는 게 맞죠?

M: 맞습니다. 상인들은 모든 종류의 악세서리와 음식을 판매합니다. 우리의 가장 인기 있는 투어 중 하나입니다.

W: 훌륭하네요. *46.* 제 친구가 이 투어를 추천해줬습니다. 그게 우리가 여기에 온 중요한 이유 중 하나예요.

어휘 sign up for N ~을 신청하다, 서명하다 in that case 그렇다면, 그런 경우에는 souvenir 기념품, 선물

44 What will the woman's family most likely do tomorrow?

(A) Go fishing
(B) Purchase mementos
(C) Return home
(D) See a friend

정답 (B)

해석 여자의 가족은 내일 무엇을 할 것인가?

(A) 낚시하러 간다
(B) 기념품을 구매한다
(C) 집으로 돌아간다
(D) 친구를 만난다

해설 'I'd like to sign up for the boat tour tomorrow.'에서 여자는 보트 투어를 신청하고 싶다고 말하고 있으며 이후 'they go by the floating markets where we can buy souvenirs, right?'에서 기념품을 살 수 있는 수상시장에 가는 것인지 묻고 있다. 이를 통해서 여자의 가족은 내일 기념품을 구매할 것임을 알 수 있다. souvenirs를 mementos로 바꾼 (B)가 정답이다.

45 What does the man mention about the boat?

(A) It is fast.
(B) It is small.
(C) It needs some repairs.
(D) It runs only once a day.

정답 (B)

해석 남자가 보트에 대해 언급한 내용은 무엇인가?

(A) 빠르다.
(B) 작다.
(C) 수리가 필요하다.
(D) 하루에 한번만 운행한다.

해설 'The boats are not that big, actually.'에서 사실 보트는 크지 않다고 말하고 있다. 이를 통해 보트는 작은 것을 알 수 있다. 정답은 (B)이다.

46 How did the woman hear about the tour?

(A) From a brochure
(B) From a friend
(C) Form a TV show
(D) From an online advertisement

정답 (B)

해석 여자는 어떻게 투어에 대해 듣게 되었는가?

(A) 책자로부터
(B) 친구로부터
(C) TV쇼로부터
(D) 인터넷 광고로부터

해설 'My friend recommended we do this tour.'에서 여자는 자신의 친구가 이 투어를 추천했다고 말하고 있다. 정답은 (B)이다.

47-49

M: Amy, now that we're all moved in, we have to let our neighbors know about us. How should we advertise?

W: Hmm. *47.* After paying the rent and deposit on this place, we have hardly any money left for advertising.

M: True, but I think if we can get some local people in here for their morning coffee, they'll tell their friends, who will tell their friends…

W: *48.* Yeah, Word of mouth doesn't cost us a thing. But to start off, why don't we use social media?

M: OK. *49.* I'll post a picture of some of our drinks and pastries on my social networking sites.

M: Amy, 이제 우리 모두가 이사를 했으니, 이웃들에게 우리에 대해 알려야 해요. 우리를 어떻게 소개할까요?

W: 흠. *47.* 이 곳에 집세와 보증금을 지불하고 나면, 광고를 위해 쓸 돈이 거의 남지 않아요.

M: 맞아요, 하지만 우리가 여기 지역 주민들에게 모닝커피를 제공한다면, 그들은 그들의 친구 또, 친구의 친구에게 말하지 않을까요?

W: *48.* 그래요, 입소문은 비용이 들지 않죠. 하지만 우선 SNS를 사용하는 게 어때요?

M: 좋아요. *49.* 제 SNS에 몇 개의 음료와 페이스트리 사진을 올려 놓을게요.

어휘 move in 이사를 들다 deposit 보증금 local people 지역주민

47 What does the woman imply about the finances?

(A) The speakers are in debt to the bank.
(B) The speakers are making a lot of money.
(C) The speakers have enough money for advertising.
(D) The speakers do not have extra money.

정답 (D)

해석 여자가 재정에 대해 암시하는 것은?

(A) 화자들은 은행에 빚이 있다.
(B) 화자들은 돈을 많이 벌고 있다.
(C) 화자들은 광고를 위한 충분한 돈을 가지고 있다.
(D) 화자들은 여분의 돈을 가지고 있지 않다.

해설 'After paying the rent and deposit on this place, we have hardly any money left for advertising.'에서 집세와 보증금을 지불한 이후에는 광고를 위해 쓸 돈이 거의 남아있지 않다고 말하고 있다. 정답은 (D)이다.

48 Why does the woman say, "Word of mouth doesn't cost us a thing"?

(A) She believes there is a cheaper way.
(B) She does not like what the man said.
(C) She is not sure how much advertising costs.
(D) She knows referrals are free.

정답 (D)

해석 여자는 왜 "입소문은 비용이 들지 않는다."고 하는가?

(A) 그녀는 더 저렴한 방법이 있다고 생각한다.
(B) 그녀는 남자가 한 말이 마음에 들지 않는다.
(C) 그녀는 광고비가 얼마인지 잘 모른다.
(D) 추천하는 데는 돈이 들지 않는다는 것을 알고 있다.

해설 해당 문장의 앞에 친구들에게 소문을 낸다는 것을 의미하는 문맥이 있으므로 이를 '추천'한다는 referrals로 대신한 (D)가 가장 적절한 말이 된다.

Test 01

Test 02

Test 03

Answer 01

Answer 02

Answer 03

49 What does the man say he will do?

(A) Make some coffee.
(B) Take a class in finance.
(C) Talk to some friends.
(D) Upload a photo online.

정답 (D)

해석 남자는 곧 무엇을 할 것이라고 말하는가?

(A) 커피를 내린다.
(B) 재무학 강의를 듣는다.
(C) 친구들과 대화한다.
(D) 인터넷에 사진을 업로드한다.

해설 'I'll post a picture of some of our drinks and pastries on my social networking sites.'에서 몇 가지 음료와 페스트리 사진을 자신의 SNS에 포스팅하겠다고 말하고 있다. 정답은 (D)이다.

50-52

M: Hi. I'm in a bit of a hurry. *50.* I need to see my client in 30 minutes. Which lunch specials do you think are quickest to make?

W: *51.* Well, all our meals are made to order, but the hamburger plate is fairly fast. It comes with a choice of salad or soup.

M: Hmm, what's your soup today?

W: Potato cream with bacon.

M: I think I'll have a salad and the hamburger plate. And an iced tea.

W: Got it. *52.* I'll be right out with your drink.

M: 안녕하세요. 제가가 좀 급해요. *50.* 30분 후에 제 고객을 만나야 해요. 어떤 점심 특선 메뉴를 가장 빨리 만들 수 있나요?

W: *51.* 음, 모든 음식은 주문 후 만들어지지만, 햄버거 플레이트는 꽤 빨리 나옵니다. 샐러드 또는 수프 중 하나 선택한 음식과 같이 나와요.

M: 흠, 오늘의 수프는 뭐예요?

W: 베이컨을 곁들인 감자 크림입니다.

M: 샐러드와 햄버거 플레이트를 주세요. 그리고 아이스 티도 부탁 드려요.

W: 알겠습니다. *52.* 금방 음료를 가지고 올게요.

어휘 made to order 주문 제작된, ~의 주문을 받아 만드는

50 Why is the man in a hurry?

(A) He has a job interview.
(B) He has an appointment.
(C) He needs to catch a train.
(D) He wants to get home quickly.

정답 (B)

해석 남자가 서두르는 이유는?

(A) 그는 면접이 있다.
(B) 그는 약속이 있다.
(C) 그는 기차를 타야 한다.
(D) 그는 빨리 집에 가고 싶어 한다.

해설 'I need to see my client in 30 minutes.'에서 그는 30분 후에 고객을 만나야 한다고 말하고 있다. 정답은 (B)이다.

51 What is mentioned about the food at the restaurant?

(A) It is all from local suppliers.
(B) It is all organic.
(C) It is prepared ahead of time.
(D) It is prepared when ordered.

정답 (D)

해석 레스토랑에 있는 음식에 대해 언급된 것은?

(A) 모든 음식은 지역 공급 업체에서 가져온다.
(B) 모두 유기농이다.
(C) 미리 준비한다.
(D) 주문 시 준비한다.

해설 'all our meals are made to order'에서 모든 음식은 주문 후 만들어진다고 말하고 있다. 정답은 (D)이다.

52 What will the woman bring the man first?

(A) A hamburger
(B) A salad
(C) An iced tea
(D) Potato soup

정답 (C)

해석 여가는 남자에게 무엇을 먼저 가져다 줄 것인가?

(A) 햄버거
(B) 샐러드
(C) 아이스 티
(D) 감자 수프

해설 남자가 샐러드와 햄버거 플레이트 그리고 아이스 티도 함께 주문했다. 여자가 남자에게 'I'll be right out with your drink.'라고 말하고 있으므로 바로 음료를 가져다 줄 것임을 알 수 있다. 정답은 (C)이다.

53-55

W: *53.* Thank you for joining us on our program today, Mr. Sullivan. You've been busy in these past few months, giving talks and interviews.

M: Uh, yes, it's all been a bit overwhelming. *54.* When my research on oceans was published, I had no idea people would be so interested.

W: *53, 54.* Could you tell our viewers what's next for your proposal to clean the world's oceans?

M: Well, that's a good question. No one has taken on the project I suggested. I'm still hopeful though, that governments will contribute the necessary funds for it. It's very urgent, as you know.

W: Yes, I know. *55.* Now, let's show a video you and your team made to explain the project in more detail.

W: *53.* Mr. Sullivan, 오늘 우리 프로그램에 참여해 주셔서 감사합니다. 지난 몇 달 동안 토크쇼와 인터뷰하느라 바빴잖아요.

M: 어, 네, 모든 게 좀 벅찼어요. *54.* 바다에 대한 제 연구가 출판되었을 때, 저는 사람들이 그렇게 관심을 가져줄 줄 몰랐습니다.

W: *53, 54.* 우리 시청자들에게 세계의 해양을 정화하기 위한 당신의 제안이 다음에 어떻게 될 지 말해줄 수 있나요?

M: 좋은 질문입니다. 아무도 제가 제안한 프로젝트를 맡지 않았습니다. 그래도 저는 정부가 프로젝트에 필요한 자금을 기부할 것이라는 사실에 여전히 희망을 가지고 있습니다. 아시다시피, 아주 급한 일이거든요.

W: 네, 알고 있습니다. *55.* 이제 당신과 당신의 팀이 프로젝트에 대해 더 자세히 설명하기 위해 만든 비디오를 보여드리겠습니다.

53 Where most likely are the speakers?

(A) At a university
(B) At an awards ceremony
(C) In a radio station
(D) In a TV studio

정답 (D)

해석 화자들은 어디에 있는가?

(A) 대학
(B) 시상식
(C) 라디오 방송국
(D) TV 스튜디오

해설 'Thank you for joining us on our program today'를 통해 어떠한 프로그램에 참여했다는 것을 알 수 있으며 이후 'Could you tell our viewers'에서 시청자들에게 말해줄 수 있는가에 대한 물음으로 TV 프로그램에 참가하고 있음을 알 수 있다. TV 프로그램을 촬영중인 TV 스튜디오에 있을 것이다. 정답은 (D)이다.

54 What is the man's research about?

(A) Environmental concerns
(B) Political issues
(C) Private sector growth
(D) World economy

정답 (A)

해석 남자가 조사하고 있는 것은?

(A) 환경 문제
(B) 정치적 이슈
(C) 민간 부문 성장
(D) 세계 경제

해설 'my research on oceans was published'에서 자신의 바다 연구가 출판되었다고 말하고 있고 'what's next for your proposal to clean the world's oceans?'에서 세계의 해양을 정화하기 위한 당신의 제안이 다음에 어떻게 될 지 말해줄 수 있는가에 대한 질문을 통해 남자가 조사하고 있는 것은 환경에 관한 것임을 알 수 있다. 정답은 (A)이다.

55 What will the speakers do next?

(A) Continue with an interview
(B) Listen to audience questions
(C) Look at some data
(D) Watch a video

정답 (D)

해석 화자들은 다음에 무엇을 할 것인가?

(A) 인터뷰를 계속한다
(B) 청중의 질문을 듣는다
(C) 몇 개의 데이터를 본다
(D) 비디오를 시청한다

해설 'Now, let's show a video'에서 여자는 영상을 시청하자고 말했다. 정답은 (D)이다.

56-58

W1: 56. Mr. Stuart, I hope your toothache is better now. When would you like to schedule your next appointment?

M: Uh… how about the same day and time next week, Thursday, August 4th at 10:00a.m.

W1: Dr. McCloud may be away that day. Let me check with her. Oh, there, she is. Dr. McCloud, will you be here next Thursday?

W2: 57. No, I have to attend an annual dental conference.

M: I see. 58. Well, I can come here next Friday, the 5th.

W2: 58. I'll be back by then, so I can see you in the afternoon.

W1: 56. Mr. Stuart 씨, 지금 이가 아프지 않았으면 좋겠는데요. 다음 약속을 언제로 잡고 싶으세요?

M: 음… 같은 날, 같은 시간대인 다음 주 목요일 8월 4일 오전 10시가 어떨까요?

W1: Dr. McCloud가 그날 자리를 비울지도 몰라요. 제가 그녀에게 확인해 볼게요. 아, 저기, 그녀에요. Dr. McCloud, 다음 주 목요일에 여기 오실 건가요?

W2: 57. 아뇨, 연례 치과 회의에 참석해요.

M: 알겠습니다. 58. 음, 다음주 금요일, 5일에 여기 올 수 있어요.

W2: 58. 그때까지는 돌아와요, 그러니 오후에 볼 수 있어요.

56 Who most likely is the man?

(A) A dentist
(B) A medical assistant
(C) A patient
(D) A receptionist

정답 (C)

해석 남자는 누구인가?

(A) 치과 의사
(B) 의료 조수
(C) 환자
(D) 접수원

해설 'I hope your toothache is better now. When would you like to schedule your next appointment?'에서 여자는 남자의 치아가 아프지 않기를 바라며, 다음 약속을 언제 잡을지 묻고 있다. 이를 통해서 남자는 치과에 온 환자임을 알 수 있다. 정답은 (C)이다.

57 What is mentioned about Dr. McCloud?

(A) She is completely booked this week.
(B) She is retiring soon.
(C) She will go to a conference.
(D) She will take a break now.

정답 (C)

해석 Dr. McCloud에 대해 언급된 것은?

(A) 그녀는 이번 주 예약이 다 찼다.
(B) 그녀는 곧 은퇴한다.
(C) 그녀는 회의에 갈 것이다.
(D) 그녀는 이제 쉴 것이다.

해설 'I have to attend an annual dental conference.'에서 그녀는 회의에 간다고 말하고 있다. 정답은 (C)이다.

58 When will Mr. Stuart's next appointment be?

(A) Next Thursday morning
(B) Next Thursday afternoon
(C) Next Friday morning
(D) Next Friday afternoon

정답 (D)

해석 Mr. Stuart의 다음 약속은 언제인가?

(A) 다음 주 목요일 아침
(B) 다음 주 목요일 오후
(C) 다음 주 금요일 아침
(D) 다음 주 금요일 오후

해설 'I can come here next Friday, the 5th.'에서 남자는 다음주 5일 금요일에 방문이 가능하다고 말하고 있으며 여자도 'I'll be back by then, so I can see you in the afternoon.'에서 그때까지 돌아오니 그날 오후에 보자고 말하고 있다. 이를 통해서 Stuart의 다음 약속은 다음 주 금요일 오후가 된다. 정답은 (D)이다.

59-61

> M1: *59.* Tomorrow, we have to take inventory in the stockroom, so I'll need you both to stay a bit later. Say, two hours.
>
> W: Fine with me. I could use the overtime.
>
> M2: *60.* Uh, I have a class that starts at 7:30. I can't miss it since I was absent twice already. The third absence and you have to drop the class.
>
> M1: OK, John, you can leave in time for your class. If we aren't done yet, Sarah and I will finish up. Is that all right with you, Sarah?
>
> W: Sure. *61.* I don't have any plans tomorrow.

> M1: *59.*내일, 우리는 창고에서 재고 조사를 해야 하니, 두분 다 좀 더 늦게까지 남을 수 있도록 해주세요. 두 시간이라고 해두죠.
> W: 저는 괜찮아요. 초과 근무를 할 수 있어요.
> M2: *60.* 어, 저는 7시 30분에 시작하는 수업이 있어요. 벌써 두 번이나 결석했기 때문에 빠질 수 없어요. 세 번째 결석하면 그 수업을 그만두어야 해요.
> M1: 좋아요, John, 수업 시간에 맞춰 떠나도록 해요. 아직 끝나지 않는다면 Sarah와 제가 마무리 지을게요. 괜찮죠? Sarah?
> W: 그럼요. *61.* 내일은 아무 계획도 없어요.

어휘 take inventory 재고 조사를 하다, absent 결석 in time 제시간에

59 What will the speakers do at the store tomorrow?

(A) Get ready for a sale
(B) Make a list of stock
(C) Pack items in boxes
(D) Put out new merchandise

정답 (B)

해석 화자들은 내일 그 상점에서 무엇을 할 것인가?

(A) 판매 준비
(B) 재고품 목록 작성
(C) 상자에 물품 포장
(D) 신규 상품 출시

해설 'Tomorrow, we have to take inventory in the stockroom,'에서 내일은 창고 재고 조사를 한다고 말하고 있다. 정답은 (B)이다.

60 Why is John unable to stay late tomorrow?

(A) He has a doctor's appointment
(B) He has another job.
(C) He is going out of town.
(D) He is in school.

정답 (D)

해석 John은 왜 내일 늦게까지 있을 수 없는가?

(A) 그는 진료 예약이 되어 있다.
(B) 그는 다른 직장에 다닌다.
(C) 그는 도시를 나가야 한다.
(D) 그는 학교에 다닌다.

해설 'I have a class that starts at 7:30.'에서 7시 30분에 시작하는 수업이 있다고 말하고 있다. 이를 통해서 John은 학교를 다녀 늦게까지 있을 수 없음을 알 수 있다. 정답은 (D)이다.

61 What can be said about the woman?

(A) She does not like to work overtime.
(B) She has some free time tomorrow.
(C) She is not sure of her schedule.
(D) She wants to get promoted.

정답 (B)

해석 여자는 어떤 사람인가?

(A) 그녀는 초과 근무를 싫어한다.
(B) 그녀는 내일 시간이 있다.
(C) 그녀는 자신의 일정을 확신하지 못한다.
(D) 그녀는 승진을 원한다.

해설 'I don't have any plans tomorrow.'에서 다음날 어떠한 계획도 없다고 말하고 있다. 이를 통해 여자는 내일 시간이 있다는 것을 알 수 있다. 정답은 (B)이다.

62-64

> M: *62.* Jennifer, I need to get a new jacket and you said you wanted a new shirt, right? What do you say we go to the sale at Lacy's? Looking at this advertisement, we can save money if we go there this weekend.
>
> W: Not only do I need a new shirt, but I also need a pair of shoes. *63.* The problem is I'm going to be out of town to go to my cousin's wedding ceremony this weekend. I'll be back Sunday night.
>
> M: Don't worry. *64.* We can go after work on Monday.

> M: *62.* Jennifer, 저는 새 재킷이 필요하고 당신은 새 셔츠를 원한다고 말했어요, 그렇죠? Lacy's의 세일에 가는게 어때요? 이 광고를 보니까, 이번 주말에 가면 돈을 절약할 수 있겠어요.
> W: 새 셔츠뿐만 아니라 신발도 한 켤레 필요해요. *63.* 문제는 이번 주말에 사촌 결혼식에 가려고 시외로 나가야 해요. 저는 일요일 밤에 돌아올 예정이고요.
> M: 걱정 마세요. *64.* 우리는 월요일에 퇴근 후 갈 수 있어요.

62 What does the man want to buy?

(A) A bag
(B) A jacket
(C) A pair of shoes
(D) A shirt

정답 (B)

해석 남자는 무엇을 사길 원하는가?

(A) 가방
(B) 재킷
(C) 신발 한 켤레
(D) 셔츠

해설 'I need to get a new jacket'에서 새 재킷을 원한다고 말하고 있다. 정답은 (B)이다.

63 What will the woman do this weekend?

(A) Attend an event
(B) Buy some clothes
(C) Relax at home
(D) Take a business trip

정답 (A)

해석 여자는 이번 주말에 무엇을 할 예정인가?

(A) 이벤트 참석
(B) 몇 가지 옷 구매
(C) 집에서 휴식
(D) 출장 가기

해설 'I'm going to be out of town to go to my cousin's wedding ceremony this weekend.'에서 이번 주말에 사촌 결혼식에 참석할 예정이라고 말하고 있다. 결혼식에 참석한다는 말을 이벤트 참석으로 바꾼 (A)가 정답이다.

Lacy's 10월 세일

7일 - 13일

빨리 살수록 할인율이 커집니다!!

25% OFF!	금요일부터 일요일
64. 20% OFF!	월요일과 화요일
15% OFF!	수요일
10% OFF!	목요일

---

64 Look at the graphic. What discount will the speakers most likely get?

(A) 10 percent
(B) 15 percent
(C) 20 percent
(D) 25 percent

정답 (C)

해석 그림을 보아라. 화자들은 얼마나 할인을 받는가?

(A) 10 퍼센트
(B) 15 퍼센트
(C) 20 퍼센트
(D) 25 퍼센트

해설 'We can go after work on Monday.'에서 화자들은 월요일에 쇼핑을 하러 갈 것이며 표에서 월요일에는 20%의 할인을 하는 것을 확인할 수 있다. 정답은 (C)이다.

65-67

W: Thanks for making the agenda for the board meeting, William. I'm afraid there's going to have to be a change though.

M: Oh, really? What's that?

W: *65.* My boss, Ms. Sinclair has an urgent matter to handle with a client tomorrow morning. She won't get back here until 11:00.

M: I see. I'm sure we can switch some things around.

W: *66.* Actually, it's all taken care of. I've already asked the sales team to present their report earlier.

M: Oh, great. *67.* Then I'll remake the agenda and send it out to everyone before I leave tonight.

W: Sorry for the extra work.

M: Don't mention it.

W: 이사회 회의를 위한 의사 일정표를 만들어 주셔서 감사합니다, William. 하지만 유감스럽게도 변화가 생길 것 같습니다.

M: 오, 정말이요? 그게 뭐예요?

W: *65.* 제 상사, Ms. Sinclair가 내일 아침에 고객과 긴급하게 처리해야 할 일이 있습니다. 그녀는 11시까지 여기로 돌아오지 못할 거 같아요.

M: 알겠습니다. 우리가 무언가와 바꿀 수 있을 거예요.

W: *66.* 사실, 다 처리됐어요. 이미 영업팀에 보고서를 좀 더 일찍 제출해 달라고 요청했어요.

M: 오, 좋아요. *67.* 그러면 제가 오늘 밤 퇴근하기 전에 그 의제를 다시 작성해서 모두에게 보낼게요.

W: 야근하게 해서 미안해요.

M: 별 말씀을요.

어휘 agenda 의사 일정표, 의제, 안건 urgent 긴급한, 시급한 extra work 야근, 초과 근무

---

65 What will the woman's boss do before 11:00 tomorrow?

(A) Attend the board meeting
(B) Interview candidates
(C) Prepare of the presentation
(D) See a client

정답 (D)

해석 여자의 상사는 내일 11시 전까지 무엇을 할 것인가?

(A) 이사회 참석
(B) 지원자 면접
(C) 발표 준비
(D) 고객 면담

해설 'My boss, Ms. Sinclair has an urgent matter to handle with a client tomorrow morning.'에서 여자의 상사는 11시 전까지 고객과 긴급하게 업무를 처리할 것이라고 말했다. handle with a client를 See a client로 바꾼 (D)가 정답이다.

<table>
<tr><td colspan="2" align="center">임원 회의 일정표
11월 1일</td></tr>
<tr><td>10:00</td><td>Erin Sinclair 씨</td></tr>
<tr><td>10:30</td><td>Leo Anderson 씨</td></tr>
<tr><td>11:30</td><td>영업팀</td></tr>
<tr><td>12:00</td><td>Matt Moore 회장</td></tr>
</table>

66   Look at the graphic. What time will the sales team present their report?

(A) 10:00
(B) 10:30
(C) 11:30
(D) 12:00

정답 (A)

해석 그림을 보아라. 영업팀은 몇 시에 보고서를 발표할 예정인가?

(A) 10시
(B) 10시 반
(C) 11시 반
(D) 12시

해설 'it's all taken care of. I've already asked the sales team to present their report earlier.'에서 더 빨리 보고서를 제출해 달라고 요청했다는 것을 알 수 있다. 표를 보면 Ms. Sinclair가 오전 10시에 하기로 되어 있으므로 영업부는 오전 10시에 발표를 할 것임을 알 수 있다.

67   What does the man say he will do?

(A) Edit a schedule
(B) Finish a report
(C) Send an invitation
(D) Talk to the sales team

정답 (A)

해석 남자는 어떻게 하겠다고 하는가?

(A) 일정 수정
(B) 보고서 작성
(C) 초대장 보내기
(D) 영업 팀과 대화

해설 'I'll remake the agenda'에서 의사 일정표를 다시 만들겠다고 말하고 있으므로 정답은 (A)이다.

68-70

M: Hello, I heard about your sale on watches. Can I see them?

W: Yes, but only certain brands are discounted. These over here. This Charter 400 is a best seller.

M: OK, I'll try it… ah, no. 68. I don't like the feel of the band. It's too itchy. Can I try a different one?

W: Of course. Maybe you would like a leather band better. 69. Here's a stylish one in brown.

M: 69. Ah, that feels better, but do you have a black one?

W: Not in the store currently. 70. But I can order it for you and have it sent to your house, free of charge.

M: Sounds good. Thank you.

M: 안녕하세요, 시계를 할인하고 있다고 들었습니다. 시계를 볼 수 있을까요?

W: 네, 하지만 특정 브랜드만 할인됩니다. 이것과 저것이요. Charter 400 은 가장 잘 팔리는 모델입니다.

M: 좋아요, 한번 착용해 볼게요… 아, 아니에요. 68. 시계줄의 느낌이 마음에 들지 않네요. 너무 가려워요. 다른 걸 착용해 봐도 될까요?

W: 물론이죠. 아마도 가죽 줄을 더 좋아하실 거예요. 여기 멋진 갈색 줄이 있습니다.

M: 69. 아, 훨씬 느낌이 낫네요. 하지만 검은색으로 재고가 있나요?

W: 현재 매장에는 없어요. 70. 하지만 주문해서 무료로 댁까지 보내 드릴 수 있어요.

M: 좋네요. 감사합니다.

어휘 itchy 가려운; 가렵게 하는

68   What was wrong with the first watch the man tried?

(A) It was not the right color.
(B) It was too expensive.
(C) It was too heavy.
(D) It was uncomfortable.

정답 (D)

해석 남자가 처음으로 착용해 본 시계는 무엇이 문제인가?

(A) 좋아하는 색상이 아니다.
(B) 너무 비싸다.
(C) 너무 무거웠다.
(D) 불편했다.

해설 'I don't like the feel of the band. It's too itchy.'에서 남자는 시계줄의 느낌이 좋지 않으며 매우 간지럽다고 말하고 있다. 이를 uncomfortable로 받은 (D)가 정답이다.

제품명	시계줄 재질	시계줄 색상
Chater 400	금속	은색
Elling 2Z	금속	금색
Millseed CR	가죽	갈색
Vextron 7T	가죽	검정색

69 Look at the graphic. Which watch will the man probably order?

(A) Charter 400
(B) Elling 2Z
(C) Millseed CR
(D) Vextron 7T

정답 (D)

해석 그림을 보아라. 남자는 어떤 시계를 주문할 것인가?

(A) Charter 400
(B) Elling 2Z
(C) Millseed CR
(D) Vextron 7T

해설 'here's a stylish one in brown.'에서 여자는 남자에게 갈색 가죽 줄 시계를 건네주었다. 이후 'Ah, that feels better, but do you have a black one?'에서 남자는 마음에 들지만 검은색 줄이 있는지 물었다. 이를 통해 남자는 검정색 가죽 줄인 시계를 사는 것을 알 수 있다. 표에서 검은색 가죽 줄 시계는 Vextron 7T밖에 없으므로 정답은 (D)이다.

70 What does the woman offer the man for free?

(A) An extra band
(B) Delivery service
(C) Gift wrapping
(D) Parking

정답 (B)

해석 여자가 남자에게 무료로 제공하는 것은?

(A) 여분 시계줄
(B) 배송 서비스
(C) 선물 포장
(D) 주차

해설 'I can order it for you and have it sent to your house, free of charge.'에서 여자는 남자에게 시계줄을 집까지 무료로 배송해 준다고 말하고 있다. 정답은 (B)이다.

PART 4

71-73

71. Hello, my name is Samantha and I own a print shop in your neighborhood. I noticed your company has just moved here and I wanted to let you know what we do. In addition to the usual printing and copying, we offer website and logo design services. For new customers such as yourself, we are priced very competitively, say… on business cards, if you need some with your new address. *72.* We offer the quickest turnaround of all shops in this area, even same-day service on certain jobs. *73.* I'll be dropping a flyer by your office later this week. Hopefully, we can speak then about your printing needs. Thank you.

71. 안녕하세요, 제 이름은 Samantha이고 당신의 동네에서 인쇄소를 운영하고 있습니다. 귀사가 지금 막 이곳으로 이사 오신 것을 알았고 저희가 하는 일을 알려드리고 싶었습니다. 저희는 일반적인 인쇄나 복사 외에도 웹 사이트와 로고 디자인 서비스도 제공합니다. 귀사와 같은 신규 고객들에게는, 예를 들어 귀사의 새 주소를 알릴 필요가 있을 경우 명함과 같은 상품을 경쟁력 있는 가격으로 제공합니다. *72.* 저희는 이 지역의 모든 상점들 중에서 가장 빠른 작업시간을 보장해 드리며, 심지어 일부 작업에 대해서는 당일 완성도 가능합니다. *73.* 이번 주 말경에 전단지를 사무실에 갖다 놓겠습니다. 그럼, 인쇄에 필요한 것들에 대해 의논할 수 있기를 바랍니다. 감사합니다.

어휘 neighborhood 근처, 이웃 competitively 경쟁적으로

71 Who most likely is the speaker?

(A) An IT employee
(B) A police officer
(C) A postal worker
(D) A store owner

정답 (D)

해석 화자의 직업은 무엇인가?

(A) IT 직원
(B) 경찰관
(C) 우체국 직원
(D) 상점 주인

해설 'I own a print shop in your neighborhood.'에서 동네에서 인쇄소를 운영하고 있다고 말하고 있다. 정답은 (D)이다.

72 According to the speaker, what is unique about her business?

(A) It is the cheapest.
(B) It is the fastest.
(C) It is the largest.
(D) It is the oldest.

정답 (B)

해석 화자에 따르면, 그녀의 사업에서 특이한 점은 무엇인가?

(A) 가장 싸다.
(B) 가장 빠르다.
(C) 가장 크다.
(D) 가장 오래되었다.

해설 'We offer the quickest turnaround of all shops in this area'에서 주변에서 가장 빠른 서비스를 제공한다고 말하고 있다. 정답은 (B)이다.

73 What does the speaker say she will do soon?

(A) Move to a different location
(B) Open a new branch
(C) Post an advertisement
(D) Visit the listener's office

정답 (D)

해석 화자는 곧 무엇을 할 것이라고 말하는가?

(A) 다른 지역으로 이사한다.
(B) 새 지점을 개점한다.
(C) 광고를 게시한다.
(D) 청자의 회사에 방문한다.

해설 'I'll be dropping a flyer by your office later this week.'에서 전단지를 사무실에 놓겠다고 말하고 있다. (C)의 '광고를 게시하다'는 적절하지 않다. 정답은 (D)이다.

74-76

Good news for local hockey fans. 74. It looks like we'll be getting our first professional hockey team here in Stanleyville. The owner of the Pirates, a team that has played for over a decade in Greenborough, released a written statement earlier today saying he's moving his team here. 75. Among the many attractions to this area were the energetic fans and world-class ice arena, the statement said. 76. We sent a reporter to City Hall and, as you'll see after the commercial break. Stanleyville Mayor, Evans had a very enthusiastic reaction to the historic announcement. Don't go away.

지역 하키 팬들을 위한 좋은 소식입니다. 74. 우리의 첫 프로 하키팀을 여기 Stanleyville에 창단할 것 같습니다. Greenborough에서 10년 넘게 플레이해온 팀인, Pirates의 구단주는 오늘 아침에 그의 팀을 이곳으로 연고지를 이전할 것이라는 서면으로 된 성명서를 발표했습니다. 75.성명서에는 이 지역의 많은 볼거리 중에는 역동적인 팬들과 세계적인 빙상 경기장도 있다고 말했습니다. 76. 광고 방송이 끝난 후 보시다시피 우리는 시청으로 기자 한 명을 보냈습니다. Stanleyville의 시장 Evans는 이 역사적인 발표에 대해 아주 열렬한 반응을 보였습니다. 채널 고정하세요.

어휘 decade 10년간, commercial 광고, enthusiastic 열광적인

74 What is the broadcast mainly about?

(A) A new sports facility
(B) A new sports team
(C) A retiring player
(D) A sports tournament

정답 (B)

해석 방송은 주로 무엇에 관한 것인가?

(A) 새로운 스포츠 시설
(B) 새로운 스포츠 팀
(C) 은퇴하는 선수
(D) 스포츠 토너먼트

해설 'It looks like we'll be getting our first professional hockey team here in Stanleyville.'에서 Stanleyville에서 첫 프로 하키팀을 창단할 것 같다는 정보를 전달하고 있다. 새로운 스포츠 팀으로 바꾼 (B)가 정답이다.

75 What is mentioned about Stanleyville?

(A) It has a new mayor.
(B) It has an excellent ice rink.
(C) It has hosted sporting events before.
(D) It has more than one professional team.

정답 (B)

해석 Stanleyville에 언급된 것은 무엇인가?

(A) 새 시장이 선출되었다.
(B) 훌륭한 아이스 링크를 보유하고 있다.
(C) 전에 스포츠 행사를 개최한 적이 있다.
(D) 1개 이상의 프로 팀을 가지고 있다.

해설 'Among the many attractions to this area were the energetic fans and world-class ice arena'에서 많은 볼거리 중에서도 세계적인 빙상 경기장을 보유하고 있다고 말하고 있다. ice arena를 ice rink로 바꾼 (B)가 정답이다.

76 What will listeners hear next?

(A) A city leader's speech
(B) A reporter's story
(C) A weather report
(D) Advertisements

정답 (D)

해석 청중들은 다음에 무엇을 들을 것인가?

(A) 시장의 연설
(B) 기자의 설명
(C) 기상 예보
(D) 광고

해설 'We sent a reporter to City Hall and, as you'll see after the commercial break.'에서 광고 방송이 끝난 후~라고 말하고 있다. 이를 통해서 청중들은 광고를 듣게 될 것임을 알 수 있다. 따라서 정답은 (D).

77-79

77. Attention Tally Ho Wine Shoppers. 78. It is now 7:45 and our store will close in 15 minutes. Please bring your selections to the front for checkout. 78. We are open from 10:00 a.m. to 9:00 p.m. Monday through Friday and 10:00 a.m. to 8:00 p.m. on Saturday and Sunday. 79. For your convenience, we also have a website where you can purchase all of the items you see in our store, plus some bottles of wine that are available online only. To access the shopping feature, just use your loyalty card number and create a password. The address is www. tallyhowines.com.

77. Tally Ho Wine 쇼핑객 여러분. 78. 현재 시각은 7시 45분이고 15분 후에 우리 가게는 영업을 종료할 예정입니다. 결제를 위해 여러분이 선택한 제품을 프런트로 가져오시기 바랍니다. 78. 우리의 영업 시간은 월요일부터 금요일에는 오전 10시부터 저녁 9시까지 그리고 토요일과 일요일에는 오전 10시부터 저녁 8시까지 운영합니다. 79. 여러분들의 편의를 위해, 우리는 가게에서 볼 수 있는 모든 제품들을 인터넷으로 구매할 수 있고 일부 어떤 와인은 오직 인터넷으로만 구매할 수 있습니다. 우리의 쇼핑 특매품을 구매하기 위해서는 단지 고객 카드 번호를 사용해서 비밀번호를 설정하세요. 주소는 www.tallyhowines.com 입니다.

77 What type of store is the announcement for?

(A) A deli
(B) A department store
(C) A grocery store
(D) A wine shop

정답 (D)
해석 어떤 종류의 가게에 대한 안내인가?
(A) 델리
(B) 백화점
(C) 식료품점
(D) 와인 전문점

해설 'Attention Tally Ho Wine Shoppers.'에서 와인 쇼핑객 여러분이라고 말하고 있다. 이를 통해서 이 가게는 와인 전문점임을 알 수 있다. 정답은 (D)이다.

78 When is the announcement most likely being made?

(A) On Monday
(B) On Wednesday
(C) On Friday
(D) On Sunday

정답 (D)
해석 안내는 언제 발표되고 있는가?
(A) 월요일
(B) 수요일
(C) 금요일
(D) 일요일

해설 'It is now 7:45 and our store will close in 15 minutes.'에서 현재 7시 45분이며 끝나기 15분 전이라고 안내하고 있다. 'We are open from 10:00 a.m. to 9:00 p.m. Monday through Friday and 10:00 a.m. to 8:00 p.m. on Saturday and Sunday.'에서 저녁 8시에 영업을 종료하는 날은 토요일과 일요일임을 알 수 있다. 정답은 (D)이다.

79 What is mentioned about the online option?

(A) It offers more selection than the store.
(B) It has recently been redone.
(C) It is cheaper than the store.
(D) It is secure.

정답 (A)
해석 온라인 옵션에 대해서 언급된 것은 무엇인가?
(A) 매장보다 더 폭 넓은 종류를 제공한다.
(B) 최근에 다시 제작되었다.
(C) 매장보다 저렴하다.
(D) 안전하다.

해설 'we also have a website where you can purchase all of the items you see in our store, plus some bottles of wine that are available online only.'에서 온라인 매장에서만 구할 수 있는 제품이 있다고 말하고 있으므로 (A)가 정답이 된다.

80-82

And now we turn to regional news. *80.* The government has released the economic numbers for last quarter and for the first time in three years, there has been an upturn in production and job growth. The report cites two industries in particular that are responsible for the good news, biotechnology and manufacturing. We've been covering the biotech boom a lot recently, so we thought we'd get a different perspective today. *81. 82.* Our reporter, Kevin Chang, sat down with the president of KRL Manufacturing to ask about his company's recent growth.

이제 지역 뉴스로 넘어가겠습니다. *80.* 정부는 지난 분기의 경제 수치를 발표했고, 3년 만에 처음으로, 생산과 고용 성장의 상승이 있었다고 합니다. 보고서에서는 특히 두 업계를 지적했는데요, 생명공학과 제조업 분야가 좋은 분위기에 공을 세웠습니다. 생명공학의 호황에 대해서는 이미 여러 차례 취재를 했기 때문에 오늘은 다른 관점의 의견을 듣기로 했습니다. *80. 81.* 우리 리포터 Kevin Chang이 회사의 최근 성장에 대해 질문하기 위해 KRL Manufacturing 회장과 함께 앉아 있습니다.

어휘 regional news 지역 뉴스 be responsible for ~에 책임이 있다 in particular 특히, 특별히

80 What is the speaker mainly discussing?

(A) A new government policy
(B) A new local facility
(C) Personnel changes at his work
(D) Recent economic news

정답 (D)
해석 화자들은 무엇에 대해 논의하는가?
(A) 새로운 정부 정책
(B) 새로운 지역 시설
(C) 업무상 인사 이동
(D) 최근 경제 뉴스

해설 'The government has released the economic numbers for last quarter'에서 정부는 지난 분기의 경제수치를 발표했다고 말하고 있다. 이를 통해서 최근의 경제 뉴스에 대해 논의하려고 하는 것을 알 수 있다. 정답은 (A)이다.

81 Who most likely is Kevin Chang?

(A) A biotechnology expert
(B) A company owner
(C) A government spokesperson
(D) A news person

정답 (D)
해석 Kevin Chang은 누구인가?
(A) 생명 공학 전문가
(B) 회사 소유주
(C) 정부 대변인
(D) 뉴스 관계자

해설 'Our reporter, Kevin Chang, sat down with the president of KRL Manufacturing to ask about his company's recent growth.'에서 Kevin Chang을 리포터라고 말하고 있다. 정답은 (D)이다.

82 What will listeners hear next?

(A) An advertisement
(B) A biotechnology report
(C) An economics lecture
(D) An interview

정답 (D)

해석 청중들은 다음에 무엇을 들을 예정인가?

(A) 광고
(B) 생명 공학 연구 보고서
(C) 경제학 강의
(D) 인터뷰

해설 'Our reporter Kevin Chang sat down with the president of KRL Manufacturing to ask about his company's recent growth.'에서 리포터가 Kevin Chang이 회사의 최근 성장에 대해서 질문하기 위해서, KRL의 사장과 함께 있다고 언급하고 있으므로, 질문과 대답을 하는 인터뷰가 진행될 것임을 유추할 수 있다. 따라서 정답은 (D)가 된다.

83-85

Hi, Carlos. *83.* I just wanted to tell you how wonderful our awards ceremony was, thanks to your great recommendation of the Four Leaf banquet hall. The staff there was so helpful and the food was wonderful. I understand why you go back there every year for your firm's party. I actually asked them about having our end-of-year party there also. They were booked on the night we had chosen, but my co-workers and I loved it so much. *84.* We're thinking about changing nights. *85.* They are filling up quickly, so you should probably confirm your party date with them soon. Anyway, take care, Carlos!

안녕하세요, Carlos. *83.* 당신이 Four Leaf 연회장을 추천해준 덕분에, 우리의 시상식이 얼마나 환상적이었는지 몰라서 고맙다고 말하고 싶었어요. 그 곳의 직원들은 매우 친절했고 음식도 훌륭했습니다. 당신이 왜 회사 파티를 위해 그곳을 매년 애용하는지 알겠어요. 사실 그들에게 연말 파티를 여는 것에 대해서도 물어보았어요. 우리가 선택한 날 밤에 예약이 되어 있었지만, 동료들과 저는 너무 만족했어요. *84.* 우리는 파티 날을 바꾸는 것에 대해 고려하고 있어요. *85.* 그들이 빠르게 채우고 있어서, 당신도 빨리 파티 날짜를 그들에게 확인해 주어야 할 거예요. 어쨌든, 잘 지내요, Carlos!

어휘 recommendation 추천, 권고 helpful 도움이 되는, 유용한

83 Why is the woman calling?

(A) To change an appointment
(B) To express appreciation
(C) To make a reservation
(D) To recommend a restaurant

정답 (B)

해석 여자는 왜 전화했는가?

(A) 약속 변경
(B) 감사 표현
(C) 예약하기
(D) 식당 추천

해설 'I just wanted to tell you how wonderful our awards ceremony was, thanks to your great recommendation'에서 고맙다고 말하고 싶었다고 말하고 있다. 정답은 (B)이다.

84 What does the woman say she needs to decide about her party?

(A) What to serve
(B) When to hold it
(C) Where to hold it
(D) Who to invite

정답 (B)

해석 여자는 파티에 대해 무엇을 결정해야 한다고 하는가?

(A) 무엇을 제공할지
(B) 언제 파티를 열지
(C) 어디서 파티를 열지
(D) 누구를 초대할지

해설 'We're thinking about changing nights'에서 파티 날을 바꾸는 것에 대해 고려하고 있다고 말하고 있다. 그러므로 이들은 언제 파티를 열지 결정해야 하는 것을 알 수 있다. 정답은 (B)이다.

85 What does the speaker imply when she says "They are filling up quickly"?

(A) The customers have eaten enough.
(B) The customers want to go home early.
(C) The hall has few nights left to reserve.
(D) The staff will finish their work soon.

정답 (C)

해석 "그들은 빠르게 채우고 있어요"는 무엇을 암시하는가?

(A) 고객들은 충분히 먹었다.
(B) 고객들은 집에 일찍 가고 싶어한다.
(C) 예약 가능한 기간이 며칠밖에 남지 않았다.
(D) 직원들은 곧 그들의 일을 마칠 것이다.

해설 본문에서 화자는 자신들이 원하는 날에 이미 예약이 되어 있다고 말했다. 이를 통해서 그들의 예약이 빠르게 진행되고 있다는 것을 유추할 수 있다. 따라서 정답은 (C)이다.

86-88

Welcome to today's seminar on starting your own business. *88.* We'll be covering all the basics of running a small business, from advertising to financing to location. *86.* You'll be hearing from real business owners on each of the topics this morning. *87.* Then, after lunch, we'll have the speakers lead small group discussions so you can ask specific questions on your situation. We ask that you hold your questions until the afternoon sessions. Also, we'd like you to fill out a survey at the end of the seminar. You'll find it in the information packets on each chair. Just drop them in the box at the door as you leave. Well, let's get started.

오늘 자기 사업을 시작하기 위한 주제의 세미나에 오신 것을 환영합니다. *88.* 우리는 소규모 사업을 운영하는 데 필요한 광고부터, 금융, 장소까지 모든 기본적인 사항을 다룰 예정입니다. *86.* 오늘 아침 각 주제에 대해 실제 사업가들로부터 들으실 겁니다. *87.* 그리고 나서, 점심 식사 후에, 여러분이 상황에 대해 구체적인 질문을 할 수 있도록 연사들이 작은 그룹 토론을 이끌도록 할 것입니다. 질문은 오후 회의 때까지 보류해 주시기 바랍니다. 또한 세미나가 끝나면 설문지를 작성해 주시기 바랍니다. 각 의자에 있는 정보 패킷에서 찾을 수 있습니다. 나갈 때 문 앞에 있는 상자에 넣어 주세요. 자, 시작하겠습니다.

어휘 financing 자금조달, session 회의, specific 구체적인

86
What will the listeners do next?

(A) Fill out a form
(B) Get into small groups
(C) Have lunch
(D) Listen to talks

정답 (D)

해석 청중들은 다음에 무엇을 할 것인가?

(A) 양식 작성
(B) 소그룹으로 나뉜다
(C) 점심을 먹는다
(D) 강연을 듣는다

해설 'You'll be hearing from real business owners on each of the topics'에서 소규모 사업을 운영하는데 필요한 기본적인 사항을 듣게 될 것이라고 말하고 있다. 정답은 (D)이다.

87
When can listeners ask questions?

(A) As they are leaving
(B) At anytime
(C) During lunch
(D) In the afternoon session

정답 (D)

해석 언제 청중들이 질문을 할 수 있는가?

(A) 그들이 나갈 때
(B) 언제든지
(C) 점심 시간 동안
(D) 오후 활동시간에

해설 'after lunch, we'll have the speakers lead small group discussions so you can ask specific questions on your situation.'에서 점심식사 후 질문을 할 수 있도록 연사들이 작은 토론 그룹을 이끈다고 말하고 있다. 이를 통해서 점심식사 후 오후 활동시간에 질문을 할 수 있다는 것을 알 수 있다. 정답은 (D)이다.

88
What does the speaker mean when he says, "We'll be covering all the basics of running a small business"?

(A) They will apply for small business insurance.
(B) They will instruct listeners on many aspects of starting a business.
(C) They will interview listeners for a job at a small business.
(D) They will review all the skills learned at a previous seminar.

정답 (B)

해석 "우리는 소규모 사업체를 운영하는 모든 기본적인 것들을 다루게 될 것이다."라고 말하는 것은 무슨 뜻인가?

(A) 그들은 중소 기업 보험을 신청할 것이다.
(B) 그들은 청취자들에게 사업을 시작하는 여러 가지 상황에 대해 가르칠 것이다.
(C) 그들은 소규모 사업장에서 일하기 위해 청취자를 인터뷰할 것이다.
(D) 그들은 이전 세미나에서 배운 모든 기술을 검토할 것이다.

해설 화자는 처음에 사업을 시작하기 위한 주제에 관한 세미나에 온 것을 환영한다고 말하고 있으며 사업을 시작하는데 있어 필요한 광고, 금융, 장소 등 모든 기본적인 사항을 다룰 것이라고 말하고 있다. 이를 통해서 청취자들은 사업을 시작하는 여러 가지 상황에 대해 배울 것임을 짐작할 수 있다. 정답은 (B)이다.

89-91

Since we have less than a week before the move, I wanted to go over our assignments again. 89. Robert, your team will of course be in charge of the computer equipment. I mean, the movers we've hired will box it all up, but I'd like you to supervise and make sure everything is set up correctly at the new office. 90. Jocelyn, you're in charge of supplies. Again, you just have to make sure to label the boxes the movers pack and then put everything away in an organized way. 91. Finally, Luis, can you update the website to show our new location? Well, on second thought, Luis, wait until the actual move-in day, December 12. Thanks everyone.

이사하기까지 일주일도 채 남지 않았기 때문에, 저는 우리의 임무를 다시 검토하고 싶었습니다. 89. Robert, 당신의 팀이 당연히 컴퓨터 장비를 책임질 겁니다. 제 말은, 우리가 고용한 이삿짐 운송 업자들이 전부 포장을 하지만, 당신이 감독을 하고 새 사무실에서 모든 것이 제대로 설치되는지 확인해주세요. 90. Jocelyn, 당신은 사무용품들을 담당해주세요. 다시 한번 말하자면, 이삿짐 운송 업자들이 포장한 상자에 라벨을 붙이고, 그러고 나서 모든 것을 정돈된 방식으로 치워야 합니다. 91. 마지막으로, Luis, 우리의 새로운 주소를 보여주기 위해 웹 사이트를 업데이트 해주겠어요? 음, Luis, 다시 생각해보니 이사하는 날 12월 12일까지 기다려 주세요. 모두 감사합니다.

어휘 set up 설정하다 in charge of ~을 맡아서 담당하다, organized way 정리하다

89
What department does Robert most likely work in?

(A) Accounting
(B) IT
(C) Office administration
(D) Sales

정답 (B)

해석 Robert가 일하는 부서는 어디인가?

(A) 회계
(B) IT
(C) 사무 관리
(D) 판매

해설 'Robert, your team will of course be in charge of the computer equipment.'에서 Robert, 당신의 팀이 당연하게 컴퓨터 장비를 책임질 거라고 말하고 있고, 이를 통해서 Robert의 부서는 computer equipment와 연관성이 강한 IT 부서임을 알 수 있다. 정답은 (B)이다.

90
What will Jocelyn do in less than a week?

(A) Hire a moving company
(B) Leave the company
(C) Organize supplies
(D) Pack boxes

정답 (C)

해석 Jocelyn은 일주일이 되기 전에 무엇을 할 것인가?

(A) 이삿짐 업체를 고용한다.
(B) 회사를 떠난다.
(C) 사무용품들을 정리한다
(D) 박스를 포장한다

해설 'Jocelyn, you're in charge of supplies. Again, you just have to make sure to label the boxes the movers pack and then put everything away in an organized way.'에서 사무용품들을 담당한다고 언급하고 있다. 이삿짐 운송 업자들이 포장한 상자에 라벨을 붙이고 모든 것을 정돈된 방식으로 치우라고 말하고 있다. 이를 통해서 사무용품들을 정리한다는 것을 알 수 있다. (D)의 박스포장은 운송 업자들이 한다고 말하고 있다. 정답은 (C)이다.

91 Why does the speaker say, "on second thought"?

(A) She wants the listeners to think about something again.

(B) She wants to do something different than what she first said.

(C) She thinks that time is running out for the move.

(D) She thinks that the move should happen sooner.

정답 (B)

해석 왜 화자는 "다시 생각해 보니." 라고 말하였는가?

(A) 그녀는 청중들이 뭔가를 다시 생각해 보길 원한다.

(B) 그녀는 처음에 말했던 것과 다른 것을 하고 싶어한다.

(C) 그녀는 이동시간이 부족하다고 생각한다.

(D) 그녀는 빨리 이주해야 한다고 생각한다.

해설 그녀는 먼저 'Luis, can you update the website to show our new location?'에서 새로운 주소를 갱신해 달라고 요청했지만 다시 생각해 보니 이사 날짜까지 기다리는 게 나을 것 같다고 말하고 있다. 이를 통해서 다시 생각해 보는 것은 처음에 말했던 것과 다르게 하고 싶어하는 것을 알 수 있다. 정답은 (B)이다.

92-94

92. We are indeed lucky to have an award-winning history professor addressing our book club tonight. Actually, Dr. Fleming recently retired from teaching and is touring around the country promoting his new book on Egyptian treasure. There's even talk of a movie version of his fascinating tale. *93.* First, he's going to read an excerpt of his book, Jewels in the Sand. Then he'll take questions from the audience. We have a wireless microphone so everyone can hear you. *94.* If you'd like to ask a question, just stand and someone will bring the microphone to you. OK, without further ado, please welcome Dr. Fleming.

92. 오늘 밤, 수상 경력이 있는 역사학 교수님을 저희 북 클럽에서 소개하게 되어 정말 행운입니다. 사실, Dr. Fleming은 최근에 교직에서 은퇴하고 이집트 보물에 대한 자신의 새 책을 홍보하며 전국을 순회하고 있습니다. 심지어 그의 매력적인 이야기를 영화화하는 것에 대한 이야기도 있습니다. *93.* 우선, 그가 자신의 책 Jewels in the Sand 에서 발췌한 내용을 읽어볼 예정입니다. 그리고 나서 청중들로부터 질문을 받을 것입니다. 우리는 모두가 들을 수 있도록 무선 마이크를 가지고 있습니다. *94.* 질문을 하고 싶으시면, 그냥 서 있어주세요. 그러면 누군가가 마이크를 가져다 드릴 겁니다. 좋아요, 거두절미하고 Dr. Fleming를 환영해 주세요.

어휘 fascinating 매력적인, audience 청중, ado 거두절미하고

92 Who most likely are the listeners?

(A) Bookstore workers

(B) Club members

(C) Professors

(D) Students

정답 (B)

해석 청중들은 누구인가?

(A) 서점 직원들

(B) 클럽 회원

(C) 교수들

(D) 학생들

해설 'We are indeed lucky to have an award-winning history professor addressing our book club tonight.'에서 오늘 밤, 수상 경력이 있는 역사학 교수님을 저희 북 클럽에서 소개한다고 말하고 있다. 이를 통해서 청중들은 북 클럽 회원임을 알 수 있다. 정답은 (B)이다.

93 What will listeners hear next?

(A) A book excerpt

(B) A movie summary

(C) A university lecture

(D) Questions and answers

정답 (A)

해석 청중들은 다음에 무엇을 들을 것인가?

(A) 책 발췌

(B) 영화 개요

(C) 대학 강의

(D) 질문과 답변

해설 'First he's going to read an excerpt of his book, Jewels in the Sand. Then he'll take questions from the audience.'에서 우선 그가 자신의 책 Jewels in the Sand 에서 발췌한 내용을 읽는다고 안내하고 있다. 정답은 (A)이다.

94 What does the speaker ask the listeners to do?

(A) Come up on stage

(B) Get into small groups

(C) Make a line at the microphone

(D) Stand up if they have a question

정답 (D)

해석 화자가 청중들에게 부탁하는 것은 무엇인가?

(A) 무대로 올라가기

(B) 소그룹으로 나뉘기

(C) 마이크 앞에 줄서기

(D) 질문이 있으면 일어서기

해설 'If you'd like to ask a question, just stand and someone will bring the microphone to you.'에서 질문이 있으면 일어나 달라고 요청하고 있다. 정답은 (D)이다. 서 있으면 마이크를 전달해 준다고 말하고 있으므로 (C)는 오답이다.

95-97

Hello, Mr. Black? *95.* This is Regina Worthy from Capel Studios returning your call about reserving a recording studio on November 14th. I'm afraid we won't be open November 14th, 15th, or 16th. We're renovating our studios on those days. *96.* We'll re-open on Thursday the 17th, so if you can call me back. I'll book a session for you. I'm sorry for the inconvenience this may cause you, Mr. Black. *97.* The good news is that we'll be offering a grand re-opening special — you'll get 10 percent off your total price within five days of our re-opening. We look forward to hearing from you soon. Thank you.

안녕하세요 Mr. Black? *95.* Capel Studios의 Regina Worthy에요. 11월 14일에 녹음실을 예약하는 것에 대해 회신 드렸습니다. 유감스럽지만 11월 14, 15, 16일에는 녹음실을 열지 않습니다. 그 기간 동안에, 우리는 스튜디오 내부공사를 진행할 예정입니다. *96.* 17일 목요일에 다시 재오픈할 예정이니, 나중에 다시 전화 주세요. 제가 시간을 예약해 드릴게요. 불편을 드려 죄송합니다 Mr. Black. *97.* 좋은 소식으로 우리가 재오픈 특별 세일을 한다는 것인데요. 재오픈 후 5일 이내에 총 가격에서 10%을 할인 받을 수 있습니다. 조만간 당신에게서 연락이 오기를 기다릴게요. 감사합니다.

어휘 within ~이내에, look forward 기다리다, 기대하다, inconvenience 불편

95 What type of business is the speaker in?

(A) Audio recording
(B) Electronics sales
(C) Hairstyling
(D) Musical instruments sales

정답 (A)

해석 화자는 어떤 사업을 하고 있는가?

(A) 오디오 녹음
(B) 전자 제품 판매
(C) 헤어 스타일링
(D) 악기 판매

해설 'This is Regina Worthy from Capel Studios returning your call about reserving a recording studio'에서 Capel Studio의 Regina Worthy라고 자신을 소개하며 녹음실 예약에 대해서 언급하고 있으므로 (A)가 정답이다.

Black씨 일정표

	10:00	1:00	3:00
14일 월요일	녹음		
15일 화요일	녹음		인터뷰
16일 수요일	이사회	화상회의	고객 야유회
17일 목요일	출장	〰〰〰	
18일 금요일	세미나	프레젠테이션	

96 Look at the graphic. When can Mr. Black visit the speaker's business?

(A) At 10:00 on Monday
(B) At 1:00 on Tuesday
(C) At 1:00 on Thursday
(D) At 3:00 on Friday

정답 (D)

해석 그림을 보아라. Mr. Black은 언제 화자의 사업장에 방문할 것인가?

(A) 월요일 오전 10시
(B) 화요일 오후 1시
(C) 목요일 오후 1시
(D) 금요일 오후 3시

해설 화자는 14~16일 까지 녹음실을 열지 않는다고 하였고 'We'll re-open on Thursday the 17'에서 재오픈일은 17일 목요일이라고 말했다. 17일에는 화자가 출장을 떠나기 때문에 녹음을 할 수 없고, 18일에 예약이 되지 않은 금요일 오후 3시에 방문할 것임을 유추할 수 있다.

97 What does the speaker offer Mr. Black?

(A) A discount
(B) A free gift
(C) Free parking
(D) Free upgrades

정답 (A)

해석 화자가 Mr. Balck에게 제공하는 것은?

(A) 할인
(B) 사은품
(C) 무료 주차
(D) 무료 업그레이드

해설 'we'll be offering a grand re-opening special – you'll get 10 percent off your total price'에서 재오픈 후 5일 이내에 총액에서 10%를 할인해주겠다고 말하고 있으므로 (A)가 정답이 된다.

98-100

I'll try to keep this last agenda item brief. *98.* We've been informed by the building manager that the cost for our parking spaces in this building will be doubled next year... uh, starting in January. We really can't afford that, so we need to find a new parking lot. Here's a map of the surrounding area. It looks like we have four choices, but numbers 1 and 2 are pretty far away, so they're out. *99.* Number 4 is not the cheapest, but it's more secure than number 3 since they have a guard on duty 24 hours. *100.* I think security should be our top priority. What do you all think?

마지막 안건은 단 시간 내에 끝내도록 해보겠습니다. *98.* 건물 관리자가 내년 1월부터 이 건물의 주차장 사용료가 2배로 오른다고 알려왔습니다. 우리는 비용을 감당할 수 없어서, 새 주차장을 찾아봐야 합니다. 여기 주변 지역의 지도가 있습니다. 우리는 네 가지 선택권을 가지고 있는 것처럼 보이지만, 1번과 2번은 꽤 멀리 떨어져 있어서, 선택지에서 제외하겠습니다. *99.* 4번은 가장 싸지는 않지만 24시간동안 보안요원이 있어 3번보다 더 안전합니다. *100.* 보안이 우리의 최우선 순위가 되어야 한다고 생각합니다. 여러분들의 생각은 어떠세요?

어휘 brief 짧은, 단시간의 afford 여유가 되다, 형편이 되다 secure (장소가) 안전한, 위험이 없는

98 What is mentioned about the current parking lot?

(A) It is being torn down.
(B) It is closing for repairs.
(C) It is giving employees security concerns.
(D) It is raising its prices.

정답 (D)

해석 현재의 주차장에 대해 언급된 것은?

(A) 허물고 있다.
(B) 수리를 위해 폐쇄한다.
(C) 직원들에게 보안에 대한 우려를 주고 있다.
(D) 가격을 올리고 있다.

해설 'We've been informed by the building manager that the cost for our parking spaces in this building will be doubled next year'에서 내년에 주차장 이용료가 두 배 오른다고 하고 있으므로 (D)가 정답이다.

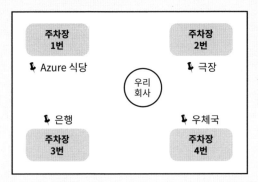

99 Look at the graphic. Where does the speaker prefer the new parking to be located?

(A) Near Azure Restaurant
(B) Near the bank
(C) Near the post office
(D) Near the theater

정답 (C)

해석 그림을 보아라. 화자는 새 주차장이 어디에 위치하는 것을 선호하는가?
(A) Azure Restaurant 근처
(B) 은행 근처
(C) 우체국 근처
(D) 영화관 근처

해설 'Number 4 is not the cheapest, but it's more secure than number 3'에서 4번구역이 가장 저렴하진 않지만 3번 구역보다 더 안전하다고 했다. 3번 지역은 지도상에서 우체국과 가깝기 때문에 정답은 (C)이다.

100 What is most important to the speaker when choosing a parking lot?

(A) Hours
(B) Location
(C) Price
(D) Safety

정답 (D)

해석 화자가 주차장을 고를 때 가장 중요하게 생각하는 것은?
(A) 시간
(B) 위치
(C) 가격
(D) 안전

해설 'I think security should be our top priority'에서 보안을 가장 중요시 여긴다고 하였다. 정답은 (D)이다. (C)는 대화에 나왔지만 가장 중요하게 생각하지 않았으므로 오답이다.

PART 5

101

정답 (C)

해석 사건 보고서를 읽은 후, 공장장은 그의 직원들이 안전문제에 관한 다른 견해를 가졌다는 것을 알게 되었다.

해설 어휘 문제이다. 안전 문제에 관해 다른 견해를 가졌다고 해석이 되어야 문맥상 적절하다. 정답은 (C)이다. (B) sight는 관광지, (D) watches는 주의, 경계이다.

102

정답 (C)

해석 Mark Hudson은 금융업계에서 수년간 뛰어난 비즈니스 리더로 유명하다.

해설 품사문제이다. 관사 an뒤에 명사 business가 위치해 있고 빈칸은 두 개의 사이에 온다. 이를 통해 형용사가 오는 것을 알 수 있다. 형용사 (B)와 (C)중 문맥상 뛰어난 비즈니스 리더가 더 어울리므로 정답은 (C)이다. (A)는 동사, (D)는 명사이다.

103

정답 (C)

해석 보안 소프트웨어 대기업 VESCO는 다음 봄 즈음에 그들의 신상품을 전세계에 출시할 것이다.

해설 시제 문제이다. 기간을 나타내는 next spring이 명시되면서 미래 시제인 be-ing형태의 is lunching이 정답이다. 정답은 (C)이다.

104

정답 (D)

해석 업데이트 된 버전의 Catfox 브라우저를 사용할 수 있으면, 해당 브라우저가 자동으로 다운로드 된다.

해설 관사 an과 명사 version 사이에 빈칸이 있으므로 형용사 어휘문제이다. '최신 버전의 브라우저를 사용 가능하면~'이 문맥상 적절하다. 정답은 (D)이다.

105

정답 (B)

해석 그 직원은 감독자로 승진하기 전까지 IT 부서에서 단 1년을 보냈습니다.

해설 빈칸 앞에는 관사가 뒤에는 전치사가 나와 있으므로 빈칸은 명사가 쓰일 자리임을 알 수 있다. 따라서 정답은 정답은 (B)이다. (A)는 동사, (C)는 형용사 (D)는 형용사이다.

106

정답 (A)

해석 호텔 청구서의 오류 때문에, Smiths의 2박 숙박 요금은 과도하게 청구되었다.

해설 빈칸 뒤에 절이 오고 있지만 빈칸은 동사가 없는 구이다. 이를 통해 빈칸부터 콤마까지는 뒤의 문장을 꾸미는 것을 알 수 있다. 문맥상 '청구서의 오류 때문에 숙박 요금이 과도하게 청구되었다'가 되어야 적절하므로 정답은 (A)이다.

107

정답 (D)

해석 보통 초당 100에서 150 킬로바이트 사이인 데이터 전송 속도는 사용자의 장치 유형에 따라 다르다.

해설 동사 어휘문제이다. 문맥상 '데이터 전송 속도는 사용자의 장치 유형에 따라 다르다'가 자연스럽게 연결되므로 정답은 (D)이다.

108

정답 (A)

해석 Kyle Boyd가 영업 경험은 없지만, 천성적으로 명랑한 성격이 제품 판매에 큰 도움이 되었다.

해설 (A) 본래, 천성적으로
(B) 자연스러움
(C) 본성
(D) 본성

109

정답 (D)

해석 패션잡지는 젊은 여성들을 위한 새로운 제품군을 만들기 위해 올해의 디자이너로 Amy Kitano를 선택했다.

해설 동사의 형태 또는 품사 문제이다. 문장의 동사는 chose이므로 빈칸은 동사자리가 아니며, 전치사 뒤에는 명사 상당어구가 쓰일 수 있으므로 (A), (C)는 먼저 탈락. created가 형용사로 쓰이려면 빈칸 뒤에 바로 명사가 와야 하는데 a new line이 나와 있으므로 역시 정답이 될 수 없다. 전치사 + 동명사 + 목적어 형태로 빈칸은 목적어를 수반하면서 전치사 뒤에 쓰일 수 있는 동명사 (D) creating이 쓰일 자리이다.

110

정답 (A)

해석 Jim Barrow가 질문에 거의 답을 못했기 때문에, 그가 완벽히 발표를 준비하지 않았다는 것은 명백했다.

해설 부사 어휘 문제이다. 질문에 거의 답을 못했다는 것은 완벽하게(fully) 발표를 준비하지 않았다는 해석이 자연스럽게 연결된다. 정답은 (A)이다.

111

정답 (D)

해석 편리한 위치에도 불구하고, 새로운 레스토랑은 심지어 주말에도 전혀 바쁘지 않았다.

해설 전치사 찾기 문제이다. 기간명사를 수식하고 '주말에~'라고 해석이 되어야 한다. 요일 앞에는 전치사 on을 사용하기 때문에 (D) on이 정답이 된다.

112

정답 (A)

해석 시장은 새로운 시청이 두 건축회사가 협업하여 만든 특별한 천장을 가지게 될 것이라고 발표했다.

해설 품사 찾기 문제이다. 문맥을 살펴보면, a special ceiling은 선행사이고 that은 목적격 대명사이다. two architectural firms은 주어이기 때문에 빈칸은 동사가 쓰일 자리이다. '두 회사가 협업했던 특별한 천장'이 자연스럽게 연결되므로 (A)가 정답이다. (B)는 명사, (C)는 형용사, (D)는 부사이다.

113

정답 (A)

해석 지난번 회담이 잘 되지 않았기에, 리더는 이번 다가오는 프로젝트에서 합의점을 찾기를 바라고 있다.

해설 명사 어휘 문제이다. 빈칸 앞에 관사가 쓰였으므로 빈칸은 명사가 쓰여야 한다. 지난 회담이 잘 되지 않아서, 이번 프로젝트에서 합의에 이르기를(reach a consensus) 바란다는 내용이 자연스럽게 연결된다. 따라서 정답은 (A).

114

정답 (A)

해석 Patterson씨는 잘 나가는 비즈니스 컨설턴트로서 그의 경력 목표는 고객들이 그들의 목표를 성취하는 것을 돕는 것이다.

해설 품사 문제이다. achieve는 '~을 성취하다'는 타동사로 빈칸은 목적어, 즉 명사가 쓰일 자리이다. 문맥상 '컨설턴트로서 그의 경력 목표는 고객들이 그들의 목표(their goal = theirs)를 성취하는 것을 돕는다'가 자연스러운 해석이다. 소유격+명사를 대신할 수 있는 소유대명사 (A)가 정답이다.

115

정답 (A)

해석 막판에 장소가 바뀌는 바람에, 주최측은 이 행사에 참가하기 위해 등록한 모든 참가자들에게 연락을 취해야 했다.

해설 관계대명사 문제이다. 선행사가 사람이기 때문에 (B)와 (C)는 들어갈 수 없고, 빈 칸 뒤에 동사 had가 있으므로 목적격 관계대명사인 (D) 역시 답이 될 수 없다. 사람 선행사와 사물 선행사를 모두 받을 수 있는 (A) that이 정답이다.

116

정답 (C)

해석 행동 분석에 관한 다음 조사의 목적은 충격적인 소식들에 대한 전형적인 반응을 연구하는 것이다.

해설 어휘 문제이다. '충격적인 소식들에 대한 전형적인 반응을 연구하는 것이다'가 문맥상 적절하다. 정답은 (C)이다.

117

정답 (D)

해석 Lisa Foster는 집에서 효율적으로 일한다는 것이 너무 많은 방해가 있었기 때문에, 그녀가 생각했던 것보다 더 어렵다는 것을 알게 되었다.

해설 품사 찾기 문제이다. 동사 work와 전치사구(from home) 사이에 들어갈 적절한 품사를 고르는 문제로 work 동사를 수식할 수 있는 부사 (D)가 정답이다. 품사 문제는 별도로 해석을 할 필요 없이 정답을 찾을 수 있다.

118

정답 (B)

해석 마케팅 책임자는 대부분의 응답자들이 신제품이 '유용하다' 또는 '매우 유용하다'고 생각했기 때문에 설문조사 결과에 만족했다.

해설 빈칸 앞에 접속사가 나와 있고 뒤에 respondents와 동사 found가 나와 있으므로 빈칸은 명사를 수식할 수 있는 형용사가 쓰일 자리이다. (A), (C)는 부사이므로 탈락. (B)와 (D) 둘 중, 가장 적절한 의미는 (B)의 '대부분의'라는 말이 된다.

119

정답 (D)

해석 개발팀은 휴대전화로 원격으로 조종할 수 있는 가정용 로봇의 완성을 축하하기 위해 작은 파티를 열었다.

해설 어휘 문제이다. be _____ p.p. by 형태로 빈칸은 부사가 들어갈 자리이다. 문맥상 '원격으로 조종할 수 있는 가정용 로봇'이 되어야 적절하다. 정답은 (D)이다.

120

정답 (B)

해석 Gene 전자의 새로운 100인치 평면 TV는 내년 봄에 5가지 색상으로 출시될 예정이다.

해설 전치사 문제이다. '다섯 가지의 색상으로 출시된다'가 문맥상 적절하다. 전치사 in은 수단, 재료 등을 수식할 때 '~으로'라고 해석된다. 따라서 정답은 (B)이다.

121

정답 (C)

해석 광산회사는 그 방대한 지역이 천연자원의 거대한 보고가 될 거라고 믿었고, 현명한 투자였다고 생각했다.

해설 be 동사 뒤에는 보어가 쓰여야 하고 앞에 a wise 가 나와 있으므로 빈칸은 관사 뒤에 올 수 있으면서 형용사의 수식을 받을 수 있는 명사가 들어갈 자리이다. (A), (B) 탈락. (D)는 투자자라는 사람 명사이므로 문맥상 적절치 않다. 정답은 (C).

122

정답 (B)

해석 회사의 실적이 개선되기를 기대하며, 자동차 회사 회장은 경영 구조를 점검하기로 결정하였다.

해설 동사 어휘 문제이다. '회사 경영 구조를 점검하다'가 되어야 문맥상 적절하다. 정답은 (B)이다.

123

정답 (D)

해석 철저한 조사에 대한 요구가 증가한 것은 사람들이 그 회사의 비밀 자금에 대해 얼마나 분개하고 있는지를 보여주었다.

해설 품사 찾기 문제이다. 빈칸 앞에 관사+형용사가 나와 있고 뒤에 전치사가 나와 있으므로 빈칸은 관사 뒤에 올 수 있으면서 형용사의 수식을 받을 수 있는 명사가 쓰일 자리이다. (B), (C) 탈락. 요구는 셀 수 있는 명사이고 '증가된 요청들'이 적절하므로 정답은 복수명사 형태인 (D)이다.

124

정답 (A)

해석 신입 사원의 프로젝트 계획이 너무나 정성이 들어 있어서 매니저를 포함한 모든 부서원들이 상당한 감명을 받았다.

해설 품사 찾기 문제이다. so와 that 사이에는 형용사 또는 부사가 들어간다. (D) 탈락. 먼저 elaborate는 형용사와 동사로 모두 쓰일 수 있는데, elaborates는 동사형태이므로 (B)도 탈락이 된다. 빈칸 앞에 was가 나와 있으므로 빈칸은 보어 역할을 할 수 있는 형용사 (A)가 들어가야 한다. 보어 자리에는 부사가 쓰일 수 없으므로 (C)도 탈락이다.

125

정답 (A)

해석 이 연구는 초등학교와 중학교 시절이 제2외국어를 습득하는데 있어 최고의 시간이라고 시사하고 있다.

해설 어휘 문제이다. 먼저 관사 뒤에는 명사가 와야 하고, 전치사와 전치사 사이에도 역시 명사가 와야 하므로 빈칸은 명사가 쓰일 자리이다. 문맥상 '제2외국어를 습득하는데 있어'가 자연스러운 해석이므로 정답은 (A)이다.

126

정답 (A)

해석 새로 문을 연 그 호텔은 시내와 가깝고 호화로운 편의 시설을 갖추고 있으며 게다가 가격도 적당하다.

해설 연결어 및 어휘 문제이다. 주어+동사~ and 동사~ ; _____, 주어 동사~ 문장 구조이다. 문맥상 '호텔이 시내와 가깝고 호화스러운 시설도 갖추고 있고, 게다가, 가격도 적당하다'가 자연스럽게 연결되므로 (A)가 정답이 된다.

127

정답 (C)

해석 기술자에 따르면, 감독자가 인트라넷에 업로드한 데이터가 누락되어 있었는데, 이는 가끔 발생하는 일이라고 한다.

해설 품사 찾기 문제이다. 빈칸 앞의 which는 계속적 용법의 관계대명사로 쓰인 것이다. 빈칸 앞에 자동사 happens가 쓰였으므로 빈칸은 자동사를 수식할 수 있는 부사가 쓰일 자리이다. 정답은 (C)이다.

128

정답 (C)

해석 방문객들이 안내 구역에서 사무실 전체 모습을 볼 수 있기 때문에, 매니저는 모든 사람들에게 책상이 정돈된 상태를 유지하라고 말했다.

해설 어휘 문제이다. keep 목적어 + 목적보어 형태로 빈칸은 형용사가 쓰일 자리이다. 보어 자리에는 부사가 쓰일 수 없으므로 (A), (B), (D) 탈락. 따라서 (C)가 정답이 된다. 단어 끝이 ~ly로 끝난다고 해서 품사가 모두 부사로 쓰이지는 않는다.

129

정답 (B)

해석 면접에서 그 회사의 대표는 항상 수익보다 진실성을 중시하기 때문에 성공적이었다고 말했다.

해설 어휘 문제이다. '수익보다 진실성을 더 중시한다'가 되어야 하므로 (B), 와(C) 둘 중에 답이다. (C)의 than은 '(시간, 거리) 따위에서 ~보다'가 되며 (B)의 over는 '어떤 능력적인 면에서 ~보다'가 되므로 (B)가 문맥상 더 적절하다. 정답은 (B)이다.

130

정답 (C)

해석 결과가 어떻든 간에, Sarah Daly가 새 지점장으로 고려된 것은 큰 영광이었다.

해설 연결어 문제이다. 빈칸 뒤로 주어+동사, 주어+동사~ 의 문장 구조이므로 빈칸에는 접속사가 와야 한다. '결과가 어떻든 간에'라고 해석이 되어야 문맥상 적절하므로 정답은 (C)이다. (A)는 부사 (B)는 부사 (D)는 접속사이다. Whatever the outcome is,에서 is 뒤에 보어가 없지만, 복합관계대명사 whatever 안에 보어의 의미까지 포함되고 있기 때문에 (C)가 정답이 된다.

PART 6

131-134

모든 Marshburg 시 거주자들에게 알림:

Marshburg 시청은 10월 10일부터 21일까지 *131.* 보수공사를 할 예정입니다. 모든 사무실은 2주간 시립 도서관에서 운영될 예정이지만, 저희가 시청으로 다시 이사해야 되기 *132.* 때문에 10월 24일부터 28일까지 문을 닫을 예정입니다. 공사기간 중에는 전화번호와 팩스 번호가 동일할 것입니다. *133.* 하지만 근무 시간은 변경될 것입니다.

우리의 새로운 업무 시간은 다음과 같습니다:
월-금 10:00 A.M.- 4:00 p.m.
토요일, 일요일 휴무

134. 추가적으로, 10월 24일과 28일 사이에 이사하는 것을 돕고 싶은 주민들이 있다면, 도서관에서 등록해 주시기 바랍니다. 점심과 음료가 지원자들 누구에게나 제공될 것입니다.

어휘 under renovation 공사 중 back into 돌아오다

131
(A) 보수하다
(B) 보수를 받는
(C) 수리
(D) 수리공

정답 (C)

해설 품사 문제이다. 빈칸 뒤 전치사가 있어 빈칸은 명사 자리이다. 명사 (C)와 (D)중에서 보수공사를 할 예정이 되어야 문맥상 적절하므로 수리의 뜻을 가지는 (C)가 정답이다. (A)와 (B)는 동사 (D)는 사람명사이다. be under renovation은 '공사 중이다'라는 표현이다.

132
(A) ~때문에, ~이므로
(B) ~이면, ~한다면
(C) ~에도 불구하고
(D) ~인지 아닌지

정답 (A)

해설 연결어 문제이다. 빈칸 앞 뒤로 주어+동사가 있으므로 문장과 문장을 연결시켜주는 접속사가 와야 한다. '시청으로 다시 이사해야 하기 때문에'가 되어야 문맥상 적절하다. 정답은 (A)이다.

133
(A) 우리의 메일 주소는 아래와 같습니다.
(B) 우리의 새로운 전화번호는 웹사이트에 있습니다.
(C) 그러나 우리의 근무시간은 바뀔 것입니다.
(D) 근무시간은 동일할 것입니다.

정답 (C)

해설 빈칸 앞에는 회사의 팩스 번호와 전화번호가 동일하다는 것을 알리고 있다. 빈칸 뒤에는 새로운 업무 시간에 대해 알리고 있으므로 빈칸에는 근무시간이 바뀐다는 내용이 와야 문맥상 적절하다. 정답은 (C)이다.

134
(A) 추가적으로
(B) 다음으로
(C) 그러므로
(D) 그래도

정답 (A)

해설 빈칸 뒤에는 완벽한 문장이므로 빈칸은 문장 맨 앞에 쓰여서, 전체를 수식하는 부사자리이다. 새로운 정보에 대해 말하고 있으므로 정보의 추가를 나타내는 (A)가 정답이다.

135-138

수신:	Samantha Patel
발신:	Perry Fonda
주제:	11월 8일 지원요청
날짜:	11월 2일

안녕하세요 Samantha,

135. 부탁 드릴 게 있습니다. 11월 8일 다음주 화요일 4시에 Tolliver Fund 직원들을 만날 예정인데요. 당신의 도움이 너무나 필요합니다. 이번이 중요한 고객을 확보할 수 있는 첫 번째 기회이고, *136.* 실패하고 싶지 않습니다. 이번이 거의 처음이기 때문에. 당신 같은 경험 많은 파트너가 회의실에 *137.* 없으면, 그들이 저를 진지하게 생각하지 않을 거라고 확신합니다. 잠깐이라도 좀 들러서 소개를 해줄 시간이 되시나요? 그렇다면 정말 도움이 될 거예요. *138.* 만약 당신이 그 시간에 바쁘시다면, 저에게 몇 가지 조언만 해 주세요. 이곳에서 일을 시작하셨을 때부터의 팁들을 조금만 알려주세요.

미리 감사 드립니다.
Perry

어휘 take sb/sth seriously ~을 진지(심각)하게 생각하다

135
(A) 부탁
(B) 업무, 작업
(C) 요청, 신청
(D) 희망

정답 (A)

해설 이 편지의 주제는 도움을 요청하는 것이다. '부탁 드릴 게 있습니다.'라는 해석이 문맥상 적절하다. 정답은 (A)이다. (C)는 격식을 차려 정중히 하는 요청이며 (D) wish는 희망사항이다.

136
(A) 실패하다
(B) 실수하다
(C) 중지하다
(D) 속상하게 하다

정답 (A)

해설 이번이 중요한 고객을 확보할 수 있는 첫 번째 기회이기 때문에 실패하고 싶지 않다고 해석이 되어야 문맥상 적절하다. 정답은 (A)이다.

137
(A) ~사이에, ~에 둘러 쌓인
(B) 전에, 이전에
(C) ~을 제외하고
(D) ~없이

정답 (D)

해설 문맥상 '회의실에 경험 많은 파트너가 없으면 다른 회사 직원들이 저를 진지하게 생각하지 않을 거라고 확신합니다.'가 자연스럽게 연결된다. 정답은 (D)이다. (C)except는 전치사 for와 짝을 이룬다.

138
(A) 그 파일을 검토한 후에, 어떻게 생각하는지 알려주세요.
(B) 만약 당신이 그 시간에 바쁘시다면, 저에게 몇 가지 조언만 해주세요.
(C) 당신이 안 된다면 이해합니다. 그리고 최선을 다하겠습니다.
(D) 당신의 스케줄을 알려 주시면 맞추도록 하겠습니다.

정답 (B)

해설 빈칸 앞에서 시간이 된다면 도와 달라고 요청하고 있다. 빈칸 뒤의 내용은 몇 가지 팁을 알려 달라는 내용이다. 이를 토대로 만약 올 수 없다면 몇 가지 팁이라도 알려달라는 내용이 와야 문맥상 자연스럽다. 정답은 (B)이다.

139-142

Junko 화장품이 건조한 겨울 날씨에 맞춰 새 보습제 제품을 139. 출시할 것이라고 수요일에 발표했다. 140. Skin Dark라는 이름의 이 제품군은 다양한 종류의 피부를 위해 4가지 타입의 로션들로 구성되어 있다. Junko 의 CEO는 Skin Dark가 "141. 매끄럽고 편안한 느낌의 피부를 원하는 모든 연령대의 사람들을 겨냥한 것"이라고 말했다. "마찰이 없는 수분 크림과 자외선 차단제를 제공 할 것"이라고 말했다. 이 로션은 Junko 제품을 판매하는 약국이나 화장품 판매대에서 5파운드에서 6파운드 50 센트의 142. 가격으로 책정될 것이다.

> **어휘** aim 조준하다, 겨냥하다

139
(A) 고려하다
(B) 출시하다
(C) 개장하다
(D) 테스트하다

정답 (B)

> **해설** 새로운 제품에 대해서 소개하고 있다. 문맥상 '새로운 제품을 출시하다'가 되어야 자연스럽다. 정답은 (B)이다.

140
(A) 다른 Skin Drink 제품과 같이, 이 보습제는 천연 성분들이 함유되어 있다.
(B) 회사는 제품을 출시하기 직전까지 제품명을 비밀에 부치고 있다.
(C) Skin Dark라는 이름의 이 제품군은 다양한 종류의 피부를 위해 4가지 타입의 로션들로 구성되어 있다.
(D) 우울한 판매 전망으로, 회사의 미래는 불확실하다.

정답 (C)

> **해설** 빈칸의 앞에는 새로운 제품이 출시됨을 알리고 있으며 빈칸 뒤의 내용은 제품에 대해 설명하고 있다. 이를 바탕으로 새로운 제품의 이름과 구성을 설명해 주는 문장이 와야 자연스럽다. 정답은 (C)이다.

141
(A) 매끄러운
(B) 매끄럽게 하다
(C) 매끄럽게
(D) 매끄러움

정답 (A)

> **해설** 품사 찾기 문제이다. 빈칸 뒤 and는 등위 접속사로 and의 앞 뒤로 품사가 같아야 한다. And 뒤 comfortable은 형용사이므로 빈칸 역시 형용사인 (A)가 쓰여야 한다. (B)는 동사 (C)는 부사 (D)는 명사이다.

142
(A) 가격이 매겨질 수 있었다.
(B) 가격이 매겨져 왔다.
(C) 가격이 매겨졌다.
(D) 가격이 매겨질 것이다.

정답 (D)

> **해설** 시제 문제이다. 이 지문의 주제는 Junko Cosmetics가 새로운 화장품을 발표하는 것에 초점이 맞춰져 있다. 그러므로 로션의 가격은 아직 정해지지 않았으므로 미래 시제를 써야 한다. 문맥상 '5에서 6.50 파운드의 가격으로 책정될 이다'가 자연스럽게 연결된다. 정답은 (D)이다.

143-146

취업 박람회

1:00~5:00 p.m.
11월 13일 일요일
Canary 가족 놀이 공원.

독특하고 흥미 있는 취업박람회가 이번 달에 Canary Family Fun Park 에서 열릴 예정입니다. 이 행사는 Canary Family Fun Park의 143. 접객업 분야에 전부 초점이 맞춰져 있습니다! 모든 연령대의 사람들이 가장 많이 찾는 이곳 놀이 공원에서 항상 일하기를 희망했다면, 11월 13일 일요일에 방문해 주세요. 144. 당신은 150개의 임시직 중 어느 것이든 지원할 수 있는 기회를 가지게 될 것입니다. 몇몇 직업들은 연말까지 채용을 연장할 것입니다! 145. 단 하나의 이력서로 Canary Family Fun Park에 있는 모든 식당, 호텔, 그리고 관광 명소에 모든 직책들에 지원할 수 있습니다.

꿈에 그리던 직장을 잡을 수 있는 이번 기회를 146. 놓치지 마세요!

> **어휘** entirely 전적으로, 완전히, 전부

143
(A) 광고
(B) 엔지니어링
(C) 접객
(D) 연구, 조사

정답 (C)

> **해설** 어휘 문제이다. 본문의 뒤쪽에서 Canary Family Fun Park의 모든 식당, 호텔, 관광 명소에 지원이 가능하다고 말하고 있다. 이를 통해서 접객업 분야에 초점을 맞추고 있다고 볼 수 있다. 정답은 (A)이다.

144
(A) 신청서에 추천서 세 통을 반드시 포함시켜 11월 13일 까지 보내 주십시오.
(B) 이번 주말에 있을 그랜드 오프닝 행사에 여러분의 친구들과 가족들이 참여하도록 독려해 주십시오.
(C) 우리는 마케팅과 광고 분야에서 경험이 풍부한 관리자를 찾고 있습니다.
(D) 당신은 150개의 임시직 중 어느 것이든 지원할 수 있는 기회를 갖게 될 것입니다.

정답 (D)

> **해설** 빈칸의 앞의 내용은 일하기 희망하는 사람은 11월 13일 일요일에 방문해 달라고 요청하고 있다. 빈칸 뒤에는 몇몇 직업은 계약기간을 연장할 수 있다고 말하고 있다. 이를 통해서 빈칸에는 임시직 중 어떤 것이든 지원할 기회를 가질 수 있다는 문장이 와야 문맥상 자연스럽다. 정답은 (D)이다. 방문요청을 했는데 이후 추천서를 동봉해서 보내달라고 하는 것은 문맥상 부자연스러우므로 (A)는 오답이다.

145
(A) 또 다른
(B) 각각
(C) 심지어
(D) 단지

정답 (D)

> **해설** 문맥상 '단 하나의 이력서로, 식당, 호텔, 그리고 관광 명소의 모든 직책들에 지원할 수 있다'가 자연스럽게 연결되므로 (D) just가 가장 적절하다.

146
(A) 떨어뜨리다
(B) 잊다
(C) 잃다
(D) 놓치다

정답 (D)

> **해설** 꿈에 그리던 직업에 취업할 수 있는 기회를 놓치지 말라는 문장이 되어야 자연스럽다. 정답은 (D)이다. Don't miss the chance '기회를 놓치지 마세요'라고 덩어리로 기억해두자.

PART 7

147-148

지금 TOMAS BROWN에서
30 % 할인!
100 달러 이상 온라인 구매 시

혜택 종료일 11월 1일

쇼핑을 즐기세요

수익의 100달러당 1달러를 Blue Triangle에 기부할 것입니다.

조건:
147. *온라인 의류 구매에만 유효합니다.
*미국에서만 유효합니다.
*고객 당 한 번만 사용 가능합니다.
148. *다른 할인과 연계하여 사용할 수 없습니다.

147 이 쿠폰은 무엇을 위해 사용될 수 있는가?
   (A) 가방
   (B) 셔츠
   (C) 시계
   (D) 신발

정답 (B)

해설 '*Only valid online clothing purchases.'에서 오직 온라인 의류 구매에만 해당한다고 말하고 있다. 정답은 (B)이다.

148 쿠폰에는 어떤 제한이 있는가?
   (A) 단독으로만 사용할 수 있다.
   (B) 특정 브랜드에만 유효하다.
   (C) 11월 30일에만 유효하다.
   (D) 1달러를 소비 한 후에 유효하다.

정답 (A)

해설 '*Cannot be used in conjunction with any other offer.'에서 다른 할인 쿠폰과 연계해서 사용할 수 없다고 말하고 있다. 정답은 (A)이다. (D)의 1$는 소비 후 할인쿠폰을 사용한다는 것이 아니라 고객의 구매액의 100$당 1$를 기부하는 내용이므로 오답이다.

149-150

알림

11월 9일에는 체육관 및 시설에 대한 정기 점검이 실시될 예정이니 숙지해주시기 바랍니다.

이 점검은 모든 장비, 스튜디오, 수영장 구역, 탈의실 및 기타 모든 회원 위치의 안전을 보장합니다.

유지 보수는 오전 6시부터 시작되는 11월 9일 전체 기간 동안 지속됩니다. 149. 체육관은 11월 10일 오전 6시에 회원들에게 재개됩니다. 이 마감으로 인해 11월 8 일 개장 시간은 11시까지 연장됩니다.

150. 주의: 체육관만 포함됩니다. 스튜디오 또는 수영장 공간은 포함되지 않습니다.

문의사항이 있으시면 관리자에게 연락하십시오.

불편을 끼쳐 드려 사과 드리며 지속적인 후원에 감사드립니다.

149 유지 보수는 언제 완료되는가?
   (A) 11월 9일 정오
   (B) 11월 10일 오전
   (C) 11월 10일 점심
   (D) 11월 11일 오전

정답 (B)

해설 'The gym will re-open to members at 6:00 a.m. on November 10.'에서 11월 10일에 재개장을 한다고 말하고 있다. 정답은 (B)이다.

150 회원이 11월 8일에 평상시보다 나중에 사용할 수 있는 시설은 무엇인가?
   (A) 댄스 스튜디오
   (B) 체육관
   (C) 수영장
   (D) 스포츠 용품점

정답 (B)

해설 'Please note: this only includes the gymnasium. It does not include the studios or pool areas.'에서 체육관만 포함이며 나머지 스튜디오, 수영장은 포함이 되지 않는다고 말하고 있다. 정답은 (A)이다.

151-152

Jane Dodson (09:39 A.M.)
제 기차가 Picau에서 지체되고 있습니다. 약 20분 정도 지연될 거 같아요. 유감스럽지만 우리 회의에 늦을 것 같아요. 죄송해요.

Nick Wise (09:42 A.M.)
Madex에 불이 났다는 소식을 들었어요.
괜찮아요. 151. 어쩔 수 없는 상황인데요. 가능할 때 오세요.

Jane Dodson (09:45 A.M.)
이해해 주셔서 감사합니다! 기차가 이제 움직이네요,
곧 만날 수 있을 거예요.

Nick Wise (09:48 A.M.)
알겠어요,
그러면 10시 15분에 Cafe la Olay에서 회의를 하는 게 어때요?

Jane Dodson (09:50 A.M.)
좋아요.

Jane Dodson (10:07 A.M.)
152. Madex역에 지금 막 도착했어요.
5분 내로 카페에 도착할 거예요.

Nick Wise (10:09 A.M.)
야외 테이블에 있어요.

어휘 hold up 지연되다, 지체되다 out of one's hand ~에 상관없이, 어쩔 수 없이

151 오전 9시 24분에 Wise가 작성한 "당신의 손에서 벗어났습니다." 가 의미하는 것은 무엇인가?
   (A) 다른 동료가 Dodson의 프로젝트를 대체할 것이다.
   (B) Dodson은 그 분야의 전문가가 아니다.
   (C) 지연은 Madex에서 시작되었다.
   (D) 지연은 Mr. Dodson이 통제할 수 없었다.

정답 (D)

해설 out of hand는 손을 쓸 수 없는, 통제가 불가능한 이라는 뜻으로 해석할 수 있다. 그러므로 Mr. Wise가 작성한 "It's out of hands."는 열차 지연을 Ddoson이 통제할 수 없다고 말하고 싶었다는 것을 알 수 있다. 정답은 (D)이다.

152 Ms. Dodson은 10시에 어디에 있었는가?

(A) 카페 la Olay
(B) 그녀의 사무실
(C) Madex역
(D) 기차 안

정답 (D)

해설 9시 50분에 '좋아요'라고 메시지를 보냈고 그 다음 10시 7분 메시지 'I just arrived at Madex Station. Will be at cafe in five.'에서 이제 막 Madex 역에 도착했다고 말하고 있다. 따라서 10시에 기차 안에 있었다는 것을 짐작할 수 있다. 정답은 (D)가 된다. 5분 이내로 카페에 도착한다고 말하고 있고 아직 카페에는 도착을 못했으므로 (A)는 오답이다.

153-154

```
MONIQUE BLANC'의 프랑스어

YOU:                        ME:
– 회화                       – 편안한 수업
– 즐겁게                     – 창조적인 스타일
– 학습                       – 시험 대비

153. 원어민과 함께 프랑스어를 배워요!

모든 연령과 실력에 관계없이 환영합니다.

전화번호: 080-5555-3245        이메일: monique.blanc@bisco.com

후기:
"Monique의 수업은 정말 재미있었습니다! 저는 프랑스어 초보자였지만,
지금은 프랑스로 여행을 가서 제가 배운 것을 사용할 수 있을 만큼
자신감이 생겼습니다. 감사합니다!" - Mary Newman

"저는 항상 프랑스어가 어려웠지만, 154. 제 기말고사를 준비해야
했습니다. Ms. Blanc은 제가 가능한 최고의 점수를 받을 수 있도록
도와주셨고, 이에 대해서 정말 감사합니다." - Gary Bush
```

153 Ms. Blanc에 대해 언급된 것은 무엇인가?

(A) 그녀의 학업 성적
(B) 그녀의 위치
(C) 그녀의 모국어
(D) 그녀의 경력사항

정답 (C)

해설 'Come learn French with a native speaker!'에서 원어민과 함께 프랑스어를 배우자고 말하고 있다. 이를 통해서 Ms. Blanc의 모국어는 프랑스어임을 알 수 있다. 정답은 (A)이다. 나머지 선택지는 본문에서 찾을 수 없다.

154 Mr. Bush는 왜 Ms. Blanc에게 감사를 표하는가?

(A) 그녀는 그에게 프랑스에서 여행할 곳을 일러주었다.
(B) 그녀는 편안한 강의를 진행했다.
(C) 그녀는 그의 학업성취에 도움을 주었다.
(D) 그녀는 프랑스어가 그에게 쉽도록 만들어주었다.

정답 (C)

해설 'I needed to prepare for my final exam. Ms. Blanc helped me achieve the highest possible grade, which I'm so grateful for.'에서 평소에 프랑스어를 어려워 했지만 기말고사를 준비해야만 했다고 말했다. 이어서 Ms. Blanc이 가능한 최고의 점수를 받을 수 있게 도와주었다고 말했다. 이를 통해서 그는 점수를 잘 나오게 도와준 것에 감사하는 것을 알 수 있다. 정답은 (C)이다.

155-157

```
SILVER FERN HOTEL GROUP
고객 만족도 조사

귀하가 우리 호텔에서 투숙한 경험을 토대로 다음 설문 조사를 완료해
주세요. 아래의 눈금에 따라 해당 상자에 0에서 4까지의 숫자를
기입해주세요.
```

매우 불만족	불만족	보통	만족	매우 만족
0	1	2	3	4

고객 서비스(안내, 대기 / 바 직원, 관리인) 4
룸 서비스 (시기 적절함, 편안함, 선택) 4
레스토랑 (분위기, 음식, 식기류) 4
157. 바 (분위기, 음료 선택) 1
청결상태 (모든 구역) 4
소음 정도(외부 및 내부) 3
위치 (관심 있는 장소에서 거리) 3
가격 (전반적인) 3
서비스용품(선택, 기능, 연령) 2

기타 의견사항

155. 전반적으로, 저는 Silver Fern에 머무는 것에 매우 만족스러웠습니다. 156. 직원들은 특별했는데, 특히 Mr. Smyth는 제가 편안히 지낼 수 있도록 애를 썼습니다. 157. 하지만 바에 다양한 종류의 음료가 구비되어 있었지만, 제가 가장 좋아하는 칵테일을 찾을 수 없었고 직원도 칵테일에 대해 알지 못했습니다. 내년에 다시 투숙할 때 메뉴에 들어가 있으면 좋겠습니다! 비록 시내로 가는 무료 셔틀 서비스가 보너스로 제공되기는 했지만, 편의 시설을 이용할 시간이 없었습니다. 다시 한 번 감사 드립니다. 다음 번에도 기대할게요!

어휘 corresponding 해당하는, 상응하는

155 고객은 호텔을 어떻게 평가하는가?

(A) 보통
(B) 탁월한
(C) 대부분 만족스러운
(D) 불만족스러운

정답 (C)

해설 'Overall, I was very pleased with my stay at Silver Fern.'에서 Silver Fern에서 머무는 것에 매우 만족했다고 말하고 있다. very pleased와 의미가 같은 Mostly satisfying이 정답이다.

156 Mr. Smyth의 직업은 무엇인가?

(A) 호텔 직원
(B) 호텔 투숙객
(C) 호텔 매니저
(D) 택시 운전사

정답 (A)

해설 'The staff were exceptional, particularly Mr. Smyth, who went the extra mile to make my stay comfortable.' 모든 직원들은 특별했지만 그 중에서도 Mr. Smyth가 가장 자신을 편안하게 해주기 위해 노력했다고 말하고 있다. 이를 통해서 그의 직업은 투숙객을 도와주는 호텔 직원임을 알 수 있다. 정답은 (A)이다.

157 고객이 만족하지 못한 것은 무엇인가?

(A) 편의 시설의 선택
(B) 시내와 떨어진 거리
(C) 음료의 다양성
(D) 직원의 친근감

정답 (C)

해설 survey에서 The Bar부분의 점수가 낮다. 또, 본문의 'However, even though the bar had a large variety of drinks available, I could not find my favorite cocktail and the bar staff did not know of it.'에서 다양한 종류의 음료는 많았지만 자신이 좋아하는 칵테일은 없었고 직원도 그 칵테일에 대해 몰라 아쉬웠다고 말하고 있다. 이를 통해 음료가 다양하지 않아 만족하지 못한 것을 알 수 있다. 정답은 (C)이다.

158-160

휴대 전화는 이제 도서관이나 학교보다 2배나 많은 정보를 제공한다고 합니다. 158. 이것은 우리가 전통적인 방식으로 아이들을 계속 가르쳐야 하는가? 라는 의문을 불러일으킵니다. 교육부 장관과 교사들은 이 문제에 있어 기존의 방식을 유지하고자 하지만, 첨단기술 기업과 대부분의 젊은이들은 새로운 학습 방식을 요구하고 있습니다.

159. Poko와 Djiib같은 회사들은 홈 스쿨링 또는 '어디에서나 가능한 학교 교육'을 미래에 더 가능하고 확률이 높게 만드는 기술을 개척하고 있습니다. Poko의 CEO인 Jim Frank는 "아이가 이러한 기술을 통해 얻을 수 있는 지식의 깊이와 넓이는 교실에서 교사가 제공할 수 있는 것보다 훨씬 광범위합니다."라고 말했습니다. "사회와 우리의 삶이 발전하지만 우리는 교육 방법을 바꾸지 않으면서 우리의 자녀의 앞길을 가로 막고 있습니다."

정부 관계자들은 이 새로운 아이디어를 완전히 이해하고 얼마나 실현 가능한 것인지 파악하기 위한 시도로 회의를 열었습니다. 관계자들은 부모들과 다른 이해 당사자들로부터 이야기를 들을 수 있도록, 10월 3일에 공개 회의를 열고 싶어 합니다. 160. Paul Simonson교육부 장관은 "모두를 위해서 나는 대중들이 마을 회관 회의에 참석하기를 촉구합니다. 우리는 이 중요한 사안에 대해 모든 사람들의 의견이 필요합니다." 라고 말했습니다.

어휘 firmly 단호히, 확고히 pioneering 선구적인, 개척적인 comprehend 이해하다 urge, input

158 기사는 주로 무엇에 관한 것인가?

(A) 다른 방식의 교육법
(B) 새로운 사립 학교
(C) 10월 3일에 있을 특별 기념식
(D) 휴대 전화의 미래

정답 (A)

해설 'This raises the question: should we continue to teach children in the traditional way?'에서 전통적인 방법으로 학생들을 계속 가르쳐야 하는지 의문이 든다고 말하고 있다. 이를 통해서 문장 이후부터는 다른 방법의 교육법에 대해서 언급한다는 것을 알 수 있다. 정답은 (A)이다.

159 Jim Frank는 어떤 분야에서 일하고 있는가?

(A) 금융
(B) 정부
(C) 출판
(D) 기술

정답 (D)

해설 'Companies such as Poko and Djiib are pioneering the technology to make home-schooling or 'anywhere-school-ing' more possible and likely for the future.'에서 Poko 또는 Djiib와 같은 회사들은 홈 스쿨링 또는 '어디에서나 가능한 학교 교육'을 더 가능하게 만들고 미래를 위한 기술을 개척하는 회사임을 알 수 있다. 또한 'Jim Frank, the CEO of Poko.'에서 Frank는 Poko의 CEO임을 알 수 있다. 정답은 (D)이다.

160 정부 관료는 사람들은 무엇을 하도록 권장하는가?

(A) 자녀들의 홈스쿨링
(B) 기술 회사에 투자
(C) 회의에서 의견을 표명
(D) 지역 교사들과 담화

정답 (C)

해설 'I urge the public attend this town hall meeting. We need the input from everybody on this important issue.'에서 정부 관계자들은 사람들의 회의 참석을 촉구하며 회의에서 의견을 표명해 달라고 말하고 있다. 정답은 (C)이다.

161-163

수신	Rich.jack@hmail.com
발신	hostelworld@promotions.com
주제	Hotel of the Week
날짜	10월 3일 월요일

HOTELWORLD
The World is Your Oyster...

HOTEL OF THE WEEK
Golden Arms 여관: Bleat, The United Kingdom

161. 영국 시골 지역의 멋지고 무성한 청록색 땅에 위치한 이 여관은 런던 시민들 또는 북부 잉글랜드를 여행하고자 하는 사람들에게 완벽한 주말 휴양지입니다. 집 주변에는 광대한 잔디밭이 있어 저녁 산책, 볼링, 또는 크로켓을 이 곳에서 즐길 수 있습니다. 여관 자체는 19세기 스타일의 고딕 양식을 연상시키는 놀라운 건축물을 보여줍니다. 아치 밑의 현관에 앉아 무료 아침 식사를 즐겨보세요.

162. 모든 객실은 손님에게 이전 매력을 유지한 복원을 통해 여관의 역사에 대한 통찰력을 제공합니다. 각각의 객실에는 전용 욕실 (별도 욕조 포함), 퀸 사이즈 침대 및 24시간 룸 서비스가 있습니다.

기타 편의 시설로는 식당가, 무도회장, 도서관, 18홀 골프장, 그리고 말 마구간 등이 여관의 부지 안에 모두 갖춰져 있습니다.

163. 매월 말 이전에 예약하는 경우, 두 번째 밤 숙박료를 50% 할인된 가격으로 제공합니다.

실망하기 전에 지금 예약하세요!

어휘 insight into ~의 통찰력이 있다 ~에 대한 식견을 갖추고 있다

161 여관에 대해 옳은 것은?

(A) 현대식 건축을 보여준다.
(B) 시골 지역에 위치해 있다.
(C) 주로 사업가들을 위한 곳이다.
(D) 무료 점심을 제공한다.

정답 (B)

해설 'Situated on a brilliant, lush green piece of land in the English countryside'에서 영국 시골 지역의 멋지고 무성한 청록색 땅에 위치하고 있다고 말하고 있다. countryside를 rural area로 바꾼 (B)가 정답이다.

162 객실은 어떻게 묘사 되었는가?

(A) 안락하게
(B) 역사적으로
(C) 호화롭게
(D) 넓게

정답 (B)

해설 'All rooms offer guests an insight into the inn's history, through careful restoration preserving the former charm.'에서 이전의 매력을 보존한 세심한 복원을 통해 투숙객들에게 여관의 역사에 대한 식견을 제공한다고 말하고 있다. 정답은 (B)이다.

163 할인 기간은 얼마나 되는가?

(A) 1주
(B) 2주
(C) 거의 한달
(D) 한달 반

정답 (C)

해설 'We are offering the second night's stay at a 50-percent discount, if you book before the end of the month.'에서 월말 이전에 예약하면 둘째 날 밤 숙박료를 50% 할인해 준다고 말하고 있다. 매달 마다 할인이 제공 되는 것이기 때문에 이를 통해서 할인 기간은 거의 한달 임을 알 수 있다. 정답은 (C)이다.

164-167

Breztel, Inc의 부주의 운전 정책

새로운 부주의 운전 정책을 읽고 서명한 다음 상사에게 다시 보내주십시오.

164. Breztel, Inc는 직원들의 안전을 향상시키고 운전 중 불필요한 위험을 제거하기 위해, 9월 1일부터 효력을 가지는 부주의 운전 정책을 제정했습니다. –[1]–. 우리는 주의 산만한 운전의 유행을 종식시키기 위한 노력으로 다음과 같은 규칙을 만들었고, 이는 회사 차량을 운영하는 모든 직원 또는 개인 차량을 운영하는 동안 회사에서 제공하는 휴대폰을 사용하는 직원에게 적용됩니다.

* 직원들은 차량 운행 중에 – 차량이 움직이든 신호등에서 멈추었을 때든 간에, 차량 운전 중에는 휴대폰을 사용할 수 없습니다. 이는 다음을 포함 하나 이에 국한되지 않습니다: 전화 응답 또는 전화 걸기; 전화 대화에 참여하기; 및 / 또는 이메일, 인스턴트 메시지 및 / 또는 문자 메시지를 읽거나 응답하기. –[2]–.

* 직원들이 휴대 전화를 사용해야 하는 경우에는, 갓길 또는 안전한 장소로 안전하게 차를 세워야 합니다.

* 또한 직원은 다음을 수행해야 합니다.
(A) 자동차의 시동을 걸기 전에 휴대폰을 끄거나 무음 또는 진동 모드로 두십시오.
165. (B) 운전 중에는 전화 또는 메시지를 확인할 수 없다는 것을 알리기 위해 음성 메일 인사를 바꾸는 것을 고려하세요.
(C) 고객, 동료 및 사업 파트너에게 이 정책을 설명하고 전화를 바로 받지 못하는 이유를 설명하세요.

– [3] –. 위의 규정을 준수하지 않는 Breztel, Inc. 직원은 먼저 서면 경고를 받게 될 것입니다. *167.* – [4] –. *166.* 두 번 위반하면 의무적으로 1 주일 무급 무급 휴가를 받게 될 것입니다. 세 번 위반하면 Breztel, Inc. 에서 해고될 것입니다.

어휘 enact 제정하다 epidemic 널리 퍼진 handheld 손바닥 크기의, 소형의 engaging in ~에 참여하다

164 새로운 정책의 목적은 무엇인가?

(A) 지역 법률을 준수하기 위해.
(B) 사고 예방을 위해
(C) 좋은 운전 기술을 가르치기 위해.
(D) 직원에게 미숙한 운전자에 대해 경고하기 위해

정답 (B)

해설 'In order to increase employee safety and eliminate unnecessary risks behind the wheel, Breztel, Inc.'에서 정책의 목적으로 '직원들의 안전을 향상시키고 운전 중 불필요한 위험을 제거하기 위해~'라고 말하고 있다. 정답은 (B)이다.

165 음성 메일과 관련하여 어떤 제안이 있는가?

(A) 정기적으로 확인해야 한다.
(B) 전원을 꺼야 한다.
(C) 통화가 언제 회신 가능한지 명시해야 한다.
(D) 전화가 응답되지 않는 이유를 설명해야 한다.

정답 (D)

해설 '(B) Consider changing their voice mail greetings to indicate that they are unavailable to answer calls or return messages while driving.'에서 전화를 받을 수 없는 이유를 알리기 위해 음성 메일을 변경하는 것을 고려하라고 말하고 있다. 따라서 정답은 (D)이다. (B)의 전화를 꺼두는 것은 자동차의 시동을 걸기 전에 해야 할 일이므로 문제와 관련이 없어 오답이다.

166 회사 정책을 두 번 위반 한 직원은 무엇을 받게 되는가?

(A) 직책 변경
(B) 경고장
(C) 회사로부터 해고 통지
(D) 무급 휴가

정답 (D)

해설 'A second infraction will result in a mandatory unpaid leave of absence of one week.'에서 두 번 위반 시 의무적으로 1주간의 무급휴가를 지급 받을 거시라 명시되었다. unpaid leave of absence를 Vacation without pay로 바꾼 (D)가 정답이다.

167 해석: [1], [2], [3] 및 [4]로 표시된 위치 중 다음 문장이 가장 적합한 곳은?

"이 경고는 직원의 영구 인사 파일에 추가됩니다."

(A) [1]
(B) [2]
(C) [3]
(D) [4]

정답 (D)

해설 해당 문장 안의 This warning을 가리키는 말이 앞에 있을 것이므로 이를 자연스럽게 연결시킨다는 접근을 해보면, 앞에 서면 경고를 받게 될 것이라는 말과 이 경고가 파일에 추가된다는 내용이 가장 자연스러우므로 정답은 (D)가 가장 적절하다. 한 번 위반 하면 서면 경고를 받는 대신, 직원 영구 인사 파일에 추가가 되고, 두 번 위반하면 무급 휴가가 주어지며, 세 번 위반하면 해고된다는 내용으로 이어지고 있다.

168-171

3월 18일

친애하는 Mr. Vaughn

시간을 내어 우리 회사와의 불만족스러운 경험에 대해 글을 써주셔서 감사 드리며, *168.*이 문제에 대해 진심으로 사과드립니다. -[1]- 고객의 기대를 충족시키는 것이 가장 중요하며, 우리가 그러지 못한 경우 해결책을 제공해야 합니다.

따라서 *169.*저희는 고객님의 요청을 받아들여 같은 제품 번호와 같은 색상의 소파를 무료로 교체해드릴 것이며, 내일 아침에 무료로 배송될 것입니다. 고객님이 받은 배달 서비스가 좋지 않아서, 우리는 모든 운전자를 대상으로 새로운 교육을 실시해왔으니, 내일 차이점을 느끼시기를 바랍니다. -[2]-

또한 이 기회를 빌어 고객 서비스를 통해 더 나은 업무를 수행할 수 있음을 보여주는 개인적인 서비스를 제공하고자 합니다. -[3]- $50 상품권과 서명된 제 명함을 동봉했으니 확인 바랍니다. *170.*매장 방문을 결정하실 경우에는, 직원에게 카드를 보여주시면 매장이 있는 동안 개인적인 도움을 받을 수 있을 것입니다.

회사 내에서 의견 차이를 알려 주셔서 다시 한번 감사 드립니다. *171.*-[4]- 저희를 다시 신뢰해주시고 앞으로도 계속해서 고객님께 만족을 드리겠습니다.

그럼 안녕히 계십시오.

Arun Devdas
고객 서비스 담당자

> **어휘** take the time 시간을 내다, 짬을 내다 sincere 진심 어린 replacement 교체 enclose 동봉된

168 왜 Devdas가 Vaughn에게 편지를 보냈는가?

(A) 그의 유감을 전하기 위해
(B) 만족감을 표현하기 위해
(C) 회사 제품에 대해 알리기 위해
(D) 새 연락처 정보를 요청하기 위해

정답 (A)

> **해설** 'may I express my sincerest apologies about this matter.'에서 문제에 대해 진심으로 사과 드린다고 말하고 있다. apologies about this matter를 his regret으로 바꾸었다. 정답은 (A)이다.

169 Devdas가 Vaughn에게 무엇을 약속했는가?

(A) 곧 교육을 실시하는 것
(B) 다음 주문 시에 무료 배달을 제공하는 것
(C) 무료로 새 소파를 제공하는 것
(D) 본의 결정을 존중하는 것

정답 (C)

> **해설** 'we will accept your request and offer a replacement sofa of the same product number and color free of charge.'에서 고객의 요청을 받아들여 같은 색상의 같은 제품을 무료로 교체해 준다고 말하고 있다. 정답은 (C)이다.

170 Mr. Vaughn는 동봉된 카드를 사용하여 무엇을 제공 받는가?

(A) 무료 선물
(B) 추가 할인
(C) 업데이트 된 카탈로그
(D) 특별 지원

정답 (D)

> **해설** 'If you decide to visit the store, please show the card to a staff member, who will personally assist you during your time there.'에서 매장에 있는 동안 직원으로부터 개인적인 도움을 받을 수 있다고 말하고 있다. personally assist를 Special assistance로 바꾼 (D)가 정답이다.

171 해석: [1], [2], [3] 및 [4]로 표시된 위치 중 다음 문장이 가장 적합한 곳은?

"우리 비즈니스의 성장과 미래 성공을 보장하는데 매우 높이 평가됩니다."

(A) [1]
(B) [2]
(C) [3]
(D) [4]

정답 (D)

> **해설** 이 편지의 전체적인 내용은 고객의 불만사항을 해결하고 사과하는 것이다. 사업의 성장과 미래 성공을 보장하는데 매우 높이 평가된다는 문장은 회사내의 불만 사항을 말해 주어 감사하다는 말이 뒤에 와야 문맥상 어색하지 않다. 따라서 정답은 (D)이다.

172-175

Ken Brown [13:02]
172. 두 분 모두 안녕하세요! 주문은 아직 안 끝났어요?

Jack Taylor [13:12]
172. 좋은 오후예요, Ken. 아직 안 끝났어요. 예상치 못한 소방 훈련 때문에 예상했던 것보다 시간이 더 걸렸어요.

Ken Brown [13:14]
맞아요, 흔한 일은 아니었어요. 얼마나 했어요?

Jack Taylor [13:15]
우리가 주문의 절반을 했을 때, 시스템이 멈췄어요. Levi는 물품 창고 아래로 돌아가서, 남은 주문의 반을 위해 박스를 준비하고 있어요.

Ken Brown [13:15]
알겠습니다. 근데 black book에 대한 주문 기억해요?

Jack Taylor [13:16]
173. 아, 완전 까먹고 있었네! Levi를 불러서 사무실로 돌아 오는 길에 가져오라고 할게요.

174. Ken Brown [13:17]
174. 괜찮아요, 지금 작업장에서 사무실로 가고 있는 중이에요. 제가 가지고 갈게요.

Levi O'Conner [13:25]
안녕하세요, Ken, 방금 확인했어요. 물품 창고가 정말 엉망이에요. 일을 좀 바로 잡으려면 시간이 꽤 걸릴 것 같아요.

Ken Brown [13:27]
걱정 마세요, Levi. 할 수 있는 만큼만 하고 가능한 한 빨리 사무실로 돌아가세요. 우리 오늘 3시까지 주문을 끝내야 해요.

Levi O'Conner [13:28]
고마워요, Ken! 만약 사람 필요하면, 제가 바로 도와줄 수 있어요.

Jack Taylor [13:30]
175. 방금 Bruce한테 작업 현장을 떠나 달라고 부탁했어요. 당신을 도와주러 가는 길이에요.

Levi O'Conner [13:31]
좋은 소식이네요. 고마워요.

> **어휘** fire drill 소방 훈련, 화재 대피 훈련 shop floor 작업 현장 grab 움켜잡다

172 그들이 주로 논의하는 것은 무엇인가?

(A) 소방 훈련
(B) 상품 리콜
(C) 새로운 고객
(D) 주문 처리

정답 (D)

해설 본문은 주문이 끝났는지, 끝나지 않았는지, 또는 얼마나 남았는지 등에 대한 내용이다. 이를 통해 이들이 주로 논의하는 것은 (D) Order processing임을 알 수 있다.

173 1시 36분에 Taylor가 "완전히 까먹었다"라고 말한 것은 무엇을 의미하는가?

(A) 그는 잘 볼 수 없다.
(B) 그는 무언가를 까맣게 잊고 있었다.
(C) 그는 자유 시간이 많다.
(D) 그는 다시 일할 준비가 되지 않았다.

정답 (B)

해설 'Ok. Have you remembered the orders in the black book?'에서 검은 책에 대한 주문이 기억이 나는지 묻는 질문에, Taylor가 "완전히 까먹었어!"라고 답한 것이므로, 그는 무언가를 기억하지 못했다고 볼 수 있다. 정답은 (B)이다.

174 누가 검은 책을 들고 오는가?

(A) Mr. Brown
(B) Mr. O'Conner
(C) Mr. Taylor
(D) Mr. Taylor's assistant

정답 (A)

해설 13:17에 Brown이 'It's OK, I'm on my way back to the office from the shop floor. I'll grab it.'에서 자신이 사무실로 복귀하고 있는데 가는 길에 가지고 가겠다고 말하고 있다. 정답은 (A)이다. Taylor는 원래 black book을 챙겨야 하는 사람이지만 까먹고 있던 사람이라 오답이다.

175 Bruce는 어디로 가는가?

(A) 입구로
(B) 사무실로
(C) 가게로
(D) 창고로

정답 (D)

해설 Taylor는 'I've just asked Bruce to leave the shop floor. He's on his way to give you a hand.'에서 Bruce에게 현장을 떠나달라고 부탁했다고 말하며 당신을 도와주러 가는 길이라고 말했다. 여기서 you는 Levi O'Conner이고 그는 창고에 있으므로 Bruce는 창고로 갈 것임을 짐작할 수 있다. 정답은 (D)이다.

176-180

E-Street Model X

Matcha Motors로부터 새로운 전기 자동차에 대한 정보 유출이 너무 많았습니다. 저는 이번 주말에 발표할 때 전혀 놀라지 않을 거라고 예상하고 있었습니다. 하지만 제가 틀렸습니다! 일단 제가 새 모델 안을 들여다 봤을 때, 저는 이 차량이 판도를 완전히 뒤바꿀 것이란 걸 깨달았습니다. *176.* 모델 B와 마찬가지로, 운전자석 또는 탑승자석 앞에 계기판이 없습니다. 대신, 가운데에 설치된 컴퓨터 모니터로 차를 제어하게 됩니다. 이것은 좌측 주행 또는 우측 주행 국가에 수출할 때 드는 많은 비용을 절약시켜 주기 때문에 Matcha에 대한 이해가 가능합니다. 기술 또한 불만족입니다. 배터리 충전 게이지에서 엔터테인먼트 및 실내 온도 조절 장치에 이르기까지, 모델 X의 모니터는 사용하기 쉽고 직관적입니다.

가장 이 모델에 대해 믿을 수 없는 것은 바로 가격입니다. $40,000가 조금 안 되는 가격에 판매되기 시작하는 이 차는 *180.* 대중을 위한 전기 자동차입니다. *178.* 물론 듀얼 모터를 사용하려면, 약 $10,000를 더 지불해야 하지만 한 번 충전하면 속도와 장거리 운전을 즐기는 사람들에게 구매할 만한 가치가 있습니다.

충전에 관해 말씀 드리자면, Matcha Motors CEO는 모델 X가 출하되기 전에, 전국에 300개 이상의 충전소를 보증합니다. 물론, 모델 X는 2년 반 동안 기다려야 하지만, 사전 예약 주문은 웹 사이트, www.matchmotors.com에서 진행됩니다. 차를 예약하기 위해서, 고객님께서 원하시는 추가 주문에 따라 적어도 4,000 달러를 충당해야 할 것입니다. *177.* 이 리뷰를 쓰는 사람으로써, 저는 매우 당첨되었습니다. 배송되는 날을 손꼽아 기다리는 중입니다.
　　　　　　　　　　　　　　　　　　　Shaun Hansen

수신:　Shaun Hansen 〈shaunh@wheels.com〉
발신:　Olga Malayov 〈omalayov@matchmotors.com〉
주제:　Model X 리뷰

친애하는 Mr. Hansen,

최신 모델에 대한 귀하의 열정적인 리뷰에 감사 드립니다. 저희는 당신이 새로운 E-Street 운전대에 앉아 있으면 실망하지 않을 것이라고 확신합니다. *177.* 저는 당신이 당신의 독자들에게 알리고 싶을지도 모른다고 생각한 차에 관하여 정보를 좀 더 가지고 있습니다.

첫째로, 귀하께서 참석한 행사에서 우리가 나눠준 보도 자료에 실수가 있었다는 것을 유감스럽게 생각합니다. *178.* 두 번째 차량의 가격은 리뷰에서 언급한 것보다 2,000달러 정도 저렴합니다. 이것은 모델 X를 소비자들에게 더욱 매력적으로 다가오도록 할 것입니다.

179. 두 번째로, 우리는 생산 목표를 올렸고, 이제 운전자들은 이전에 언급한 것보다 6개월 빨리 모델 X를 받아볼 수 있을 것으로 기대합니다. 내년 말까지, Matcha Motors는 이 나라의 3대 자동차 제조사를 합친 것보다 더 많은 차량을 생산하게 될 것입니다.

마지막으로, 우리는 선매 주문이 높은 기대치를 초과했기 때문에, 모델 X에 대한 대기자 명단을 시작해야 했습니다. 그러나 우리는 생산 목표의 향상으로, 향후 3년 이내에 모델 X를 원하는 모든 소비자에게 서비스를 제공할 수 있기를 바랍니다.

감사합니다,

Olga Malayov 올림

어휘 instrument 기구, 계기 promise 보증하다 hooked 중독된 attractive 이끄는

176 이 리뷰에 따르면, Matcha Motors는 어떤 기능에 비용을 절약하는가?

(A) 배터리
(B) 계기판
(C) 모터
(D) 좌석

정답 (B)

해설 'it has no instrument panels in front of either the driver or passenger. Instead, you control the car from a computer monitor mounted in the center. This makes sense for Mafcha since it saves costly changes when shipping to either left-driving or right-driving countries.'에서 모델 B와 마찬가지로 계기판이 운전자 또는 탑승자 앞에 없는데 이는 좌측 주행 또는 우측 주행을 하는 국가에 수출할 때 많은 비용을 절약할 것이라고 말했다. Instrument panels를 Control panels로 바꾼 (B)가 정답이다.

177 Mr. Hansen은 누구인가?

(A) Matcha Motors 대변인
(B) 언론인
(C) 기술 전문가
(D) 광고 전문가

정답 (B)

해설 'As for this reviewer, I'm hooked, I'm counting down the days until delivery ...   Shaun Hansen'에서 Hansen은 평론가라고 말하고 있다. 두 번째 이메일에서 'you might like to pass along to your readers.' 당신의 독자들에게 알린다는 내용도 언급되고 있으므로, 평론가와 비슷한 뜻을 나타내는 언론인 (B)가 정답이다.

178 모델 X의 추가 모터 비용은 얼마나 드는가?

(A) $ 2,000
(B) $ 8,000
(C) $ 10,000
(D) $ 40,000

정답 (B)

해설 리뷰의 'to get the dual motor, you have to pay about $10,000 more'에서 듀얼 모터를 구성 시 약 1만 달러를 더 내야 한다고 말했지만, 이후의 편지 'The pricing for the second motor is about $2,000 less than you mentioned in your review.'에서 실제로는 2천달러 더 저렴하다고 언급하고 있다. 10,000 - 2,000 = 8,000이므로 정답은 (B)이다.

179 Ms. Malayov가 생산에 관해 언급 한 것은 무엇인가?

(A) 지연되었다.
(B) 속도가 빨라졌다.
(C) 해외에서 생산되고 있다.
(D) 구조조정 중이다.

정답 (B)

해설 'Secondly, we have upped our production targets and now expect drivers to take delivery of the Model X six months earlier'에서 생산 목표를 더 올려서 6개월 더 빨리 제품을 받을 수 있다고 알리고 있으므로 (B)가 정답이 된다.

180 리뷰에서 두 번째 단락, 두 번째 줄의 "masses"이라는 단어와 의미상 가장 가까운 것은

(A) 대중
(B) 수량
(C) 품종
(D) 부

정답 (A)

해설 'this is an e-car for the masses.'는 이 차는 대중들을 위한 전기 자동차로 해석하는 것이 문맥상 자연스럽다. 대중을 뜻하는 단어 (A) public이 정답이다.

181-185

수신:	Info@yoga.nation.com
발신:	Evel Hun ⟨e-hun@foro.com⟩
주제:	패키지 상품
날짜:	6월 30일 토요일

친애하는 선생님께

저는 지역 체육관에서 패키지 상품을 설명하는 팜플렛 사본을 우연히 보게 됐는데요. 몇 가지 궁금한 점에 답해주실 수 있으신가요?

저는 요가 수업으로 돌아가고 싶고, 가능한 자주 당신의 그룹에 참여하고 싶습니다. 185. BAI 패키지는 수업이 있을 때마다 참여할 수 있다고 알고 있습니다. 고학년 학생들에게 할인이 제공되는지 알려주실 수 있나요?

181. 182. 오늘 이 전단지를 받았지만, 주말이어서 선생님께서, 7월 2일 월요일까지는 이메일을 볼 수 없을 거예요. 제가 그때도 할인된 비용으로 가입을 할 수 있을까요?

제 친구와 저는 시범 수업을 어떤 요일에 하면 더 좋을지 모르겠습니다. 182. 추천 좀 해주실 수 있으세요?

빠른 답변 기다리고 있겠습니다.

이만 줄이겠습니다,

Evel Hun

YogaNation

183. YogaNation의 영구회원이 되고 싶으시다면 아래 월별 상품들을 참고해 주세요.

패키지	세부사항	요금(추가요금)
BAI	참석하고 싶은 모든 수업 수강 가능	185. 월 $400
PUR	한 달에 12개 수업 수강 가능	월 $360 (수업 당 $30)
GAR	한 달에 6개 수업 수강 가능	월 $210 (수업 당 $35)
CHA	선불 방식	184. 수업 당 $40

185. 처음 패키지를 구입할 때 연회비의 목적으로 $200가 일회성으로 부과됩니다.
이 팜플렛으로 회원권을 20% 할인 받을 수 있습니다.
6월 30일까지 유효합니다.

181 이메일의 주된 목적은 무엇인가?

(A) 가격 인하가 제공되는지 확인하기
(B) 강사에게 그녀가 정규수업에 참석하는 것을 알리는 것
(C) 강사가 그녀의 관심사를 알 수 있게 하는 것
(D) 성인 대학생들의 수업 시작을 제안 하기

정답 (A)

해설 'I picked up this flyer today, but seeing as it's a weekend, you will not see my e-mail until Monday — by which time it'll be July 2. Would I still be entitled to a reduction in sign-up costs?'에서 할인된 가격으로 등록할 수 있는지 묻고 있다. 정답은 (A)이다. (D)의 성숙한 학생들의 수업시작을 제안한 것이 아니라 성숙한 학생들이 할인을 받을 수 있는지 물었으므로 오답이다.

182 YogaNation이 Ms. Hun에게 해야 할 것은 무엇인가?

(A) 보다 자세한 방법으로 거래를 설명하는 것
(B) 좋은 체육관을 추천하는 것
(C) 날짜에 대한 정보에 답하는 것
(D) 그녀와 그녀의 친구를 시범 수업을 들을 수 있도록 등록하는 것

정답 (C)

해설 Ms.Hun이 물었던 것은 7월 2일에 할인이 가능한지 그리고 친구와 어떠한 수업을 듣는 게 좋을 지, 이 두 가지였다. 친구와 시범 수업을 언제 할 지 잘 모른 상태에서, 'Could you make any suggestions'에서 제안을 해줄 수 있는지 묻고 있으므로, YogaNation은 위 두 가지 질문에 답을 해야 할 것임을 알 수 있다. 정답은 (C)이다.

183 YogaNation은 어떤 종류의 사업을 하는가?

(A) 체육관에서의 출장 서비스
(B) 스포츠 용품 제조업체
(C) 요가 클럽
(D) 요가 강사 양성 사업

정답 (C)

해설 'Please check out our monthly deals blow if you're interested in becoming a permanent member of YogaNation.'에서 영구회원이 되고 싶다면 아래의 표를 확인하라고 말하고 있다. 아래의 표는 각 클래스별 가격을 알려주고 있다. 이를 통해서 Yoganation은 요가클럽을 운영하고 있음을 알 수 있다. 정답은 (C)이다.

184 어떤 회원이 수업 당 40달러를 지불하는가?

(A) BAI 회원
(B) CHA 회원
(C) GAR 회원
(D) PUR 회원

정답 (B)

해설 두 번째 문단 표를 보면 CHA가 수업 당 $40를 지불한다고 나와있다. 정답은 (B)이다.

185 회원이 되려면 Ms. Hun씨는 얼마를 내야 하는가?

(A) 200 달러
(B) 400 달러
(C) 560 달러
(D) 600 달러

정답 (D)

해설 'I noticed the BAI package allows me to practice whenever there is a class available.'에서 Ms. Hun은 BAI과정을 등록하려고 하는 것을 알 수 있다. 두 번째 지문 표를 확인하면 BAI의 등록비는 $400이다. 또 표의 밑에 등록 시 연회비의 목적으로 $200가 부과된다고 말하고 있으므로 정답은 (D) 600달러가 된다.

186-190

Redlands Community Center에서 동계 성인들을 위한 신규 강좌를 소개합니다.

* 친구, 이웃들과 함께 재미있는 수업을 들으세요.
* 새로운 기술을 배우거나 오래 된 관심사를 되살려 보세요.
* 187. 그 분야의 지역 전문가들이 모든 수업들을 가르칩니다.

* 다음 강좌들 중에서 선택하세요:

4계절 야외 촬영	프랑스 요리
나만의 허브 키우기	스케치 및 그리기
필라테스의 기초	창의적 글쓰기
컴퓨터 기초	초보자를 위한 투자

이 강좌들과 다른 강좌들이 우리의 웹사이트에 열거되어 있습니다: www.redlandscommcmtr.com. 또한 웹사이트에서 온라인 등록 양식을 작성하고 신용카드로 지불할 수 있습니다. 질문이 있으시면 Jolene에게 joleneb@redlandscommcmtr.com 로 문의하세요. 수업시간에 뵙길 기대합니다!

등록 양식서
Redlands Community Center Adult Learning

이름: Whitney Burke   나이: 43   주소: 46 Wilderest Lane, Redlands
전에 Redlands Community Center의 강좌를 수강한 적이 있습니까?
　　　　　　　　　　　　　　　　　　　　　　아니요
이 강좌를 어떻게 알게 되었습니까?
　　　　　　　　　　　186. 제 친구가 수업을 듣고 말해주었습니다.

강좌 ID	강좌명	선생님
RADIOS	187. 나만의 허브 키우기	Ralph Munez
RADI 48	188. 초보자를 위한 투자	Jennifer Cho
RAD197	컴퓨터 기초	Neil Jackson
189. RAD239	고급 사진 과정	Suzanne Olsen

Ms. Burke에게

Redlands Community Center의 강좌를 등록해 주셔서 감사합니다. 우리는 한 개의 강좌를 제외하고 당신이 선택한 모든 강좌를 제공할 수 있었습니다. 189. 안타깝게도, Suzanne Olsen은 이번 겨울에 강좌를 가르칠 수 없게 되었습니다. 190. 남편 직장 때문에 갑작스럽게 이주를 해야 했습니다. 불편을 드려 죄송합니다. 이 강좌를 봄에 새로운 강사를 초빙하여 진행하기를 희망합니다.

또한, 당신이 신청서에서, 우리 센터에서 종전에 수업을 들었다는 친구가 있다고 언급하셔서, 당신에게 소개 할인에 대해서 알려드리고 싶었습니다. 만약 당신이 우리 강좌를 누군가에게 추천한다면, 당신과 추천한 사람 모두 이번 학기 모든 수업비용의 5%를 할인 받으실 수 있습니다. 친구에게 할인을 제공할 수 있도록, 친구의 이름을 알려주세요.

등록해 주셔서 다시 한 번 감사 드립니다. 수업시간에 뵙겠습니다.

Frank Dodds

186 Ms. Burke는 수업에 대해 어떻게 알게 되었는가?

(A) 소개를 통해
(B) TV 광고를 통해
(C) 인터넷을 통해
(D) 공지를 통해

정답 (A)

해설 'My friend told me about them after taking a class'에서 친구가 수업을 수강 후 말해 주었다고 말하고 있다. 이를 통해서 Burke는 소개를 통해 수업에 대해 알았다고 볼 수 있으므로 (A)가 정답이다.

187 Mr. Munez에 관해 알 수 있는 것은 무엇인가?

(A) 그는 수년 동안 같은 수업을 가르쳤다.
(B) 그는 지역 허브 전문가이다.
(C) 그는 Burke와 같은 수업을 듣고 있다.
(D) 그는 그 지역을 떠날 것이다.

정답 (B)

해설 'All classes are taught by local experts in their fields'에서 모든 수업 진행자들은 지역 전문가로 구성되어 있다고 알리고 있다. Mr. Munez가 진행하는 수업은 'Growing Your Own Herbs'이므로 정답은 (B)이다.

188 학생은 누구로부터 금융에 대해 배우는가?

(A) Frank Dodds
(B) Jennifer Cho
(C) Neil Jackson
(D) Suzanne Olsen

정답 (B)

해설 두 번째 서식에서 'Investing for Beginners' 초보자를 위한 투자 수업이 진행되는 것을 알 수 있고 이 수업은 Jennifer Cho가 진행하기 때문에 정답은 (B)가 된다.

189 겨울에는 어떤 수업에 문제가 있는가?

(A) RAD105
(B) RAD148
(C) RAD197
(D) RAD239

정답 (D)

해설 'Suzanne Olsen is unable to teach her class this winter.'에서 Suzanne Olsen은 이번 겨울에 수업을 진행할 수 없다고 알리고 있다. 그녀가 진행하는 수업은 RAD239이므로 (D)가 정답이다.

190 왜 한 강좌를 이용할 수 없게 되었는가?

(A) 봄에만 제공된다.
(B) 실수로 수업 목록에 추가되었다.
(C) 강사가 아프다.
(D) 강사가 이사를 간다.

정답 (D)

해설 'She had to relocate suddenly due to her husband's job.'에서 남편의 직장 때문에 갑자기 이사를 가게 되었다고 말하고 있다. 따라서 정답은 (D).

191-195

수신:	Customer Service ⟨cs@steelworks.com⟩
발신:	Brian W ⟨brianw@pershing.com⟩
주제:	나의 믿음직한 다리미
날짜:	11월 29일

관련자 분들에게,

저는 약 6년 동안 Press-on 400이라는 모델의 다리미를 가지고 있습니다. 지금까지는 굉장히 믿음직스러웠습니다. *191.* 그러나 최근에 원하는 온도까지 가열되지 않았어요. 코드를 점검해봤는데 문제가 없었습니다. 겉 표면도 깨끗하게 닦았지만, 소용없었습니다. 저는 이 최고의 다리미를 포기하기 싫어서, 수리가 가능한지 궁금했습니다. *194.* Glendale valley 지역 주변에 있는 수리점이 있다면 알려주세요. 그렇지 않다면 어디로 보내야 할지 알려 주신다면 제가 직접 제가 살고 있는 지역 외부로 우편물을 보낼 의향이 있습니다.

당신의 도움에 미리 감사드립니다

Brian Wilcox 올림

수신:	Brian W ⟨brianw@pershing.com⟩
발신:	Customer Service ⟨cs@steelworks.com⟩
주제:	Re: 나의 믿음직한 다리미
날짜:	11월 30일

Wilcox씨에게

192. Press-on 400은 약 2년 전에 단종되었음을 알려 드리게 되어 유감입니다. 우리는 해당 모델에 대한 수리 서비스를 제공할 수 없지만, 귀하의 충성도를 높이 사서 고객을 유지하고 싶습니다. 이를 위해 저는 당신의 다리미가 갖춘 모든 기능과, 나아가 더 많은 기능을 갖춘 최신 모델인 PressMagic 500을 구매 시 사용 가능한 30달러 쿠폰을 동봉했습니다. 향상된 스팀기능으로 인해 펴기 힘든 주름을 펴줄 것입니다. *193.* 또한, PressMagic은 이전 모델보다 더 무거운 원단도 다룰 수 있습니다.

증명서에 열거된 모든 판매점에서 혜택을 활용하시기 바랍니다. 귀하의 거래에 감사드립니다.

Jane Carver 올림

고객 관리팀
Steel Works

STEEL WORKS

아래의 판매점에서 이 증명서를 보여주시고 Steel Works의 제품에 대해 $30 할인을 받으세요.

B's Home Store 25081 Highway 53 Rosedale, UT	*B's Home Store* 25081 Highway 53 Rosedale, UT
B's Home Store 25081 Highway 53 Rosedale, UT	*B's Home Store* 25081 Highway 53 Rosedale, UT

*본 쿠폰은 다른 프로모션 상품과 연계하여 사용할 수 없습니다.
*본 쿠폰은 현금으로 사용될 수 없습니다.
**195.* 본 쿠폰은 반드시 12월 31일 전까지 사용되어야 합니다.

어휘 trustworthy 믿음직스러운 be willing to 흔쾌히 ~하다 retain 유지하다 take advantage of ~을 이용하다 certificate 증명서 combination 조합 redeem 보완하다

Test 01

Test 02

Test 03

Answer 01

Answer 02

Answer 03

191 Wilcox의 제품에 무슨 문제가 있는가?

(A) 제어 버튼이 고장 났다.
(B) 코드가 갈라진다.
(C) 발열체가 파손되었다.
(D) 증기 기능이 작동하지 않는다.

정답 (C)

해설 'it won't heat up to the desired temperature.'에서 다리미가 원하는 온도까지 올라가지 않는다고 말하고 있다. 이를 통해서 발열기가 고장 났다고 볼 수 있다. 정답은 (C)이다.

192 Carver는 왜 Mr. Wilcox의 요청을 받아 들일 수 없는가?

(A) 그는 연장 보증을 받지 못했다.
(B) 그는 서비스 제외 지역에 산다.
(C) 그의 제품이 회수 되었다.
(D) 그의 제품은 더 이상 생산되지 않는다.

정답 (D)

해설 'We are sorry to inform you that the Press-on 400 was discontinued about two years ago.'에서 해당 모델은 2년 전에 단종되어 수리가 불가능 하다고 말하고 있으므로 (D)가 정답이다.

193 PressMagic 500에 관해 언급 된 것은 무엇인가?

(A) 디자인이 더 좋다.
(B) 더 높은 열 범위를 가진다.
(C) 더 신뢰할 수 있다.
(D) 두꺼운 옷에도 적용된다.

정답 (D)

해설 'the PressMagic can handle heavier fabrics than our previous models.'에서 더 무거운 원단도 잘 다룰 수 있다고 말하고 있다. 두꺼운 옷은 무거운 원단으로 만들기 때문에 정답은 (D)가 된다.

194 Mr. Wilcox는 쿠폰을 어디서 사용할 것인가?

(A) At Appliances and More
(B) At B's Home Store
(C) At Home Super Store
(D) At Johnson Goods

정답 (C)

해설 'Please let me know if there is a repair shop near me in the Glendale Valley area'에서 Mr. Wilcox는 Glendale Valley 근처에 거주하는 것을 알 수 있다. 3번째 지문 표에서 Home Super Store는 Glendale Valley에 위치해 있다. 정답은 (C)이다.

195 Mr. Wilcox의 쿠폰 사용 기간은 얼마나 되는가?

(A) 약 1주일
(B) 약 2주일
(C) 약 1개월
(D) 약 1년

정답 (C)

해설 '*Coupon must be used on or before December 31.'에서 쿠폰은 12월 31일 이전까지 사용해야 한다고 명시되어 있다. Wilcox가 문의 메일을 보낸 날짜는 11월 29일, Jane Carver가 회신한 이메일은 11월 30일이므로 약 1달 정도 쿠폰을 사용할 수 있음을 알 수 있다. 정답은 (C)이다.

196-200

Three Brothers Catering
주문의 양에 구애 받지 않습니다 – 고객의 기쁨을 목표로 정했습니다!

196. Three Brothers Catering은 10년 이상 사업을 해오고 있으며, 수년 동안 수백 명의 배고픈 고객들을 만족시켜드리고 있습니다. 기업 행사, 지역사회 단체 또는 개인 파티를 위해 점심 또는 저녁 식사를 제공할 수 있습니다. 얼마나 많은 것을 당신이 기대할지라도, 우리는 모두를 만족시킬 자신이 있습니다. *200*. 월말까지, 첫 고객은 사무실에서 도시락을 무료로 배송 받으실 수 있습니다. www.3broscatering.com에서 (풀 컬러 사진!) 저희의 메뉴를 살펴보십시오. 당신이 마음에 드는 음식을 보셨다면, Three Brother Catering에 555-8139로 전화 주세요.

Three Brothers Catering
8391 Castle View Drive
Los Animas, NM

고객명: Leslie Jones   날짜: 11월 7일   장소: Jones and Co.

주문	수량.	단가	총액
샌드위치 모듬	12	3.95	47.40
199. 유기농 샐러드	5	3.50	17.50
다양한 병 음료	12	1.00	12.00
전채요리	1	12.00	12.00

안녕 Joseph,

모레 요청한 제 주문을 변경하는 게 너무 늦지 않았으면 해요. *197, 198*. Youngston 지점에서 세 명의 사람들이 우리 모임에 함께할 것이란 말을 이제 막 들었습니다. 그들은 우리와 점심을 함께 하지는 않을 거지만, 그들을 위해 음료라도 준비해야 할 것 같아요. 그래서 주문할 게 15 개가 되었어요. *199*. 그리고 샐러드도 좀 바꿔야 할거 같아요. 한 사람이 샐러드를 원하지 않는다고 했거든요. 그 외에 다른 건 괜찮아요. 당신에게 촉박한 주문임을 알지만 어쩔 수 없었어요. *200*. 이번이 귀사와의 첫 주문인 만큼, 여전히 특별 가격 혜택을 받을 수 있길 바랍니다.

정말 감사합니다,

Leslie Jones

어휘 the day after tomorrow 모레

196 Three Brothers Catering에 관하여 언급되는 것은 무엇인가?

(A) 요리 수업도 제공한다.
(B) 그것은 일부 상을 수상했다.
(C) 새로운 서비스다.
(D) 10년 이상 전에도 문을 열었다.

정답 (D)

해설 'Three Brothers Catering has been in business for over a decade and has pleased hundreds of hungry customers over the years.'에서 10년 넘게 운영을 하고 있다고 말하고 있다. 정답은 (D)이다.

197 Ms. Jone은 어떤 행사를 여는가?

(A) 비즈니스 런치
(B) 개업
(C) 은퇴 기념 파티
(D) 오픈 하우스

정답 (A)

해설 이메일에서 'three people from our branch in Youngston will be joining us at our meeting. They won't be having lunch with us, but I will need beverages for them.'에서 비즈니스를 위한 점심 식사 주문이라는 것을 알 수 있으므로 정답은 (A)가 된다.

198 Mr. Jones은 왜 음료 주문을 변경해야 하는가?

    (A) 더 많은 사람들이 오고 있다.
    (B) 더 많은 사람들이 커피를 원한다.
    (C) 몇몇 사람들이 0칼로리 음료를 요구했다.
    (D) 몇몇 사람들은 오지 않을 것이다.

정답 (A)

해설 'I just got word that three people from our branch in Youngston will be joining us at our meeting.'에서 3명의 사람들이 더 온다고 말하고 있다. 더 많은 사람들이 오고 있다고 말하는 (A)가 정답이다.

199 Jones는 몇 개의 샐러드가 필요한가?

    (A) 3
    (B) 4
    (C) 5
    (D) 12

정답 (B)

해설 'And I also had a change in the salads. One person said he doesn't want a salad.'에서 한 명이 샐러드를 먹지 않겠다고 해서 샐러드의 수량을 바꾸어야 한다고 말한다. 주문 표에서 샐러드의 개수는 5개이므로 1개가 빠진 4개의 샐러드가 필요하다. 정답은 (B)이다.

200 Jones는 무엇을 받길 기대하는가?

    (A) 15 % 할인
    (B) 무료 선물
    (C) 고객보상 프로그램
    (D) 무료 배송

정답 (D)

해설 'As this is our first order with your company, I hope we're still eligible for the special deal.' 첫 주문이므로 특가에 구매하고 싶다고 말하고 있다. 첫 번째 광고에서, 'Until the end of the month, first-time customers get free delivery on office lunches!'에서 첫 주문 고객에게 무료로 배송해 준다고 언급하고 있으므로 (D)가 정답이 된다.